谨以此书

献给我慈爱的父母亲

经院哲学与宗教文化研究丛书

《托马斯·阿奎那自然法思想研究》，刘素民著，已出

《阿奎那自然神学思想研究》，翟志宏著，已出

《阿奎那存在论研究——对波埃修<七公理论>的超越》，董尚文著，已出

《阿奎那人学思想研究》，白虹著，已出

《阿奎那变质说研究》，濮荣健著，已出

《吉尔松哲学研究》，车桂著，已出

《拉纳先验哲学研究》，车桂著，已出

《阿奎那三一学说研究》，车桂著，已出

《托马斯·阿奎那情感理论研究》，黄超著，已出

《自由之三维：力量、爱和正义——R.尼布尔政治神学研究》，方永著，已出

《阿奎那伦理学研究》，王涛著，即出

《阿奎那正义理论研究》，陈文安著，即出

（待续）

经院哲学与宗教文化研究丛书

段德智 总主编

A Study on St. Thomas Aquinas' Doctrine of Divine Trinity

阿奎那三一学说研究

车桂 著

人民出版社

总 序

段德智

《经院哲学与宗教文化研究丛书》已经开始面世了。在其面世之际或面世之初,我作为该丛书的主编和策划者之一,有责任向读者交代一下我们主编这套丛书的初衷,即我们为何要策划编辑出版这样一套丛书以及我们关于这套丛书的一些具体设想。

《经院哲学与宗教文化研究丛书》虽然从字面上看蕴涵两个部分,但是,按照我们的设想,“经院哲学”毕竟是其主体部分。从这个意义上讲,“我们为何要主编这样一套丛书”便可以化约为我们为何要研究和阐释经院哲学这样一个问题。那么,我们为什么要研究和阐释经院哲学呢?诚然,我们之所以要研究和阐释经院哲学是具有多方面的原因的,例如,有社会方面的原因,也有我们个人学术经历方面的原因,但是,最根本的原因却在于作为我们研究对象的经院哲学本身的本质规定性,在于它的学术价值和学术地位。具体说来,就在于,在我们看来,经院哲学是一门比较纯粹的学问,是作为哲学的哲学,是一种指向性极强的形而上学和生存论,是一种与宗教文化和世俗文化密切相关的哲学,是一种在西方哲学发展史上享有崇高历史地位的哲学。

第一,在我们看来,经院哲学是一门比较纯粹的学问,是哲学。经院哲学虽然与基督宗教神学相关,但是,就其基本内涵和学术取向看,经院哲学,顾名思义,其所意指的无非是经院里的哲学,学院里的哲学,学者们的哲学。“经院哲学”这个词在英文中为“scholasticism”,在德文中为“Scholastik”,在法文中为“philosophie scolastique”,而它们的源头又都可以一直上溯到希腊词“schoolastikós”,而这一希腊词主要意指的即是一种为学问而学问的比较纯粹的学术探究。此外,希腊词“schoolastikós”还有一个意思,这就是它也可以用来意指以上述学术态度和学术立场治学的学者。在拉丁文中,“scholasticus”作为经院哲学的一个近义词,其基本内涵即为“学者”、“文人”。其意思与杜甫“士子甘旨阙,不知道里寒”(《别董颋》)一句中的“士子”以及吴敬梓的《儒林外史》书名中的“儒”字的含义大体相当。再者,从这些词的词根(scho-)看,这些词除内蕴有学问、学习、学术探究外,还都内蕴有学校、学院、大学的意思。例如,英文“scholasticism”除与意指“学问”、“学识”的“scholarship”同源外,还显然与“school(学校)”同源。而在拉丁文中,“schola”的基本含义即为“学校”、“学舍”、“讲堂”、“教室”,与我国古代的“书院”大体相当。因此,经院哲学其实是一种学校里的哲学,大学里的哲学,当然,从历史上看,首先当是巴黎大学、牛津大学和剑桥大学里的哲学。因此之故,即使“打算穿七里长靴尽速跨过”中世纪的黑格尔在《哲学史讲演录》中在谈到经院哲学与教父哲学的区别时,也曾经强调指出:能够成为经院哲学载体或主体的不是具有圣职的“教父”，而是有学问的能够“科学地成体系地”讲授哲学和神学的“博士”、“教师”和“学者”（scholasticus）。他还进而明确指出：“经院哲学是这个时期的主要人物。它是欧洲中世纪的西欧哲学。”①而意大利来华的传教士艾儒略（Julius Aleni，1582—1648年）在《西学凡》中不仅将哲学（Philosophia）译做“理科”或“理学”，而且还明确地将“理学”解释为“义理之大学”和“格物穷理之学”。即使基督宗教神学（Cheologie），也被他译做“道科”或“道学”，理解成“总括人学之精”的学问。②

第二，在我们看来，经院哲学的长处不仅在于它是一种比较纯粹的哲学，而且还在于它是一种指向性极强的形而上学。按照黑格尔的说法，经院哲学家，作为哲学家，其根本努力就在于“把基督宗教教会的教义建筑在形而上学的基础上”。③这是一件经院哲学家当时不能不做的事情。在基督宗教神学在当时的意识形态中处于“万流归宗”的地位的情势下，经院哲学家只有两种选择：一种是放弃职守，如是，他也就因此不复为哲学家；另一种是接受“任务”。然而，一旦他接受为基督宗教神学做哲学论证的“任务”，他也就必须站到形上学的平台上开展工作。因为基督教教义和神学，归根到底是一种关于上帝的学说，一种关于终极实存的学说，一种关于使万物

① 参见黑格尔：《哲学史讲演录》第3卷，贺麟、王太庆译，商务印书馆1981年版（下同），第268、278、268页。

② 参见艾儒略：《西学凡》，见李之藻编：《天学初函》（一），台湾学生书局1965年版（下同），第50页。

③ 黑格尔：《哲学史讲演录》第3卷，第289页。

之存在得以存在的纯粹存在的学说。因此,黑格尔强调说:“这样的神学家只能是哲学家。关于上帝的科学唯有哲学”,唯有形而上学。① 在一定意义上,我们可以说,把人类的思维水平提升到形而上学的层次上来,是中世纪经院哲学的一项巨大贡献。艾儒略在《西学凡》中将经院哲学称做“超出生死之学”,②来华传教士利类思(Pudovicus Buglio,1606—1682年)将经院哲学称做“最贵且要”的“天学”,③台湾新士林哲学强调经院哲学乃“超越智慧”。所有这些都可以看做经院哲学形而上学性质的印证。形而上学乃哲学的“硬核”和“纵深维度”,是任何哲学体系都不可或缺的东西。尽管在西方哲学史上,从古希腊罗马时代的智者派和皮浪主义,到中世纪的唯名论,再到近现代的经验主义、实证主义、逻辑经验主义,一直绵延有“拒斥形而上学”的理论思潮,但是,从整个哲学史来看,最后遭到拒斥的不是形而上学,而是那些拒斥形而上学的上述哲学流派。“从这个意义上讲”,对以形而上学为其主体内容的“经院哲学和学院哲学的研究”是“具有永恒意义的,只要哲学存在一天,学院哲学或作为学院哲学的经院哲学就应当存在一天,因为对学院哲学或作为学院哲学的经院哲学的研究的意义因此就永远会有专属于它自身的面向未来而在的载体。”④就此而言,人们关于经院哲学或托马斯·阿奎那的哲学为“永

---

① 黑格尔:《哲学史讲演录》第3卷,第280页。

② 参见艾儒略:《西学凡》,见李之藻编:《天学初函》(一),第49页。

③ 参见利类思:“《超性学要》自序”,圣托马斯:《超性学要》“超性学要自序”,利类思译,上海土山湾印书馆1930年版(下同),第3页。

④ 段德智:《试论经院哲学的学院性质及其学术地位》,载许志伟主编:《基督教思想评论》,上海人民出版社2007年版(下同),第8页。

恒哲学”(philosophia perennis)的说法,如果撇开其宗教立场和神学意蕴,也是不无道理的。

第三,经院哲学不仅是一种指向性极强的形而上学,而且还是一种指向性极强的生存论。毋庸讳言,宗教神学是人异化或对象化的产物,但是,在这种异化或对象化的背后还有一个更深层次的问题,这就是人何以要将自己异化或对象化出去的问题,这就是我们通常所说的宗教神学之谜的谜底问题。费尔巴哈曾经深刻地指出:“神学之秘密是人本学。”①蒂利希也从人学的立场出发,指出:“神学的对象,是引起我们的终极关切的问题。”②恩格斯的答案更为简洁。他说:宗教之谜的谜底不是别的,就是“神是人”。③ 然而,无论是费尔巴哈和蒂利希的答案,还是恩格斯的答案,似乎都尚未完全回答了我们的问题。因为他们的答案所回答的只是一个“是什么”,尚不是我们所要求的“为什么”。“因此,当我们说过‘神是人’之后,我们还必须进而说‘人是神’。唯其如此,我们才可以说是解读了宗教的秘密,给出了宗教之谜的谜底。”④这就是说,人类之所以要造出一个个神,乃是为了使他们自己成为神,使他们自己像神那样生活。一句话,宗教神学和宗教哲学的问题,说到底,是一个生存论问题。就经院哲学来说,事情也是如此。如果说

① 费尔巴哈:《基督教的本质》,荣震华译,商务印书馆 1984 年版(下同),第 5 页。

② 蒂利希:《系统神学》第 1 卷,芝加哥大学出版社 1951 年版(下同),第 12 页。

③ 恩格斯:《英国状况(评托马斯·卡莱尔的〈过去和现在〉)》,见《马克思恩格斯全集》第 1 卷,人民出版社 1956 年版(下同),第 651 页。

④ 段德智:《宗教概论》,人民出版社 2005 年版(下同),第 252 页。

在希腊哲学里,根本无所谓"人本思想",而只有"魂本思想"的话,那么在经院哲学里,则出现了"全整的人(既有灵魂也有身体的人)"的概念。如果说在希腊哲学里,只有抽象的人的概念或人的"类"概念的话,在经院哲学里,则出现了"个体的人"的概念。如果说在苏格拉底那里,"认识你自己"、"照顾你自己的灵魂"还是少数知识分子精英的事情的话,那么,在中世纪的经院哲学里,则成了普通民众的事情。还有,如果说在古希腊哲学里,"存在"只不过是一种"理念"或"通种"的问题,而在中世纪的经院哲学里,"存在"便开始演变成了一种"生存活动"。总之,在经院哲学这里,人的问题或人的生存问题,不再是哲学予以说明的一个问题,而是成了整个哲学的归宿问题。① 艾儒略在谈到经院哲学的功用时,强调说:研究和掌握经院哲学不仅旨在"知万有之始终、人类之本向、生死之大事",而且还旨在"格物穷理,则于人全,而于天近"②。利类思则从"天学"与"人学"相互渗透、相互贯通的高度,充分肯认了经院哲学的人学意义:"非人学,天学无先资;非天学,人学无归宿。必也两学先后联贯,乃为有成也。"③我国著名学者徐光启在谈到经院哲学时,也突出地强调了它的生存论意义,说经院哲学是"事天爱人之说,格物穷理之论,治国平天下之术"。④ 与徐

---

① 参见段德智:《试论经院哲学的学院性质及其学术地位》,载许志伟主编:《基督教思想评论》,第11—13页。

② 艾儒略:《西学凡》,见李之藻编:《天学初函》(一),第50、31页。

③ 利类思:"《超性学要》自序",圣托马斯:《超性学要》"超性学要自序",第3页。

④ 徐光启:《辨学章疏》,见《徐光启集》下册,上海古籍出版社1984年版(下同),第434页。

光启相一致，李之藻也把经院哲学视为“存心养性之学”和“救心之药”。① 这些都是很有见地的。

第四，经院哲学不仅是一种指向性极强的形而上学和生存论，而且还是一种与宗教文化和世俗文化关系密切的哲学。宗教既然为人类文化的“硬核”和“深层维度”，它与人类社会和人类文化的各个层面的广泛联系也就是一件非常自然的事情了。马克思在《〈黑格尔法哲学批判〉导言》中称宗教为世俗世界或世俗文化的“总理论”、“包罗万象的纲领”和“具有通俗形式的逻辑”，即是谓此。② 这种情况在中世纪欧洲差不多被发挥到了极致，以至于在谈到基督宗教及其神学在中世纪欧洲的整个社会文化大系统中的“万流归宗”的地位时，恩格斯强调说：“中世纪把意识形态的其他一切形式——哲学、政治、法学，都合并到神学中，使它们成为神学中的科目”，“中世纪的历史只知道一种形式的意识形态，即宗教和神学”。③

第五，作为学院哲学的中世纪经院哲学是西方哲学史上一个极其重要的发展阶段。作为学院哲学的经院哲学虽然有古典经院哲学和新经院哲学之分，但是，其“轴心时代”无疑是中世纪。而中世纪经院哲学不仅是西方哲学发展史上的一个阶段，而且是其一个极其重要的发展阶段。说它是西方哲学发展史上一个极其重要的发展阶段乃是出于下面两个理由

---

① 李之藻：《天主实义序》、《畸人十篇序》，朱维铮主编：《利玛窦中文著译集》，复旦大学出版社 2001 年版（下同），第 100、502 页。

② 马克思：《〈黑格尔法哲学批判〉导言》，《马克思恩格斯选集》第 1 卷，人民出版社 1995 年版（下同），第 1 页。

③ 恩格斯：《路德维希·费尔巴哈和德国古典哲学的终结》，《马克思恩格斯选集》第 4 卷，人民出版社 1995 年版（下同），第 255、235 页。

的考虑。首先,是就中世纪经院哲学本身的特殊规定性而言的。哲学,作为一种特殊的意识形态,与其他人文科学和社会科学的根本区别,在于它对终极实存的特别关注,在于它的超越性和形而上学性,在于它的"一切皆一"、"一即一切"的意识。在通常情况下,由于人们为身边的俗物所累,很难进入这样一种超越的意境,用柏拉图的话说,就是我们很难完成"哲学的排练"(即"死亡的排练")。而经院哲学的根本特征恰恰在于其对终极实存或终极存在的特别关注,在于它的超越性和形而上学性,在于它对"一切皆一"和"一即一切"的无保留的强调。从这个意义上讲,中世纪经院哲学是训练人类哲学思维的最好的课堂或最好的课堂之一,对于人的形上思维的成长和形而上学的进步无疑有非常积极的影响。尽管人们往往将中世纪经院哲学仅仅理解为"历史"和"过去",但是,一如吉尔松所强调指出的,它至今"依然活着","我们可以假定它还会长久地继续鼓舞形而上学"。① 其次,是就中世纪经院哲学作为西方哲学发展史中的一个环节而言的。黑格尔曾经把哲学史理解成"一道洪流",理解成一个包含诸阶段于自身内的一个"在发展中的系统"。② 卢汶高等哲学研究所首任所长麦西埃(Desire Mercier,1851—1926 年)说:"哲学是在历史进程里时代相连的努力所生成的果实。"③中世纪经院哲学作为

① 吉尔松:《中世纪哲学精神》,沈清松译,台湾商务印书馆 2001 年版(下同),第 14 页。

② 参见黑格尔:《哲学史讲演录》第 1 卷,贺麟、王太庆译,商务印书馆 1981 年版(下同),第 8、33 页。

③ 转引自赵敦华:《基督教哲学 1500 年》,人民出版社 1994 年版(下同),第 4 页。

西方哲学发展史中的一个环节，一方面是古希腊罗马哲学的承续者、丰富者、革新者和赋予意义者，另一方面又是近现代西方哲学的资源、助产者和开启者。中世纪经院哲学的这样一种双重身份是可以从许多方面看出来的。例如，中世纪经院哲学在人学和存在论方面强调人的全整性和个体性，并把存在理解成一种创造性的生存活动，一方面是对古希腊罗马时代的"魂本思想"和"逻各斯主义"的继承和超越，另一方面又构成了近现代人学思想和存在主义思想的先声和一个理论源头。① 再如，中世纪经院哲学的注重广延和运动的物质观一方面是对古希腊罗马哲学消极被动的物质观的扬弃和超越，另一方面又是近现代物质观的先声和一个理论源头。② 中世纪经院哲学与西方哲学史上其他历史阶段的哲学形态一样，也具有明显的两重性，即：一方面具有时代的局限性，有其"过去"的一面；另一方面也有其"不死"的一面，也有其"超时代"的一面。

这些就是我们编辑出版这套丛书的主要缘由。

那么，关于这套丛书，我们究竟有一些什么样的具体打算呢？

在我国，对于中世纪经院哲学的介绍、思考和研究工作，可以一直上溯到明末清初。那时候，不仅一些有学养的来华传教士，如利玛窦(Matteo Ricci，1552—1610 年)、艾儒略、毕方济(Franciscus Sambiasi，1582—1649 年)和利类思等，对之做了大量的介绍和研究工作；而且一些著名的华人学者，如李之藻和徐光启等，也对之做了大量的介绍和研究工作。但是，

① 参见段德智：《试论经院哲学的学院性质及其学术地位》，载许志伟主编：《基督教思想评论》，第 11—13 页。

② 参见赵敦华：《基督教哲学 1500 年》，第 470、388 页。

在此后开展的洋务运动、维新运动、新文化运动、抗日战争等事关中国命运和前途的各项政治运动和社会变革中，尽管在这期间康有为等也曾提出过“建立宗教论”的主张，梁启超甚至强调过“天下无无教而立国者”，但是，由于当时我国的志士仁人所关注的主要是器皿层面和制度层面的问题，甚至是民族的存亡问题，故而尽管西学在这个时期有了相当规模的“东渐”，而对作为学院哲学的经院哲学却几乎无人问津。这种状况至20世纪下半叶才有所改变。一些先知先觉者，如大陆学者车铭州、张尚仁、傅乐安、赵敦华、唐逸，台湾学者罗光、邬昆如、黎建球、沈清松、高凌霞、张振东、潘小慧、傅佩荣等，香港学者谢扶雅等，“继”中国经院哲学研究之“绝学”，在复兴这项哲学事业方面分别作出了程度不同的贡献。但是，至今我国在经院哲学的研究无论从规模上还是从水平上都与我们的大国地位极不相称。而且，在这些介绍、思考和研究中，一部分学者或是过多地倚重宗教神学层面，或是基本上着眼于历史层面和文化层面，或是基本上满足于外在审视和通俗介绍，且相当一部分学者对西方中世纪经院哲学原典又缺乏必要的了解和研究。在这种情势下，除了少数几本著作外，大多数相关著作往往缺乏应有的学术立场和必要的理论深度。鉴此，编辑出版一套基于原典翻译和研究的注重学术品位和理论深度的经院哲学著作，在我们看来，就是一件对于振兴我国经院哲学研究再适合不过的事情了。

关于这套丛书，我们的具体设想主要在下述几个方面：

第一，我们打算走学术化的研究路子，走“哲学研究”的路子。诚然，无论从宗教神学的角度，还是从历史层面和文化层面，来思考和研究中世纪经院哲学，都是有益的和必要的。但是，我们认为学术著作的生命线在学术和思想本身，唯有走学术化的研究路子、走“哲学研究”的路子才是提升我国经院哲学研究水平的根本途径。黑格尔在《哲学史讲演录》中不仅区分了哲学与宗教、哲学与其他科学知识，而且还区分了哲学与“通俗哲学”。① 罗素在《对莱布尼茨哲学的批评性解释》的“第一版序”中也明确地区分了哲学史的“历史”研究方式和“哲学”研究方式，宣称：“哲学史作为一项学术研究，可以设置两种稍有差异的目标，其中第一种主要是历史的，而第二种则主要是哲学的。由于这个缘故，就很容易出现这样一种现象，即在我们寻找哲学‘的’历史的地方，我们却相反地发现了历史‘和’哲学。”②事实上，当我们宣称经院哲学是一门比较纯粹的学问、学院哲学和学者的哲学时，我们就是在宣示我们这样的一种意向和决心。黑格尔说：“思想必须独立，必须达到自由的存在，必须从自然事物里摆脱出来，并且必须从感性直观里超拔出来。思想既然是自由的，则它必须深入自身，因而达到自由的意识。”③亚里士多德断言“理性的沉思生活”乃“人的最完满的幸福”。它给出的理由是，这样一种生活“既有较高的严肃的价值”，“又不以本身之外的任何目的为目标，并且具有它自己本身所特有的愉快（这种愉快增强了活动），而且自足性、悠闲自适、持久不倦（在对于人是可

① 参见黑格尔：《哲学史讲演录》第1卷，第91—93页。

② 罗素：《对莱布尼茨哲学的批评性解释》，段德智、张传有、陈家琪译，陈修斋、段德智校，商务印书馆2000年版（下同），第21页。

③ 黑格尔：《哲学史讲演录》第1卷，第93页。

能的限度内)和其他被赋予最幸福的人的一切属性"。① 我等既然生活在尘世,受物所累,在所难免,但是,既然这种"沉思生活"值得憧憬,我等自当勉之。

第二,与此相适应,我们将着眼于经院哲学的超越性,着眼于经院哲学的形而上学性质,着眼于经院哲学的存在论和实体学说。毫无疑问,"宗教文化"也是我们这套丛书的一项内容,我们不仅要深入研究经院哲学的自然哲学、心灵哲学、认识论、道德伦理、人学思想、自然法理论、正义学说、公平价格理论、美学思想等,而且还要研究中世纪的与宗教相关的政治、经济、科学技术、文学、艺术、风俗习惯等。但是,在所有这些研究中,一方面,我们将首先致力于经院哲学的形而上学研究,致力于经院哲学的存在论和实体学说的研究;另一方面,我们又将努力从形而上学和本体论的高度来审视经院哲学的其他内容和宗教文化的各个层面。在我们看来,唯其如此,方能保证我们这套丛书的理论深度和学术品位,才能昭示出中世纪经院哲学既区别于古希腊罗马哲学也区别于西方近现代哲学的特殊本质。像罗素那样,把中世纪经院哲学简单地等同于古希腊罗马哲学,把中世纪经院哲学简单地视为古希腊罗马哲学与基督宗教神学的结合的看法,我们是不能苟同的。而致力于中世纪经院哲学的形而上学研究,致力于对其存在论和实体学说的研究正是对这样一种错误看法的一服消毒剂。②

① 亚里士多德:《尼各马可伦理学》第10卷第7章,北京大学哲学系外国哲学史教研室:《古希腊罗马哲学》,商务印书馆1982年版,第327页。

② 参见段德智:《阿奎那的本质学说对亚里士多德的超越及其意义》,《哲学研究》2006年第4期。

第三，强调原典的研读和研究、强调研究和著述以原典的翻译和研究为基础也是我们的一个根本性的指导思想。既然在我们看来，我国近半个世纪中世纪经院哲学研究的一个根本缺陷即在于缺乏坚实的文本基础或原典基础，则我们之注重原典的研读和研究，强调研究和著述须以原典的翻译和研究为基础就是一件再自然不过的事情了。黑格尔在谈到治哲学史的秘诀时，曾强调指出："从原始史料去研究哲学史。"① 至于翻译的重要性，也一向受到硕学之士的强调。明末学者徐光启就曾发出过"欲求超胜，必须会通；会通之前，必须翻译"的呼吁。② 梁启超更从"强国"的高度来审视"翻译"问题，说："国家欲自强，以多译西书为本。"③梁启超的这句话固然有点高谈阔论，但是，倘若把翻译视为振兴我国经院哲学研究的"第一事"，倒是一点也不为过的。我们注重原典的翻译和研究，注重尊重文本，这并不意味着我们将拘泥于文字考据，正相反，我们也同样注重对文本作出现代性的诠释。我们所强调的只不过是一种尊重文本的伽达默尔式的"视域融合"罢了。

第四，我们将把对托马斯·阿奎那的研究作为我们的一个重点。我们这样做，不仅仅是因为托马斯·阿奎那是中世纪经院哲学的主要代表人物，也不仅仅是因为托马斯·阿奎那是中世纪经院哲学家中最具影响力的人物，是一个在西方

---

① 参见黑格尔：《哲学史讲演录》第1卷，第110页。

② 徐光启：《历史总目表》，见《徐光启集》下册，第374页。

③ 梁启超："西学书目表序列"，《饮冰室合集》文集之一，中华书局1989年版，第122页。

思想史上堪与苏格拉底、柏拉图、亚里士多德、笛卡尔、牛顿、康德、达尔文、马克思、麦克斯韦、霍金、尼采相媲美的世界历史性人物，而且还因为他的哲学思想在中世纪经院哲学中最为丰富，也最见学理性和系统性，是中世纪经院哲学的集大成者。利类思在其“《超性学要》自序”中，曾经称赞托马斯的著作“义据宏深，旨归精确。自后学天学者，悉禀仰焉。……学者推为群学之折衷，诸理之正鹄，百学之领袖，万圣之师资。岂不然哉！”①毫无疑问，在我们这套丛书中，我们将尽力推出一系列阐述中世纪经院哲学的其他代表人物和中世纪经院哲学发展过程、发展规律和历史影响的专著，但是，无论如何，托马斯·阿奎那经院哲学思想的研究都是我们的一个重点。我们这样做不仅是想借此把中世纪经院哲学的最壮观的一幕呈现给读者，在中世纪经院哲学的研究中发现“哲学”，而且还想借此为我们对中世纪经院哲学的其他代表人物的阐述提供一个坐标或参照框架。换言之，在我们看来，唯其如此，才能够使我们的整个中世纪经院哲学的研究整体上达到更高的水平。

第五，西方中世纪经院哲学与中国中世纪“书院哲学”的比较研究，也当是本套丛书的一项内容。按照一些史学家（如朱维铮）的观点，中国也有自己的“中世纪”，既然如此，中国也当有自己的中世纪经院哲学，其中最典型的莫过于“书院哲学”了。这就向我们提出了一个如何对中西中世纪经院

① 利类思：“《超性学要》自序”，圣托马斯：《超性学要》“超性学要自序”，第3页。

哲学进行比较研究的问题，换言之，这也就是所谓“会通中西”的问题。既然我们身为中国学者，既然我们是在中国国土上从事中世纪经院哲学研究，我们就不能不考虑这种比较研究或中西会通问题。明末徐光启就曾强调指出：“欲超前胜，必须会通。”[①]清末维新学者梁启超也从“治国”和“救亡”的高度强调了“会通”的必要性。他指出：“舍西学而言中学者，其中学必为无用；舍中学而言西学者，其西学必为无本。无用无本，皆不足以治天下，虽庠序如林，逢掖如鲫，适以蠹国，无救危亡。”[②]虽然梁启超关于“本”、“用”的说法未必精当，但是他强调“会通”的初衷却是楚楚可见的。“会通”是不可能靠简单的“对照”和“比附”就能成就的，不仅需要很好的学养，而且还需要下很大的工夫。否则，不仅“视域融合”将成为一句空话，甚至连“时间间距”和“空间间距”的隔障也难以破除。

第六，还有一个学术国际化的问题。马克思在其博士论文中就曾经提出过“哲学的世界化”问题。[③] 时至今日，我们已经进入了“全球化”时代，“哲学的世界化”的任务就更加迫切了。若要在中世纪经院哲学的研究中担当这样一个任务，至少有两个方面的工作要做。这里首先有一个知识结构和理论视野问题，它要求我们在研究工作中尽可能多地了解和借

① 徐光启：《辨学章疏》，见《徐光启集》下册，第433页。

② 梁启超：《〈西学书目表〉后序》，《梁启超全集》第1册，北京出版社1999年版，第86页。

③ 马克思：《德谟克利特的自然哲学与伊壁鸠鲁的自然哲学的差别》，《马克思恩格斯全集》第40卷，人民出版社1982年版（下同），第135页。

鉴国际学术界在这一领域中的优秀成果,尽可能地同这一领域世界顶尖级的专家学者形成一种积极的对话态势。其次,在作者队伍方面,尽管我们将以国内学者或大陆学者为主,但是我们也将尽可能多地吸收像圣路易斯大学讲席教授埃利奥诺·斯敦普(Eleonore Stump)和哈佛大学中国历史和哲学教授杜维明这样一些世界顶尖级学者参加。相信我们的这些努力会对提升本套丛书的学术质量产生积极的影响。

我是1963年进入大学开始学习哲学的。正是因为我对信仰问题有着一种好奇或诧异,这推动我对宗教信仰问题进行哲学的思考,推动我创办了武汉大学宗教学系,组建了阿奎那与中世纪思想研究中心(后更名为武汉大学基督宗教与宗教文化研究中心),推动我去翻译杜维明先生的《论儒学的宗教性》,去组织翻译托马斯·阿奎那的《神学大全》、《反异教大全》和《论存在者与本质》,并因此而逐步萌生了主编一套关于中世纪经院哲学丛书的念头。2005年,当我把我的这个念头和相关设想告诉人民出版社洪琼先生的时候,出乎意料地得到了他的极其热烈的回应。说实话,他当时所表现出来的学术热情、使命意识和乐观情绪,不仅使我平添了几分信心,而且还颇有几分遇到知音的感觉。应该说,我们这套丛书之能够成功推出,与他的积极投入是分不开的。因此,在我们这套丛书面世之际,如果有什么人需要感谢的话,那么,我首先应当感谢的就是洪琼先生。

我还应当特别感谢我们刚刚提到的著名的阿奎那专家埃利奥普·斯敦普教授,多年来她不仅多次到我们学校进行中世纪经院哲学讲演,而且还将他的老师诺曼·克雷茨曼(Norman Kretzmann)的数千册图书悉数捐赠给了我们。她对我们武汉大学基督宗教和宗教文化研究中心的无私帮助,对我们中世纪经院哲学研究工作的充分肯定,是并且将继续是我们中世纪经院哲学研究的一个重要助力。台湾辅仁大学哲学系的高凌霞教授受美国天主教大学荣誉教授乔治·弗兰西斯·麦克莱恩(George Frances Mclean)的委托年复一年地奔波于海峡两岸,为我们的经院哲学研究和教学工作作出了令人瞩目的贡献。此外,德国柏林自由大学的哲学教授威廉·施米特·比格曼(Wilhelm Schmidt Biggermann),加拿大不列颠哥伦比亚大学维真学院的许志伟教授,香港中文大学崇基学院神学院的卢龙光院长,台湾辅仁大学的黎建球校长和该校哲学系的潘小慧主任、香港浸会大学基督教研究中心的江丕盛主任,中国神学研究院的周永健院长和余达心院长也都曾高度评价了我们的经院哲学研究,并给予了我们多方面的支持和帮助。大陆学者如北京大学的赵敦华教授、靳希平教授、张志刚教授,中国人民大学的李秋零教授,山东大学的傅有德教授,浙江大学的王志成教授,中国社会科学院的李景源先生、李河先生、霍桂桓先生、孔明安先生、卓新平先生、辛岩先生,商务印书馆的狄玉明先生、徐奕春先生、朱泱先生和陈小文先生,人民出版社的陈亚明女士、方国根先生等也都对我们的中世纪经院哲学研究工作给予了极大的关注、支持和帮助。我谨在此一并予以致谢!

我国古代著名的诗人陶渊明在读过《山海经》后曾写过一首催人奋进、感人肺腑的诗:"精卫衔微木,将以填沧海。刑天舞干戚,猛志固常在。同物既无虑,化去不复悔。徒设往昔心,良辰讵可待!”无疑,他的这首诗向我们提出了一个值得深思的问题,这就是:我们如何在持守精卫、刑天的“勇猛凌厉之志”的同时又能使我们的“往昔心”不至于“徒设”?我们的应对措施主要有两条。首先,我们必须看到,尽管中世纪经院哲学研究具有上述诸多重大意义,但是它毕竟只是一种哲学形态,而且还是一种我们几乎不可能指望其成为一门“显学”的哲学形态。自西方中世纪经院哲学东渐以来,它虽然也曾受到过国人的重视,但是,它却从来不曾成为一门显学,而且,在洋务运动、维新运动和五四运动和文化革命运动中,它甚至几乎为国人所忘却。因此,尽管我们对振兴我国经院哲学研究心存希望并决心为之奋斗,但是我们也绝不会因此而奢望它在我国成为一门显学。其次,我们清醒地看到,振兴我国经院哲学研究是一项巨大的学术工程:不仅需要社会各方面的鼎力相助,而且也需要几代人坚韧不拔的努力。就我们而言,倘若借这套丛书能为这样一种振兴稍尽绵薄,对我国学术事业的繁荣和发展稍尽绵薄,也就至幸、至足了。仅此而已!仅此而已!

是为序。

2007 年 2 月 3 日初稿
2007 年 11 月 3 日修订稿
于武昌珞珈山南麓

目　录

导 论

作为神圣原理的三一学说

托马斯·阿奎那的三一学说,可谓托马斯神圣科学(de sacra doctrina)的基石和中枢。在托马斯的《神学大全》①中,三一奥秘是托马斯上帝学说的精髓。在托马斯的《论公教信仰的真理》(《驳异教大全》)②中,三一奥秘是托马斯超自然原理的开端。在托马斯的《约翰福音注释》③中,三一奥秘是托马斯阐述的神圣奥秘中的神圣奥秘。作为基督教的"绝对奥秘",④神圣位格的数目为三,这是神学家无法借助天赋理智获悉而阐述的。⑤ 托马斯的三一学说是中世纪神学"信仰

① Thomas Aquinas, *Summa Theologica*, Latin and English edition. 61 volumes. New York: Cambridge University Press, 2006.

② Thomas Aquinas, *On the Truth of the Catholic Faith* (*Summa Contra Gentiles*), 5 volumes. New York, 1955-1957. Thomas Aquinas, *Summa Contra Gentiles*, 4 volumes. Notre Dame: University of Notre Dame Press, 1975.

③ Thomas Aquinas, *Commentary on the Gospel of John*, Petersham, Mass,: St. Bede's Publications, 1999.

④ Karl Rahner, *The Trinity*, London: Burns and Oates, 1970, p. 50.

⑤ Thomas Aquinas, *Faith, Reason and Theology* (*Questions I-IV of his Commentary on the De Trinitate of Boethius*), Toronto: Pontifical Institute of Mediaeval Studies, 1987, 1: 4, pp. 29-34. See *Summa Theologica*, Ia: 32: 1, and Leo XIII, *Divinum Illud Munum*, 5th May 1879. See Karl Rahner, *The Trinity*, pp. 13-14.

寻求理解”①的卓越典范，是中世纪神学神圣启示和理性沉思的完美结合的卓越典范，同时是“内在三一”和“经世三一”的完美结合的卓越典范。② 在托马斯的三一学说中，“经世三一”是“内在三一”的知识论基础和神学导论。托马斯对于位格概念的深刻阐述，对于作为上帝神圣本质的神圣存在、神圣理解和神圣意志的先验同一性的深刻阐述，揭示出作为上帝的神圣理智在永恒中自己认识自己的内在行动的神圣言辞的永恒生出，就是作为神圣位格的圣子的永恒生出，以及作为上帝的神圣意志在永恒中自己倾慕自己的内在行动的神圣爱情的永恒发出，就是作为神圣位格的圣灵的永恒发出。托马斯对于神圣位格的永恒发出的阐述是深刻而精辟的，托马斯对于位格关系以及位格表记的阐述是深刻而精辟的。托马斯的三一学说深刻而精辟地揭示出，圣父、圣子、圣灵在永恒中借着起源关系而彼此区分，圣父、圣子、圣灵在永恒中享有完全相同的神圣存在和神圣本质。

一、神圣位格的永恒发出

作为神圣科学的超自然原理，基督教的三一学说确认上帝中具有神圣位格的永恒发出(de processione，the processions)。③作为神圣科学的超自然原理，基督教的三一学说确认上帝中的永恒发出是神圣位格的永恒发出。在上帝中，圣言的永恒

① Anselm，*Proslogion*.

② See Karl Rahner，*The Trinity*，pp.21-24.

③ Thomas Aquinas，*Commentary on the Gospel of John*. 1，lect. 1，nn. 24-33，41；*Summa Theologica*，Ia：27：1.

发出被称为神圣生出(生育),上帝中永恒生出的圣言就是作为神圣位格的圣子。① 在圣言的永恒生出之外,上帝中具有另一种永恒发出(嘘出),就是圣爱的永恒发出,上帝中永恒发出的圣爱就是作为神圣位格的圣灵。② 因此在上帝中具有两种永恒发出,就是圣言的永恒生出(生育)和圣爱的永恒发出(嘘出)。根据亚他那修信经的经典阐述,"圣灵既非被圣父和圣子形成,亦非被创造,也不是受生,而是由圣父和圣子出发。"根据亚他那修的经典阐述,上帝中圣爱的永恒发出,不应该被称为生出(生育)③,因为圣爱不是像圣言那样以肖像的方式发出。上帝中圣爱的永恒发出仍然称为发出(嘘出),因为圣爱犹如被吹出的气息,就是作为神圣位格的圣灵。在上帝中只有两个神圣位格在永恒中发出,就是作为神圣位格的圣子和圣灵。在上帝中只有两种永恒发出,就是作为上帝神圣理智的内在行动的圣言的永恒生出(生育),以及作为上帝神圣意志的内在行动的圣爱的永恒发出(嘘出)。④ 毋宁说,在上帝中只有两种永恒发出,就是作为神圣位格的圣子的永恒生出(生育)以及作为神圣位格的圣灵的永恒发出(嘘出)。

神圣位格的永恒出发是在上帝的神圣实体中,根据神圣位格的永恒出发而具有的出发者和本源之间的关系,必然是实在关系。作为上帝神圣理智的内在行动出发的圣言和圣言

---

① *Summa Theologica*, Ia:27:2.

② *Summa Theologica*, Ia:27:3.

③ *Summa Theologica*, Ia:27:4.

④ *Summa Theologica*, Ia:27:5.

的本源（神圣理智）之间的关系，以及作为上帝神圣意志的内在行动出发的圣爱和圣爱的本源（神圣意志）之间的关系，必然是实在关系。① 凡是在上帝中者，都是上帝的神圣本质。因此，上帝中的实在关系，就其本身而言，和上帝的神圣本质是完全同一的，其区别只是在观念方面。在上帝中，实在关系的存在和上帝神圣本质的存在，是相同的存在。② 在上帝中的实在关系，奠基于上帝的神圣理智自己认识自己和神圣意志自己倾慕自己的内在行动。上帝的神圣理智在永恒中自己认识自己而发出圣言，就是作为神圣位格的圣子。永恒生出的本源关系就是父性；从本源出发者的关系就是子性。上帝的神圣意志在永恒中自己倾慕自己而发出圣爱，就是作为神圣位格的圣灵。永恒嘘出的本源关系就是嘘出，从本源出发者的关系就是出发。因此，在上帝中具有四种实在关系，就是父性、子性、嘘出和出发。③

根据波爱修的定义，"位格"是具有理智本性的个别实体。在"位格"的定义中揭示出"个别实体"，就是作为行动主体的个体。在"位格"的定义中揭示出"理智本性"，就是具有理智和意志的作为智慧存在者的行动主体。④ 因为"位格"的定义能够同时用于上帝的神圣位格以及作为受造者的智慧存在者，"位格"是一个类比概念。在"位格"的定义中包含着三

---

① *Summa Theologica*, Ia:28:1.

② Thomas Aquinas, *Commentary on the Gospel of John*.16, lect.4, n.2113; *Summa Theologica*, Ia:28:2.

③ *Summa Theologica*, Ia:28:4.

④ *Summa Theologica*, Ia:29:1.

个要素：第一，理智本性，就是存在、理解和意志的先验同一性；第二，个别实体，就是作为个别存在者的“第一实体”；第三，主体性，就是作为基体（suppositum）的行动主体。“位格”指示的，是那在整个存在的自然本性中最完美者，就是具有理智本性的个别存在者。既然凡是属于完美性者，都应该归于上帝，因为上帝的神圣本质具有一切完美性；因此，用“位格”这一名称来称述上帝是合理的。固然，不是根据用来称述受造者的相同方式，而是根据更卓越的方式。[①] 根据波爱修的理解，属于位格的名称，都是表示关系的。因此，根据上帝中神圣本质和神圣实体的相同，“位格”这名称直接表示本质，间接表示关系。[②]

理智是在位格特征中，即在父性的、子性的以及出发的特征中，确认神圣位格之间的区别。理智把抽象的和具体的名称用于上帝的神圣实在，不但需要以抽象的和具体的方式表达神圣本质方面的名称，例如上帝性和上帝；而且需要以抽象的和具体的方式表达神圣位格方面的名称，例如父性和圣父。以抽象方式表示的位格关系，就是特征和表记。[③] 表记是认识上帝位格的特有观念，神圣位格根据永恒起源而增多。和起源相关者有两者，即那有其他位格出于自己者以及那出于其他位格者；神圣位格能够根据这两种方式显示自己。圣父的位格根据“不出于其他位格”来显示自己；因此，圣父的表记是“无起源性”。就有其他位格出于自己而言，圣父以两种

① *Summa Theologica*, Ia:29:3.

② *Summa Theologica*, Ia:29:4.

③ *Summa Theologica*, Ia:32:2.

方式显示自己。就圣子出于自己而言,圣父用"父性"这一表记显示自己;就圣灵出于自己而言,圣父用"共同嘘出"(communis spiratio)这一表记显示自己。圣子能够藉从其他位格出发来显示自己;如此,圣子用"子性"这一表记显示自己。圣子同时藉圣灵出于自己来显示自己;如此,圣子和圣父一样,用"共同嘘出"显示自己。圣灵只能藉出于其他位格来显示自己;如此,圣灵用"出发"(processio)这一表记显示自己。因此,在上帝中具有五项位格表记(notiones),就是无起源性、父性、子性、共同嘘出和出发。①

二、圣父:没有本源的神圣本源

圣父的神圣位格可以用"无起源性"、"父性"和"共同嘘出"这三项表记来显示自己。作为神圣位格的圣父不是出于任何其他位格,因此圣父能够用"无起源性"这项表记显示自己,"无起源性"是圣父的基础性表记,圣父是没有本源的神圣本源。因此,"圣父是整个上帝性的本源"。② 就有其他位格在永恒中出于圣父而言,圣父能够用两种方式显示自己。就圣子在永恒中出于圣父而言,圣父用"父性"这项表记显示自己;就圣灵在永恒中出于圣父而言,圣父用"共同嘘出"这项表记显示自己。③

作为神圣位格的圣子在永恒中出于作为神圣位格的圣父,作为神圣位格的圣灵在永恒中出于作为神圣位格的圣父

① *Summa Theologica*, Ia:32:3.

② Augustine, *The Trinity*, 4:20, New York: New City Press, 1991.

③ *Summa Theologica*, Ia:32:3.

和圣子。因此，作为神圣位格的圣父在永恒中是作为神圣位格的圣子和圣灵的神圣本源（principium），作为神圣位格的圣父在永恒中是“没有本源的神圣本源”。作为神圣位格的圣父在永恒中是圣子和圣灵的神圣本源，作为神圣位格的圣父在永恒中是没有本源的神圣本源，作为神圣位格的“圣父由于赐予者的首要地位”①，就是整个上帝性的神圣本源。

作为神圣位格的圣父在永恒中是没有本源的神圣本源。作为神圣位格的圣子和圣灵在永恒中出于作为神圣位格的圣父，作为神圣位格的圣父在永恒中是作为神圣位格的圣子和圣灵的神圣本源，因此作为神圣位格的圣父在永恒中是“整个上帝性的本源”。作为神圣位格的圣父在永恒中是作为神圣位格的圣子和圣灵的神圣本源，作为神圣位格的圣父是上帝神圣位格的永恒出发的终极而超越的神圣本源。作为神圣位格的圣父在永恒中是“没有本源的神圣本源”，作为神圣位格的圣子在永恒中是“出于本源的神圣本源”。作为神圣位格的圣父在永恒中发出作为神圣位格的圣子，因此圣父用“父性”这项表记显示自己。作为神圣位格的圣父和圣子在永恒中发出作为神圣位格的圣灵，因此圣父用“共同嘘出”这项表记显示自己。因为作为神圣位格的圣父在永恒中是“没有本源的神圣本源”，作为神圣位格的圣父用“无起源性”这项表记显示自己。② 根据“无起源性”这项表记，作为神圣位格的圣父在永恒中是作为神圣位格的圣子的永恒生出的神圣

---

① Hilary, *De Trinitate*, 9:54.

② *Summa Theologica*, Ia:33:4.

本源，作为神圣位格的圣父在永恒中是作为神圣位格的圣灵的永恒出发的神圣本源①。

诗篇说："他要称呼我说：'你是我的父……'"（诗 89:26）"圣父"是上帝中第一位格的恰当名称，因为位格的固有名称，是指那使此位格和所有其他位格有所区别者。那使圣父的位格和其他位格有所区别者，正是在永恒中生出圣子的"父性"这项表记。因此，表示父性的"圣父"这一名称，就是作为神圣位格的圣父的固有名称。因此，上帝中"圣父"这一名称指示的实在关系，就是自立于上帝本质中的神圣位格，就是上帝中的第一位格。在上帝中圣言同样是自立于上帝本质中的神圣位格，根据本义就是作为神圣位格的圣子，圣子在永恒中的神圣本源就是作为神圣位格的圣父。在上帝中作为神圣位格的圣父和圣子两者的区别只是就位格关系而言，而不是就神圣本质而言，这归于在上帝中永恒起源以及父性的真理。② 在上帝中用"圣父"这一名称，根据本义首先指示位格意义。父性和子性的完整观念，是在上帝圣父和上帝圣子中，因为圣父和圣子的神圣本质和永恒荣耀是完全相同的。作为神圣位格的圣父在永恒中是圣子的圣父，上帝三位在时间中根据神圣本质是受造者的父。③

五旬节圣灵降临期间，使徒宣讲（徒 2:1-36）以及新约启示确认圣灵是上帝的第三位格。事实上，使徒宣讲奠定托马

① Thomas Aquinas, *Commentary on the Gospel of John*. 8, lect. 3, n. 1183.

② *Summa Theologica*, Ia:33:2.

③ Thomas Aquinas, *Commentary on the Gospel of John*. 8, lect. 3, n. 1183; *Summa Theologica*, Ia:33:3.

斯三一学说的神学结构。根据“神学家”格列高利提出的教义发展论,圣父的神性首先被承认,然后圣子的神性被承认。同样地,圣子的神性首先被承认,然后圣灵的神性被承认。旧约启示圣父,新约启示圣子并且隐约阐述圣灵,圣灵现在已经住在我们生命中清楚彰显圣灵的神性。① 基督耶稣亲自应许门徒,圣父因圣子的名差遣保惠师(παρακλητος),圣父、圣子差遣圣灵,就是真理的圣灵,引导门徒进入神圣真理。这个应许揭示出上帝的神圣奥秘,就是伴随着作为神圣理智的内在行动的圣言的永恒出发,就是作为神圣位格的圣子的永恒出发,在上帝中具有作为神圣意志的内在行动的圣爱的永恒出发,就是作为神圣位格的圣灵的永恒出发。上帝的神圣意志在永恒中自己倾慕自己而发出的作为神圣实体的圣爱,就是完全的上帝。毋宁说,作为神圣位格的圣父和圣子在永恒中彼此相爱而嘘出(发出)的圣灵就是完全的上帝。作为神圣位格的圣父和圣子在永恒中共同嘘出作为神圣位格的圣灵,作为神圣位格的圣父能够用“共同嘘出”这项表记显示自己。②

三、圣子:作为神圣位格的圣言

约翰福音序言指出,圣言,就是作为神圣位格的圣子,在永恒中和圣父同在。③ 作为神圣科学的三一学说确认上帝中神圣位格的永恒起源,就是上帝中神圣位格的永恒发出。上

---

① Gregory Nazianzan, *oratio catechetica*.31:26.

② *Summa Theologica*, Ia:32:3.

③ *Summa Contra Gentiles*, IV:3.

帝的神圣理智在永恒中自己认识自己而发出作为神圣理智内在概念的神圣言辞①。神圣理智的内在概念就是被理解者的肖像,上帝的神圣理智和神圣理智的内在概念具有相同的神圣本质,在上帝中神圣理解和神圣存在具有完全的同一性。上帝的神圣理智在永恒中自己认识自己的神圣理解就是上帝的神圣存在。上帝的神圣理智在永恒中自己认识自己的神圣理解就是上帝自己的神圣实体,上帝的神圣理智在永恒中自己认识自己而发出的神圣言辞是具有相同本质的神圣实体。诗篇说:"我今日生你。"(诗 2:7)②上帝的神圣理智在永恒中自己认识自己而发出的神圣言辞和在永恒中发出神圣言辞的本源(上帝的神圣理智)在上帝中享有完全相同的神圣存在和神圣本质。因此,上帝中作为神圣位格的圣言的永恒出发就是永恒生出(生育),上帝中永恒出发的圣言就是作为神圣位格的圣子。③

上帝的神圣存在就是上帝的神圣理解。上帝的神圣理解就是上帝的神圣存在,上帝的神圣存在就是上帝的神圣本质。因此,上帝的神圣理解就是上帝的神圣本质。上帝的神圣本质是可理解的内在概念,上帝的神圣理解就是上帝的神圣存在,上帝的神圣理解就是上帝的神圣本体。在上帝中的神圣理解、被理解者和可理解的内在概念以及神圣理解行动,都享

---

① Thomas Aquinas, *Commentary on the Gospel of John*.1, lect.1, n.25.

② *Summa Contra Gentiles*, IV: 2. Thomas Aquinas, *Expositio Super Libros Boethii de Trinitate*. In: *Faith, Reason and Theology* (*Questions I–IV of his Commentary on the De Trinitate of Boethius*), Toronto: Pontifical Institute of Mediaeval Studies, 1987, p.4.

③ *Summa Theologica*, Ia: 27: 2.

有完全相同的神圣本质。[①] 因此,上帝的神圣理智在永恒中自己认识自己而发出的神圣言辞,其永恒出发就是和自己的神圣本源具有相同本质的神圣位格,因此根据本义被称为受生者和圣子。[②] 上帝的神圣存在就是上帝的神圣理解,上帝的神圣理智在永恒中自己认识自己而发出的神圣言辞就是作为神圣位格的圣子。因此,作为神圣位格的圣言在永恒中和发出圣言的上帝圣父同在,圣言在永恒中就是作为神圣位格的圣子,圣子在永恒中就是完全的上帝。[③] 上帝的神圣存在就是上帝的神圣本质,上帝在永恒中发出的圣言就是上帝的神圣存在和神圣本质。上帝在永恒中发出的圣言就是完全的上帝,这是说:"圣言是上帝。"[④]

在上帝中,圣言就其本来含义而说,是位格名称,是圣子位格的特有名称。根据本来含义而说,言辞具有三种含义。第一,言辞指示理智的内在概念;在这个意义上,言辞指"理智的天赋行动,藉此天赋行动,理智行动而理解、思想,如同光和光辉一样"。第二,言辞指示表达内在概念的声音;在这个意义上,言辞指"理智或理智概念"的使者或传达者,有时指天使。第三,言辞指示声音的心象本身;在这个意义上,言辞指"在内心道出者",就是理智概念的内在言辞。[⑤] 在上帝中,言辞指示神圣理智的内在概念。神圣理智的内在概念,就其

---

① *Summa Theologica*, Ia:14:4.

② *Summa Theologica*, Ia:27:2:ad2.

③ *Summa Contra Gentiles*, IV:3.

④ *Summa Contra Gentiles*, IV:11.

⑤ John of Damascus, *De Fide Orthodoxa*, I:13.

含义而言，就表示自己是出于其他本源，就是出于理解者或领悟者的知识。就“言辞”在上帝中表示神圣理智的内在概念而言，“言辞”表示出于其他本源者，这归于位格名称的范围，因为神圣位格是根据永恒起源而彼此区分。① 在上帝中，根据本来含义而说的圣言，是圣子位格的特有名称。圣言意指神圣理智的涌出或永恒发出；在上帝中，根据神圣理智在永恒中自己认识自己而发出的神圣位格就是圣子，圣子的永恒出发就是永恒生出。因此，惟有圣子根据本来含义而称为圣言。②

上帝的神圣理智在永恒中自己认识自己而发出作为神圣位格的圣言，就是作为神圣位格的圣子。在上帝中，圣言的永恒出发具有永恒生出（生育）的性质，因为上帝中圣言的永恒出发，第一，是根据作为上帝自己生命活动的神圣理解行动的方式；第二，是出于没有本源的神圣本源；第三，是根据肖像的原理，因为神圣理智的内在概念就是被理解者的肖像；第四，是存在于相同的神圣本质中，因为上帝的神圣理解就是上帝的神圣存在。③ 上帝的神圣理智在永恒中自己认识自己而发出作为神圣位格的圣言，就是作为神圣位格的圣子。圣言的永恒出发是根据肖像的原理，因为神圣理智的内在概念就是被理解者的肖像。④ 因此，肖像是圣子特有的位格名称：“惟

① *Summa Theologica*, Ia:34:1.

② *Summa Theologica*, Ia:34:2; *Summa Contra Gentiles*, IV:12.

③ *Summa Theologica*, Ia:27:2.

④ Thomas Aquinas, *Commentary on the Gospel of John*.1, lect.1, n.42.

有圣子是圣父的肖像。”[①]因此，继承拉丁教父的传统，就是根据圣经的用法，把“肖像”这一位格名称只归于圣子。圣经说：“爱子是那无形的上帝的肖像。”（西 1:15）[②]圣子是圣父的肖像，圣子在永恒中享有和圣父完全相同的神圣存在和神圣本质[③]，圣子是圣父的完美肖像。[④]

四、圣灵：作为神圣位格的圣爱

在上帝中具有两种神圣位格的永恒出发，就是圣言的永恒出发和圣爱的永恒出发。在上帝中神圣位格的永恒出发，是根据上帝的神圣理智和神圣意志的内在行动的永恒出发。圣言的永恒出发，是根据上帝的神圣理智在永恒中自己认识自己的内在行动的永恒出发，根据这种永恒出发，“被理解者在理解者中”；圣爱的永恒出发，是根据上帝的神圣意志在永恒中自己倾慕自己的内在行动的永恒出发，根据这种永恒出发，“被爱者在爱者中”。[⑤] 因为存在者除非在理智中被领悟，就不能在意志中被倾慕。根据上帝的神圣理智在永恒中自己认识自己的内在行动而有的圣言的永恒出发，以及根据上帝的神圣意志在永恒中自己倾慕自己的内在行动而有的圣爱的永恒出发，两者具有某种秩序。因为圣爱的永恒出发只能跟随圣言的永恒出发。在上帝中神圣理智和神圣意志是同一

① Augustine, *The Trinity*, 6:2.
② *Summa Contra Gentiles*, IV:11.
③ *Summa Contra Gentiles*, IV:7.
④ *Summa Theologica*, Ia:35:2.
⑤ *Summa Theologica*, Ia:27:3.

的，因为爱慕源于理智的领悟，在上帝中，圣爱的永恒出发和圣言的永恒出发，具有神圣秩序的分别。[①] 根据亚他那修信经，圣灵由圣父和圣子发出。[②] 作为神圣位格的圣父和圣子在永恒中彼此相爱而发出作为神圣实体的爱情，“仿佛是被吹出的气息(spiritus)”，[③]就是作为神圣位格的圣灵。[④] 作为神圣位格的圣父、圣子和圣灵，就是圣经启示的作为三位一体的上帝。[⑤]

根据圣经的用法，表示圣父和圣子在永恒中彼此相爱而嘘出圣爱的方式出发的神圣位格，运用“圣灵”这一名称。可以从两方面考察“圣灵”这名称的含义。第一，从那称为“圣灵”者的共同性，就是上帝三位的共同性。奥古斯丁指出，因为圣灵“是(圣父和圣子)两者共有的，因此两者共有的称呼，就成为圣灵自己的称呼。因为圣父是灵，圣子也是灵；圣父是圣的，圣子也是圣的”。[⑥] 第二，从“圣灵”这名称的固有意义。因为spiritus(灵)这一名称，在存在者中表示一种激励和推动；因为希伯来圣经也把气和风称为spiritus。作为意志行动的爱情的固有性质，就是把爱者的意志推向那被爱者。而“圣”是归于指向上帝的神圣实在。因此，由于作为神圣位格的圣爱的永恒出发，是根据圣父和圣子在永恒中彼此相爱而嘘出的作为神圣实体的爱情的方式，因此称为圣灵

① *Summa Theologica*，Ia：27：3：ad3.

② *Summa Contra Gentiles*，Ⅳ：24.

③ *Summa Contra Gentiles*，Ⅳ：19.

④ *Summa Theologica*，Ia：27：4.

⑤ *Summa Contra Gentiles*，Ⅳ：15.

⑥ Augustine，*The Trinity*，15：19.

(*spiritus*),是恰当的。[1] 圣父和圣子在永恒中彼此相爱而嘘出的神圣爱情,既然是完全的上帝[2],理应称为"圣灵",因为凡是呈现给上帝的一切(名称),都赋予"圣"字的称号。[3] 正如圣父和圣子因"上帝"这名称表示的单纯性而是一个上帝,圣父和圣子因"本源"这名称表示的单纯性而是圣灵的一个本源(unum principium)。[4]

在上帝中,"爱"这一名称具有两种含义,就是本体意义和位格意义。根据位格意义,"圣爱"是圣灵的位格名称[5],如同圣言是圣子的位格名称。因此,"圣灵自己就是爱。"[6]在上帝中具有神圣位格的两个永恒出发,根据神圣理智在永恒中自己认识自己的内在行动的出发,就是作为神圣位格的圣言的永恒出发;根据神圣意志在永恒中自己倾慕自己的内在行动的出发,就是作为神圣位格的圣爱的永恒出发。[7] 倘若单单就在圣爱中含有爱者和被爱者的关系而言,圣爱是指神圣本体而言,如同理解是指神圣本体而言。倘若用"圣爱"表示那以作为神圣位格的圣父和圣子在永恒中彼此相爱的神圣爱情的方式出发者和本源的关系,以及本源和那出发者的关系,"圣爱"应该理解为"永恒出发的爱","爱慕"应该理解为嘘

---

① *Summa Theologica*, Ia:36:1.

② *Summa Contra Gentiles*, IV:17.

③ *Summa Contra Gentiles*, IV:19.

④ *Summa Theologica*, Ia:36:4; *Summa Contra Gentiles*, IV:25.

⑤ Thomas Aquinas, *Commentary on the Gospel of John*. 14, lect. 4, n. 1916; *Summa Contra Gentiles*, IV:19.

⑥ St. Gregory I, the Great, Pope(590-604), *Homily. In Evang*. 2:30.

⑦ *Summa Contra Gentiles*, IV:19.

出(发出)"永恒出发的爱",如此"圣爱"就是位格名称,就是圣灵的位格名称。[①] 就"圣爱"的表记意义而言,圣爱就是作为神圣位格的圣父和圣子在永恒中彼此相爱而嘘出(发出)爱。在这个意义上,作为神圣位格的圣父和圣子在永恒中因圣灵而彼此相爱。[②]

就"恩惠"(de Dono,Gift)在上帝中取其位格含义或指示上帝位格而言,"恩惠"是圣灵位格的特有名称。恩惠就是无偿的施恩,就是无意期待回报的施恩。但是,无偿施恩的理由却是爱。我们无偿地赐予某人礼物或祝福,因为我们渴望那人享有善(幸福)。在无偿施恩的行动中,我们首先赐予那人的,是我们渴望那人享有善(幸福)的爱。因此,爱具有"第一恩惠"的性质。一切无偿的恩惠都是借着作为"第一恩惠"的爱而赋予的。因此,既然作为神圣位格的圣灵是圣父和圣子在永恒中彼此相爱而发出的神圣爱情,圣灵出发而具有"第一恩惠"的性质。[③] 智慧存在者可以达到这种境界,智慧存在者分享上帝圣言和上帝圣爱达到如此程度,智慧存在者可以真正自由地认识上帝并且正确地爱慕上帝。因此,惟有智慧存在者可以享有上帝位格。智慧存在者不能凭借自己的能力达到享有上帝位格的存在境界,而是必须获得上帝的恩惠。上帝的神圣位格就是以此方式是恩惠并且能够被赐予。[④] 作

---

① *Summa Theologica*, Ia:37:1.

② Thomas Aquinas, *Commentary on the Gospel of John*.17, lect.3, n.2214; *Summa Theologica*, Ia:37:2.

③ *Summa Theologica*, Ia:38:2.

④ *Summa Theologica*, Ia:38:1.

为神圣位格的圣灵就是以此方式是恩惠,并且能够赐予自己。智慧存在者首先借着圣灵光照享有上帝位格,因此,“恩惠”是圣灵位格的特有名称。

五、上帝三位,同性同体

在上帝中,神圣位格和神圣本体相同。① 奥古斯丁说:“当我们说圣父的位格时,我们只是在说圣父的本体。”②在上帝中,神圣位格享有神圣本质。对于思考上帝的单纯性的学者而言,这个阐述准确而真实。上帝的单纯性揭示出,在上帝中本体和基体是同一的存在者。③ 在理智实体中,基体(hypostasis)就是位格。④ 上帝的单纯性揭示出在上帝中神圣本体和神圣位格是同一的存在者。神圣奥秘在于,神圣位格是复数,神圣本体维持唯一。波爱修说:“关系增加位格为三。”⑤在上帝中,位格关系和神圣本体是相同的存在。⑥ 在上帝中,作为神圣实在的本体和位格并无不同;上帝三位却彼此具有实在的区别。尼西亚会议(325 A.D.)为抵制亚流派而确认的“同性同体”(homoousion)这术语,确实含义是“上帝三位,归于一个本体”。⑦ 存在者的本性如同形式,个体如同形式的主体(基体)。因此,在上帝的神圣实在中,就表达方式而言,以

① Thomas Aquinas, *Commentary on the Gospel of John*.16, lect.4, n.2113.

② Augustine, *The Trinity*, 7:6.

③ *Summa Theologica*, Ia:3:3.

④ *Summa Theologica*, Ia:29:1.

⑤ Boethius, *De Trinitate*, 6.

⑥ *Summa Theologica*, Ia:28:2.

⑦ Augustine, *Contra Maximinum*, 2:14.

本体指位格的形式。在上帝中，位格因永恒起源为三而本体维持唯一，我们说神圣本体归于三个位格，以及三个位格归于神圣本体。①

在上帝中，关系和位格相同。② 波爱修指出：在上帝中，“那存在者，和那因以存在者”，③并无差别。圣父因父性而是圣父。因此，圣父和父性相同。同理，其他特征和(相关)位格，也是相同。作为在上帝中的实在，关系就是上帝的本体；在上帝中本体和位格相同；同样，在上帝中，关系和位格相同。这些用抽象方式表示的特征，如同是位格的形式。既然形式的性质，要求形式在自己的基体中；因此，特征“在位格中”，但“特征就是位格”；如同说本体“在上帝中”，但本体就是上帝。④ 在上帝中，关系区别并建立位格。“唯有关系增加上帝位格的数目为三。”⑤上帝三位在本体方面相同，必须探寻那区别三位者。在上帝位格中，使位格藉以彼此区别的有两者：起源和关系。起源藉行动表示，例如生育；关系藉形式表示，例如父性。⑥ 在上帝位格中，只有本体和关系。上帝三位在本体方面相同，上帝三位藉关系而彼此区别。因此，是关系区别并建立位格，这是就位格是基体而言，例如：父性就是圣父，子性就是圣子，因为在上帝中，抽象的和具体的没有区别。

在上帝中，指定位格起源秩序的表记行动，归于位格。奥

---

① *Summa Theologica*，Ia：39：2.

② Thomas Aquinas，*Commentary on the Gospel of John*.16，lect.4，n.2113.

③ Boethius，*De hebdomad*.

④ *Summa Theologica*，Ia：40：1.

⑤ Boethius，*De Trinitate*.6.

⑥ *Summa Theologica*，Ia：40：2.

古斯丁说:“这是圣父特有的,即圣父生出圣子。”[1]但是,生育是行动。在上帝中有表记行动。在上帝位格中的区别,基于起源。唯独借着表记行动能够指定神圣位格的永恒起源。因此,在上帝位格中指定起源秩序,必须把表记行动归于位格。[2] 起源都借着某种行动来标识。上帝中神圣位格的永恒起源秩序,是根据位格出自位格。指定这种起源秩序的行动称为表记行动,因为位格表记是位格间的关系。[3] 在上帝中,表记行动归于位格。在上帝中的表记行动,不是出于意志,而是出于本性。“圣父不是因意志,也不是因必然生出圣子。”[4]圣父不是因意志,而是因本性生出圣子。意志和本性就产生存在者而言,具有这样的区别,本性被限定于一,意志不被限定于一。因此,那些能够是这样或那样的存在者,意志是这些存在者的本源。那些只能如此这般的存在者,本性是这些存在者的本源。上帝愿意受造者如何存在,受造者就如何存在;但是生于上帝的圣子,上帝如何存在,圣子如何自立存在。[5]

作为神圣位格的圣父、圣子、圣灵在永恒中享有相同的神圣本质,作为神圣位格的圣父、圣子、圣灵就完美、无限和全能而言完全相同。亚他那修信经指出:上帝三位都是同为永恒的和同等的。倘若在上帝三位间有不相同,在上帝三位中就不是相同的本体;如此上帝三位不是同一个上帝,这是不可能

---

① Augustine, *De fide ad Petrum* 2.

② *Summa Theologica*, Ia:41:1.

③ *Summa Theologica*, Ia:41:1:ad1.

④ Augustine, *Ad Orosum*.

⑤ *Summa Theologica*, Ia:41:2.

的。因此,上帝三位就神圣本质而言完全相同。① 亚他那修信经指出:上帝三位都是同为永恒。第一,圣父生出圣子,不是藉意志,而是藉本性。第二,圣父的本性在永恒中是完美的。第三,圣父生出圣子的行动不是持续的。因此,何时有圣父,何时有圣子,圣子和圣父同为永恒。同样地,圣灵和圣父、圣子同为永恒。② 在上帝三位中具有本性秩序,就是根据神圣位格的永恒起源的本性秩序。秩序常常是对于和本源的关系而言的。在上帝中,本源是根据神圣位格的永恒起源而言的,不含有时间秩序。③ 在上帝中具有根据神圣位格的永恒起源的秩序,这种秩序不包含时间秩序。根据奥古斯丁,神圣位格的起源秩序称为本性秩序。④ 根据神圣位格永恒起源的本性秩序,不是一神圣位格先于另一神圣位格,而是一神圣位格出于另一神圣位格。⑤

托马斯最后阐述"神圣差遣"(de missione)学说。上帝位格的被差遣具有两层含义。第一,源自差遣者的凭借起源的出发;第二,被差遣的上帝位格存在于智慧存在者中的崭新方式,例如圣子道成肉身(加 4:4)。上帝位格的被差遣,是时间性的。⑥ 上帝位格以崭新方式存在于智慧存在者中的根据是"成圣恩典"。上帝位格凭借"成圣恩典"在时间中被差遣。

---

① *Summa Theologica*, Ia:42:1.

② *Summa Theologica*, Ia:42:2.

③ *Summa Theologica*, Ia:33:1:ad3.

④ Augustine, *Contra maximinum* 2:14.

⑤ *Summa Theologica*, Ia:42:3.

⑥ Thomas Aquinas, *Commentary on the Gospel of John*.8, lect.5, n.1236.

智慧存在者享有上帝位格,也是凭借“成圣恩典”。上帝圣子不可见地被差遣,就是圣子为人领悟:“圣子为某人认识和领会,圣子就是不可见地被差遣到那人。”[1]凭借“成圣恩典”,圣子和圣灵为人享有并且居住在人中。在被差遣临到的人,享有神圣位格恩典的居住,以及藉恩典享有的更新。奥古斯丁指出,圣子被自己和圣灵差遣,圣灵被自己和圣子差遣。[2]倘若把差遣位格理解为观察差遣凭借的效果的本源,就是上帝三位共同(主动)差遣那被差遣的神圣位格。在上帝中,只有圣子和圣灵被差遣,因为只有圣子和圣灵是出自其他位格的神圣位格。但是上帝三位共同差遣那被差遣的神圣位格。[3] 因此,圣子的道成肉身,五旬节圣灵降临,都是上帝三位在神圣历史中共同差遣。在托马斯的三一学说中,三一奥秘是神圣救赎奥秘的真理根基。在这个意义上,“经世的三位一体就是内在的三位一体,内在的三位一体就是经世的三位一体。”[4]

① Augustine, *The Trinity*, 4:20.

② Augustine, *The Trinity*, 2:5.

③ *Summa Theologica*, Ia:43:8.

④ Karl Rahner, *The Trinity*, p.22.

第一章
神圣位格的出发

托马斯为《神学大全》设定的著述目标，是根据“教学本身的程序”①，就是神圣科学（de sacra doctrina）本身的理智秩序，精辟而清晰地阐述作为基督教圣道的完整而和谐的真理学说。托马斯在《神学大全》的开端，深刻阐述上帝的存在和踪迹，上帝的单纯和完美，上帝的无限和永恒，上帝的唯一性，上帝的良善和智慧，上帝的生命和意志，上帝的公义和仁慈，上帝的主权和全能等上帝的神圣本质②，作为阐述“三一奥秘”的上帝论基础。③ 托马斯现在阐述神圣科学的深邃课题，就是圣父、圣子、圣灵在永恒中享有惟一单纯神圣本体的“三一奥秘”，就是奥古斯丁在无与伦比的经典著作《论三位一体》结语指出的“不可思议的奥秘”④，就是神圣奥秘中的“绝对奥秘”。⑤ 托马斯在《神学大全》阐述的三一奥秘，是托马

① *Summa Theologica*, Foreword.

② *Summa Theologica*, Ia: 2-26.

③ Karl Rahner, *The Trinity*, pp.16-17.

④ Augustine, *The Trinity*, 15: 50.

⑤ Karl Rahner, *The Trinity*, p.50. Leo XIII, *Divinum Illud Munum*, 5th May 1879.

斯上帝学说的基石,是托马斯上帝学说的中枢。上帝的神圣位格,圣父、圣子和圣灵,是根据神圣位格的永恒起源,即神圣位格的永恒出发的关系而彼此区分的。根据神圣科学的理智秩序,托马斯首先阐述在上帝中神圣位格的永恒起源①,就是上帝中神圣位格的永恒出发的课题。②

第一节　上帝中的永恒出发

神圣科学(de sacra doctrina)确认在上帝中具有神圣位格的永恒起源,就是神圣位格的永恒出发。因为理解者在理解,在理解者中有理解发出。理解者在理解行动中发出的,就是源于理智能力及其知识的对于被理解者的概念。③ 这种概念借着声音表达出来,就是用声音的语言表达出来的"内心言辞"。根据理智行动的出发,作为可理解的"内心言辞",起源于发言者而仍然存留在发言者中。上帝的神圣存在就是上帝的神圣智慧,上帝的神圣存在就是上帝的神圣理解。上帝的神圣理解就是上帝的神圣存在,上帝的神圣理解就是上帝的神圣本质。④ 上帝的神圣理解伴随着上帝的神圣意志,上帝的神圣意志就是上帝的神圣存在,上帝的神圣意志就是上帝的神圣本质。⑤ 奠基于上帝在永恒中的理解行动和意

① Thomas Aquinas, *Commentary on the Gospel of John*. 1, lect. 1, nn. 24-33.

② *Summma Theologica*, Ia:27:1.

③ Thomas Aquinas, *Commentary on the Gospel of John*. 1, lect. 1, n.25.

④ *Summma Theologica*, Ia:14:4.

⑤ *Summma Theologica*, Ia:19:1.

志行动,在上帝中具有神圣位格的永恒出发,就是出于神圣理解行动的圣言的永恒出发以及出于神圣意志行动的圣爱的永恒出发。从上帝出发的圣言就是作为神圣位格的圣子,从上帝出发的圣爱就是作为神圣位格的圣灵。上帝中具有神圣位格的两种永恒出发,在上帝中具有四种实在关系,就是父性、子性、发出和出发。①

一、圣言的永恒出发

神圣科学(de sacra doctrina)确认在上帝中具有神圣位格的永恒起源,就是在上帝中具有神圣位格的永恒出发。② 上帝的神圣存在就是上帝的神圣智慧,上帝的神圣存在就是上帝的神圣意志,上帝的神圣智慧和上帝的神圣意志就是上帝的神圣本体。上帝中神圣位格的永恒出发,就是奠基于上帝的神圣理解的内在行动的圣言的永恒出发,就是作为神圣位格的圣子的永恒出发,以及奠基于上帝的神圣意志的内在行动的圣爱的永恒出发,就是作为神圣位格的圣灵的永恒出发。圣经确认上帝中神圣位格的永恒出发。在福音书中,耶稣揭示出自己的神圣起源:“我本是出于上帝,是从上帝而来……”(约8:42)③作为神圣位格的圣子,在永恒中起源于作为神圣位格的圣父,在神圣救赎历史中道成肉身。上帝的神圣理智在永恒中自己认识自己而发出作为神圣位格的圣言,作为神圣位格的圣父在永恒中生出作为神圣位格的圣子,就是作为

---

① *Summa Theologica*, Ia:28:4.

② *Summa Theologica*, Ia:27:1.

③ *Summa Theologica*, Ia:27:1.

神圣位格的圣子的永恒发出，就是作为神圣位格的圣子的神圣起源。在作为神圣科学的三一学说中，神圣位格的永恒起源，就是上帝中神圣位格的永恒出发。

上帝中神圣位格的永恒出发，意味着“上帝本身中具有出发”①。任何出发，必定遵循着某种行动。根据指向外在对象的行动具有外向的出发；同样地，根据存留在行动者本身中的内在行动，必定具有内在的出发。托马斯指出，这样的存留在行动者本身中的内在行动在理智中最为显著，因为理智行动即理解是存留在理解者中的。② 无论谁在理解，无论谁作为位格存在者在理解，因为理解者在理解，在理解者中就有理解发出，就是出自理解者的理智能力及其知识的对于所理解者的概念。③ 理解者在理解行动中发出的对于所理解者的概念借着声音表达出来，就是用声音的语言表达出来的“内心言辞”。上帝是作为无限存在的位格存在者，上帝的神圣存在就是上帝的神圣理解，上帝的神圣理解就是上帝的神圣本质。上帝的神圣理智在永恒中自己理解自己，在上帝中神圣理智和被理解者是同一的。④ 根据神圣理智的内在行动的永恒起源，比如可理解的（内心）言辞，源出于发言者而仍然存留在发言者中。在这个意义上，神圣科学确认在上帝中具有神圣位格的永恒出发。⑤

---

① *Summa Theologica*, Ia:27:1.

② *Summa Theologica*, Ia:27:1.

③ Thomas Aquinas, *Commentary on the Gospel of John*.1, lect.1, n.25.

④ *Summa Theologica*, Ia:14:2.

⑤ *Summa Theologica*, Ia:27:1.

有些学者认为在上帝中似乎不可能具有任何出发，因为出发意味着外向的变化。在上帝中没有可变化者，也没有什么是外向的，因此，在上帝中没有任何出发。托马斯指出，倘若把出发理解为向外的出发，例如亚流(Arius)和撒伯流(Sabellius)理解的，在上帝中确实没有这种出发。神圣科学只能根据存留在行动者中的行动，确定在上帝中的出发。根据这种理解，在上帝中具有神圣出发。① 有些学者认为，一切出发者都不同于自己所出自者。在上帝中具有完全的单纯性，没有任何不同。所以，在上帝中没有任何出发。托马斯指出，作为外向出发的出发者必定不同于自己所出发者。然而，以理智方面的内向出发而出发者，却不是必然地和自己所出自者有什么不同；而且出发的方式越完美，出发者和自己所出自者就越是相同。因为被理解者越是获得深刻理解，理智的概念和理解者的关系就越密切，就越相同；因为理智是根据其现实的理解而和被理解者形成同一。在这个意义上，上帝的理解是上帝的神圣完美，上帝的圣言和作为圣言发出者的上帝，必然完全相同，而没有任何不同。②

有些学者认为，从他者出发，似乎和第一本源的神圣本质不能相容。上帝是第一本源，所以在上帝中没有出发。托马斯指出，倘若一存在者是成为不同于本源的存在者，由本源出发，必然和本源的本质不能相容；可是，倘若是为了成为内在而相同于本源的存在者，由本源出发，必然包含在第一本源的

---

① *Summa Theologica*, Ia:27:1:ad1.

② *Summa Theologica*, Ia:27:1:ad2.

神圣本质中。因为无论何时我们说建筑师是房屋的本源,在这本源的本质中,就包含着建筑师具有的所有艺术概念;而且假设这建筑师是第一本源的话,在这第一本源的本质中,就同样包含着建筑师具有的艺术概念。上帝是万物的第一本源,上帝和受造者的关系,就如同艺术家和艺术作品的关系。①

在上帝中神圣位格的第一种永恒出发,作为上帝的神圣理解行动的圣言的永恒出发,在上帝中称为永恒生出②,就是根据圣经启示命名的生出即生育。《诗篇》说:“我今日生你。”(诗 2:7)基督教传统确认《诗篇》第 2 篇的作者是大卫,这篇《诗篇》描写的是先知预言的基督,是希伯来圣经预言弥赛亚的“弥赛亚诗篇”。新约圣经引用此篇诗篇在基督身上,在基督受洗、登山变像、基督复活、基督神性等论题,揭示出基督是那“受膏者”,作为弥赛亚的“大卫的子孙”,永生神的独生子,上帝的儿子。这节经文这样说:“受膏者说:我要传圣旨。耶和华曾对我说:‘你是我的儿子,我今日生你’。”作为神圣位格的圣子亲自宣告上帝的神圣旨意,就是弥赛亚国度的奥秘旨意。作为神圣位格的圣父在永恒中生出作为神圣位格的圣子,作为神圣位格的圣子在永恒中是圣父的独生子,作为神圣位格的圣子在神圣历史中道成肉身而降世为人,“道成了肉身,住在我们中间,充充满满地有恩典、有真理,我们也见过他的荣光,正是父独生子的荣光。”(约 1:14)

上帝是永恒的上帝,上帝是时间的创造者。上帝的日子

① *Summa Theologica*, Ia:27:1:ad3.

② *Summa Theologica*, Ia:27:2.

没有每天，只有今天。上帝的今天就是永恒。奥古斯丁指出，作为神圣位格的圣父对作为神圣位格的圣子说："我今日生你"，这节经文的深邃含义是宣告上帝的神圣智慧的"永恒生出"，就是上帝的独生子的"永恒生出"。① 作为神圣位格的圣父在永恒中生出作为神圣位格的圣子，作为神圣位格的圣子在永恒中享有完全相同的神圣存在和神圣本质。作为上帝中神圣位格的永恒起源或永恒出发，作为神圣位格的圣父的生出和作为神圣位格的圣子的诞生都是永恒的，②因此"圣子能够和圣父共享永恒"。③ 作为神圣位格的圣父在永恒中生出作为神圣位格的圣子，作为神圣位格的圣子在永恒中是上帝三位的第二位。作为神圣位格的圣父在永恒中生出作为神圣位格的圣子的事实，这是上帝完满本体"内在生命的神圣奥秘"。④ 作为神圣位格的圣子在永恒中享有上帝的神圣存在和神圣本质。作为神圣位格的圣子在永恒中是圣父的独生子，作为神圣位格的圣子在永恒中是完全的上帝。⑤

作为上帝的神圣理智在永恒中自己认识自己的内在行动的神圣言辞的永恒出发，称为生出即生育。⑥ 作为上帝的神圣理智在永恒中自己认识自己的内在行动的圣言的永恒出发具有生育的性质，具有充分而深刻的根据。第一，在上帝中神圣言辞的永恒出发是借着作为神圣生命活动的神圣理智自己

---

① Augustine, *Expositions On the Book of Psalms*, 2:7.

② Thomas Aquinas, *Commentary on the Gospel of John*.1, lect.1, n.41.

③ Augustine, *The Trinity*, 6:1.

④ *Summa Contra Gentiles*, IV:2.

⑤ *Summa Contra Gentiles*, IV:3.

⑥ *Summa Theologica*, Ia:27:2.

理解自己的内在行动的方式;第二,上帝中神圣言辞的永恒出发是出自在神圣本质中相连的没有本源的神圣本源;第三,上帝中神圣言辞的永恒出发是根据肖像的原理,因为作为神圣理智自己理解自己的内在概念,神圣言辞就是"被理解者的肖像"①;第四,神圣言辞和发出神圣言辞的没有本源的神圣本源存在于同一神圣本质中,因为上帝的神圣存在就是上帝的神圣理解,上帝的神圣理解就是上帝的神圣存在。在上帝中,神圣理解和神圣存在是同一的。② 在这个意义上,在上帝中,根据神圣理智在永恒中自己认识自己的内在行动的神圣言辞的出发被称为生育,根据神圣理智在永恒中自己认识自己的内在行动出发的神圣言辞被称为圣子。③

有些学者认为,生育意味着从不存在到存在的转变,在这个意义上,生育的对应概念是消亡。产生和消亡的主体都是质料。然而,这种含义的产生和消亡概念对于上帝都是不适用的。所以,在上帝中不可能有生育。托马斯指出,这种质疑是从生育的第一种性质出发的,也就是说生育意味着从潜能过渡到现实的转变。如此则在上帝中没有生育,正如前面已经阐述的。④ 有些学者认为,在上帝中有出发,是根据理解的方式。这种根据理解的出发方式,在我们中并不被命名为生育。因此,在上帝中根据理解的出发也不能命名为生育。托马斯指出,在我们中,理解行动不是理智的本体本身;因此,在

---

① *Summa Theologica*, Ia:27:2.

② *Summa Theologica*, Ia:14:4.

③ *Summa Theologica*, Ia:27:2.

④ *Summa Theologica*, Ia:27:2:ad1.

我们中,根据理解行动而出发的言辞和言辞所从出的理解行动,不属于相同性质。因此,我们的理解行动并没有真正而完备的生育的性质。可是,正如前面已经证明的,上帝的理解行动就是理解者的本体本身;因此,在上帝中出发的言辞,其出发有如是属于相同本性的自立存在者。在这个意义上,在上帝中出发的言辞,真正地即本义地被命名为受生者和圣子。在这个意义上,为表示上帝神圣智慧的出发,圣经也使用和有生命的存在者的生育相关的语词,即"受孕"和"出生";因为圣经以上帝智慧的名义说:"深渊还没有形成,我已经受孕,丘陵还没有存在,我已经出生。"但是,我们把"受孕"的语词用于我们的理解,是基于在人类理智的言辞中,具有(藉领悟构成的)被理解的存在者的肖像(或概念),尽管不具有本性方面的同一。①

有些学者认为,凡是受生者都是从生出者获得自身的存在。在这个意义上,每个受生者的存在都是承受的存在。然而,承受的存在不是本然自立的存在。既然上帝的存在是本然自立的存在,所以,不能有任何受生者的存在是上帝的存在。所以,在上帝中没有生育。托马斯指出,不是一切被获得者,都是被承受在另一主体中者;否则就不能说全部受造的实体都是从上帝获得存在,因为没有任何另一承受全部实体者。所以,那在上帝中受生者,由生者获得存在,不是好像那被承受在某一主体中者(这和上帝存在的自立性无法相容);而是因为这出发者由另一位出发而享有上帝的存在,据此说获得

① *Summa Theologica*, Ia:27:2:ad2.

自身的存在,但绝不是好像是另一区别于上帝存在的存在者。因为在上帝存在的完美中,既有以理解方式出发的言辞,同样有发出言辞的本源;如同具有一切属于其完美者一样。[①] 在这个意义上,上帝的圣言,就是上帝的存在,就是上帝的本质,就是上帝的实体。上帝的圣言就是作为神圣位格的圣子,就是完全的上帝。[②]

二、圣爱的永恒出发

作为神圣位格的圣父和圣子在永恒中彼此相爱而发出作为神圣位格的圣灵:"我要从父那里差保惠师来,就是从父出来真理的圣灵;他来了,就要为我作见证。"(约 15:26)[③]在上帝中,作为神圣位格的圣父在永恒中是没有本源的神圣本源,作为神圣位格的圣父在永恒中是作为神圣位格的圣子的本源,作为神圣位格的圣父在永恒中同样是作为神圣位格的圣灵的本源。在福音书中,耶稣亲自应许门徒圣灵作为另一位保惠师的降临:"我要求父,父就另外赐给你们一位保惠师,叫他永远与你们同在,就是真理的圣灵。"(约 14:16)在圣经书卷的启示中,作为神圣位格的圣父和作为神圣位格的圣子在永恒中是作为神圣位格的圣灵的共同本源。因此,在上帝中,除了作为神圣理智在永恒中自己认识自己的内在行动的神圣言辞的永恒出发,还有另外一种永恒出发,就是作为神圣

---

① *Summa Theologica*, Ia:27:2:ad3.

② *Summa Contra Gentiles*, IV:11.

③ *Summa Theologica*, Ia:27:3.

意志在永恒中自己倾慕自己的内在行动的神圣爱情的永恒出发。① 在上帝中,除了作为神圣位格的圣子的永恒出发,还有一种永恒出发,就是作为神圣位格的圣灵的永恒出发。

在上帝中具有两种神圣位格的永恒出发,就是作为神圣理智的内在行动的圣言的永恒出发,以及作为神圣意志的内在行动的圣爱的永恒出发。在上帝中只具有这种永恒出发,就是奠基于存留在行动者本身中的内在行动的永恒出发,就是奠基于上帝的神圣理智行动和神圣意志行动的永恒出发。在具有理智本性的智慧存在者中,理智的行动和意志的行动就是这样的存留在行动者本身中的内在行动。在上帝中,圣言的永恒出发,就是奠基于上帝自己神圣理智方面的内在行动。② 即使在作为智慧存在者的人类心灵中,具有另一种根据意志的内在行动的出发,就是爱的出发;借着这种奠基于意志的内在行动的爱的出发,被爱者是在爱者中,犹如借着言辞的出发,被说出者或被理解者是在理解者中。因此,除了作为上帝中神圣理智的内在行动的圣言的永恒出发,神圣学说肯定在上帝中具有另一种永恒出发,就是圣爱的出发,就是作为上帝中神圣意志的内在行动的圣爱的永恒出发。③ 在神圣学说中,上帝中作为神圣意志的内在行动的圣爱的永恒出发,就是作为神圣位格的圣灵的永恒出发。④

有些学者认为,倘若具有另一种出发,根据同样的理由,

---

① *Summa Theologica*, Ia:27:3.

② *Summa Theologica*, Ia:27:3.

③ *Summa Theologica*, Ia:27:3.

④ Thomas Aquinas, *Commentary on the Gospel of John*.15, lect.5, n.2064.

在这另一种出发之外，又会有别的不同的出发，这样会永无止境地推延下去；而这是不合理的。所以，应该坚持前者，即在上帝中只有一种出发。托马斯指出，在上帝中的出发，并非必然永无止境地推演下去。因为在有理智的本性中的内向的出发，终止于意志的出发。① 有些学者认为，此外，在一切存在者的本性中，每一种存在者的本性，只有一种传递自己的方式；其所以如此，是因为行动是根据终点或结果（的一和多），而有单一性和众多性（是一个和多个）。可是，在上帝中，出发所根据的（终点），就是上帝的本性的传递。所以，上帝的本性既然是唯一的，如前面已经证明的，那么在上帝中也就只有一种出发。托马斯指出，凡是在上帝中者就是上帝，这在前面已经证明，而在其他存在者中却不是如此。因为，无论是藉哪种出发，只要不是外向的，上帝的本性都获得传递；可是，其他的（存在者的）本性却不是如此。②

有些学者认为，此外，在上帝中，如果除了根据理解方式的言辞的出发以外，还有另一种出发的话，那么就只有是爱的出发，而爱的出发，是根据意志的活动。可是，这种出发不可能和理智的根据理解方式的出发不同，因为正如前面已经证明的，在上帝中意志和理智并非不同。所以，在上帝中，除了言辞的出发之外，没有其他出发。托马斯指出，虽然在上帝中，理智和意志并非不同，但按照理智和意志的本质，根据理智和意志的行动而有的出发，彼此之间有某种秩序。因为，爱

① *Summa Theologica*，Ia：27：3：ad1.

② *Summa Theologica*，Ia：27：3：ad2.

的出发只能是跟随言辞的出发;因为,一存在者除非在理智中已经被孕育或领悟,便不能为意志所爱慕。因此,就如同虽然在上帝中,理智和理智的概念是同一本体或实体,但言辞和言辞所从出的本源之间仍然有一定的秩序;同样,即使在上帝中理智和意志是同一的,但是,由于根据爱的本质,爱是奠基于理智的领悟,因此在上帝中,神圣爱情的永恒出发和神圣言辞的永恒出发,具有秩序上的分别。①

在上帝中,根据神圣意志自己倾慕自己的内在行动的圣爱的永恒出发不应该被称为生育。在理智和意志之间存在着这样的区别,理智成为现实是借着被理解的存在者根据自己的肖像存在于理智中;意志成为现实,不是借着被爱慕的存在者的肖像存在于意志中,而是由于意志具有一种对于被爱慕的存在者的渴慕。② 在这个意义上,在上帝中根据神圣理智的本质具有的永恒出发,是根据肖像的原理;因此具有生育的性质,因为一切生育者都生育作为自己肖像的存在者。在上帝中根据神圣意志的本质的永恒出发,不是着眼于肖像的原理,而是着眼于对于渴求对象的倾慕或倾向。因此,在上帝中根据神圣意志的内在行动而以圣爱的方式出发者,不是犹如儿子那样的出发,而是犹如被吹出的气息(spiritus)。圣灵这个名称表示的,就是一种富有活力的意气激扬和生命冲动,犹如说某人是获得爱的激励,而去做某件事。③ 作为神圣位格的圣灵的永恒出发因此落得没有特殊名称。在上帝中根据神

① *Summa Theologica*,Ia:27:3:ad3.

② *Summa Theologica*,Ia:27:4.

③ *Summa Theologica*,Ia:27:4.

圣意志的内在行动的圣爱的永恒出发,犹如被吹出的气息而被命名为嘘出。在上帝中根据神圣意志方面的内在行动出发的圣爱被称为圣灵。正如亚他那修信经指出的,圣灵的永恒出发不称为生育,圣灵是在永恒中由圣父和圣子共同嘘出。①

有些学者认为,在有生命的存在者中,凡是出发而有相似的本性者,即称为是受生者和诞生者。而在上帝中,以爱的方式出发者,出发而有相似的本性,因为否则就是上帝的本性之外的存在者,因而就是外向出发了。所以,在上帝中以爱的方式出发者,其出发有如是受生者和诞生者。托马斯指出,凡是在上帝中的,都和上帝的本性相同。因此,从这(上帝本性的)唯一方面,不可能找到区分这一出发或那一出发的特有的原理;而应该根据一种出发到另一种出发的秩序,来寻找这一出发或那一出发的特有原理。而这样的秩序是根据理智和意志的性质。因此,在上帝中的两种出发,都是根据理智和意志的特有性质而获得命名,以表示存在者本身的特有性质。也正是为了这样的缘故,以爱的形式出发者,固然获得上帝的本性,却不称为受生者。②

有些学者认为,就如同相似是属于言辞的原理,同样相似也是属于爱的原理;因此《德训篇》说:“一切动物都爱自己的同类或相似自己者。”所以,如果由于相似的缘故,而把受生和诞生归于出发的言辞,似乎也应该把受生归于出发的爱。托马斯指出,相似之属于言辞和相似之属于爱,并不相同。因

① *Summa Theologica*, Ia:27:4.

② *Summa Theologica*, Ia:27:4:ad1.

为相似之属于言辞,是根据言辞是被理解的存在者的肖像,就如受生者是生者的肖像;而相似之属于爱,不是说爱本身就是肖像,而是因为相似是爱的本源。因此,不可以说爱是受生者;而应该说受生者是爱的本源。① 有些学者认为,凡是在属于"类"的某一"种"中所没有者,在"类"中也不会有。所以,如果在上帝中有爱的出发,那么除了这个共同名称,还应该有一个特殊名称。可是,除了生出,没有其他名称。所以,在上帝中,爱的出发似乎就是生出。托马斯指出,正如前面已经阐述的,除了从受造者出发,我们没有别的方法为上帝命名。由于在受造者中,除了生育之外,没有其他传递本性的途径;所以在上帝中的出发,除了生出,也没有其他特殊名称。因此,在上帝中那不是生育的另一种永恒出发,就没有特殊名称。可以把这种圣爱的永恒发出命名为"嘘气",犹如激发精神,因为是气息或精神(spiritus)的出发。②

在上帝中只有两个作为永恒出发者的神圣位格,就是圣子和圣灵。③ 在神圣学说中,只能根据存留在行动者本身中的内在行动,来确定在上帝中神圣位格的永恒出发。在上帝中具有两种这样的内在行动,就是上帝自己的神圣理解行动和神圣意志行动。上帝自己理解自己。上帝的神圣存在就是上帝的神圣理解,上帝的神圣存在就是上帝的神圣本体。在这个意义上,上帝的神圣理解就是上帝的神圣存在,上帝的神

① *Summa Theologica*, Ia:27:4:ad2.
② *Summa Theologica*, Ia:27:4:ad3.
③ *Summa Theologica*, Ia:27:5.

圣理解就是上帝的神圣本体。[1] 上帝自己倾慕自己。上帝的神圣存在就是上帝的神圣意志,上帝的神圣存在就是上帝的神圣本体。在这个意义上,上帝的神圣意志就是上帝的神圣存在,上帝的神圣意志就是上帝的神圣本质。[2] 在上帝中,只有两种神圣位格的永恒出发,就是作为神圣理智的内在行动的圣言的永恒出发和作为神圣意志的内在行动的圣爱的永恒出发。[3] 在上帝中只有两个作为永恒出发者的神圣位格,就是圣子和圣灵。作为上帝的神圣理智自己认识自己的内在行动出发的圣言,就是作为神圣位格的圣子。作为上帝的神圣意志自己倾慕自己的内在行动出发的圣爱,就是作为神圣位格的圣灵。

有些学者认为,正如把知识和意志归于上帝,同样也把能力归于上帝。所以,如果根据理智和意志肯定在上帝中具有两种出发,似乎应该承认有根据能力的第三种出发。托马斯指出,能力是对于他者行动的本源;所以,根据能力来衡量外向的或及于外在者的行动。如此,根据能力这一属性所衡量的,不是上帝神圣位格的出发,而只是作为受造者的万物的出发。[4] 有些学者认为,善性似乎最应该是出发的本源,因为善被称为是散发自己的存在者。所以,似乎应该肯定在上帝中具有根据善性的另一种出发。托马斯指出,除非是把善理解为意志的对象,善属于本质或本体,而不是属于行动。因此,

---

① *Summma Theologica*, Ia:14:4.

② *Summma Theologica*, Ia:19:1.

③ *Summma Theologica*, Ia:27:5.

④ *Summma Theologica*, Ia:27:5:ad1.

既然必须根据某些行动来确定在上帝中的出发，那么根据善性或其他类似的属性，并不会具有其他有别于圣言的出发和圣爱的出发的出发出现，这是基于上帝理解并且爱自己的本质、真理和善性。[①] 有些学者认为，上帝的生育能力远超过我们的生育能力。然而，在我们里面，不是只有言辞的一个出发，而是具有许多个；因为在我们里面，由一个言辞会出发另一个言辞；同样也由一个爱出发另一个爱。所以，在上帝中，也具有超过两个以上的许多个出发。托马斯指出，上帝是以一种单纯的行动而理解一切，同样也是以一个单纯的行动意愿一切。因此，在上帝中不可能具有圣言源自圣言的出发，也不可能具有圣爱源自圣爱的出发。在上帝中，只有一个完善的圣言和一个完善的圣爱。这恰恰彰显出上帝完善的出发能力。[②]

三、上帝中的实在关系

上帝中神圣位格的永恒起源，上帝中神圣位格的永恒出发——上帝的神圣理智在永恒中自己认识自己而发出作为神圣位格的圣言，就是作为神圣位格的圣子；上帝的神圣意志在永恒中自己倾慕自己而发出作为神圣位格的圣爱，就是作为神圣位格的圣灵——揭示出上帝中神圣位格之间的实在关系，就是作为神圣位格的圣父、圣子、圣灵之间实在的位格关系。[③] 神圣位格的永恒起源揭示出神圣位格之间的实在关

① *Summa Theologica*, Ia:27:5:ad2.

② *Summa Theologica*, Ia:27:5:ad3.

③ *Summa Theologica*, Ia:28:1.

系，作为神圣实在的位格关系就是上帝自己的神圣本质。上帝中位格关系的存在和神圣本质的存在，是相同的存在。[1]在上帝中具有实在的神圣位格关系，在上帝中神圣位格之间具有实在的区别，上帝的神圣位格在永恒中享有相同的神圣本质。在上帝中具有两种神圣位格的永恒出发，就是根据神圣理智的内在行动具有的圣言（圣子）的永恒出发，以及根据神圣意志的内在行动具有的圣爱（圣灵）的永恒出发，因此在上帝中具有四种实在关系，就是圣言（作为神圣位格的圣子）的永恒出发中的父性和子性，以及圣爱（作为神圣位格的圣灵）的永恒出发中的嘘出和出发。

根据上帝中神圣位格的永恒出发，上帝中神圣位格之间的关系是实在的关系。[2] 当存在者从享有相同本性的本源出发时，出发者和那出发者的本源两者之间必然在同一秩序中相合相通，两者之间必然具有实在的关联。上帝中神圣位格的永恒出发，作为神圣理智的内在行动的圣言（圣子）的永恒出发，以及作为神圣意志的内在行动的圣爱（圣灵）的永恒出发，都是上帝神圣本性的分享。[3] 上帝中神圣位格的永恒出发是在相同的神圣本性中，根据神圣位格的永恒出发而具有的关系，必然是实在的关系。[4] 奠基于上帝的神圣理智的内在行动，存在于根据神圣理解方式而出发的圣言和作为圣言出发的本源的神圣理智之间的关系必然是实在的关系，因为

① Thomas Aquinas, *Commentary on the Gospel of John*.16, lect.4, n.2113.

② *Summa Theologica*, Ia:28:1.

③ *Summa Theologica*, Ia:27:3:ad2.

④ *Summa Theologica*, Ia:28:1.

神圣理智是实在的神圣存在,神圣理智和根据神圣理解方式出发的圣言具有实在的关系。因此,在上帝中的父性和子性是实在的关系。倘若没有父性,作为本源的神圣位格就不会称为圣父;倘若没有子性,作为圣言的神圣位格就不会称为圣子。因此,倘若在上帝中的父性和子性不是实在的,作为神圣位格的圣父和圣子也不是实在的,只是根据理智的思想;这却是撒伯流的异端(haeresis Sabelliana)。①

有些学者认为,在上帝中似乎没有实在关系。波爱修说:"当人用各种范畴来称述上帝时,凡是能够用以称述上帝者,都变成本体或实体;至于关系或关系到某存在者,则完全不能用以称述上帝。"②但是,凡是实在或实际存在于上帝中者,都能够用以称述上帝。因此,关系不是实在或实际存在于上帝中。托马斯指出,所谓不能用关系或关系到某存在者来称述上帝,是根据关系的特有本质;这是因为关系的特有本质,不是指关系和其所属的存在者的配合,而是指和另一存在者(终点)的关联。因此,波爱修无意藉此排除在上帝中具有实在关系,只是说,根据关系的特有本质,不可以用关系根据(仿佛属性)依附(主体)的方式来称述,而只可以根据关系或关联到他者的方式。③

有些学者认为,波爱修说:"在上帝神圣的三位一体中,圣父和圣子的关系,以及圣父、圣子两者和圣灵的关系,彼此相似,都是那本是同一神圣实在者和那本是同一神圣实在者

---

① *Summa Theologica*, Ia:28:1.

② Boethius, *De Trinitate*, 4.

③ *Summa Theologica*, Ia:28:1:ad1.

的关系。”[①]但是，这种关系只不过是观念上的关系而已，因为一切实在关系（存在于存在者本身的关系），都需要有实在的两端。因此，在上帝中的关系不是实在的，而只是观念上的。托马斯指出，只有在把“同一”这个字理解为绝对或全面同一的时候，由“同一”这个名称所表示的关系才是思想上的关系；因为这种关系，只能存在于理性按照对一存在者的两种不同的观点，所构思出的这存在者和自己的秩序中。不过，倘若所谓“同一”，不是指数目的同一个，而是指本性的同一，那情形就不一样了。因此，波爱修把上帝中的关系比作同一性的关系，不是在每一方面，而只是在这一点上，即神圣本体不因这些关系而变为不同，就如同神圣本体不因同一性关系而变为不同。[②]

有些学者认为，父性的关系是一种本源的关系。但是，说上帝是受造者的本源时，并不意谓任何实在的关系，而只是一种观念上的关系而已。因此，在上帝中的父性也不是实在的关系。同理，其他在上帝中的关系也不是实在的。托马斯指出，由于受造者从上帝出发而有不同的本性，因此，上帝是在全部受造者的秩序之外，上帝和受造者的关系不是出于上帝的本性。因为上帝创造受造者，不是出于上帝本性的必然，而是如前面阐述的，出于上帝的理智和意志。因此，在上帝中没有对受造者的实在关系。但是，在受造者中具有对于上帝的实在关系；因为受造者被包含在上帝的秩序中，其系属于上

---

① Boethius, *De Trinitate*, 6.

② *Summa Theologica*, Ia:28:1:ad2.

帝,属于受造者的本性。上帝中神圣位格的永恒出发,却是在同一神圣本性中。因此,情形并不相同。①

有些学者认为,上帝中的永恒生出,是根据可理解的言辞的出发,而由神圣理智的内在行动而来的关系,是观念上的关系。因此,在上帝中根据生育而言的父性和子性,只是观念上的关系而已。托马斯指出,单单随神圣理智的内在行动而来的在被理解的存在者中的关系,只是观念上的关系而已,就是说,是因为理性在两个被理解的存在者之间构思或思想出这些关系。不过,随神圣理智的内在行动而来的,存在于根据理解方式而出发的言辞和言辞出发的本源(理智)之间的关系,则不只是观念上的,而是实在的关系;因为神圣理智和神圣理性也是实在的存在,而且和根据理解方式而出发的圣言,有实在的关联,就犹如有形存在者和根据形体方式出发者有实在的关联一样。因此,在上帝中的父性和子性是实在的关系。②

上帝中神圣位格之间的实在关系,和上帝的神圣本质是完全相同的存在。凡是在上帝中的,都是上帝的本质或本体。因此,存在于上帝中的实在关系,具有上帝的本质或本体的存在,具有和上帝的本质或本体完全相同的存在。在上帝中的实在关系,不是表示和上帝本质或本体的关系,而是上帝中神圣位格之间的关系。因此,实际存在于上帝中的关系,就其本身而言,和上帝的本质或本体是同一的;上帝中的实在关系和上帝的本质的分别只是在理智的思考方面,这是根据在关系

① *Summa Theologica*, Ia:28:1:ad3.

② *Summa Theologica*, Ia:28:1:ad4.

中蕴涵着神圣位格的彼此关联，这种神圣位格的彼此关联并不包含在上帝的本质或本体这一名称中。因此，在上帝中具有的实在关系，上帝中神圣位格之间的实在关系的存在，和上帝自己的本质或本体的存在，是完全相同的存在。① 上帝中神圣位格之间的关系是实在的关系。上帝中神圣位格之间这些实在的关系就是上帝的神圣本质，就是上帝的神圣本体。因此，圣三节弥撒的颂谢词如此说："敬拜上帝，神圣位格（圣父、圣子、圣灵）彼此分明，尊荣相等（完全相同）。"②

有些学者认为，奥古斯丁说："并非所说的在上帝中的一切，都是根据本体或本质而说的。因为也说对于他者的关系，比如说圣父对于圣子的关系；而这不是根据本体说的。"③因此，关系不是上帝的本质或本体。托马斯指出，奥古斯丁如此说，不表示上帝中父性或其他关系，根据其存在而言，和上帝的本质或本体不是同一的；奥古斯丁的意思是说，不是用关系根据自立体或本体的方面来称述，即不是把关系视为存在于其所称述的存在者中者，而是视为和他者有关联者。因此，说在上帝中只有两种范畴，因为其他范畴，不拘是在自己的存在方面，或是在各自特有的原理方面，都含有和其述说的存在者的关联或联结；但是，在上帝中，没有什么能和其所在的存在者，或其所述说的存在者，有任何关联或联结，除非是同一性方面的，这是因为上帝的至高的单纯性的缘故。④

---

① *Summa Theologica*, Ia:28:2.

② *Summa Theologica*, Ia:28:2.

③ Augustine, *The Trinity*, 5:5.

④ *Summa Theologica*, Ia:28:2:ad1.

有些学者认为,奥古斯丁说:"凡是用关系述说的存在者,关系之外,也另有他者;比如主人和仆人。"[①]因此,倘若在上帝中有某些关系,那么除了这些关系之外,在上帝中必定还另有他者。但是,这(他者)只能是上帝的本质或本体。因此,本质或本体是不同于关系的神圣实在。托马斯指出,正如在受造者中,在那所谓有关系者中,不仅有对于另一存在者的关联,而且也有某种绝对或独立者;同样,在上帝中也是如此;但是不是完全相同。因为在受造者中,除了意指关系的名称的意义包括者之外,还另有他者;在上帝中,却不是另有他者,而是同一相同的存在者,只是未能藉意指关系的名称把关系完全表达出来,未能把关系包括在意指关系的名称的意义中。因为在前面阐述上帝的名称时就已经指出,在上帝的神圣本质或神圣本体的完美性中包括的,远比任何名称能够表示者更丰富。所以,不能因此说,在上帝中除了关系外,就存在者方面或就存在者本身而言,还另有他者;其区别只在于所讨论的名称的含义方面。[②]

有些学者认为,那哲学家说,有关系的存在者的存在,是相对于他者的存在。因此,如果关系就是上帝的本质或本体,那么上帝的本质或本体的存在就是相对于他者的存在;而这和上帝存在的完美性是不能相容的,因为如前面已经证明的,上帝的存在是最绝对的,是本然自立的。所以,关系不是上帝的本质或本体。托马斯指出,倘若在上帝的完美性中,除了意

① Augustine, *The Trinity*, 7:1.

② *Summa Theologica*, Ia:28:2:ad2.

指关系的名称所表示者之外,就再没有别的了,那么上帝的存在就如同是和他者有关联的,而是不完美的了;就像倘若在上帝的完美性中,除了智慧这个名称所表示者之外,就再没有别的了,那么在上帝中就没有任何自立存在者了。可是,由于上帝的完美性大于任何名称的意义所能包括者,所以不能说:倘若意指关系的名称,或任何其他用于上帝的名称,并不是表示某种完美的存在者,上帝的本质或本体就是有不完美的存在,因为上帝的本质或本体,在自己中总括一切种类的完美。①

上帝中的永恒出发关系彼此之间具有实在区别。② 关系的本质,在于存在者之间的彼此关联。根据这样的关联,一存在者和另一存在者在关系方面相对或彼此对立。在上帝中位格关系的本质,在于神圣位格之间的关联,根据这样的关联,上帝中神圣位格在关系方面彼此相对或相互对立。因此,在上帝中既然实在具有关系或具有实在的关系,那么在上帝中必然实在具有相对或对立。而上帝中关系方面的相对或对立,在上帝的本质中就含有区别。因此,在上帝中应该具有实在的区别;这不是就上帝的神圣本质而言,因为上帝的神圣本质或本体具有独一性和至高的单纯性,而是就具有关系的神圣位格或神圣位格之间的关系方面而言,在上帝中具有实在的区别。③ 在上帝中的神圣本体具有唯一性,而上帝中永恒出发的实在关系使上帝的神圣位格增加到三位,就是圣父、圣

① *Summa Theologica*, Ia:28:2:ad3.

② Thomas Aquinas, *Commentary on the Gospel of John*. 16, lect. 4, nn. 2112-2113.

③ *Summa Theologica*, Ia:28:3.

子、圣灵。倘若在上帝中永恒出发的位格关系彼此之间没有实在的区别,在上帝中就没有实在的三个神圣位格,而只是在观念中具有三个神圣位格;这恰恰是撒伯流异端的错误。①

有些学者认为,凡是和同一存在者相同者,彼此亦相同。而在上帝中的一切关系,就其本身而言,都和上帝的本质或本体相同。因此,就其本身而言,这些关系彼此之间并没有区别。托马斯指出,根据哲学家的说法,这一论证,即凡是和同一存在者相同者,彼此相同,只对于那些在存在者本身和在思想或观念上都完全相同的存在者才有效,比如:衣和衣着;然而,对于在思想或观念上有区别的存在者则无效。因此,哲学家说:即使主动和变动相同,被动亦然;但是,不能因此说主动和被动相同(主动就是或等于被动);因为在"主动"中所有的观点或和可动者的动关联,有如是动的本源(起点),而在"被动"中所有者,则是动来自他者(或动的终点)。同样,即使就存在者本身而言,父性和上帝的本质或本体相同,子性和上帝的本质或本体相同;但是,父性和子性两者在自己特有的原理或观念上,却含有相互对立的观点或关联。因此,两者彼此有区别。②

有些学者认为,父性和子性,根据名称的原理(定义)或性质,和上帝的本质或本体有所区别;同样,善性和能力亦然。然而,上帝的善性和能力,并不由于这种原理或性质方面的区别,而彼此之间有实在的区别。因此,父性和子性之间也没

① *Summa Theologica*, Ia:28:3.

② *Summa Theologica*, Ia:28:3:ad1.

有。托马斯指出,能力和善性,在其原理或观念上,并不含有任何相对或对立;因此情形不同。[①] 有些学者认为,在上帝中,除了根据起源的关系之外,并无实在的区别。而一个关系似乎不是源于或出于另一种关系。因此,关系彼此之间没有实在的区别。托马斯指出,尽管严格地说,关系彼此之间,不是一个关系源于或出于另一个关系;不过,关系却根据一存在者之由另一存在者出发,而被视为相对或对立者。[②]

根据那哲学家的理解,一切关系,或者建立在量的基础上,或者建立在行动(主动和被动)的基础上,例如,创作者和被创作者,父与子,主与仆等。在上帝中没有"量"的范畴,如同奥古斯丁指出的,因此,在上帝中的实在关系只能是建立在主动或行动的基础上,但不是建立在上帝的创造行动上,因为上帝对于受造者的关系在上帝中不是实在的关系。因此,只能根据这样的行动来理解在上帝中的实在关系,即根据行动在上帝中所有的出发,不是向外的出发,而是向内的出发。在上帝中向内的出发只有两种:一种是根据神圣理智的行动,就是圣言的永恒出发;另一种是根据神圣意志的行动,就是圣爱的永恒出发。[③] 根据其中任何一种永恒出发,都应该具有两个相对或对立的关系;其一,是那从本源出发者的关系;其二,是本源本身的关系。圣言的永恒出发称为生育,这是根据归于有生命的存在者的产生的特有意义。在完美的有生命的存在者中,生育的本源的关系称为父性;由本源出发者的关系称

① *Summa Theologica*, Ia:28:3:ad2.
② *Summa Theologica*, Ia:28:3:ad3.
③ *Summa Theologica*, Ia:28:4.

为子性。圣爱的永恒出发没有特殊的名称①,因此,根据圣爱的永恒出发而有的实在关系也没有特殊的名称。不过,圣爱的永恒出发的本源的关系可以称为嘘出,而那由本源出发者的关系则称为出发;尽管这两个名称属于永恒出发或起源本身,而不是属于关系。② 上帝中具有两种神圣位格的永恒出发,因此在上帝中具有四种实在的位格关系,就是作为神圣位格的圣言的永恒出发中的父性和子性,以及作为神圣位格的圣爱的永恒出发中的嘘出和出发。③

有些学者认为,在上帝中还应该考虑到理解者和被理解者、追求者和被追求者的关系;而这些关系似乎是实在的关系,以及并不属于上述四种关系。所以,在上帝中不只有四种实在关系。托马斯指出,在那些其理智(理解者)和被理解者、其追求者(意志)和被追求者彼此有别的存在者中,知识和被认识的存在者,追求者和被追求的存在者,能够有实在的关系。可是,在上帝中,理智和被理解者却是完全相同(同一)的,因为上帝是藉理解自己而理解其他一切;同理,上帝的意志和被意志者也是如此。因此,在上帝中的这样的关系不是实在的,就像同一存在者对其本身的关系不是实在的一样。不过,理智对于言辞的关系却是实在的;因为言辞被理解为借着理解行动而出发者,而不是作为被理解的存在者。因为当我们理解石头时,理智由被理解的存在者构思出言辞,称

① *Summa Theologica*, Ia:27:4.

② *Summa Theologica*, Ia:28:4.

③ *Summa Theologica*, Ia:28:4.

为言辞。①

有些学者认为，对上帝中的实在关系的领悟，是根据言辞遵循神圣理解方式的出发。但是，如同阿维森那理解的，理解的关系可以无限地增加。因此，在上帝中有无限的实在关系。托马斯指出，在我们(人类)中的理解关系可以增加到无限，因为人是以一个行动理解石头，以另一个行动理解"自己理解石头"，又以另一个行动理解这(后面一个)理解；如此则理解的行动会增加到无限，因而被理解的关系也会增加到无限。可是，在上帝中却不可能这样，因为上帝是只是以一个行动而理解一切。② 有些学者认为，在上帝中自永恒就有观念或理念。但是，这些理念只能是根据其和许多不同的存在者的关联，而相互区别，如前面已经阐述的。因此，在上帝中有诸多的永恒关系。托马斯指出，理念上的关联，有如是为上帝所理解者。因此，不能基于有许多这样的关联，而说在上帝中有许多关系，而只能说上帝认识许多关系。③

有些学者认为，相等、相似以及相同都是一些关系；而这些关系自永恒就在上帝中。因此，在上帝中自永恒有比上述四种关系更多的关系。托马斯指出，相等和相似，在上帝中不是实在的关系，只是思想上的关系，这可以根据后面阐述看出。④ 有些学者认为，由圣父到圣子的父性关系，和由圣子到圣父的子性关系，似乎是同一种关系。同样，由圣父和圣子到

① *Summa Theologica*, Ia:28:4:ad1.
② *Summa Theologica*, Ia:28:4:ad2.
③ *Summa Theologica*, Ia:28:4:ad3.
④ *Summa Theologica*, Ia:28:4:ad4.

圣灵的(嘘出)关系,和由圣灵到圣父和圣子的(出发)关系,似乎是同一种关系。因此,在上帝中出发的实在关系,只有两种关系。托马斯指出,事实上,由一点到另一点,往和返都是同一条路;但是,两点的关联或方向却不相同。因此,不能如此结论说,圣父到圣子和圣子到圣父的关系是同一关系;但是,对于一个绝对者可以如此结论,假设这绝对者是在两者之间的居中者。①

第二节　上帝的神圣位格

根据波爱修对于位格的定义,"位格是具有理性本性的个别实体。"②实体以独特方式拥有个体,因为实体是藉自己而个体化。因此,个别实体具有自己的特别名称,就是"第一实体"。③ 具有理性本性的实体享有主动行动的主权,行动是归于个别实体的。在实体中,这些具有理智本性的个体实体享有独特名称,就是"位格"。位格这名称表示的是那在整个(存在者)本性中最完美的存在者。归于完美性的一切都应该归于上帝,因此,位格这名称最适合用来称述上帝。"位格"这个名称,不是从本性方面表示个别实体,而是表示在上帝本性中自立的个别实体。在上帝中,圣父、圣子、圣灵分别是具有理智本性的个别实体,共享神圣存在。上帝"位格"这个名称,是圣父、圣子、圣灵共有的。"三位一体"(trinitas)这

① *Summa Theologica*, Ia:28:4:ad5.

② Boethius, *De duabus naturis*, 3.

③ Aristotle, *Categories*, 3.

个名称，在上帝中表示的是确定的位格数目，指示基于上帝单纯的神圣本质的三个神圣位格。亚他那修信经说："应该在圣三（三位）中敬拜唯一（一体），在唯一中敬拜圣三。"这是说，应该在圣父、圣子、圣灵三个神圣位格中敬拜上帝的神圣本质，在上帝的神圣本质中敬拜圣父、圣子、圣灵三个神圣位格。

一、上帝的位格

德尔图良在三位一体的阐述中已经给出位格定义。[①] 托马斯援引波爱修给出的位格定义，"位格是具有理性本性的个别实体"[②]，这是对于位格的卓越定义。毋宁说，位格是具有理智本性的个别实体。或者说，位格是具有灵智本性的个别实体。在一切的存在者中，都具有普遍和特殊或个别，实体是以一种独特方式拥有个体或个别实体，因为实体是藉自己而个体化，实体藉自己成为个别实体。在这个意义上，个别实体应该具有区别于其他名称的特别名称，就是基体（hypostasis）或"第一实体"。[③] 但是，那些具有理性本性的实体，就是那些具有理智本性的实体，借着独特而完美的方式享有自己的"个别"。这些具有理性本性的实体享有自己行动的主权，这些具有理性本性的实体享有自己主动行动的主权；但是，行动是属于个别实体的。在这个意义上，在实体中，这些具有理性

① Tertullian, *Against Praxeas* 7.

② Boethius, *De duabus naturis*, 3.

③ *Summa Theologica*, Ia:29:1.

本性的个体实体,享有独特名称。这个名称就是“位格”。[①] 因此,在位格定义中放进“个别实体”,这是用来表示实体中的个体实体;放进“具有理性本性”的含义,这是表示具有理性本性的实体中的个体实体。

有些学者认为,个别或特殊存在者没有定义。位格表示的是一个特殊存在者。因此,不宜给位格下定义。托马斯指出,即使不能给这一特殊存在者或那一特殊存在者下定义,能够给那属于特殊存在者的共同本质下定义;哲学家就是如此给“第一实体”[②]下定义。波爱修也是如此给位格下定义。[③] 有些学者认为,位格定义中的“自立体或实体”,或是指第一实体,或是指第二实体。如果是指第一实体,则加“个别”是多余的,因为第一实体原本就是个别实体。如果是指第二实体,则加的不对,而且所加者含有矛盾,因为第二实体是指(普遍的)种或类。因此,这个定义并不正确。托马斯指出,根据某些人的意见,位格的定义中的“实体”,是表示第一实体,亦即基体。[④] 然而“个别”不是多余的,因为“基体”或“第一实体”的名称,排除“普遍”和“部分”的原理;因为并不说普遍的人是基体,也不说手是基体,手只是部分而已。不过,藉加入“个别”,却也排除了位格的可被摄取性;因为基督中的人性不是位格,而是被一个更高贵的位格即上帝的圣言所摄取。但是,更确切地说,“实体”是一般的说法,因此区分为第

① *Summa Theologica*, Ia:29:1.

② Aristotle, *Categories*, 3.

③ *Summa Theologica*, Ia:29:1:ad1.

④ Richard of St. Victor, *De Trinitate* IV:6.

一实体和第二实体;而藉加入“个别”,把“实体”引导到指示第一实体。①

有些学者认为,意向或意念名称不应该进入存在者的定义。倘若有人说:“人是动物的一‘种’”,那就不是正确的定义,因为“人”是一个实体的名称,而“种”是一个意念名称。由于“位格”是一个实体的名称,因为表示某一具有理性本性的实体,所以“个别”这个意念名称,不宜被放进“位格”的定义中。托马斯指出,因为我们对于实体的区别没有认识,甚或也没有名称,因此有时不得不用属性的区别来代替实体的区别,比如有人说:“火是一个单纯的,热的及干的存在者。”因为固有的属性是实体形式的效果,并表示这些形式。同样地,意念名称也可以用来界说存在者或下定义,即用来代替那些没有名称的存在者的名称。“个别”这个名称,就是如此被用在位格的定义中,来指定特殊实体应有的自立存在形态。②

有些学者认为,如哲学家指出的,本性“在那些本然而不是偶然有本性的存在者中,是变化和静止的本源”。而在不可能有变化的存在者中,如在上帝和天使中,都有位格。因此,在“位格”的定义中,不应置入“本性”,而应该代之以“本质”。托马斯指出,哲学家说,本性这个名称,最初是用来指有生命的存在者的生育,即那称为诞生者。因为这种生育是出自内在的本源或根本。哲学家就是如此给本性下了定义。而且,由于这种本源是形式的或质料的,因此一般而言,质料

① *Summa Theologica*, Ia:29:1:ad2.

② *Summa Theologica*, Ia:29:1:ad3.

和形式都称为本性。又因为任何一存在者的本质都是藉由形式来圆满完成,因此一般而言,任何存在者的定义表示的存在者的本质,亦称为本性。这里的"本性"就是如此解释。因此,波爱修说:"本性,是使每一存在者成形(成为该存在者)的种差"①;因为种差圆满完成定义,并取之于存在者的固有形式。因此,位格既然是某一固定的类中的特殊个体,在位格的定义中,使用"本性"这一名称,比使用"本质"的名称,更为适当。因为"本质"一词,来自其意义最为普遍广泛的动词"存在"(esse)。② 有些学者认为,和身体分离的灵魂,是具有理性本性的个别实体,然而却不是位格。因此,位格的上述定义并不正确。托马斯指出,灵魂是"人"这一存在者(或其本性)的一部分;因此即使是分离存在,仍然保持(自己可以和身体)结合的本性,因此不能称为个别自立体或实体,因为个别实体是第一基体或实体;如同手或人的任何一部分都不能如此称谓。因此,位格的定义以及名称,都不能适用于灵魂。③

作为"具有理智本性的个别实体"④,位格定义已经蕴涵着实体、自立性以及本质这三种存在者范畴的基本含义。⑤根据那哲学家的阐述,Substantia 这个范畴具有两种存在者的含义,就是作为存在者的本质和实体。Substantia 的第一种含

① Boethius, *De duabus naturis*, 1.

② *Summa Theologica*, Ia:29:1:ad4.

③ *Summa Theologica*, Ia:29:1:ad5.

④ Boethius, *De duabus naturis*, 3.

⑤ *Summa Theologica*, Ia:29:2.

义是指定义表示的存在者的“是什么”，我们据此说：“定义表示存在者的 Substantia”。具有这种含义的 Substantia，希腊人称为 ousia，而拉丁人称为 essentia，就是形而上学含义中的存在者的本质。Substantia 的第二种含义是指在 Substantia 这范畴中那“自己站立在下面”的主体（subjectum）或基体（suppositum）。这种作为存在者的主体或基体，可以根据一般的说法，并且用表示概念的名称来命名，如此可以称为主体或基体。此外，形而上学实际使用三个表示存在者的名称来命名作为存在者的 Substantia，就是根据第二种含义的作为存在者的 Substantia 三种不同的讨论视野：第一，具有自然本性的存在者（res naturae）；第二，自立体（subsistentia）；第三，实体或基体（hypostasis）。①

就 Substantia 作为自立存在而不是存在于其他存在者中而言，称为自立体（subsistentia），因为 Substantia 不是存在于其他存在者中，而是存在于自己中，因此称为自立存在（subsistere）。就 Substantia 作为某种存在者的共性或支撑者而言，则称为“具有某自然本性的存在者”（res naturae）。就 Substantia 作为属性的支撑者而言，则称为“实体或基体”（希腊文 hypostasis，拉丁文 substantia）。本质、主体以及实体，三个表示存在者的名称在整个 Substantia 的范畴中共同表示的，就是位格（persona）这个定义在具有理智本性的实体 Substantia 的概念中表示的。② 上述三个表示存在者的名称表示的含义

① *Summa Theologica*, Ia:29:2.

② *Summa Theologica*, Ia:29:2.

保持不变,只是位格定义把一般理解的 Substantia 限制在“具有理智本性的个别实体”的范围中。在这个意义上,位格的定义具有三个基本含义。第一,理智本性(Intelectual nature),就是存在、理解和意志在存在者中的先验同一性;第二,个别实体(Individual substance),就是作为个体存在者的第一实体;第三,自立性(Subsisting),就是作为个别实体的主体或基体。

有些学者认为,波爱修说:希腊人“用‘实体或基体’这一名称,来称呼具有理性本性的个别实体”。① 但是,“位格”的名称具有相同的意义。因此,位格和实体或基体完全相同。托马斯指出,根据希腊人的用法,hypostasis 这个名称,根据其本义是指任何个别自立体或实体;但在谈论的习惯上,却用以指具有理性本性的自立体或实体,这是由于理性本性的卓越。② 有些学者认为,我们说上帝有三位或三位格;同样地,我们也说有三个自立性;除非位格和自立性表示的相同,就不会是这样。因此,位格和自立性表示的相同。托马斯指出,正如我们以复数的方式,说在上帝中有三位或三位格(tres personae)和三自立性(tres subsistentiae);同样,希腊人说上帝中有三个 hypostases。但是,“实体”(substantia)这个名称,即使其本义原和 hypostasis 吻合,但在我们这里却变成多义,因为这个名称有时表示本质(essentia),有时表示 hypostasis;因此,为了避免造成误解,学者宁愿用 subsistentia 来翻译 hypostasis,而不愿意用 substantia。③

---

① Boethius, *De duabus naturis*, 3.

② *Summa Theologica*, Ia:29:2:ad1.

③ *Summa Theologica*, Ia:29:2:ad2.

有些学者认为，波爱修说：和（拉丁文）essentia（本质）完全相同的希腊文 ousia，意指由质料和形式结合而形成的组合体。[①] 由质料和形式结合而形成的组合体，就是个别自立体（substantia），而这个别自立体也称为实体（hypostasis）和位格。因此，上面提及的这些名称，所指似乎相同。托马斯指出，本质（essentia）原本是那定义所表示者。而定义包括物种的原素，却不包括个体的原素。因此，在由质料和形式所组合而形成的存在者中，本质既不是仅指形式，也不是仅指质料，而是指那由作为物种的原素的质料和共同形式所组合而形成者。不过，由这个质料和这个形式所组合而形成者，却有实体（hypostasis）和位格（persona）的原理或形式；因为灵魂、肉体和骨头固然是属于人的原理或本质，但这个灵魂、这个肉体和这块骨头或这副骨头，却是属于"这个人"的。因此，"实体"（hypostasis，支撑属性的主体）和"位格"（persona），是在本质的原理或性质上又加上个体原素；而且在由质料和形式所组合而形成的存在者中，也不同于本质，如前面讨论上帝的单纯性时已经阐述的。[②]

波爱修说："类和种只是自立存在（动词 subsistere）；而个体却不仅自立存在，而且也站在下方（动词 substare）作支撑者或主体。"[③]但是，（名词）"自立性或自立"来自（动词）"自立存在"，正如（名词）自立体或实体来自（动词）"站在下方作支撑者"。因此，既然实体或位格和类或种并不相吻合，那

① Boethius, *De Substantia*.

② *Summa Theologica*, Ia:29:2:ad3.

③ Boethius, *De duabus naturis*, 3.

么实体或位格也就和自立或自立性(subsistentia)不是相同的了。托马斯指出,波爱修说类和种自立存在(subsistere),是说自立存在属于某些个体,这是因为这些个体被涵盖在属于自立体或实体范畴中的类和种之下;而不是说类和种本身自立存在,除非是根据柏拉图的理解,主张众存在者的物种(共性,species)脱离个体而独立存在。至于把"站在下方作支撑者或主体"(substare)归于相同的个体,是针对和属性的关系而说的,而属性并不属于(存在者的)类和种的范围。①

波爱修说:实体或基体(hypostasis)指称质料,而希腊文ousiosis即自立性或自立(subsistentia),则指称形式。但是,形式和质料都不能称为位格(persona)。因此,位格和上述种种都不相同。托马斯指出,由质料和形式所组合而形成的存在者,其作为支撑属性的主体,是基于质料的性质。因此,波爱修说:"单纯的(没有质料的)形式不可能作主体。"②不过,把本然自立存在者,其自立存在却是基于其形式的特性,这形式不是外加于自立存在的存在者的,而是把现实的存在赋予质料,使个体因而能够自立存在。因此,波爱修把实体(hypostasis)归于质料,而把ousiosis或自立性(subsistentia)归于形式,因为质料是在下面发挥支撑作用(substare)的根本,而形式是自立存在(subsistere)的根本。③

既然位格的定义是"具有理智本性的个别实体",神圣科学已经把位格这个名称用于上帝。位格这个名称表示的,是

① *Summa Theologica*, Ia:29:2:ad4.

② Boethius, *De Trinitate* II:2.

③ *Summa Theologica*, Ia:29:2:ad5.

那在整个(存在者的)自然本性中最完美的存在者,就是那在理智本性中自立存在的存在者。在理智本性中自立存在的存在者具有崇高地位,具有理智本性的个别实体就是位格。因此,既然凡是属于完美性的一切,都应该归于上帝,因为上帝的本质本身蕴涵着一切完美性;上帝的神圣本性是最卓越最完满的神圣本质,上帝的神圣本质就是上帝的存在行动;上帝的存在就是上帝的神圣理解的内在行动,上帝的存在就是上帝的神圣意志的内在行动。那么,用位格这一名称来称述上帝就是合理的,而且位格这一名称最适合用来称述上帝。[①]但是,神圣科学不是根据用来称述受造者的相同方式,而是根据更卓越的方式把位格的名称用于上帝;就像神圣科学把其他给受造者起的名字归于上帝时的情形。[②] 因此,亚他那修信经阐述作为神圣位格的上帝时指出:在上帝中具有三个神圣位格,一是圣父的神圣位格,二是圣子的神圣位格,三是圣灵的神圣位格。[③]

有些学者认为,狄奥尼索斯说:"对于超实体的隐秘的上帝性,除了圣经上由上帝已经明确表示给我们者外,完全不可胆敢再说什么或再想什么。"[④]但是,不拘是新约或旧约,圣经都没有告诉我们"位格"这一名称。因此,不能够把"位格"这一名称用于上帝。托马斯指出,即使在新约和旧约圣经中,没有什么地方用"位格"这个名称来称述上帝;但是,圣经中有

---

① *Summa Theologica*, Ia:29:3.

② *Summa Theologica*, Ia:13:3.

③ *Summa Theologica*, Ia:29:3.

④ Dionysius, *De divinis nominibus*. I.

许多地方却用这个名称所表示者来论述上帝,即上帝是至为本然(因本质)而存在者以及有最完美的智慧。如果我们只应该用圣经所传授的字词来称述上帝,那么除了用新旧约圣经原用的语文之外,就绝对不能用其他语文谈论上帝了。但是,和异端人士辩论的需要,迫使神学家不得不寻找一些表达古老信德的崭新名称。这种求新做法既然和圣经的原意并无不合,因此不需要躲避;而圣经劝勉的,却是“要躲避世俗的空谈”。①

有些学者认为,波爱修说:“位格这一名称,似乎是由戏剧中代表人物的面具演变而来;因为位格一字(persona)系来自‘高喊’(personare),因为经过面具的洞孔发声必须提高声音。而希腊人称这些面具为 prosopa,因为这些面具是放在脸上和双目前面,把面目遮盖起来。”②但是这除非是根据比喻,并不适合上帝。因此,除非是根据比喻的说法,“位格”这一名称是不能用以称述上帝的。托马斯指出,虽然 persona 这个名称,就其字源(指面具)方面而言,不适合上帝,但就其字义方面而言,却非常适合上帝。因为戏剧中表演的都是一些名人故事,persona 这个名称是用来表示有尊贵地位的人的。因此,有人把 persona 定义为:“在地位方面有特殊性质的实体(hypostasis)。”由于在理性本性中自立存在属于崇高地位,因此凡是具有理性本性的个体,便都称为 persona(位格),如前面已经阐述的。上帝的本性或上帝性的地位,远超过任何地

① *Summa Theologica*, Ia:29:3:ad1.

② Boethius, *De duabus naturis*, 5.

位，因此 *persona*（位格）这个名称最适合上帝。[①] 因此，波那文都指出，在上帝创造的宇宙中，可以发现创造宇宙的艺术家，就是三位一体的光辉。[②]

有些学者认为，凡是位格都是实体或基体（hypostasis）。而“实体或基体”这个名称似乎并不适用于上帝，因为根据波爱修所说，实体或基体是指那在属性之下者，而在上帝中却没有属性。[③] 而且耶柔米也说：“在‘实体或基体’这个名称中，有毒药隐藏在蜂蜜下。”[④]因此，不应该用“位格”这个名称来称述上帝。托马斯指出，“实体或基体”（hypostasis）这个名称，按其字源方面而言，固然不适合上帝，因为上帝不是立于属性之下或支撑属性；然而就其用来表示独立存在的存在者的字义方面而言，却适合上帝。至于耶柔米说，在这个名称下隐藏有毒药，是因为在拉丁人完全了解这个名称的意义之前，异端人士曾利用这个名称欺骗纯朴的人，错误引导他们承认（在上帝中）有多个本质（essentia），就像他们承认有多个基体或位格（hypostasis）一样。因此，和希腊文 hypostasis 相当的（拉丁文）substantia 这个名称，在我们（拉丁人）这里，也普遍用以指本质（essentia）。[⑤]

有些学者认为，对于任何一存在者，倘若除去定义，也就除去被定义者或定义的内容。而前面给位格下的定义，似乎

---

① *Summa Theologica*，Ia：29：3：ad2.

② Bonaventure，*Breviloquium* II，12，1.

③ Boethius，*De duabus naturis*，5.

④ Jerome，*Epist.* XV *ad Damasum.*

⑤ *Summa Theologica*，Ia：29：3：ad3.

并不适合于上帝。这是因为“理性”所有的认识,是经推理而获得的认识,而这样的认识并不适合上帝,如前面已经证明的;如此则不能说上帝有理性本性。此外也是因为不能说上帝是“个别的自立体或实体”,因为个体化的原理或本源是质料,而上帝却是非质料的;而且上帝也不是在下面支撑着属性,所以也不能称为实体。因此,不应该把“位格”这一名称加给上帝。托马斯指出,至于上帝可以被称述为“具有理性本性”,不是根据理性含有推理,而是根据一般的理智本性。“个别或个体”着眼于其所含的不可通传或共享性。而“实体或自立体”适合上帝,是根据其表示自立存在的意义。不过,曾有神学家说,波爱性给“位格”下的上述定义,不是我们谈论的在上帝中的位格的定义。[①] 这些学者希望修订这个定义,并且说:在上帝中的位格,指示“上帝的本性或神性的不可通传或共享的存在”。[②] 如此,位格这名称适用于上帝。[③]

作为具有理智本性的个别实体,位格这个名称在上帝中指示关系,这关系是自立于和上帝的神圣本质相同的上帝的本性或实体中。一方面,位格直接指关系,间接指本性、实体或本质;另一方面,位格直接指上帝的本质或本性、本体,因为上帝是三位一体的上帝,位格间接指上帝神圣位格之间的关系。波爱修指出:凡是属于位格的名称,都是表示关系的。[④] 既然没有任何其他名称比“位格”这个名称更属于位格,因

① Richard of St Victor, *De Trinitate*, IV:21.

② Richard of St Victor, *De Trinitate*, IV:22.

③ *Summa Theologica*, Ia:29:3:ad4.

④ Boethius, *De Trinitate*, 6.

此，“位格”这个名称指的是关系。[①] 关于在上帝中的“位格”这个名称的意义遇到的困难是：用这名称指称的有三个神圣位格，是复数，这个名称既缺乏那些表示本质的名称的性质，也不是针对其他存在者而言的，就像那些表示关系的名称一样。因此，有些人认为：“位格”这个名称就其字义而言，在上帝中原本直接表示本质，就像“上帝”这个名称和“具有智慧者”这个名称一样；不过，为着完整理解的缘故，这个名称也能够用来表示相对的关系，特别是用复数时，或另外加用区分形容词时，例如有时说：“三位或三位格”，或者说：“圣父是一位，圣子另是一位”等。但使用单数时，则可以用这个名称兼指绝对的（不涉及其他存在者的）或相对的（针对其他存在者的）。不过，这种阐述并不充分。因为，如果“位格”这个名称就其字义而言，在上帝中仅仅表示本质，那么说：“上帝具有三位或三位格”，就可能造成理解上的困难。[②]

另有一些学者说，在上帝中，“位格”这个名称同时既表示本质也表示关系。其中一些学者说，“位格”直接表示本质，间接表示关系。因为“位格”就其自身而言是单一的，而“单一性”是属于本质的。所谓“就其自身而言”，隐含具有侧面的关系；因为说“圣父根据其自身存在”，意思好像是说，圣父因相对关系而和圣子有别。其中另一些学者则反过来说，“位格”直接表示关系，间接表示本质；因为在“位格”的定义中，“本性”是被置放在间接地位，因为定义直接指出位格是

① *Summa Theologica*, Ia:29:4.

② *Summa Theologica*, Ia:29:4.

实体或个别实体，进而指出位格是具有理智本性的实体或个别实体。这些学者比较接近真理。①

为着阐述这个课题，应该指出：有的存在者被包括在较不普遍的名称的意义中，却没有被包括在较更普遍的名称的意义中；例如“具有理性”被包括在“人”的意义中，却没有被包括在“动物”的意义中。因此，寻问“动物”的意义和寻问“作为人的动物”的意义，并不相同。同样地，寻问“位格”这个名称的普遍意义和寻问“上帝的位格”的意义，也不相同。因为一般的“位格”表示具有理智本性的个别实体，而个别实体却是在本身中没有分割，而和其他存在者有分别者。因此，位格无论是在什么本性中，都表示那在此本性中有分别者；例如在人的本性中，位格是指身体和灵魂，这些是使人成为个体的因素；这些虽然并不属于一般“位格”的意义，却属于“人的位格”的意义。在上帝中，除了借着起源的关系，没有什么分别或区别②。在上帝中，关系就是上帝的本质本身；因此，犹如上帝的本质自立存在，上帝中的关系也是自立存在。因此，犹如上帝的本性就是上帝，上帝的父性就是上帝圣父，而圣父就是上帝的神圣位格。因此，上帝的位格表示的是犹如神圣实体之间的关系。也就是以神圣实体的方式或作为神圣实体来表示关系，而神圣实体是自立于上帝本性中的实体；自立于上帝本性中的实体和上帝的本性没有分别。③

确实如此，“位格”这个名称直接表示关系，间接表示本

---

① *Summa Theologica*, Ia:29:4.

② *Summa Theologica*, Ia:28:3.

③ *Summa Theologica*, Ia:29:4.

质;但不是把关系作为关系来理解,而是以神圣实体的方式来表示关系(或把关系作为神圣实体来理解)。同样地,“位格”这个名称直接表示本质,间接表示关系;这是着眼于神圣本质和神圣实体相同;而在上帝中,自立的实体或实体的自立因位格关系而有区别;如此则关系作为关系,而间接进入“位格”的意义。① 可以说,在异端派学者尚未制造困扰以前,“位格”这个名称表示关系这方面的深刻含义,尚未获得神学家的发掘和领会;因此,“位格”这个名称当时只是作为绝对名称来使用。但是,基于“位格”这个名称自身意义的相应性,“位格”这个名称在后来的神学表述中配合着表示相对的关系;就是说,“位格”这个名称同时表示相对的关系,不是单单出于人的用法,这也是来自位格名称本身的意义。②

有些学者认为,奥古斯丁说:“何时我们说圣父的位格,无非就是说圣父的实体;圣父称为位格,是对圣父自己而言,不是对圣子而言。”③托马斯指出,说“位格”这个名称是对(圣父)自己,而不是对另一位格(圣子)而言,因为位格表示关系,不是以关系的方式或作为关系,而是以实体的方式或作为实体,因为自立体就是实体。奥古斯丁据此而说:位格是指本质,这是基于在上帝中本质和实体相同;因为在上帝中,“是什么”(本质)和“藉以是或存在者”(实体)是没有分别的。④ 有些学者认为,“什么”是针对本质的询问。但是,奥古

① *Summa Theologica*, Ia:29:4.

② *Summa Theologica*, Ia:29:4.

③ Augustine, *The Trinity*, 7:6.

④ *Summa Theologica*, Ia:29:4:ad1.

斯丁说，当我们说："在天上作见证的有三个，即圣父、圣言和圣灵"时，倘若问："三个什么？"答案是："三个位格。"因此，"位格"这个名称表示的是本质。托马斯指出，"什么"询问的，有时候是定义表示的（存在者的）本性，例如说："人是什么"，答案是："具有理性、有可能死亡的动物"。不过，有时候询问的是（具有本性的）基体或主体（suppositum），例如问："什么游在水中"，答案是："鱼"。如此，给问"三个什么者"的回答是："三个位格"。①

有些学者认为，根据那哲学家阐述的，用名称表示者，就是其定义。而位格的定义为"具有理性本性的个别实体"。因此，"位格"这个名称表示的是实体。托马斯指出，前面已经阐述，在上帝中，个别实体，即特别的或不可通传的实体的观念中，含有关系的观念。② 有些学者认为，在人和天使方面，位格表示的不是关系，而是一种绝对者（不涉及他者的存在者）。因此，倘若位格在上帝中表示的是关系，这个名称就是根据不同的含义运用于上帝、人与天使了。托马斯指出，较不普遍名称的不同意义，并不使较普遍名称变成异义或多种不同意义。因为，马和驴虽然各有自己特有的定义，但是在"动物"这个名称上，两者却是根据单义或单一意义而为动物，因为动物的共同定义对两者都同样适用。因此，即使在上帝的位格的意义中含有关系，而在人或天使的位格的意义中却不包含关系，但不能因此结论说："位格"这个名称是具有

① *Summa Theologica*, Ia:29:4:ad2.

② *Summa Theologica*, Ia:29:4:ad3.

多种不同意义的名称。即使这不是说位格是单义名称;关于上帝和受造者的陈述,不可能有什么单义的或同一意义。[1]前面已经阐述,位格作为类比名称用于上帝和人(以及天使),位格这名称以卓越而完美的方式用于上帝。[2]

二、上帝中的神圣位格

神圣位格的永恒起源揭示出神圣位格之间的实在关系。作为"具有理智本性的个别实体","位格"这名称以卓越而完美的方式用来称述上帝。在上帝中,"位格"这名称既表示作为神圣位格的实体也表示神圣位格之间的实在关系。因为在上帝中神圣本质和神圣实体相同,"位格"这名称在上帝中直接表示实体,间接表示关系。因为在上帝中只是以神圣实体的方式表示关系,"位格"这名称在上帝中直接表示关系,间接表示实体。神圣科学肯定奠基于在上帝中神圣位格的永恒起源,奠基于上帝中神圣位格的永恒起源带来的神圣位格之间的实在关系,在上帝中具有多个神圣位格。作为具有理智本性的个别实体,"位格"这名称在上帝中表示关系[3],这关系如同是自立于上帝本性中的存在者。奠基于在上帝中神圣位格的永恒出发,就是圣言的永恒出发以及圣爱的永恒出发,在上帝中具有多种实在关系,就是圣言的永恒出发中的父性和子性,以及圣爱的永恒出发中的嘘出和出发。[4] 亚他那修信

① *Summa Theologica*, Ia:13:5.

② *Summa Theologica*, Ia:29:4:ad4.

③ *Summa Theologica*, Ia:29:4.

④ *Summa Theologica*, Ia:28:4.

经指出:"圣父是一位,圣子另是一位,圣灵另是一位。"①因此,在上帝中具有多个神圣位格。②

有些学者认为,位格是具有理性本性的个别实体(substantia,兼有"本质"的意义)。因此,倘若在上帝中有多个位格,上帝中就有多个本质;而这似乎是异端。托马斯指出,把substantia放进位格的定义中,不是根据substantia表示本质,而是根据substantia表示基体(suppositum,独立个体);这一点,从附加"个别"一词可以看出。为表示如此所说的substantia,希腊人用hypostasis这个名称;因此,正如拉丁人说有三个personae(位格),希腊人说有三个hypostases(基体)。不过,为了避免因为位格这个名称的多重含义而被误解为本质,拉丁人习惯上并不说三个substantiae。③ 有些学者认为,无论是在上帝中或在人类心灵中,多种绝对属性并不形成位格的区别;因此,多种(相对的)关系更不形成位格的区别。而在上帝中,除了有多种关系或关系的多数性,没有其他多数性。④ 因此,不能说在上帝中有多个位格。托马斯指出,上帝中的绝对属性,如美善及智慧,彼此并不相互对立;因此,也没有实在的区别。因此,即使可以把"自立 subsistere"归于上帝中的绝对属性,上帝中的绝对属性不是多个位格。在受造者中的绝对属性,尽管彼此有实在区别,却不是自立,例如白色

① *Summa Theologica*, Ia:30:1.

② *Summa Theologica*, Ia:30:1.

③ *Summa Theologica*, Ia:30:1:ad1.

④ *Summa Theologica*, Ia:28:3.

和甜性。在上帝中的相对属性，既自立，亦彼此有实在区别。[①] 因此，这样属性的多样性，已经足以形成在上帝中的位格的多数性。[②]

有些学者认为，波爱修论上帝说，其中没有数目者才是真正的一。[③] 而多数性含有数目。因此，在上帝中没有多个位格。托马斯指出，上帝的至一性和单纯性，排除一切绝对属性的多数性，但不排除关系的多数性。因为用关系称述某存在者，是着眼于关系针对另一存在者；因此，波爱修说，关系并不表示在其陈述的存在者中有什么组合。[④] 因此，在上帝中具有多个位格。[⑤] 有些学者认为，哪里有数目，哪里就有整体和部分。因此，倘若在上帝中有位格方面的数目，在上帝中就有整体和部分；这和上帝的单纯性是不能相容的。托马斯指出，数目有两种：单纯的或绝对的数目，如二、三及四等；以及在被数的存在者中的数目，如两个人及两匹马。因此，倘若上帝中的数目是绝对的或抽象的数目，上帝中有整体和部分并无不可被数；因为那只是在我们理智的观念中如此而已；因为由被数的存在者中抽象出来的绝对数目，只存在于我们的理智中。但是，倘若我们视数目为被数的存在者中的数目，如此则在受造者中，“一”是“二”的一部分，“二”是“三”的一部分，如同一个人是两个人（的组合）的一部分，两个人是三个人的一部

① *Summa Theologica*, Ia:28:3.

② *Summa Theologica*, Ia:30:1:ad2.

③ Boethius, *De Trinitate*, 3.

④ Boethius, *De Trinitate*, 6.

⑤ *Summa Theologica*, Ia:30:1:ad3.

分;但是在上帝中却不是如此,因为上帝圣三整体如何完美,上帝圣父也就如何完美。①

神圣科学必须确认在上帝中只有三个位格。前面已经阐述,多数位格是多数自立而彼此具有实在区别的关系。在上帝位格之间的实在区别,只能是由于关系的对立。因此,两个对立的关系应该是属于两个位格;倘若两个关系不是对立的,两者必然是属于同一个位格。因此,父性和子性,既然是对立的关系,必然是属于两个位格。因此,自立的父性是圣父的位格,自立的子性是圣子的位格。另外两种关系(嘘出和出发)和上述两种关系(父性和子性)都不对立,只是彼此对立。因此,嘘出和出发不可能属于同一个位格。因此,嘘出和出发或者是其一属于前述的两个位格(圣父和圣子),或者是其一属于前述两个位格之一,另一个则属于另一位格。而出发(与嘘出相对的圣爱的出发)不可能属于圣父和圣子,或者其一。因为倘若如此,则圣父和圣子就是来自那发出者;而倘若生者(圣父)的位格和受生者(圣子)的位格是来自发出者,则理智方面的出发,即作为父性和子性根据的在上帝中的生育,就是来自那作为嘘出和出发根据的意志方面的圣爱的出发了。这和前面阐述的不能相容。因此,只能说,嘘出既属于圣父的位格,亦属于圣子的位格,因为嘘出和父性子性都没有对立的关系。因此,出发必然是属于另一位格,就是那称为圣灵的位格,圣灵是以作为神圣意志的内在行动的圣爱的方式出发。②

① *Summa Theologica*, Ia:30:1:ad4.

② *Summa Theologica*, Ia:27:4.

因此，在上帝中只有三个位格，圣父、圣子和圣灵。[1] 因此，“在天上作见证的有三个，即圣父、圣言和圣灵。”（约一5:7）对于询问“三个什么”者的答复是：“三个位格。”[2]在上帝中，只有三个神圣位格。[3]

有些学者认为，在上帝中的位格的多数性，是根据指关系的属性的多数性。但是，在上帝中有四种关系，即父性、子性、嘘出（spiratio）以及出发（processio）。[4] 因此，在上帝中有四位格。托马斯指出，即使在上帝中有四种关系，但其中之一，即发出，并不是脱离圣父和圣子的位格，而是兼属于两者。因此，即使发出是关系，却不称为“属性或特征”，因为发出不是属于一位格，而且也不是“位格的”，即不是构成位格的关系。而父性、子性和出发这三种关系却称为“位格的属性或特征”，即构成位格者；因为父性是圣父的位格，子性是圣子的位格，而出发是作为出发者的圣灵的位格。[5] 有些学者认为，在上帝中，本性和意志的不同，并不大于本性和理智的不同。而在上帝中，以意志方式作为爱出发的，是一位格；以本性方式作为子出发的，另是一位格。因此，在本性和理智方面，也应是以理智方式作为言辞出发的，是一位格；以本性方式作为子出发的，另是一位格。如此，在上帝中同样不是仅有三位格。托马斯指出，以理智方式作为言辞出发者，就如以本性方

① *Summa Theologica*，Ia:30:2.

② Augustine，*The Trinity*，7:4.

③ *Summa Theologica*，Ia:30:2.

④ *Summa Theologica*，Ia:28:4.

⑤ *Summa Theologica*，Ia:30:2:ad1.

式出发者,其出发是根据和其本源相似的原理;因此,前面已经阐述,上帝圣言的出发就是以本性方式的生育。而爱,以其为爱而言,其出发却不是和其本源相似;即使在上帝中,爱以其为"上帝的"爱而言,是同为本质的。因此,在上帝中,爱的出发不称为生育。①

有些学者认为,在受造者中,越是卓越者,就越有更多的内在活动,比如人比动物多出理解和意志。上帝是无限地超越受造者。因此,在上帝中,不仅有以意志方式出发的位格,和以理智方式出发的位格,而且还有以其他无数方式出发的位格。因此,在上帝中有无数的位格。托马斯指出,人比其他动物更完美,因此人比动物有更多的内在活动,这是因为人的完美是以组合方式形成的。在更为完美和更为单纯的天使中,比在人中,却有较少的内在活动;因为在天使中没有想象、感觉等类似活动。在上帝中实际上只有一个活动,就是上帝的本质(一切活动都是上帝的本质)。至于如何有两种出发,前面已经阐述。② 因此,上帝中有三个神圣位格。③ 有些学者认为,圣父藉产生上帝(另一)位格而无限地通传自己,这是出于圣父的无限善性。在圣灵中也有无限的善性。因此,圣灵也产生(另一)上帝位格,而这(另一)上帝位格又产生另一上帝位格,如此则推至无限。托马斯指出,倘若圣灵所有的美善不是圣父所有的美善,这一推论可以成立。因为,正如圣父以自己的美善产生上帝位格;同样,圣灵必然以自己的美善

① *Summa Theologica*, Ia:30:2:ad2.

② *Summa Theologica*, Ia:27:5.

③ *Summa Theologica*, Ia:30:2:ad3.

产生上帝位格。然而，圣父的美善和圣灵的美善却是同一个善性。除了藉位格的彼此关系之外，没有别的区别。因此，美善性属于圣灵，如同是从另一位而有的；而美善属于圣父，则如同是由圣父被通传给另一位。此一关系的对立，针对上帝位格作为本源的关系和（出发者）圣灵的关系不能相容——因为圣灵本身是出自上帝中能够有的其他位格。① 有些学者认为，凡是被局限在某一固定数目者，就是被度量者，因为数目是度量。在上帝中，位格都是无限的，如亚他那修信经明确阐述的："圣父是无限者，圣子是无限者，圣灵是无限者。"因此，上帝位格，不能局限于"三"这个数目。托马斯指出，倘若视固定数目为了只是存在于理智中的单纯数目，这个数目是以"一"来度量的。但是，倘若视数目为存在于上帝位格中的存在者的数目②，则"被度量者"的原理无法适用，因为三位格的度量相同；同一存在者不能用自己这同一存在者来度量。③

希拉利说："承认有同伴"，即承认有多数性，"就是否定殊一性和孤独性的概念"。④ 安布罗西说："当我们说上帝唯一时，这唯一性就排除上帝的多数性，我们也不肯定在上帝中有分量存在。"⑤如此看来，这种名称是用来在上帝中否定什么，而不是积极表示什么。伦巴德主张，各项数字在上帝中不

① *Summa Theologica*, Ia:30:2:ad4.
② *Summa Theologica*, Ia:30:1:ad4.
③ *Summa Theologica*, Ia:30:2:ad5.
④ Hilary, *De Trinitate*, IV.
⑤ Ambrose, *De Fide*, I:2.

提供什么,只是否定什么。[①] 其他学者却持相反意见。[②] 阐述这点,应该注意,一切多数性都是某种分割的后果。分割有两种。一种是质料性的分割,藉分割连续体而形成;这种分割产生的数字是量的一种。这样的数字只存在于质料性存在者中。另一种是形式性的分割,藉不同形式而形成:由这种分割产生的"多",不属于范畴,而是关于超越(一切范畴的)存在者的,存在者就是如此划分为一和多。在非质料存在者中只有这种数字。[③] 因此,有些学者只注意到这种"多",就是离散的量的一种。这些学者看到在上帝中没有这种离散的量,因此主张数字在上帝中不提供什么,只是排除什么。另一些注意同一种"多"的学者却说,如同说在上帝中有知识,是根据知识固有的意义,不是根据知识归属的范畴,因为在上帝中没有任何品质;同样,说在上帝中有数字,也是根据数字固有的意义,不是根据数字归属的范畴,这范畴就是量。[④]

我们却揭示出:称述上帝的各项数字,不是根据作为量的一种的数字的意义,因为这样的数字只能比喻式地用于上帝,如同其他有形存在者的属性;而是根据各项数字作为超越性的"多"的意义。这样的"多",与其陈述的许多存在者的关系,如同和存在者可以互换的"一",和存在者的关系。在阐述上帝的唯一性时已经指出,这样的"一",给其"存在者"增加者,只不过是"否定分割"而已;因为"一"表示未被分割的

① Peter Lombard, *Lib. Sentent.* I:24:I.

② Bonaventure, I *Sent.* 24:2:I.

③ *Summa Theologica*, Ia:30:3.

④ *Summa Theologica*, Ia:30:3.

存在者。[1] 因此,无论以"一"称述什么存在者,都是说那存在者未被分割;比如针对人说的"一",其含义是说人的本性未被分割。同理,当说存在者"多"时,这种含义的"多",也是指这些存在者中的每一存在者本身都未被分割。因此,各种数字在上帝中表示的,是数字称述的相关的存在者;除此之外,只是增加否定而已;在这方面,伦巴德说的合乎真理。比如:我们说"本质是一个","一"表示的是本质未被分割;我们说:"位格是一个","一"的意思是位格未被分割。同样地,我们说:"有许多位格",意思指示的是那些位格,而且其中的每一位格都未被分割;因为根据其定义,"多"是由"一"形成的。[2]

有些学者认为,上帝的唯一性就是上帝的本质。每个数字都是"一"的重复。因此,每一项数字在上帝中都表示本质。因此,数字在上帝中有积极表示。托马斯指出,"一"既然是关于超越一切范畴的存在者的,因此比实体和关系都更普遍;"多"也是一样。因此,在上帝中,既可以指实体,亦可以指关系,各根据其依附的相关名称。这样的名称,根据其各自的特有意义,在本质或关系上增加对分割的否定。[3] 有些学者认为,凡是称述上帝和受造者的名称,都以更卓越的方式,归于上帝。而数字在受造者中有积极表示。因此,在上帝中更是如此。托马斯指出,在受造者中有积极表示的"多",是量的一种,不能用以称述上帝;只有超越性的"多"适用于

① *Summa Theologica*, Ia:11:1.

② *Summa Theologica*, Ia:30:3.

③ *Summa Theologica*, Ia:30:3:ad1.

上帝,超越性的"多"在其所陈述者之上,只增加每一单个的不可分割性。这样的"多",才能用来称述上帝。① 有些学者认为,倘若各项数字在上帝中不积极表示什么,只是用来排除,比如:用多数性排除唯一性,用唯一性排除多数性;那么,这将是相互推论的循环,使理智感到困惑而不能确知什么。这是不合理的。因此,必须说,各项数字在上帝中有积极表示。托马斯指出,"一"排除的不是"多",而是在观念上比"一"和"多"都先有的"分割"。"多"排除的不是"一",而是那些组成"多"者中的每一单个的分割。应该知道,引用的反面意见,不足以证明其论点。因为,即使多数性排除孤独性,唯一性排除上帝的多数性,但不可因此说这些名称只有这种意义。因为白色排除黑色;但白色这个名称的意义,却不只限于排除黑色。②

关于上帝"位格"这个名称的通用性,当我们说"三位"时,这种说话方式就表示"位格"这个名称是三者共有的,就是上帝三位共有的;犹如我们说"三个人"时,就表示"人"这个名称是这三个人共有的一样。奥古斯丁说,当问"三个什么"时,答案是"三个位格",因为"位格"这个名称表述的,是三位共有的。③ 很明显,"位格"这个名称的通用性不是指存在者的共有,如同本质是三者共有;因为那样的话,正如本质只是一个,三者的"位格"就只是一个了。至于究竟是怎样的共有,研究者的说法不一。有学者说是否定性的共有;因此在

---

① *Summa Theologica*, Ia:30:3:ad2.

② *Summa Theologica*, Ia:30:3:ad3.

③ Augustine, *The Trinity*, 7:4.

位格的定义中用“不可通传”的概念。[①] 有学者说是观念性的共有,因为在位格的定义中用“个别实体”的范畴。[②] 上述两种说法都不能成立,因为“位格”这个名称,既不是否定名称,亦不是观念名称。上帝“位格”这个名称,是表示作为具有理智本性的个别实体的存在者的名称。[③]

应该说,“位格”这个名称,即使是用在人方面,也是一个观念上的共有名称,但“位格”不是像“类”那样的,而是像“不确定的个体”那样的共有名称。因为类是用来表示共有本性,不是用来表示共有本性的观念。而“不确定的个体”,是那以一种属于特殊存在者的固定方式而存在的共同本性,即如同是和其他存在者分离而倚靠自己存在的实体。而“指定的单独体”这个名称表示的,是这个身体和这些骨头。但是,其中有这样一个区别,即“某一个人”表示的,是本性,或从本性方面来表示以属于特殊存在者的存在方式而存在的个体;而“位格”这个名称,其命名不是从本性方面来表示个别实体,而是表示在这样本性中的自立的存在者。在观念上,这一点是上帝三位共有的,即上帝的每一位都是自立于上帝的本性中,并和其他位格有区别。在上帝中,三位分别是具有理智本性的个别实体,却共同自立于上帝的唯一本性中,共同作为一个神圣实体,共享神圣存在。因此,上帝“位格”这个名称,在观念上,是上帝三位共有的。[④]

---

① William of Auxerre, *Summa Aurea*, I:6:2.

② Alexander of Hales, *Summa*, II, n.389.

③ *Summa Theologica*, Ia:30:4.

④ *Summa Theologica*, Ia:30:4.

有些学者认为,除了本质,没有什么是三位共有的。“位格”这个名称,并不直接表示本质。因此,“位格”这个名称不是三位共有的。托马斯指出,这个推论是以存在者的共有为出发点。[①] 有些学者认为,共有的和不可通传的相对立。但是,“不可通传”属于位格的原理,这由某些学者对于位格的定义可以看出。[②] 因此,“位格”这个名称不是三位共有的。托马斯指出,即使位格是不可通传的,但位格不可通传的存在方式,却可能是许多位格共有的。[③] 有些学者认为,倘若“位格”这个名称是三位共有的,这种共有或者是关于存在者本身的,或者是观念上的。然而,这种共有不是关于存在者本身的;因为倘若是的话,三位就是一位(或共有一位格)了。也不只是观念上的;因为倘若是的话,“位格”就是普遍的,而在上帝中既没有普遍和特殊,亦没有类和种。因此,“位格”这个名称不是三位共有的。托马斯指出,即使共有是观念上的,不是存在者本身的,不能因此说在上帝中有普遍和特殊,或有类和种。一则因为即使在人方面,位格的共有性也不是种或类的共有性;二则因为上帝三位只有一个存在,而种和类以及任何普遍性,都是针对多个在存在方面彼此有区别者而言的。[④]

三、上帝的三一性

作为具有理智本性的个别实体,“位格”这个名称以卓越

---

① *Summa Theologica*, Ia:30:4:ad1.

② Richard of St. Victor, *De Trinitate* IV:6.

③ *Summa Theologica*, Ia:30:4:ad2.

④ *Summa Theologica*, Ia:30:4:ad3.

而完美的方式用来称述上帝。在上帝中,"位格"这个名称既表示作为神圣位格的实体也表示位格之间的实在关系。因为在上帝中神圣本质和神圣实体相同,"位格"这个名称在上帝中直接表示实体,间接表示关系。因为在上帝中只是以神圣实体的方式表示关系,"位格"这个名称在上帝中直接表示关系,间接表示实体。上帝中神圣位格的永恒出发揭示出,在上帝中具有圣父、圣子、圣灵三个神圣位格。作为"具有理智本性的个别实体",上帝"位格"这个名称是上帝三位共有的。上帝"圣三"(trinitas)这个术语,在上帝中表示的就是确定的位格数目。作为神圣科学的三一学说的基本原则指出,基督教的上帝就是"圣三"(trinitas),在唯一的上帝中具有圣父、圣子、圣灵三个神圣位格。"圣三"(trinitas)这个名称,在上帝中表示的是确定的位格数目。[①] "圣三"(trinitas)这个名称作为抽象名词,意义就是数字为三者,就是三者根基于一。在阐述上帝的一切说法中,都是把抽象名称当做具体名称来用。"圣三"(trinitas)这个名称用来称述上帝,就是基于上帝神圣本质的三个神圣位格。

"圣三"(trinitas)这个名称,在上帝中表示的是确定的位格数目。在神圣科学中,唯一的上帝就是享有三个神圣位格的上帝,也就是三位一体的上帝。因此,犹如阐述在上帝中有神圣位格的多数性,就应该用"圣三"(trinitas)这个名称;因为"圣三"这个名称以确定数目表示的,就是"多数性"以不确

---

① *Summa Theologica*, Ia:31:1.

定数目表示的神圣奥秘。① 既然在阐述上帝的一切陈述中，都是把抽象的说成具体的，就是把抽象名词当做具体名词来使用，因为父性就是圣父，子性就是圣子。抽象名词"一"(unitas)，就是表示单一性或唯一性，用来具体表示上帝的唯一本体，就是"一体"。在这个意义上，抽象名词"圣三"(trinitas)就是指示基于上帝"一体"的"三位"，就是基于上帝神圣本质的三个神圣位格。在上帝单纯的神圣本质中具有三个神圣位格。亚他那修信经说："应该在圣三(三位)中敬拜唯一(一体)，在唯一中敬拜圣三。"②这是说，在圣父、圣子、圣灵三个神圣位格中敬拜上帝单纯的神圣本质，在上帝单纯的神圣本质中敬拜圣父、圣子、圣灵三个神圣位格。

有些学者认为，在上帝中，一切名称或指实体或本体，或指关系。而"圣三"这个名称，不表示实体或本体(substantia)；因为如果是指实体，那么将是用实体来陈述每一位(而为三个实体)了。"圣三"亦不是表示关系；因为这一说法不是根据针对他者的名称。所以，在上帝中，不应该用"圣三"这个名称。托马斯指出，根据字源来说，"圣三"这个名称，似乎是表示三个位格的一个本质或本体，据此而说圣三或三一性就好像是三者的唯一性或一体(trium unitas)。但是，根据这个字的本有意义而言，这个字较为表示同一本质或本体的位格的数字。因此我们不能说圣父就是圣三，因为圣父不是三位。但圣三也并不表示各位格之间的关系本身，而较为表示相互

① *Summa Theologica*, Ia:31:1.

② *Summa Theologica*, Ia:31:1.

有关系的位格的数字。因此这一名称本身不涉及和其他存在者的关系。① 有些学者认为,"圣三"这个名称似乎是一个集体名称。因为"圣三"这个名称表示众多。而这样的名称并不适合于上帝;因为集体名称所包含的单一性是最小的单一性,而在上帝中的单一性却是最大的单一性。所以,"圣三"这个名称不适合于上帝。托马斯指出,集体名称含有两个要素,即主体或基体的多数性或多个基体(supposita),以及某种单一性,即某种秩序的单一性或结合为一个秩序,因为"民族"是在某种秩序下包括的许多个人。根据第一点而言,"圣三"这个名称和所有的集体名称相契合;根据第二点而言,却有所区别,因为在上帝"圣三"中,不但有秩序的单一性,而且有本质的单一性。②

有些学者认为,凡是一分为三或三分者(trinum),都是三重(triplex)的。而在上帝中却没有三重性(triplicitas),因为三重性是一种不相等。所以,在上帝中也没有圣三。托马斯指出,"圣三"是绝对的说法(不和其他存在者做比较),因为"圣三"指的是三位格的这个数字"三"。而"三重性"(triplicitas)所指的,却是三者和一的不相等的比例或比较;因为是一种不相等的比例或比较,这由波爱修所说的就可以知道。③ 有些学者认为,凡是存在于上帝中者,都是存在于上帝本质或本体的唯一性中,因为上帝是自己的本质或本体。所以,如果在上帝中有圣三,那必定是存在于上帝本质或本体的

① *Summa Theologica*, Ia:31:1:ad1.

② *Summa Theologica*, Ia:31:1:ad2.

③ *Summa Theologica*, Ia:31:1:ad3.

唯一性中。如此则在上帝中有三个本质或本体方面的唯一性了;而这是异端。托马斯指出,在"上帝圣三"的含义中,有数字本身(绝对的数字),也有被数的神圣位格。所以,当我们说"圣三在唯一性或一体中"时,我们并不是把(绝对的)数字"三"置于唯一性中,好像有三次唯一似的;我们是把被数的(三)神圣位格置于本性或性体中,就如说某一(存在者的)本性的主体或基体存在于那个本性中一样。反之,当我们说"单一性或一体是在圣三中"时,就如说某一(种存在者的)本性是存在于属于该本性的(多个)主体或基体中一样。①

有些学者认为,在阐述上帝的一切说法中,都是把抽象者说成具体的;因为上帝性就是上帝,父性就是圣父。然而,指圣三的这一抽象名称(trinitas),却不能说就是一分为三(trina);否则,在上帝中就有九个存在者了,而这是错误的。所以,在上帝中,不应该用"圣三"这个名称。托马斯指出,当说"圣三或数字为三"(trinias)是"一分为三的(trina)"时,其所引进的数字(谓词或宾词"一分为三的"),按其意义含有同一数字本身的倍数增加;因为我所说的"一分为三的",是指所说那存在者在主体或基体方面的区分。因此,不能说"圣三(三位)是一分为三的";因为假设圣三(三位)是一分为三的,圣三(的每一位)将有三主体或基体;这就如同说"(一个)上帝(Deus 单数)是一分为三的(三位 trinus),因此有上帝性的三主体或基体(三自立于上帝性者)"一样。②

① *Summa Theologica*, Ia:31:1:ad4.

② *Summa Theologica*, Ia:31:1:ad5.

作为上帝“圣三”中的神圣位格，“圣子是有别于圣父，即圣子是和圣父有分别的”（alius）。这是说，作为神圣位格的圣子在主体或基体方面有别于圣父，圣子是在上帝的单纯本体中和圣父有分别的神圣位格。耶柔米说，学者由于用词不谨慎而产生异端，因此在阐述上帝“圣三”的课题时，必须小心谨慎地思考；因为奥古斯丁指出：“和这个课题相比较，没有什么课题的错误更为有害，探究起来更为艰辛，成果更为有益。”[①]我们在阐述有关上帝“圣三”的课题时，必须避免两个彼此相反的异端，在两者之间秉直前进：其中一个错误是亚流（Arius）的异端，他在肯定三位格之余，主张具有三实体或本体；另一个错误是撒伯流（Sabellius）的异端，他在肯定一个本质或本体之余，主张只有一个位格。[②]

倘若避免亚流的异端，应该避免在上帝中使用“不同”和“差异”这两个名词，避免消除本质即本体的唯一性或“一体”；但是，我们可以用“区别”这个名词，来表示关系的对立。因此，当我们在权威著作中发现有位格的“不同”或“差异”这种阐述时，应该把“不同”或“差异”理解为“区别”。倘若避免损害上帝本质或本体的单纯性，则应该避免“分开”或“分割”等名词，因为这些名词意味着把整体分割为部分。倘若避免损害到相等，亦应该避免“不相等”这个字。倘若避免损害相似，则应该避免“不一样”、“不相似”等字；因为安布罗西说：在圣父和圣子中，“没有任何不相似，而只有一个上帝性”；[③]希

---

① Augustine, *The Trinity*, 1:3.

② *Summa Theologica*, Ia:31:2.

③ Ambrose, *De Fide* I:2.

拉利说:在上帝中,“没有什么是不一样的,也没有什么是可以分开的”。[①] 倘若避免撒伯流的错误,应该避免“各自或隔离”这个字,避免损害到上帝本质或本体的可通传性或共有性;因此希拉利说:“称圣父和圣子为彼此隔离的上帝或者各自是上帝,是亵渎上帝。”[②]倘若避免损害到位格的数目和多数性,应该避免使用“独一的”这个字,因为希拉利说,应该从上帝中排除独一和各自的概念。[③] 我们说“独一圣子”,因为在上帝中没有多个圣子。我们不说“独一上帝”,因为上帝性是三个“位格”共有的。我们也避免用“混合的”这个字,避免消除位格之间的本性秩序;因此安布罗西说:“凡是一个的,就不是混合的;凡是没有差异的,就不可能是多重的。”[④]倘若避免损害到三位的共享,应该避免用“孤独的”这个字;希拉利说:“应该确信,上帝既不是孤独的,亦不是(多个)不同的。”[⑤]

作为上帝“圣三”中的神圣位格,“圣子是有别于圣父即圣子是和圣父有分别的”(alius)。“有分别的”(alius)这个名称,作为阳性的名称,其含义只是在指主体或基体(suppositum)的区别。因此,我们能够恰当地说,圣子是和圣父有分别的或别的一位;因为圣子是上帝的本性的别的一个主体或基体,犹如圣子是别的一个位格(persona),别的一个(希腊文的)hy-

---

① Hilaty, *De Trinitate*, VII.

② Hilaty, *De Trinitate*, VII.

③ Hilaty, *De Trinitate*, VII.

④ Ambrose, *De Fide* I.

⑤ Hilaty, *De Trinitate*, IV.

postasis 一样。[1] 作为神圣位格的圣子就作为主体或基体的神圣位格而言有别于作为神圣位格的圣父。[2] 同样，作为神圣位格的圣灵就作为主体或基体的神圣位格而言有别于作为神圣位格的圣子。[3] 奥古斯丁指出，在上帝的神圣本质中具有三个彼此区别的神圣位格："圣父、圣子和圣灵的本质是一个，根据本质而言，并非圣父是一存在者，圣子是一存在者，圣灵是一存在者；根据位格而言，圣父是一位，圣子是一位，圣灵是一位。"[4]

有些学者认为，"有分别的"是表示 substantia（本体）不同的相对名称。因此，倘若圣子是和圣父有分别的，那么圣子似乎就是和圣父不同的了（diversus）。而这违背奥古斯丁指出的：当我们说三位时，"我们没有表示什么不同的意思"。[5] 托马斯指出，"有分别的"（alius），就像是一个指特殊部分或局部的名称，所指示的是主体或基体 suppositum（而不是本质或本体 essentia）；因此，只要在指基体或位格的 substantia 方面有区别（distinctio），就满全其定义或可以称为有分别的（alius）。而"不同"（diversitas）则要求在指本质、本体的 substantia 方面有区别。因此，我们不能说圣子不同于圣父或是和圣父不同的，虽然可以说，圣子别于圣父或是和圣父有分别的。[6]

---

① *Summa Theologica*, Ia:31:2.

② Thomas Aquinas, *Commentary on the Gospel of John*. 10, lect.5, n.1451.

③ Thomas Aquinas, *Commentary on the Gospel of John*. 14, lect. 4, nn. 1911-1912.

④ Augustine, *De Fide ad Petrum*, I:5.

⑤ Augustine, *The Trinity*, 7:4.

⑥ *Summa Theologica*, Ia:31:2:ad1.

有些学者认为,凡是相互有分别的,彼此之间都有某种差异(differentia)。因此,如果圣子是和圣父有分别的,那么圣子和圣父也就是有差异的了(differens)。这违背安布罗西说的:"圣父和圣子在上帝性方面是二而一的(unum),其间既无本体的差异,亦无任何不同。"①托马斯指出,"差异"(dufferentia)含有形式的区别(distinctio)。而在上帝中却只有一个形式,这由圣经说的"他(基督)具有上帝的形式"(腓 2:6)可知。因此,正如所援引权威显示的,"有差异者"(differens)这个名称,在上帝中本来不适用。然而大马士革的约翰却把"差异"这个名称用在上帝的(三)位格上,因为大马士革的约翰以形式的方式来表示关系的特征(或视关系特征如形式);因此,大马士革的约翰说:是在固定的特征方面,而不是在本质本体方面,(三)位格彼此有差异②。不过,如前面已经阐述的,"差异"是当作"区别"来用的。③ 有些学者认为,"不一样的或别样的"(alienum)一词,是来自"有分别的"(alius)。而圣子和圣父却不是不一样的;因为希拉利说:在上帝的(三)位格中"没有什么是不同的,没有什么是不一样的,也没有什么是可以分开的"④。所以,圣子不是和圣父有分别的。托马斯指出,"不一样的或别样的"是指那外在和不相似的。而"有分别的"却没有这种意思。因此,我们说圣子是和圣父

① Ambrose, *De Fide* I:2.

② John of Damascus, *De Fide Orthodoxa*, III:5.

③ *Summa Theologica*, Ia:31:2:ad2.

④ Hilaty, *De Trinitate*, VII.

"有分别的",虽然不说圣子是和圣父"不一样的"。[①]

有些学者认为,"有分别的一个或一位(alius)"和"有分别的一(种)存在者(aliud)",意义是相同的,只是在(文法上名词或形容词的)类或性方面有所不同而已。因此,如果圣子是和圣父有分别的一个或一位(alius),那么,圣子也就是和圣父有分别的一(种)存在者了(aliud)。托马斯指出,文法上的中性(genus neutrum)之词,指缺乏形式的或尚未成型的(informe);而阳性之词,则指已经成型的和彼此有所区别的;阴性之词也是如此。因此,用中性之词来表示共有的本质,而用阳性和阴性之词来表示具有共有本质的特定的主体,这是适当的。因此,即使在人的方面也是如此:如果问:"那是谁"(quis 阳性或阴性),回答是:"苏格拉底",这是一个主体或个体的名称;如果问:"那是什么"(quid 中性),回答则是:"有理性和有死亡的动物"(一"种"存在者,而不是一个体)。因此,由于在上帝中的区别,是根据位格,而不是根据本质,因此我们说,圣父和圣子"有分别或是另一位"(阳性的 alius),而不是(本质不同的)另一(种)存在者(aliud);反之我们却说,圣父和圣子共是一(本质——中性的一"unum"),而不说共是一个位格或一位(阳性的一 unus)。[②]

在上帝的神圣本质中具有三个神圣位格,排除之词"唯独"依然可以加于上帝的本质名称上。在上帝中,看来含有排他性(alietas)的排除说法,依然可以和指本质本体的名称

---

① *Summa Theologica*, Ia:31:2:ad3.

② *Summa Theologica*, Ia:31:2:ad4.

相连或并用。“唯独”(solus)一词,可以理解为绝对的(本身意义完整而不涉及其他存在者)说法,或相对的(本身意义不完整而涉及其他存在者)说法。绝对的说法,是把其所表示者绝对或直接加于一主体或基体,例如,说“白人”时,是把“白”加于人。如果“唯独”一词是这种意义,则绝不可能和在上帝中的任何名称相连;因为那会把孤独性(solitudo)加给其所相连之词,而使上帝变为孤独的。而相对的(涉及其他存在者的)说法,则除指主体之外,尚引入其所称述内容或述词和主体的关系,例如:“每一”或“无一”等即是。同样,“唯独”一词也是如此,因为“唯独”排除其他主体共享其所称述的内容或述词。就犹如说:“唯独(solus)苏格拉底在写字”,不是说苏格拉底是孤独的;而是说:虽然有许多人和他在一起,但没有人和他共同写字。依此方式,可以把“唯独”一词和在上帝中的本质名称相连,因为“唯独”一词只是在排除区别于上帝的他者共享其所称述的内容和述词;犹如我们说:“唯独上帝是永恒的”,因为除了上帝以外,没有什么是永恒的。[①] 圣经说:“愿尊贵荣耀归于那不能朽坏、不能看见永世的君王,独一的(soli)上帝。”(提前1:17)[②]

有些学者认为,哲学家说:单独的,就是“那不同别的在一起的”。而上帝却是和天使及神圣灵魂在一起。所以,我们不能说上帝是单独的。托马斯指出,虽然天使和神圣灵魂常常和上帝在一起,可是假设在上帝中没有多个位格,那么上

① *Summa Theologica*, Ia:31:3.

② *Summa Theologica*, Ia:31:3.

帝仍然是单独的或孤独的。因为有不同自然本性的存在者伴同,并不消除孤独;因为即使在花园里有许多植物和动物,而仍然说某人是单独地在那里。同样地,如果在上帝中没有多个位格,即使有天使和人同上帝在一起,仍然说上帝是单独的或孤独的。所以,天使和灵魂的伴同,并不会排除上帝的绝对孤独;更不会排除相对的孤独,即针对某一称述内容或述词的孤独。①

有些学者认为,凡是和在上帝中的本质名称相关联的,都可以单独地用来陈述(上帝的)每一位,也可以同时陈述所有三位。因为,既然可以适当地说:"上帝是智慧的",我们当然可以说:"圣父是智慧的上帝",也可以说:"圣三是智慧的上帝。"可是,奥古斯丁却说:"应该考虑说'圣父不是单独的真上帝'的这个意见。"②所以,不能说上帝是单独的。托马斯指出,"(限制词)唯独或单独的"一词,严格地说,不是取自或着眼于具有形式性质的述词,因为"唯独"是针对主体(suppositum),即"唯独"排除与其相关联的主体以外的其他主体。而"仅、只"(tantum)这个副词,因为是排他的,所以既可以用于主体,也利用用于述词;因为我们可以说:"只是苏格拉底跑步",即"没有别人跑步";我们也可以说:"苏格拉底只是跑步",即"苏格拉底不做别的"。因此,本不可以(把形容词"单独的"加于述词)说:"圣父是单独的上帝"或"圣三是单独的上帝",除非在述词中隐含有某种进一步的解释,即如同说:

① *Summa Theologica*, Ia:31:3:ad1.

② Augustine, *The Trinity*, 6:9.

"圣三是上帝,而圣三(qui 上帝)是单独的上帝。"按照这一解释方式,"圣父是上帝,而他是单独的上帝"的说法也可能是真的,如果这一关系或承上代名词(他 qui)指的是(主句"圣父是上帝"中的)述词,而不是主词或主体。奥古斯丁所说的"圣父不是单独的上帝"和"圣三是单独的上帝",是一种诠释的说法,奥古斯丁的意思是:圣经所谓"万世的君王和不可见的独一上帝",不应该理解为是指圣父的位格,而应该理解为只指圣三。①

有些学者认为,如果把"唯独"一词和本质名称相关联,那么"唯独"或是针对称述位格的位格谓词或述词,或是针对本质述词。然而,"唯独"不是针对位格述词,因为"唯独上帝是父亲(圣父)"这句话是错的,因为连人也是父亲。"唯独"也不是针对本质述词。因为,如果"唯独上帝创造"这句话是真的,那么"唯独圣父创造"的结论似乎也是真的;因为凡是用来陈述上帝的,都可以用来陈述圣父。而"唯独圣父创造"是错的,因为圣子也是创造者。因此,"唯独"一词,在上帝中不能和本质名称相关联。托马斯指出,"唯独"一词,可以兼以两种方式(针对位格和本质述词)和本质性的名称相关联。因为"唯独上帝是圣父"这一命题具有两种意义。因为"圣父"可能指圣父的位格,在这种意义下这命题是真的,因为没有任何人是那个位格。或者可能只指关系,而在这种意义下,这命题却是错的,因为在其他存在者中也有父性的关系,虽然这种关系不是单义的或同一意义的。同样,"唯独上帝创造"

① *Summa Theologica*, Ia:31:3:ad2.

这句话也是真的。可是却不能因此而说："所以，唯独圣父创造"；因为，如语言学者所说，排除之词固定或限制排除之词所相连的名称，使相关名称不能下降而用于在自身以下的主体或个体（suppositum）。因为不能由于"唯独人是有死的有理性的动物"，而结论说："因此唯独苏格拉底是这样的动物。"①

"唯独圣父是上帝"的说法，包含有两种解说，即"圣父是上帝"，以及"没有任何别于圣父或在圣父以外的一位是上帝"。可是，这第二种解说显然是错的，因为圣子就是别于圣父或在圣父以外的一位，而圣子是上帝。在这个意义上，"唯独圣父是上帝"的说法是错的。其余类似说法亦然。② 即使谓词或述词是共同的，排他之词"唯独"依然不可以轻率地和位格名称相连。当我们说："唯独圣父是上帝"时，这个命题可以具有多种不同的解读。如果"唯独"这个字加给圣父一种孤独性，那命题就错了，这是采用绝对的说法。如果采用相对的说法，仍然能够具有多种意义。因为，如果是由主体的形式中排除（其他一切），那命题就是对的，其意义在于："那没有任何其他一位和他同为圣父者，是上帝。"奥古斯丁就是以这种方式解释说："我们说唯独圣父，不是因为圣父和圣子或圣灵彼此区分开来；我们如此说，是表示圣子和圣灵不是和圣父一同为圣父。"③可是，在一般习惯的说法中却没有这种意义，除非是其中另外含有某种解释，即"那唯独称为圣父者，

① *Summa Theologica*, Ia:31:3:ad3.

② *Summa Theologica*, Ia:31:4.

③ Augustine, *The Trinity*, 6:7.

是上帝”。按照命题的本有意义而言,这命题是把其他排除于其述词之外。因此,倘若“唯独”排除的“他”(alius),是阳性之词表示者(某一个体),则这命题是错误的;倘若“唯独”排除的“它”(aliud),只是中性之词表示者(某一存在者),这命题则是真实的,因为圣子是圣父以外的另外一个(alius),却不是另外一种存在者(aliud);圣灵也是如此。[1] 可是,前面已经阐述,“唯独”一词本来是关于主词或主体的[2],因此这个词排除的,是另外一个体,而不是另外一种存在者。因此,不应该推广使用这种说法;倘若在具有权威的著作中遇到类似说法,则应该以虔诚的精神加以诠释。[3]

有些学者认为,在福音书中,圣子向圣父说话时,说:“认识你,独一的上帝。”(约 17:3)因此,唯独圣父是真上帝。托马斯指出,当我们说,“唯独你是上帝”时,如奥古斯丁所解释的,其意思不是指圣父一位,而是指整体圣三。[4] 或者,如果是指圣父的位格,也并不排除其他位格,这是由于(上帝)本质或本体的单一性或一体的缘故,因为正如正解指出的,“唯独”一词只排除另一种存在者(aliud)。[5] 有些学者认为,圣经说:“除了父以外,没有人(nemo)认识子。”(太 11:27)这也就等于说:“唯独父认识子。”可是,认识子是一般性的或共同的说法。所以,唯独圣父是真上帝。托马斯指出,当从本质或

① *Summa Theologica*, Ia:31:4.
② *Summa Theologica*, Ia:31:3:ad2.
③ *Summa Theologica*, Ia:31:4.
④ Augustine, *The Trinity*, 6:9.
⑤ *Summa Theologica*, Ia:31:4:ad1.

本体观点论及圣父时，由于本质或本体的单一性或一体，圣子和圣灵都不被排除。不过，应该知道，在援引的这句圣经中，“（拉丁文）nemo”一词，和其表面所表示的“没有一个人”（nullus homo），并不完全一样（因为后者是针对人的层次而言，如此则不能把父的位格排除）；这个字，应该按照一般说话的习惯，做周延的解释，用以代表一切具有理性的本性。[1]

有些学者认为，排他的语词并不排除其所相连的名称的概念所包含者；因此，排他的语词不排除（其所相连的名称的）部分，也不排除其普遍性。因为不可由于“唯独苏格拉底是白的”，而做结论说：“苏格拉底的手不是白的”或“‘人’不是白的”。可是，一位格被包含在另一位格的概念中，如圣父是在圣子的概念中，反之亦然。所以，说“唯独圣父是上帝”，并不排除圣子或圣灵是上帝。如此这种说法似乎是对的。托马斯指出，排他的语词，如果没有基体或主体（suppositum）方面的区别，如部分和普遍的，则不排除其所相连的名称的概念所包含者。然而，圣子和圣父有基体或主体方面的区别；所以两者情形不同。[2] 有些学者认为，教会如此称颂说：“惟有你（Tu solus）是至高无上的，耶稣基督。”（弥撒荣耀颂）托马斯指出，我们并不是绝对地说，只有圣子是至高无上的；而是说，“伴随圣灵，并且在共享上帝圣父的荣耀中”，只有圣子是至高无上的。[3]

① *Summa Theologica*, Ia:31:4:ad2.

② *Summa Theologica*, Ia:31:4:ad3.

③ *Summa Theologica*, Ia:31:4:ad4.

第三节 神圣位格的表记

“三位一体”(trinitas)这个术语,在上帝中表示确定的位格数目,就是上帝神圣本质中的三个神圣位格,就是圣父、圣子、圣灵三个神圣位格在永恒中享有完全相同的神圣本质。就认识作为神圣奥秘的神圣位格的知识论途径而言,神学家不可能凭借天赋理智获悉上帝神圣位格的数目为三。希拉利说:“人不要以为用自己的理智能够获得生育或生出的奥秘。”①上帝中具有圣父、圣子、圣灵三个神圣位格,三个神圣位格彼此有别,每个神圣位格都具有自己的独特性。在上帝的神圣位格中,这些独特性成为每一位格的特征。当这些特征呈现在理智面前,就成为理智辨认神圣位格的根据,并且由理智用抽象的观念或名称把这些特征表达出来。这些表达神圣位格的特征的抽象观念,就是区分神圣位格的表记(notio)。上帝中每个神圣位格都具有自己的表记,就是用来表达自己独特性的表记。圣父的表记是无起源性,父性和共同发出;圣子的表记是子性和共同发出;圣灵的表记是出发。因此,在上帝的神圣位格中具有五项表记,就是无起源性、父性、子性、共同发出和出发。

一、天赋理智的知识限度

就认识作为神圣奥秘的神圣位格的知识论途径而言,神

---

① Hilaty, *De Trinitate*, II.

学家不可能凭借天赋理智获悉上帝神圣位格的数目为三。①希拉利说："人不要以为用自己的理智能够获得生育或生出的奥秘。"②安布罗西说："知道生育或生出的秘密是不可能的，人的智慧不足，声音无语。"③在上帝中的三位正是藉生出和发出的永恒起源而有区别④。因此，既然神学家不能知道，也不能藉天赋理智获悉那不能找到必然理由的奥秘，那么上帝位格的数目为三，就不能为天赋理智认识。前面已经指出⑤，神学家借着天赋理智只能经由受造者认识上帝。受造者引导神学家认识上帝，犹如效果引导人认识原因。因此，神学家借着天赋理智能够获得的上帝知识，单单限于那些根据上帝作为万物的本源而必须归于上帝者；在前面阐述上帝时，已经运用这一基础⑥。上帝的创造能力是为上帝三位的整体而共有；因此，上帝的创造能力归于上帝的神圣本质，而不归于上帝中神圣位格的区别或分别归于不同位格。因此，藉天赋理智可以认识上帝者，是那些归于上帝本质本体的唯一者，而不是那些归于上帝中神圣位格的区别或分别归于不同位格者。⑦

那些尝试以天赋理智证明上帝位格的数目为三的学者，在两方面损害或贬低信德。第一，是在信德本身的崇高地位

① *Summa Theologica*, Ia:31:1.

② Hilaty, *De Trinitate*, II.

③ Ambrose, *De Fide* I:10.

④ *Summa Theologica*, Ia:30:2.

⑤ *Summa Theologica*, Ia:12:12.

⑥ *Summa Theologica*, Ia:12:12.

⑦ *Summa Theologica*, Ia:31:1.

方面，因为信德原本就是关于看不见的超越人的天赋理智的奥秘。因此，圣经说：信德是关于“未见之事”的。（来 11:1）圣经说：“然而在完全的人中，我们也讲智慧；但不是这世上的智慧，也不是这世上有权有位将要败亡之人的智慧；我们讲的，乃是从前所隐藏，上帝奥秘的智慧，就是上帝在万世以前，预定使我们得荣耀的。”（林前 2:6-7）第二，是在吸引人接近信德的助益方面。因为倘若一个人企图证明信德时，引用无法使人折服的理由，就会招致无信仰的人士的讥笑；因为他们会以为，我们是根据这些理由，并为着这些理由而相信。因此，凡是属于信德的原理，不应该企图加以证明，除非是藉由权威，而且是针对接受权威的人士；对于其他人，只要辩护信德阐述的真理是可能的就足够了。因此，狄奥尼索斯指出：“倘若一个人完全拒绝（圣经的）言语，那么他和我们的哲学相去甚远；倘若他注视这些言语（神圣言语）的真理，我们也是沿用这一原理。”①

有些学者认为，哲学家们无非是借助天赋理性而得以认识上帝；而发现有许多哲学家的言论，提及上帝三位或上帝位格的数目为三。因为那哲学家说：“用这个数目（即三），我们使自己荣耀唯一的、超越所有受造者的属性的上帝”。奥古斯丁说：“我在那里（即在柏拉图学派哲学家的著作里）读到，固然不是用这些话，可是有许多和多种理由支持是指完全一样的这一内容，即起初已经有圣言，圣言和上帝同在，圣言就

① Dionysius, *De divinis nominibus*, 2.

是上帝”①,以及随后所说类似的话,在这些话中,传授上帝诸位格的区别。而且,在关于《罗马书》和《出埃及记》的“注解”中,也说法老的术士们在第三个表记上有缺失,即未能认识(上帝)第三位格,也就是圣灵;因此可见他们至少认识两位格。古埃及哲学家也说:“单一或一(monas)产生一,并在自己中反映出自己的爱火。”这些话似乎是在暗示圣子的受生和圣灵的出发。因此,能够用天赋理性而获得对于上帝位格的认识。托马斯指出,哲学家们之认识上帝三位的奥秘,不是藉由上帝三位的特征,即父性、子性和出发;根据圣经:“我们所讲的是上帝的智慧,今世有权势的人中”,根据经文的“注解”,即在哲学家中,“没有一个认识上帝的智慧”。(林前2:6)不过,哲学家们曾认识某些归于不同位格的本质或本体方面的属性,例如:把能力归于父,把智慧归于子,把良善归于圣灵,如后面要指明的。关于那哲学家所说的“用这个数目,我们使自己”等,不应如此解读,即哲学家主张在上帝中有“三”这个数目。哲学家的意思是说古代人在祭祀和祈祷中用了“三”这个数目,这是由于“三”这个数目的某种完美性。在柏拉图学派的著作中也有“起初有言”的说法,但这不是根据“言辞”表示上帝中永恒生出的位格的意义,而是根据用“言辞”来表示理念方面的原理:上帝是藉这原理创造万物,而这原理也被归于圣子。即使哲学家知道那些归于三位格者,仍说他们在第三个表记上,即在认识第三位格上,有所缺失。因为哲学家偏离那归于圣灵的良善,如《罗马书》说的:

① Augustine, *Confessions*, 7:9.

他们虽然认识上帝,却"不当作上帝荣耀他"(1:21)。或者,因为柏拉图学派主张有一个首要存在者(primum ens)存在,并称之为万物之父;因此而主张在首要存在者之下有另一实体(substantia)存在,并称之为"灵智(mens)或父的理智"(paternus intellectus),在这智慧中有万物的原理。但他们没有主张另有一个似乎和圣灵相当的第三个分离实体。而我们并不主张圣父和圣子在实体上有别;那正是奥里根和亚流的错误,他们在这一点上追随柏拉图学派的主张。至于所谓"单一产生一,并在自己中反映出自己的爱火",不应认为是指圣子的出生或圣灵的出发,而是指世界的产生;因为唯一的上帝为了对自己的爱而产生了一个世界。①

有些学者认为,理查德说:"我深信不疑,为解释任何真理,不但不会缺少盖然的论证,甚至也不会缺少必然的论证。"②因此,连为了证明上帝三位,也有人提出来自上帝无限美善的理由,即上帝的美善在位格的出发中无限地传递自己。而另有一些人则提出这一理由,即"任何善,只自己享有而不和他者共享,不可能是愉快的享有"。而奥古斯丁阐述上帝三位,则是有我们灵智中圣言和圣爱的发生为出发点③;我们在前面④也遵循这样的理路。因此,能够用天赋理性获知上帝位格的数目为三。托马斯指出,对某一件事,可以根据两种方式提供理由:一种是为充分证明其根本;例如:在自然科学

① *Summa Theologica*, Ia:32:1:ad1.

② Richardus de St. Victor, *De Trinitate*, I:4.

③ Augustine, *The Trinity*, 9:4.

④ *Summa Theologica*, Ia:27:1,3.

中，提供充分的理由以证明天体的运转常有一致的速率。另一种方式的提供理由，不是为充分证明根本，而是首先针对已经假设的根本，合理地说明其后续效果；例如：星象学主张离心律及本轮或周转圆律的理由，是由于在这主张的前提下，可以解释天体运转的外在现象；但这种理由并不是充分的证据，因为也许有其他的假定或主张，同样可以解释这些现象。因此，根据第一种方式能够提供理由，以证明上帝是唯一的等类似命题。而说明上帝位格的数字为三的理由，则属于第二种方式；因为在假定上帝位格的数字为三的前提下，这些理由看来是合宜的，但尚不能用这些理由来充分证明上帝位格的数字为三。从各方面都可以看出这一点，因为即使在受造者的产生中亦显示出上帝的无限美善，因为由无中生有属于无限的能力。如果上帝是用无限的美善分享自己，并非必定是有无限的存在者由上帝发出；而是每一存在者各根据自己的方式承受上帝的美善。同样，所谓"自己享有某善而不和其他存在者共享，不可能是愉快的享有"，只有在一位格没有完满的美善时才成立；因此，为了获得完满的愉快或喜悦的善，他需要另一个和自己共享者的善。至于我们理智中的相似点，也不足以证明上帝的实在，因为在我们中的理智和在上帝中的理智，不是同质的或完全同义的。奥古斯丁指出：藉信德可以达到认识，藉认识却无法达到信德。[1] 作为神圣奥秘的神圣位格，只能凭借对于神圣启示原理的信德获得认识，并且借着"信仰寻求理解"的心灵历程获得神圣知识。因此，我们藉

① Augustine, *The Trinity*, 7:12.

天赋理智无法获知上帝位格的数字为三。①

有些学者认为,把人的理性不能认识的神圣奥秘传授给人,似乎是多余的。但是,不应该说,有关认识上帝神圣位格的来自上帝的传授,是多余的。因此,能够用人的天赋理性认识上帝位格的数目为三。托马斯指出,认识上帝的神圣位格在两方面是必要的,就是对于创造论和救赎论的正确领悟。一方面,认识上帝中的神圣位格,是为了对于上帝创造万物有正确的领悟。我们说上帝是藉其圣言创造一切,藉此排除主张上帝是基于本性的必然而创造万物的谬说。我们主张在上帝中有圣爱的出发,藉此也就显示上帝创造万物,不是出于需要,不是为了任何外在原因,而是因为上帝爱自己的善。因此,摩西说完:"起初上帝创造天地"(创1:1),接着说:"上帝说,要有光"(1:3),这是为了显示上帝的圣言;然后说:"上帝见光是好的"(1:4),这是为了显示上帝的圣爱的赞许;在上帝的其他(创造)工程中,也是这样(1:6)。另一方面,也是比较更为重要的方面,认识上帝中的神圣位格,是为了正确领悟人类得救的奥秘,这救赎是借着降生为人的圣子和圣灵的恩赐完成的。在这个意义上,认识上帝的神圣位格,是正确领悟基督教的神圣救赎奥秘的知识论基础。②

二、神圣位格藉表记而区分

上帝中具有圣父、圣子、圣灵三个神圣位格,三个神圣位

① *Summa Theologica*, Ia:32:1:ad2.

② *Summa Theologica*, Ia:32:1:ad3.

格彼此有别，因此每个神圣位格都具有自己的独特性，这就是一神圣位格特有的，其他两神圣位格没有的独特性。在上帝的神圣位格中，这些独特性成为每一神圣位格的特征。当这些特征呈现在神学家的理智面前，就成为理智获知或辨认各神圣位格的依据，并且由理智用抽象的观念或名称把这些特征表达出来。这些表达神圣位格的特征的抽象观念，就是区分神圣位格的表记（notio，characteristics）。表记不是一般观念，而是特别用于上帝中神圣位格的抽象观念，用来表达上帝中神圣位格的彼此区别，以及用来表达上帝中神圣位格的独特性。因此，上帝中每个神圣位格都具有属于自己的表记，就是用来表达自己独特性的表记。作为第一位格的圣父的表记是无起源性和父性，作为第二位格的圣子的表记是子性，作为第三位格的圣灵的表记是出发。大马士革的约翰说："我们是在三特征中，即在父性的、子性的和出发的特征中，承认（上帝）位格之间的区别。"①因此，应该肯定在上帝的位格中具有表记。②

有学者（Praepositinus）鉴于神圣位格的单纯性，认为不应该肯定在上帝中有特征和表记；倘若在某处发现特征和表记，这样的学者就把抽象的理解成具体的；例如神学家习惯说："我们恳求你的慈悲"，就等于说："我们恳求慈悲的你"；同样，无论何时在上帝中说"父性"，应该理解为"上帝圣父"。但是，前面已经证明，神学家把具体的和抽象的名称用于上帝

① John of Damascus, *De Fide Orthodoxa*, III:5.

② *Summa Theologica*, Ia:32:2.

的原理,并没有损害上帝的单纯性①。因为神学家是怎样理解,就怎样命名或确定名称。神学家的理智不能达到上帝的单纯性本身,神学家不能就上帝的单纯性本身讨论单纯性;因此,神学家的理智只能根据自己的方式来领悟并且命名上帝的原理,就是根据那在可感觉的存在者中发现的,因为理智是由这样的可感觉的存在者中获得知识。在这些可感觉的存在者中,神学家是用抽象的名称来表达单纯的形式;而用具体的名称来表达自立存在的存在者。因此,如前面已经阐述的,神学家用抽象的名称来表达上帝的原理,是为着彰显上帝的单纯性;而用具体的名称来表达上帝的原理,是为着彰显上帝的自立存在和完整性。②

而且,不但需要以抽象的和具体的方式来表达上帝的本质本体方面的名称,例如神学家说"上帝性"及"上帝",或"智慧"和"有智慧者"等;而且神学家也用抽象和具体的两种方式来表达神圣位格方面的名称,例如"父性"和"圣父"等。迫使神学家如此做的主要原因有两个。第一个主要原因是异端派人士的对峙或固执。神学家既承认圣父、圣子和圣灵是一个上帝和三个位格,那么有人问及圣父、圣子和圣灵"因什么而是一个上帝",并且"因什么而是三个位格"时,就犹如对前者的回答是因本质或上帝性而是一个上帝;同样,也必须具有一些抽象名称,以便能够回答位格或三个位格是因这些表记而有区别。属于这一类的,是以抽象方式表达的表记或特征,

① *Summa Theologica*, Ia:13:1:ad2.

② *Summa Theologica*, Ia:32:2.

例如父性和子性。因此，在上帝中，神圣本质表达的是“什么”（quid），神圣位格表达的是“谁”（quis），而表记或特征表达的则是“因什么”（quo）。①

神学家用抽象和具体的两种方式来表达神圣位格方面的名称的第二个主要原因，是因为在上帝中一神圣位格和另外两神圣位格相关，即圣父的位格和圣子的位格及圣灵的位格相关。然而这种彼此相关却不是基于一个关系；否则，圣子和圣灵就是基于同一个关系而和圣父相关了。如此，既然只有关系在上帝中使神圣位格增多为三，那么圣子和圣灵就不是两个位格了。也不能像某些学者（Praepositinus）那样说：犹如上帝和受造者的关系是同一的，而诸受造者和上帝的关系却是多样的；同样，圣父和圣子以及圣灵的关系是同一的，而圣子以及圣灵和圣父的关系却是两样不同的。因为关系或相关者（relativum）的种别的原理，就在于和他者相关。因此必须说，如果对方（圣父）只有一个关系和（圣子和圣灵的）两个关系相对，那么后者就不是两种不同的关系；因为根据儿子名分和仆人名分的区别，主仆关系和父子关系，亦应该不是同一种关系。可是一切受造者和上帝的关系都属于同一种关系，即万物都是上帝的受造者；而圣子以及圣灵和圣父，却不是根据同一性质的关系，因此两种情形并不相同。前面已经阐述，在上帝中，并不需要具有和受造者的实在关系②；而在上帝中增加观念上的关系，却并非不相宜。不过，在圣父中应该具有和

① *Summa Theologica*, Ia：32：2.

② *Summa Theologica*, Ia：28：1：ad3.

圣子以及圣灵相关的两种实在关系；因此，根据圣子以及圣灵和圣父相关的两种实在关系，应该明确在圣父中也具有圣父和圣子以及圣灵相关的两种实在关系。因此，既然圣父只是一位，既然只有一个圣父位格，那么就必须以抽象方式来分别表示这些不同的实在关系，这就是作为表达神圣位格的特征的抽象观念的表记。①

有些学者认为，狄奥尼索斯说："关于上帝，除了圣经的语言明确表示给我们以外，不可胆敢再说什么。"②而在圣经语言中完全没有提及表记。因此，不应该肯定在上帝中有表记。托马斯指出，即使圣经没有提到过表记，但是圣经提到过位格，而根据神学家的理解，表记是在位格中，就如同抽象者是在具体者中。③ 事实上，表记术语的使用可以追溯到奥古斯丁的三位一体著述。④ 在希腊教父传统中，在三位一体神学著述中，表记术语的运用奠基于亚他那修（逝世于 373 年），表达在卡帕多加教父的神学著述中，就是巴西尔（逝世于 379 年），神学家格列高利（逝世于 389 年），以及尼撒的格列高利（逝世于 401 年）。大阿尔伯特指出，奠基于教父神学的神学术语，表记（notio）是三位一体神学叙述中尽人皆知的概念，用来表述神圣位格的"位格存在"⑤。

有些学者认为，无论在上帝中肯定什么，所肯定者或是属

① *Summa Theologica*, Ia:32:2.

② Dionysius, *De divinis nominibus*, 1.

③ *Summa Theologica*, Ia:32:2:ad1.

④ Augustine, *The Trinity*, 5:6.

⑤ Albert the Great, *Summa Theologica*, I, 39, 2, 1, 1.

于本质本体的唯一,或是属于三位格。而表记既不属于本质本体,也不属于三位格。因为我们并不把那属于本质本体者归于表记,因为我们不说“父性是智慧的”或“父性创造”;我们也不把那属于位格者归于表记,因为我们不说“父性生出”和“子性受生”。因此,不应该肯定在上帝中有表记。托马斯指出,在上帝中,表记表示的不是存在者,而是一些藉以认识或辨认神圣位格的抽象观念,尽管这些表记或关系本身在上帝中是实在的,如前面已经阐述的①。因此,那些和某种本质或位格的行动有关联者,不能用来称述表记;因为这和表记表达意义的方式不吻合。因此,我们不能说“父性生出”或“父性创造”或“父性是有智慧的”或“父性是聪慧的”。至于那些和行动没有关联,而只由上帝排除受造者的情况的属于本质本体方面者,则可以归于表记;因为我们可以说“父性是永恒的”或“父性是无限的”,或其他类似说法。同样,基于存在者的同一性,那些属于实体者,无论是位格方面的或本质方面的,都可以用来称述表记,因为我们可以说:“父性是上帝”及“父性是圣父”。②

有些学者认为,不应该肯定在单纯存在者中有作为认识原理的抽象存在者,因为单纯存在者的被认识是借着单纯存在者本身。而上帝的神圣位格是单纯的。因此,不应该肯定在上帝的位格中有表记。托马斯指出,即使上帝的神圣位格是单纯的,神学家能够用抽象方式来表达各神圣位格的特有

① *Summa Theologica*, Ia:28:1.

② *Summa Theologica*, Ia:32:2:ad2.

观念，而无损于神圣位格的单纯性，如前面已经阐述的。这些用来表达上帝中神圣位格的独特性的抽象观念，就是表记。①

三、作为神圣位格起源的表记

表记是认识和辨认上帝中神圣位格的特有观念。上帝中的神圣位格是根据起源而增加的。作为上帝中神圣位格永恒发出的起源意味着“作为其他位格的本源”以及“以其他位格为自己的本源”。因此和神圣位格的起源相关者有二，就是那有其他位格出自自己者以及那出自其他位格者；神圣位格能够根据这两种方式显示自己。因此，圣父的神圣位格不能藉“出自其他位格”来显示自己，而只能藉“不出自任何位格”来显示自己。因此，就圣父“不出自任何位格”这方面而言，作为神圣位格的圣父显示自己的表记就是“无起源性”。而就有其他位格出自圣父这个基础事实而言，作为神圣位格的圣父藉两种方式显示自己。因为，就圣子从圣父生出而言，作为神圣位格的圣父显示自己的表记就是“父性”；而就圣灵从圣父发出而言，作为神圣位格的圣父显示自己的表记就是“共同发出”(common spiration)，因为圣父和圣子在永恒中共同发出圣灵。②

至于作为神圣位格的圣子能够借着从其他位格出生来显示自己；在这个意义上，作为神圣位格的圣子显示自己的表记就是“子性”(sonship)。圣子也借着有其他位格出自自己，即

① *Summa Theologica*, Ia:32:2:ad3.

② *Summa Theologica*, Ia:32:3.

作为神圣位格的圣灵出自圣子而显示自己；在这个意义上，作为神圣位格的圣子和圣父一样，是以相同方式即借着“共同发出”显示自己。作为神圣位格的圣灵能够借着从其他神圣位格（两位）出发而显示自己；在这个意义上，作为神圣位格的圣灵显示自己的表记是“出发”（procession）。然而圣灵作为神圣位格不能借着有其他位格出自圣灵来显示自己；因为没有任何上帝的神圣位格出自圣灵。因此，在上帝的神圣位格中具有五项表记，即无起源性、父性、子性、共同发出和出发。[①] 在五项表记中，只有四项是关系，因为“无起源性”不是关系，除非是运用归索的方式，后面将要阐述。在五项位格表记中，只有四种特征；因为“共同发出”为两个神圣位格共有，不是位格特征。在五项位格表记中，有三项是个别位格表记；就是分别构成个别位格者，即“父性”、“子性”和（圣灵的）“出发”；而“共同发出”和“无起源性”只是一般位格表记，不是个别位格表记。对于上帝神圣位格中的五项位格表记后面将有深刻阐述。[②]

有些学者认为，神圣位格的特有表记，就是区别神圣位格的实在关系。而前面已经阐述，上帝中的实在关系只有四项[③]。因此，位格表记也只有四项。托马斯指出，除了已经阐述的四种实在关系外，还应该肯定另一项位格表记，就是作为神圣位格的圣父的“无起源性”，如前面已经阐述的。[④] 有些

---

① *Summa Theologica*, Ia:32:3.

② *Summa Theologica*, Ia:32:3.

③ *Summa Theologica*, Ia:28:4.

④ *Summa Theologica*, Ia:32:3:ad1.

学者认为,在上帝中只有一个本质本体,因此说上帝是一个或上帝的数目为一;因为上帝中有三个神圣位格,因此说上帝三位格或位格数目为三。因此,如果上帝中有五项表记,就应该说其数目为五即圣五;而这是错误的。托马斯指出,在上帝中,本质本体表示一种实在;同样,神圣位格也表示神圣实在;而表记则只是表示显示神圣位格的抽象观念。因此,因为上帝的本质本体唯一而确定上帝是一个,因为上帝有三个神圣位格而说上帝是圣三;却不可能因为上帝中有五项位格表记而说其数目为五即圣五。①

有些学者认为,如果在上帝中有三个神圣位格而有五项位格表记,那么一定是在某一神圣位格中有两项以上的表记;例如在圣父的神圣位格中具有无起源性和父性以及共同发出三项表记。圣父具有的这三项表记,或者具有实在的差别,或者没有实在的差别。如果具有实在的差别,那么,圣父的神圣位格就是由许多存在者组合形成的了。如果只是在观念上有差别,那么,这些表记就可以彼此称述,这就使我们可以说:正如上帝的美善就是上帝的智慧,因为两者没有实在的差别;同样共同发出就是父性;但这种说法是无法被接受的。因此,没有五项表记。托马斯指出,因为只有关系的对立才在上帝中产生实在的复数性,而同一神圣位格的多项特征并不构成关系的对立,因此没有实在的差别。并且表记不能彼此称述;因为表记表示的是关于不同神圣位格的不同观念。正如我们不

① *Summa Theologica*, Ia:32:3:ad2.

说能力的属性就是知识的属性，虽然我们可以说知识就是能力。①

有些学者认为，似乎可以有更多的表记。因为，正如圣父不是来自任何其他位格，并因此而获得称为非起源性的表记；同样，也没有其他位格来自圣灵。因此，应该承认有第六项表记。托马斯指出，前面已经指出，神圣位格表示地位崇高②。既然如此，就不能由于没有其他任何位格出自圣灵，而肯定圣灵因此具有某项表记。因为这无关圣灵位格的崇高地位；不像不是出自其他任何位格属于圣父的至高权威（作为根基的本源）那样。③ 有些学者认为，正如圣父和圣子的共同点，是有圣灵从两者出发；同样，圣子和圣灵的共同点，则是两者都是发自圣父。因此，正如有一共同表记归于圣父和圣子，同样应该有一共同表记归于圣子和圣灵。托马斯指出，圣子和圣灵并不是共同以同一特殊方式出自圣父，如同圣父和圣子共同以同一特殊方式发出圣灵那样。不过，那作为显示（神圣位格）的根据的表记，却应该是特殊的。因此，两者的情形不同。④

信德的基础条文尚未涉及位格表记。因此，对于位格表记，学者可以持有这样或那样的见解。基督教真理属于信德具有直接和间接两种方式。第一种方式是基督教真理直接地属于信德，就像那些上帝亲自启示出来的核心真理，如上帝是

---

① *Summa Theologica*, Ia:32:3:ad3.

② *Summa Theologica*, Ia:29:3:ad2.

③ *Summa Theologica*, Ia:32:3:ad4.

④ *Summa Theologica*, Ia:32:3:ad5.

三位一体、圣子的道成肉身等。倘若对于这些道理持有错误见解,当然导致异端,特别是如果当事人固执己见。第二种方式是基督教真理间接属于信德,是那些如果加以否认就会产生违背信德的结论的真理,比如有人否认圣经记载的历史事件的真实性,因为根据这种否认就可以引申说圣经是错误的。关于这样的道理,在确定是否会有违背基督教信德的结论之前,可以秉持错误的见解而不至于有陷入异端的危险,特别是如果当事人并不是固执这些错误见解。不过,如果已经是很明显的错误,特别是如果教会已经判定,会根据这些错误见解而产生违背基督教信德的结论,再在这方面坚持错误见解,那就不免是异端了。因为这样的缘故,所以有许多见解,以前不被认为是异端,而现在却被认为是异端,因为现在更加清楚,会从这些错误见解产生什么结论。① 应该说,关于神圣位格的表记,有些人确实曾经持有不同见解而没有陷入异端的危险,因为这些人无意坚持那违背信德的见解。然而,如果有学者关于位格表记持有错误见解,并且已经注意到会由此产生违背信德的结论,这种学者就陷入异端。②

有些学者认为,奥古斯丁指出:"没有什么课题",比阐述上帝神圣位格的课题的"错误更为有害"③,神圣位格的表记确定就是这种课题。但是,秉持相反见解不可能没有错误。因此,关于表记,不可以具有相反的见解。托马斯指出,本题正解已经回答这一问题,真理属于信德有两种方式。一种是

① *Summa Theologica*, Ia:32:4.

② *Summa Theologica*, Ia:32:4.

③ Augustine, *The Trinity*, 1:3.

真理直接属于信德,例如三位一体和道成肉身。另一种是真理间接属于信德,例如神圣位格的表记的数目。[①] 有些学者认为,前面已经阐述,是藉位格表记而认识(上帝)神圣位格[②]。而对于神圣位格不可以有相反的见解。因此,对于表记也不可以有相反的见解。托马斯指出,本题正解已经回答这一问题,关于表记,有些学者确实曾经持有相反意见而未曾有陷入异端的危险,因为这些学者无意坚持那些违反信德的意见。然而,倘若有学者关于表记持有错误意见,并且注意到会由此产生违反信德的后果仍然固执己见,这些学者就会陷入异端。[③]

① *Summa Theologica*, Ia:32:4:ad.

② *Summa Theologica*, Ia:32:3.

③ *Summa Theologica*, Ia:32:4:ad.

第二章

圣父的神圣位格

作为神圣位格的圣父、圣子和圣灵，完全是根据神圣位格的永恒起源关系而彼此区分的。作为具有理智本性的个别实体，“位格”这个名称以卓越的方式用来称述上帝，“位格”这个名称是上帝三位共同具有的。就认识作为神圣奥秘的神圣位格的知识论途径而言，神学家不可能凭借天赋理智获悉上帝神圣位格的数目。就神圣位格的独特性而言，理智凭借作为抽象观念的表记(notio)认识上帝中的神圣位格。现在的课题是上帝中的神圣位格。首先阐述圣父的神圣位格。根据上帝中神圣位格的永恒起源，作为神圣位格的圣父具有三个位格表记:无起源性、父性和共同发出。第一，因为圣父在永恒中不是出于任何其他位格，作为神圣位格的圣父用“无起源性”这个表记显示自己；第二，因为圣子在永恒中出于圣父，作为神圣位格的圣父用“父性”这个表记显示自己；第三，因为圣灵在永恒中出于圣父(和圣子)，作为神圣位格的圣父用“共同发出”这个表记显示自己。在圣父的三个位格表记中，“父性”是圣父的个别位格表记，“无起源性”和“共同发出”是圣父的一般位格表记。

第一节　圣父的无起源性

在上帝中神圣位格的永恒起源以及实在关系中，应该把“本源”或“本源”名分归于作为神圣位格的圣父。奥古斯丁指出：“圣父是整个上帝性的本源。”①“本源”（principium，起源、根源、根基）这个名称表示的，就是那有其他存在者出于自己或源于自己者。因为，凡是有其他存在者出于自己者，无论是以什么方式从自己发出，我们都称这存在者为其他存在者的本源。因此，既然圣父是那有其他位格出于自己者，既然作为神圣位格的圣子和圣灵是在永恒中出于作为神圣位格的圣父，因此圣父作为神圣位格是本源，就是“没有本源的本源”，就是“整个上帝性的本源”。作为“没有本源的神圣本源”，圣父的神圣位格不能藉“出于其他位格”来显示自己，而只能藉“不是出于任何其他位格”的本源名分来显示自己。就圣父的本源名分而言，作为神圣位格的圣父显示自己的表记就是“无起源性”。② 在这个意义上，圣父的本源名分，意味着圣父作为“没有本源的神圣本源”，作为神圣位格的圣父的“无起源性”具有存在开端、神圣位格和永恒根基三个方面的深邃含义。

一、作为存在开端的无起源性

在上帝中神圣位格的永恒起源以及实在关系中，确实应

① Augustine, *The Trinity*, 4:20.

② *Summa Theologica*, Ia:32:3.

该把“本源”(principium,起源、根源、根基)或本源名分归于作为神圣位格的圣父。就上帝中作为神圣位格的圣父、圣子、圣灵的起源关系而言,作为神圣位格的圣父在永恒中是作为神圣位格的圣子和圣灵的神圣存在的赐予者。在这个意义上,作为神圣位格的圣父是作为神圣位格的圣子和圣灵的神圣本源。[①] 在神圣位格的永恒起源关系中,作为神圣位格的“圣父是整个上帝性的本源”。[②] 既然“本源”这个范畴的含义,就是那有其他存在者出于自己或源于自己者。因为,凡是有其他存在者出于自己者,无论是以什么方式从自己发出,我们都称这存在者为其他存在者的本源。上帝中神圣位格的永恒起源以及实在关系,迥然不同于上帝创造万物以及创造者和受造者之间的关系。因此,既然作为神圣位格的圣父是那有其他位格出于自己者,既然作为神圣位格的圣子和圣灵是在永恒中出于作为神圣位格的圣父,因此作为神圣位格的圣父是作为神圣位格的圣子和圣灵的本源,[③]作为神圣位格的圣父是上帝神圣位格中“没有本源的神圣本源”,在这个意义上,“圣父是整个上帝性的本源”。[④]

有些学者认为,根据那哲学家的理解,本源和原因相同。但是,我们并不说圣父是圣子的原因。因此,也不应该说圣父是圣子的本源。托马斯指出,阐述三一奥秘的神圣原理,希腊

---

① *Summa Theologica*, Ia:33:1.

② Augustine, *The Trinity*, 4:20.

③ Thomas Aquinas, *Commentary on the Gospel of John*. 14, lect.8, n.1971.

④ Augustine, *The Trinity*, 4:20.

学者惯于把原因和本源两名称混用;[1]拉丁学者只用本源,不用原因这个名称。就形而上学的含义而言,本源和原因并不相同,理由在于本源比原因更为普遍,就如同原因比因素更为普遍。某存在者的开端被称为本源,而不称为原因。名称越是普遍,就越是适合于上帝存在的神圣奥秘,正如前面阐述的[2];因为名称越是特殊,就越是限定适合于受造者的存在形态。显然"原因"这一名称,意指实体的不同以及某存在者属于另一存在者;而"本源"这一名称不包含这样的含义。事实上,无论何种类别的原因,在原因和归于原因的存在者之间,常具有某种完美或能力方面的差别。即使在那些不存在这样的差别而只具有秩序区别的存在者中,我们同样运用"本源"这一名称;如同我们说点是线的本源,说线的开端是全部线的本源。[3]

在这个意义上,圣父作为神圣位格的"无起源性",就是作为上帝中绝对的存在开端的无起源性,因为作为神圣位格的圣父在永恒中是同样作为神圣位格的圣子和圣灵的神圣存在以及神圣本质的赐予者。在这个意义上,作为"没有本源的本源",作为神圣位格的圣父在永恒中就上帝中神圣位格的存在秩序而言是同样作为神圣位格的圣子和圣灵的存在开端。作为上帝中绝对的存在开端的"无起源性",就是作为神圣位格的圣父"自身存在而永恒存在"的无起源性。作为神

---

① e.g.Basil,*Adv.Eunomium*;Gregory of Nyssa,*Ad Ablabium*;*Contra Eunomium* I.

② *Summa Theologica*,Ia:13:11.

③ *Summa Theologica*,Ia:33:1:ad1.

圣位格的圣父的"自身存在而永恒存在"的无起源性,就是上帝在自我彰显中的唯一命名"那存在者"。[①] "那存在者"这名称的含义,不是存在者的本质,而是存在本身。上帝的存在就是上帝的本质,上帝的本质就是上帝的存在,上帝的本质就是"自身存在而永恒存在"的无起源性。前面已经指出,这种"自身存在而永恒存在"的无起源性,在上帝神圣位格的永恒发出以及实在关系中就是作为"没有本源的本源"的圣父的位格表记。[②] 圣父作为存在开端的"无起源性",深刻揭示出上帝中绝对的自身存在的超越性和永恒性。

作为神圣位格的圣父是上帝三位一体的第一位,作为神圣位格的圣父在永恒中生出作为神圣位格的圣子,作为神圣位格的圣父在永恒中发出作为神圣位格的圣灵。在这个意义上,作为神圣位格的圣父在永恒中是同样作为神圣位格的圣子和圣灵的神圣存在以及神圣本质的"赐予者"[③]。

在作为神圣奥秘的上帝三位一体的神圣位格的永恒关系中,在作为神圣位格的圣父、圣子、圣灵"共同固有"的内在生命的永恒团契中,作为神圣位格的圣父是同样作为神圣位格的圣子和圣灵的第一本源,作为神圣位格的圣父是"没有本源的本源"。在这个意义上,"圣父由于赐予者的首要地位是更大的"。[④] 作为神圣位格的圣父在永恒中生出作为神圣位格的圣子,作为神圣位格的圣父在永恒中发出作为神圣位格

① *Summa Theologica*, Ia:13:11.

② *Summa Theologica*, Ia:32:3.

③ Hilaty, *De Trinitate*, IX:54.

④ Hilaty, *De Trinitate*, IX:54.

的圣灵。在这个意义上，作为神圣位格的圣父作为圣子和圣灵的神圣存在以及神圣本质的赐予者的首要地位，就是上帝中作为存在开端的“无起源性”。作为神圣位格的圣父是上帝中“自身存在而永恒存在”的第一位格，作为“没有本源的本源”的圣父是自己的神圣存在以及神圣本质的基础和源泉。

作为神圣位格的圣父作为存在开端的无起源性，蕴涵着上帝是绝对存在的真理。上帝的存在就是上帝的本质[①]，因为在上帝中存在就是完满的真理，上帝的本质就是上帝的存在。上帝的神圣本质蕴涵着存在、理解和意志的绝对同一性。上帝的存在就是上帝的理解，因为上帝就是真理和智慧本身，上帝的神圣理智的内在行动在永恒中生出圣言，就是作为神圣位格的圣子[②]；上帝的存在就是上帝的意志，因为上帝就是自由和仁爱本身，上帝的神圣意志的内在行动在永恒中发出圣爱，就是作为神圣位格的圣灵[③]；上帝自己的神圣存在就是作为神圣位格的圣父，就是作为“没有本源的本源”的圣父。在上帝的神圣本质中“存在、理解和意志”的绝对同一性的基础就是上帝的存在，因为上帝就是存在自身，上帝的存在自身就是作为“没有本源的本源”的圣父，就是在永恒中同样作为神圣位格的圣子和圣灵的神圣存在以及神圣本质的“赐予者”。在这个意义上，我们把上帝中神圣位格的本源名分归

① *Summa Theologica*, Ia:3:4.

② *Summa Theologica*, Ia:27:2.

③ *Summa Theologica*, Ia:27:3.

于作为圣子和圣灵的"赐予者"的圣父。[①] 在这个意义上,作为神圣位格的圣父是作为神圣位格的圣子的本源,作为神圣位格的圣父是作为神圣位格的圣灵的本源。

作为神圣位格的圣父是永恒的、无限的、全智全能的、圣洁崇高的上帝,是宇宙万物的创造者和至高主宰,具有完全的智慧、公义、真理和慈爱。作为神圣位格的圣父的无起源性,意味着作为上帝中存在开端的圣父的存在、完美、智慧、权能、圣洁、公义、良善、真理和慈爱是无限而永恒的。在这个意义上,作为神圣位格的圣父是上帝神圣本质的绝对根源,作为神圣位格的圣父是绝对存在的"没有本源的本源",作为神圣位格的圣父是超越而无限的至高主宰。作为神圣位格的圣父是上帝神圣本质的基础和源泉,因为作为神圣位格的圣子在永恒中从圣父生出,作为神圣位格的圣灵在永恒中从圣父和圣子发出。作为神圣位格的圣父是的圣子和圣灵的神圣存在以及神圣本质的源泉、基础和本源。在这个意义上,作为神圣位格的圣父享有的独特性和超越性就是作为神圣奥秘的上帝自身的"内在生命"中作为存在开端的"无起源性"。作为神圣位格的圣父是上帝三位一体的神圣存在以及神圣本质的源泉和根基,作为神圣位格的圣父是上帝三位一体的神圣存在以及神圣本质的"没有本源的本源"。在这个意义上,作为上帝中神圣位格的存在开端的"无起源性"的含义,就是"圣父是本源"。[②]

---

① *Summa Theologica*, Ia:33:1.

② *Summa Theologica*, Ia:33:1.

二、作为神圣位格的无起源性

作为神圣位格的圣父在永恒中发出作为神圣位格的圣子和圣灵,在这个意义上,作为神圣位格的圣父是圣子和圣灵的神圣本源,“圣父是整个上帝性的本源”。① 在上帝中神圣理解和神圣存在是同一的。因此,在上帝中作为神圣理解的内在行动的圣言的出发,就是神圣位格的永恒生出。上帝的神圣理解就是理解者的本体本身,作为神圣理解的内在行动出发的圣言就是作为神圣位格的圣子。② 在上帝中理解和意志是同一的。因此,在上帝中作为神圣意志的内在行动的圣爱的出发,就是神圣位格的永恒发出。上帝的神圣意志就是爱慕者的本体本身,作为神圣意志的内在行动出发的圣爱就是作为神圣位格的圣灵。③ 尽管在上帝中神圣理解和神圣意志是同一的,因为根据圣爱的原理,圣爱是起源于神圣理智的领悟。因为一存在者除非在理智中已经被领悟,就无法为意志所爱。因此,在上帝中,圣言的出发和圣爱的出发,具有秩序上的区别。毋宁说,圣言的出发和圣爱的出发,具有秩序上先后的区别。事实上,圣父和圣子在永恒中共同发出作为神圣意志的内在行动的圣爱,就是作为神圣位格的圣灵。④

---

① *Summa Theologica*, Ia:33:1.

② *Summa Theologica*, Ia:27:2.

③ *Summa Theologica*, Ia:27:3.

④ *Summa Theologica*, Ia:32:3.

根据波爱修的定义，位格是“具有理智本性的个别实体”[①]，就是具有理智本质的“第一实体”。[②] 作为“具有理智本质的个别实体”，位格具有三方面的基本含义。第一，位格具有理智本质，就是具有理解和意志的生命主体，就是具有智慧和爱的生命主体。在上帝中神圣理解和神圣存在是同一的，在上帝中神圣理解和神圣意志是同一的，在上帝中神圣存在、神圣理解和神圣意志是同一的。第二，位格是具有理智本质的个别实体，就是具有理智本质的“第一实体”，就是具有理智本质的个别存在者，是具有理解和意志的行动以及责任的生命主体。第三，位格是具有理智本质的生命主体，就是作为自身存在根基的生命主体，就是作为自由存在者的生命主体。在这个意义上，位格“作为具有理智本质的个别实体”的概念蕴涵着实体、主体和本质三方面的基本含义。位格表示的，是那在整个存在者的自然本性中最完美的存在者。在这个意义上，上帝是卓越而完美的神圣位格：圣父的神圣位格、圣子的神圣位格和圣灵的神圣位格。[③] 上帝中神圣位格的永恒出发，是上帝自己的神圣理解的内在行动以及上帝自己的神圣意志的内在行动。

有些学者认为，本源是针对源于或出于本源者(principiarum)而说的。因此，如果圣父是圣子的本源，那应该说圣子就是出于本源者；因此圣子就是受造者。显然这是错误的。

---

① Boethius, *De duabus naturis*.3.

② *Summa Theologica*, Ia:29:1.

③ *Summa Theologica*, Ia:29:3.

托马斯指出，在希腊学者中，有一种称圣子和圣灵出于本源（principiari）的说法，这不是拉丁学者的说法。拉丁学者由于圣父是圣子和圣灵的“没有本源的神圣本源”把某种权威或首要地位归于圣父，但是为着避免错误，拉丁学者不把任何涉及从属或次等的含义归于圣子和圣灵。① 毋宁说，圣父是圣子和圣灵的神圣本源，圣父是圣子和圣灵的神圣存在以及神圣本质的赐予者，圣子和圣灵是出于本源的神圣位格，作为神圣位格的圣子和圣灵不是受造者，作为神圣位格的圣子和圣灵在永恒中享有和圣父完全相同的神圣本质。在这个意义上，希拉利说：“圣父由于赐予者的首要地位是更大的；但获得赐予同一存在的圣子，并不是更小的。”②作为神圣位格的圣父的权威地位，只是作为神圣本源的起源关系。神圣位格根据永恒起源即神圣位格的永恒出发的关系而彼此区分，作为神圣位格的圣子和圣灵在永恒中从作为神圣位格的圣父获得完全相同的神圣存在以及神圣本质。

作为神圣位格的圣父在永恒中作为存在开端的无起源性，是作为上帝自身的神圣位格的无起源性，是针对在永恒中从圣父出发的作为上帝自己的神圣位格的圣子和圣灵的无起源性，是针对在永恒中从圣父生出的作为出于本源者的上帝自己的神圣位格的圣子的无起源性，是针对在永恒中从圣父和圣子发出的作为出于本源者的上帝自己的神圣位格的圣灵的无起源性，而不是作为本源（创造者）的上帝针对作为出于

① *Summa Theologica*，Ia：33：1：ad2.

② Hilaty，*De Trinitate*，IX：54.

本源者的受造者的无起源性,因为上帝的创造不是单单属于上帝的某一位格,而是圣父、圣子、圣灵三个神圣位格的共同作为。[①] 作为神圣位格的圣父在永恒中作为存在开端的无起源性,就自身含义而言是在上帝中作为存在开端的无起源性,而不是针对受造者的无起源性。上帝神圣理解的内在行动就是圣言的永恒出发即作为神圣位格的圣子的永恒出发,上帝神圣意志的内在行动就是圣爱的永恒出发即作为神圣位格的圣灵的永恒出发。[②] 在这个意义上,作为神圣位格的圣父在永恒中作为存在开端的无起源性,是上帝自身在永恒中作为神圣位格的内在生命的起源关系中的无起源性。

作为神圣位格的圣父在永恒中作为存在开端的无起源性,是作为神圣位格的圣父的神圣存在和神圣本质的无起源性。作为神圣位格的圣父是作为神圣位格的圣子和圣灵的神圣存在的本源,作为神圣位格的圣父是作为神圣位格的圣子和圣灵的神圣本质的本源。作为神圣位格的圣父在永恒中生出作为神圣位格的圣子——上帝三位一体的第二位,完全的上帝。作为神圣位格的圣父和圣子在永恒中发出作为神圣位格的圣灵——上帝三位一体的第三位,完全的上帝。作为神圣位格的圣父在永恒中生出作为神圣位格的圣子,作为神圣位格的圣父和圣子在永恒中发出作为神圣位格的圣灵,作为神圣位格的圣父是作为神圣位格的圣子和圣灵的“赐予者”[③],作为神圣位格的圣父由于“赐予者”的首要地位而成

---

① *Summa Theologica*, Ia:45:6.

② *Summa Theologica*, Ia:27:5.

③ Hilaty, *De Trinitate*, IX:54.

为第一位格，作为神圣位格的圣父由于“赐予者”的首要地位而成为圣子和圣灵的“本源”，作为神圣位格的圣父由于“赐予者”的首要地位而成为“没有本源的本源”，这是作为神圣位格的圣父在永恒中作为存在开端的无起源性，这是上帝神圣位格的内在生命的永恒团契的深邃奥秘。

作为神圣位格的圣子和圣灵是出于“没有本源的神圣本源”者，作为神圣位格的圣父是圣子和圣灵的“没有本源的神圣本源”。作为神圣位格的圣父在永恒中生出作为神圣位格的圣子，作为神圣位格的圣父和圣子在永恒里发出作为神圣位格的圣灵，圣子和圣灵是上帝自己的神圣位格，而不是受造者。亚流派不理解作为上帝神圣理智内在行动的圣言的出发而否认圣子的神性，声称圣子是超越宇宙万物的受造者，这是异端。作为神圣位格的圣子具有完全的神性，是完全的上帝，是上帝三位一体的第二位。在这个意义上，作为神圣位格的圣父在永恒中生出的作为神圣位格的上帝的独生子是完全的上帝，“圣子不是受造者”。[①] 马其顿派（敌圣灵派）不理解作为上帝神圣意志内在行动的圣爱的出发否认圣灵的神性，声称圣灵是超越宇宙万物的受造者，这是异端。作为神圣位格的圣灵具有完全的神性，是完全的上帝，是上帝三位一体的第三位。在这个意义上，作为神圣位格的圣父和圣子在永恒中共同发出的作为神圣位格的圣灵是完全的上帝，“圣灵不是受造者”。[②]

---

① *Summa Contra Gentiles*, Ⅳ: 7.

② *Summa Contra Gentiles*, Ⅳ: 16.

作为神圣位格的圣父在永恒中生出作为神圣位格的圣子,作为神圣位格的圣父和圣子在永恒中共同发出作为神圣位格的圣灵。在这个意义上,作为神圣位格的圣子和圣灵从作为神圣位格的圣父获得完全相同的神圣存在和神圣本质,作为神圣位格的圣子和圣灵从作为神圣位格的圣父获得具有完全相同的神圣存在和神圣本质的神圣位格。作为神圣位格的圣父在永恒中生出作为上帝神圣位格的圣子,圣子在永恒中从圣父获得完全相同的神性,作为神圣位格的圣子是三位一体的第二位,作为神圣位格的圣子同样是完全的上帝。作为神圣位格的圣父和圣子在永恒中发出作为神圣位格的圣灵,圣灵在永恒中从圣父和圣子获得完全相同的神性,作为神圣位格的圣灵是三位一体的第三位,作为神圣位格的圣灵同样是完全的上帝。作为神圣位格的圣父、圣子、圣灵在永恒中享有完全相同的神性。在这个意义上,“圣父由于赐予者的首要地位是更大的,但获赐同一存在的圣子,并不是更小的。”①亚他那修信经指出,作为神圣位格的圣父、圣子、圣灵在永恒中享有同一神性,同一荣耀,同一永恒之尊严。

三、作为永恒根基的无起源性

波爱修对于永恒性的定义是这样的:“永恒性是对于无限生命的完整而同时的,完美的据有(完整而同时地,完美地拥有无限的生命)。”②永恒性就是完整而同时地、完美地拥有

① Hilaty, *De Trinitate*, IX:54.

② Boethius, *De Consolatione* V:6.

无限生命，永恒性就是完整而同时地，坚实而稳妥地享有无限生命。只有上帝自己是无限生命，只有上帝自己完整而同时地，坚实而稳妥地享有无限生命。在这个意义上，上帝是永恒的，上帝就是自己的永恒性。上帝是自己的存在，上帝是自己的本质，上帝就是自己的永恒性。[①] 亚他那修信经指出："圣父是永恒的，圣子是永恒的，圣灵是永恒的。"作为完整而同时的无限生命，永恒性就是上帝本身。作为神圣位格的圣父是完整而同时的无限生命，作为神圣位格的圣子是完整而同时的无限生命，作为神圣位格的圣灵是完整而同时的无限生命。只有在上帝中具有完整而同时的无限生命，只有在上帝的神圣位格中具有完整而同时的无限生命。因此，只有在上帝的神圣位格中具有真正而确实的永恒性。在这个意义上，永恒性是上帝独有的，永恒性是上帝的神圣位格独有的。[②]

上帝中的神圣位格是根据永恒中的起源关系而彼此区分的。根据存留在作为行动者的上帝本身中的神圣理智行动和神圣意志行动，上帝中具有两种神圣位格的永恒出发，就是作为神圣理智行动的圣言的永恒发出和作为神圣意志行动的圣爱的永恒发出。作为上帝神圣理智的内在行动，圣父在永恒中生出圣言。根据圣言的出发，被理解的存在者是在理解者中，在永恒中出发的圣言就是作为神圣位格的圣子。作为上帝神圣意志的内在行动，圣父和圣子在永恒中发出（嘘出）圣爱。根据圣爱的出发，被爱的存在者是在爱者中，在永恒中出

① *Summa Theologica*，Ia：10：2.

② *Summa Theologica*，Ia：10：3.

发的圣爱就是作为神圣位格的圣灵。[1] 上帝的神圣存在就是上帝的神圣理解,上帝的神圣存在就是上帝的神圣意志,上帝的神圣理解和上帝的神圣意志就是上帝的神圣存在。[2] 在永恒中,作为神圣存在的上帝,作为神圣理解的上帝,作为神圣意志的上帝,就是作为存在、理解和意志的同一性的上帝,就是作为存在、理解和意志的同一性的神圣位格的上帝。在上帝中作为存在、理解和意志的同一性的神圣位格,是上帝在永恒中作为存在、理解和意志的同一性的神圣位格。

有些学者认为,“本源”一词具有时间上“在先”的含义。而在上帝中“没有先后”,毋宁说,在上帝中神圣位格之间没有“先后”的时间秩序,正如亚他那修信经指出的。因此,在上帝中,不应该使用“本源”这个名称。托马斯指出,即使“本源”一词,就字源意义而言,似乎来源于时间秩序上的“在先”;但是本源的确实含义并不是指时间秩序上的“优先”,而是指存在的本性秩序意义上的“起源”。在阐述三一奥秘的神圣原理中,“本源”就是神圣位格的永恒起源,就是神圣位格的永恒出发。[3] 前面已经指出,一个名称的确实含义并不常常和名称的字源意义吻合。[4] 在没有“先后”的时间秩序的上帝的神圣位格中,作为神圣位格的本性秩序的永恒起源,“本源”的含义包括“没有本源的神圣本源”以及“出于本源的神圣本源”。第一,“没有本源的神圣本源”,就是作为神圣位

---

① *Summa Theologica*, Ia:27:3.

② *Summa Theologica*, Ia:19:1.

③ *Summa Theologica*, Ia:27:1.

④ *Summa Theologica*, Ia:33:1:ad3.

格的圣父;第二,“出于本源的神圣本源”,就是作为神圣位格的圣子。[1] 作为神圣位格的圣父,在永恒中生出(生育)作为神圣位格的圣子;作为神圣位格的圣父和圣子,在永恒中共同发出(共同嘘出)作为神圣位格的圣灵。在这个意义上,作为神圣位格的圣父是永恒的,作为神圣位格的圣子是永恒的,作为神圣位格的圣灵是永恒的。

作为神圣位格的圣父在永恒中生出(生育)作为神圣位格的圣子,作为神圣位格的圣父和圣子在永恒中发出(嘘出)作为神圣位格的圣灵。作为神圣位格的圣父是永恒的,作为神圣位格的圣子是永恒的,作为神圣位格的圣灵是永恒的。作为圣父、圣子、圣灵的上帝是永恒的上帝。上帝是永恒的,上帝就是自己的永恒性。上帝在永恒中“完整而同时地”就是自己的存在;因此,正如上帝就是自己的本质,上帝就是自己的永恒性。[2] 在这个意义上,永恒性作为完整而同时地,完美而坚实地享有无限生命,就是上帝自己。因为永恒性伴随着恒常固定的不变性,唯独作为绝对存在的上帝自己是恒常固定的存在。作为绝对没有变化的存在者,上帝自己的存在既是没有接续的“完整而同时”的存在,也没有开端和终结。在这个意义上,只有上帝自己具有真正而确实的永恒性,只有作为神圣位格的上帝自己具有真正而确实的永恒性。既然时间的含义在于度量存在者变化中的先后秩序,永恒性的含义在于确认上帝自己完全超越变化的恒常固定性。唯独上帝是

---

① *Summa Theologica*, Ia:33:4.

② *Summa Theologica*, Ia:10:2.

永恒的,唯独上帝自己具有真正而确实的永恒性。①

在上帝中,圣父、圣子、圣灵是永恒的起源关系中具有本性秩序的神圣位格,而不是在时间的延续性中具有“先后”秩序中的神圣位格。作为神圣位格的圣父、圣子、圣灵是永恒中的神圣团契,是“完整而同时”地享有无限生命的神圣团契。永恒性的本质在于上帝自己的神圣存在的绝对不变性,上帝自己是绝对不改变的,因此上帝自己是永恒的。圣父、圣子、圣灵作为上帝自己的神圣位格是绝对不改变的,因此圣父、圣子、圣灵作为上帝自己的神圣位格是永恒的。在这个意义上,作为完整而同时地享有无限生命,作为完美而坚实地享有无限生命,永恒性就是上帝自己,就是作为神圣位格的圣父、圣子、圣灵自己。在这个意义上,“永恒性不是别的,就是上帝本身。”②永恒性就是上帝自己“完整而同时”地享有无限生命。前面已经指出,亚他那修信经深刻揭示出圣父、圣子、圣灵作为上帝自己的神圣位格具有完全相同的神圣本质,圣父、圣子、圣灵作为上帝自己的神圣位格具有完全相同的永恒性:作为神圣位格的圣父是永恒的,作为神圣位格的圣子是永恒的,作为神圣位格的圣灵是永恒的。③

作为上帝神圣位格的圣父、圣子、圣灵是永恒中的神圣位格。作为上帝神圣位格的圣父、圣子、圣灵的神圣本质在永恒中绝对没有改变,作为上帝神圣位格的圣父、圣子、圣灵的神

① *Summa Theologica*, Ia:10:3.
② *Summa Theologica*, Ia:10:2:ad3.
③ *Summa Theologica*, Ia:10:2.

圣本质在永恒中是绝对没有变化而“恒久如一”的神圣本质，作为上帝神圣位格的圣父、圣子、圣灵的神圣本质是永恒的神圣本质，作为上帝的神圣位格的圣父、圣子、圣灵的神圣本质是没有“具有先后”的延续性的“完整而同时”的神圣本质。永恒性就是上帝自己，就是作为圣父、圣子、圣灵的神圣位格的永恒团契的上帝自己。[①] 永恒性和时间的区别不在于永恒是“完整而同时”地享有无限生命，时间具有“先后”的延续性。上帝自己的永恒性是固定存在的度量，时间是变化的度量。[②] 上帝的永恒性既然包括全部时间，圣经有时也用某些具有时间含义的接续性的术语或者用属于现在时、过去时、将来时的动词来阐述上帝存在的永恒性，就是“完整而同时”地享有无限生命的永恒性。例如《罗马书》这样结语：“惟有上帝能够照我所传的福音，和所讲的耶稣基督，并照永古（永恒的世代）隐藏不言的奥秘，坚固你们的心。”（罗 16:25）

唯独作为绝对存在的上帝自己是自身存在而永恒存在的“那存在者”，[③]上帝的永恒性就是存在自身。唯独作为绝对存在的上帝自己是永恒的，唯独作为绝对存在的上帝自己具有“真正而确实的永恒性”。[④] 上帝具有的永恒性伴随着上帝自己的神圣本质的不变性，唯独自身存在而永恒存在的上帝自己是永不改变的，唯独自身存在而永恒存在的上帝自己具有绝对不改变的神圣本质，唯独自身存在而永恒存在的上帝

① *Summa Theologica*, Ia:10:2:ad3.

② *Summa Theologica*, Ia:10:4.

③ *Summa Theologica*, Ia:13:11.

④ *Summa Theologica*, Ia:10:3.

自己具有"真正而确实的永恒性"。① 就作为神圣位格的圣父、圣子、圣灵在起源方面的区别而言,作为神圣位格的圣父在永恒中生出作为神圣位格的圣子,作为神圣位格的圣父和圣子在永恒中发出作为神圣位格的圣灵。根据亚他那修信经的经典阐述,作为神圣位格的圣父是永恒的,作为神圣位格的圣子是永恒的,作为神圣位格的圣灵是永恒的。上帝中神圣位格的永恒出发,揭示出上帝自己"完整而同时"地享有无限生命的永恒性。在这个意义上,作为神圣位格的圣父的无起源性,不是作为神圣位格"具有先后"的时间秩序中的无起源性,而是作为神圣位格的永恒根基的无起源性。

第二节 永恒生出的本源

上帝神圣本体内在生活的首要秘密,就是上帝神圣本质中神圣位格的永恒起源。② 上帝中神圣位格的第一种永恒发出,就是圣父在永恒中生出圣子,就是作为上帝神圣位格的圣父在永恒中生出作为上帝神圣位格的圣子。③ 诗篇这样揭示作为神圣位格的圣父在永恒里生出作为神圣位格的圣子的基础事实:"我今日生你。"(诗 2:7) 根据教会传统的圣经诠释学,这节经文的确实含义,指向三位一体的第二位,就是圣父的独生子,就是作为神圣位格的圣子,就是道成肉身的基督耶

① *Summa Theologica*, Ia:10:3.
② *Summa Contra Gentiles*, IV:2.
③ *Summa Contra Gentiles*, IV:11.

稣。这节经文的确实含义,就是上帝中神圣位格的第一种永恒发出,就是作为上帝自己的神圣理智的内在行动的圣言的永恒发出,就是作为神圣位格的圣子的永恒发出,就是作为神圣位格的圣父在永恒中生出(生育)作为神圣位格的圣子的基础事实。在上帝的神圣本体中,既然具有"父子"的称谓,必然具有"父子"的实在关系,就是作为神圣位格的圣父和作为神圣位格的圣子之间的实在关系。上帝神圣本体中的"父子"的神圣位格关系,奠基于在永恒中"圣父生出圣子"的基础事实。[1]

一、圣父的固有名称

上帝中神圣位格的第一种永恒出发,就是作为神圣位格的圣父在永恒中生出(生育)作为神圣位格的圣子,就是上帝在自己的神圣理智的内在行动中发出作为神圣理解的圣言。上帝的神圣理解就是作为理解者的上帝本体本身,因此在上帝中作为神圣理智的内在行动永恒出发的圣言,其永恒出发如同是属于相同神圣本性的自立存在者,就是属于相同神圣本性的神圣位格。在这个意义上,在上帝中圣言的永恒出发就是生出(生育),在上帝中出发的圣言,真正地即本义地就是作为神圣位格的圣子。[2] 福音书论到上帝的独生子说:"我们也见过他的荣光,正是父独生子的荣光。"(约1:14)新约书信论到上帝的独生子说:"神既在古时借着众先知,多次多方

① *Summa Contra Gentiles*, IV:2.

② *Summa Theologica*, Ia:27:2.

地晓谕列祖,就在这末世借着他儿子晓谕我们。”(来 1:1-2)这是圣经对于圣父和圣子之间的神圣位格关系的深刻阐述。[1] 在上帝的神圣位格中,作为第一种永恒发出的生出(生育)的本源的关系就是“父性”。[2] 就作为神圣位格的圣子在永恒中出自作为神圣位格的圣父的本源关系而言,圣父用“父性”这一表记显示自己。[3]

在上帝的神圣本体中,每一神圣位格的固有名称,是指那使此一神圣位格和其他神圣位格有所区别者。正如灵魂和身体归于人的本性或原理,同样归于这一人的原理或观念者,是这一灵魂和这一身体。正是因为这些,这个人才和其他所有人有所区别。[4] 在上帝中,那使圣父的位格和其他位格有所区别者,正是父性。[5] 作为神圣位格的圣父在永恒中生出作为神圣位格的圣子。[6] 作为存留在作为行动者的上帝本身中的内在行动,上帝神圣理智的内在行动在永恒中生出作为神圣理解的圣言,在上帝中出发的圣言就是作为神圣位格的圣子。[7] 在上帝中发出圣言的“没有本源的神圣本源”,就是作为神圣位格的圣父。根据作为上帝中神圣理智的内在行动的圣言的永恒出发,上帝中永恒生出(生育)的本源关系称为父

---

① *Summa Contra Gentiles*, IV:2.

② *Summa Theologica*, Ia:28:4.

③ *Summa Theologica*, Ia:32:3.

④ *Summa Theologica*, Ia:29:4.

⑤ *Summa Theologica*, Ia:33:2.

⑥ Thomas Aquinas, *Commentary on the Gospel of John*.8, lect.8, n.1278.

⑦ *Summa Theologica*, Ia:27:2.

性。[①] 作为永恒生出的本源关系的父性是上帝中第一种实在关系(根据上帝中的两种永恒出发,上帝中具有四种实在关系,就是父性和子性以及嘘出和出发)。在这个意义上,作为圣言的永恒生出(生育)的本源关系的父性,就是作为神圣位格的圣父的个别位格表记(无起源性和共同发出是圣父的一般位格表记)。[②] 因此,表示父性的"父"这一名称,就是圣父的神圣位格的固有名称。[③] 作为神圣位格的圣父在永恒中是圣子的圣父。[④]《诗篇》说:"他要称呼我说:'你是我的父,是我的神,是拯救我的磐石。'"(诗 89:26)

有些学者认为,"父"这一名称指称关系。而位格却是个别实体。因此"父"这一名称,并不是指称位格的固有名称。托马斯指出,对于我们(人)而言,关系并不意味着独立的位格;因此"父"这一名称,对于我们而言,不表示位格,而表示位格的关系。但是在上帝中并不是如此,如同某些人的错误主张;因为"父"这一名称所指的关系,乃是个别的位格。因此,前面已经阐述,凡是属于位格的名称,都是表示关系的。在所有名称中,"位格"这个名称首先归于位格,因此"位格"这个名称指示关系。[⑤] 上帝的神圣本体中具有父性,因此上帝中第一神圣位格的名称就是圣父。因为在上帝中的父性是实在的位格关系,所以作为上帝神圣位格的圣父是实在的个

① *Summa Theologica*, Ia:28:4.

② *Summa Theologica*, Ia:32:3.

③ *Summa Theologica*, Ia:33:2.

④ Thomas Aquinas, *Commentary on the Gospel of John*. 17, lect.2, n.2195.

⑤ *Summa Theologica*, Ia:29:4.

别位格。因为父性是作为神圣位格的圣父的个别位格表记，所以圣父是上帝中第一神圣位格的固有名称。在上帝中的永恒出发是在同一神圣本性中，根据上帝中的永恒出发而具有的位格关系，必然是实在的起源关系。上帝中具有实在的起源关系，因此上帝中具有神圣位格之间的实在区别。① 在上帝中，"位格"这一名称，是指自立于上帝的本性中的位格关系。②

有些学者认为，"生育者"(generans)这一名称比"父"更为普遍；因为每一位父都是产生者，而不是每一产生者都是父。前面已经阐述，更为普遍的名称，原本更适合用于上帝的神圣奥秘。③ 因此，"产生者"比"父"更应该是上帝位格的固有名称。托马斯指出，根据那哲学家的理解，存在者的命名，应该根据其完美和终点。但产生表示形成过程，而父性则表示产生的完成。作为圣父的神圣位格的个别位格表记，作为上帝的神圣本体中第一位格的个别位格表记，作为上帝中其他神圣位格的"赐予者"的个别位格表记，父性表示作为神圣位格的圣子的永恒生出的完成。父性，作为上帝中的圣父和圣子之间的实在关系，表示作为神圣位格的圣父在永恒中生出作为神圣位格的圣子的生育的本源关系。④ 父性，作为圣父的个别位格表记，表示作为神圣位格的圣子在永恒中从作

① *Summa Theologica*, Ia:28:3.

② *Summa Theologica*, Ia:33:2:ad1.

③ *Summa Theologica*, Ia:13:11.

④ *Summa Theologica*, Ia:28:4.

为神圣位格的圣父生出的生育的本源关系。[1] 因此,作为上帝神圣理智的内在行动的永恒生出(生育)的完成,“父”比“产生者”,更适合作为上帝位格的固有名称。[2]

有些学者认为,凡是根据比喻表达的,不能作为存在者的固有名称。但在我们这里,言辞根据比喻被称为(心灵的)产物或被产生者(genitum)或子;因此言辞归属者,也根据比喻被称为父。因此,在上帝中,圣言的本源不能根据本义被称为父。托马斯指出,心灵的言辞不是自立于人的本性中的存在者;因此不能真正根据本义而说是(心灵的)被产生者(受生者)或子。但是上帝圣言是自立于上帝本性中的存在者;前面已经阐述,在上帝中,圣言的永恒出发具有生育的性质。因为上帝中圣言的永恒出发,是借着上帝自己的神圣理智的内在行动的方式;圣言的永恒出发是出自相连的本源;圣言的永恒出发是按照肖像的性质,因为理智的概念就是被理解的存在者的肖像;圣言的永恒出发是存在于相同的神圣本质中,因为上帝中理解和存在是同一的。因此,在上帝中,圣言的永恒出发被称为生育,而作为神圣理智的内在行动出发的圣言被称为圣子,就是作为神圣位格的圣子。[3] 作为神圣位格的圣言不是根据比喻,而是根据本义被称为圣子,圣言的神圣本源是作为神圣位格的圣父。[4] 在这个意义上,圣父在永恒中生

① *Summa Theologica*, Ia:32:3.

② *Summa Theologica*, Ia:33:2:ad2.

③ *Summa Theologica*, Ia:27:2.

④ *Summa Theologica*, Ia:33:2:ad3.

出圣子,是上帝本体生命的神圣奥秘。①

有些学者认为,在上帝中,凡是根据本义阐述的,首先归于上帝,其次归于受造者。② 但是"产生"这一说法,似乎首先归于受造者,其次归于上帝;因为一存在者出自另一存在者,同时不但在关系方面,而且也在本体方面和这另一存在者有区别,这似乎才是更真实的产生。因此,取自"产生"的"父"这一名称,似乎不是上帝某一位格的固有名称。托马斯指出,"产生"以及"父性"的名称,就如同其他根据其本义称述上帝实在的名称,就其表示的存在者而言,首先指称上帝,其次指称受造者,即使这不是就其表示的方式而言。因此圣经说:"因此,我在(我们的主耶稣基督的)天父面前屈膝,天上地下的全部家族都是从天父得名。"(弗 3:14-15)可以理解经文的深邃含义。显然产生由其终点而获得其种别,而终点就是被产生者的形式。这形式越是接近产生者的形式,产生也越是真实而完美;就如同质的产生比非同质的产生更为完美;因为产生和自己在形式方面的相似者,这属于产生者的原理。因此,在上帝中的生育中,产生者(生者)和被产生者(受生者)的形式,在数目方面是同一个,而在受造者中,形式在数目方面不是同一个,而只在种别方面是同种;这点指出,产生以及随之而来的父性,首先是在上帝中,其次才是在受造者中。③ 因此,在上帝中,被产生者(受生者)和产生者(生者)

① *Summa Contra Gentiles*, IV:2.

② *Summa Theologica*, Ia:13:6.

③ *Summa Theologica*, Ia:27:2; *Summa Contra Gentiles*, IV:14.

的区别，只是就关系方面而言，而这理解归于在上帝中生育及父性的真理。①

二、作为神圣位格的圣父

在上帝中用“父”这一名称，首先根据其指神圣位格的意义，就是作为上帝中“没有本源的神圣本源”的神圣位格的“赐予者”②的意义；其次根据其指上帝本质本体的意义，就是圣父、圣子、圣灵共同作为受造者的本源的意义，就是圣父、圣子、圣灵共同作为创造者的意义。因此，“父性或圣父的称谓”，显然是首先用于上帝的神圣位格中，因为“父性”首先因为神圣位格的永恒生出（生育）而表现在上帝中作为圣父的神圣位格和作为圣子的神圣位格之间的实在关系中，其次才因为上帝的创造行动而表现在作为上帝（三位）和全部受造者的关系中。③ 前面已经阐述，上帝的永恒性是上帝完整而同时地、完美而坚实地享有无限生命。作为固定存在的度量，永恒性的基本特征是“没有开端和终结”地存在以及“完整而同时”地存在。④ 时间作为“变化的度量”，有开端和终结，有先后延续的秩序。⑤ 永恒先于时间，因为上帝在永恒中创造了时间，上帝是时间的创造者。但是，上帝（圣父）在永恒里就是作为神圣位格的圣子的父；只是在时间中作为受造者的

① *Summma Theologica*, Ia:33:2:ad4.

② Hilaty, *De Trinitate*, IX:54.

③ Thomas Aquinas, *Commentary on the Gospel of John*. 1, lect. 1, n. 36; *Summa Theologica*, Ia:33:3.

④ *Summa Theologica*, Ia:10:1.

⑤ *Summa Theologica*, Ia:10:4.

父。因此,在上帝中"父性或圣父"的称谓,首先是针对作为神圣位格的圣子,然后才是针对作为受造者的宇宙万物。①

一个名称,首先是用于那全然符合此一名称的完整观念的存在者,然后才用于那只在某一方面符合或部分符合此一名称的完整观念的存在者;此一后者,就是那只在某一方面符合或部分符合此一名称的完整观念的存在者,一般被理解为是那全然符合的存在者的肖像或像那全然符合的存在者,因为一切不是全然的或不完美的存在者,是针对或根据那完美的存在者而言的。因此,"狮子"这一名称,首先是用于那符合狮子的完整观念的动物,是这动物真正即根据本义称为狮子,然后才可以用于某人,这是因为这人具有某种符合狮子的观念或特征,例如:勇敢或勇猛;是藉由这相似点而说这人是狮子或像狮子。② 例如,《创世记》这样记载雅各对于以色列各支派的祝福:"犹大是只幼狮……犹如雄狮,又如母狮。"(创 49:9)前面已经指出,因为没有什么名称可以根据同一意义或单义兼用于上帝和受造者,兼用于上帝和受造者的名称,既不是根据完全不同的意义或多重意义,也不是根据同一意义或单义,而是根据类比(analogice)的意义,把某些名称兼用于上帝和受造者。③

根据前面阐述的论题可以看出,父性及子性的完整观念或意义,是在上帝圣父和上帝圣子中,因为作为神圣位格的圣

① *Summa Theologica*, Ia:33:3.
② *Summa Theologica*, Ia:33:3.
③ *Summa Theologica*, Ia:13:5.

父和圣子在永恒中的本性和荣耀是同一的①。但是受造者针对于作为创造者的上帝具有的子性,不是根据完整的观念或意义,因为创造者和受造者之间没有同一的本性;而只是就某些相似而言。这种相似越完美,就越接近子性的真正观念或意义。说上帝是某些受造者的父,例如是非理性受造者的父,只是为了类似痕迹的相似,按照圣经所说的:“谁是雨的父亲?或谁生了露珠?”(伯38:28)说上帝是某些受造者的父,即理性受造者的父,乃是由于肖像的相似,按照圣经说的:“他岂不是你的父,将你买来的吗?他是制造你、建立你的。”(申32:6)说上帝是另外一些人的父,是根据恩典的相似,这些人因为被安排借着所接受的恩典将继承永恒的荣耀,而被称为上帝的嗣子,根据圣经所说的:“圣灵和我们的心同证我们是上帝的儿女;既是儿女,便是后嗣,就是上帝的后嗣,和基督同作后嗣;如果我们和他一同受苦,也必和他一同得荣耀。”(罗8:16-17)说上帝是另一些人的父,是因为(天上)荣耀或荣福的相似,因为这些人已经拥有荣耀的产业,根据圣经所说的:“我们又借着他,因信得进入现在所站的这恩典中,并且欢欢喜喜盼望上帝的荣耀。”(罗5:2)因此,“父性或圣父”这个称谓,显然是首先用于上帝的神圣位格中②,因为“父性”首先因为永恒生出而表现在上帝圣父和圣子的位格关系中,其次才因为创造行动而表现在作为上帝(三位)和全部受

① *Summa Theologica*, Ia:27:2.

② Thomas Aquinas, *Commentary on the Gospel of John*.2, lect.2, n.390.

造者的关系中。①

有些学者认为,根据通常的理解,共有的先于特殊的。而“父”这一名称,根据其指示上帝位格的意义,是圣父的位格专有的;根据其指示上帝神圣本质的意义,则是上帝(三位)共有的,因为我们称呼“我们的父”时,是指向上帝(三位)。因此在上帝中“父”的称谓,首先是根据其指示上帝本质的意义,而不是首先根据其指示上帝位格的意义。托马斯指出,根据理解的秩序,绝对意义的共有名称,先于那特殊名称;因为在对特殊名称的理解中包括那共有名称,而对于共有名称的理解却不能包括那特殊名称;因为在对于圣父位格的理解中也理解到上帝,而在对于上帝的理解中却不能理解到作为神圣位格的圣父。但是那些表达(上帝)和受造者的关系的共有名称,则后于那些表达(上帝)神圣位格间的实在关系的专有名称;因为在上帝中永恒出发的神圣位格,有如是创造受造者的本源。正如在艺术家的心智中孕育的言辞或设计,按照理解,是在艺术品之先出于艺术家,因为艺术品是仿照艺术家心智中孕育的言辞或设计而制成的;同样作为神圣位格的圣子(圣言)是在受造者之先出于作为神圣位格的圣父,而受造者的“子”的称谓,是根据受造者分享作为神圣位格的圣子的某种相似而来的;这种分享可以从《罗马书》的叙述看出:“他(圣父)预先拣选的人,也预定他们和自己儿子的肖像相似。”(8:29)②

---

① *Summa Theologica*, Ia:33:3.

② *Summa Theologica*, Ia:33:3:ad1.

有些学者认为，在那些具有同一观念或定义的存在者中，无所谓谁先谁后。可是，父性或圣父和子性或圣子的称谓，似乎是根据同一观念或定义，这是基于上帝的一位格是圣子的圣父，以及基于上帝（三位）是我们以及全部受造者的父；因为根据巴西略的理解，“接受”是受造者和圣子共有的。① 因此在上帝中，“父”的称呼，无所谓首先根据其指示上帝本质本体的意义，其次才根据其指示上帝位格的意义。托马斯指出，根据巴西略的阐述，指出“接受”是受造者和圣子共有的，不是根据单一的或完全相同的含义，而是根据某种远距离的或细微的相似，由于这种细微的相似，圣子被称为“受造者的首生者”。因此，在前面引述的《罗马书》的经文后面，继续说：“好使他（圣子）在许多弟兄中做长子（首生者）。”但是，和其他作为上帝之子的受造者比较，上帝圣子自然有自己独特的地方，即圣子接受的，是圣子因自己的神圣本性享有的；巴西略也是如此阐述的。② 在这种意义上，作为神圣位格的圣子被称为上帝的独生子。福音书说：“那在圣父怀里的独生子，把他（上帝）表明出来。”（约 1:18）③

有些学者认为，在那些不是根据同一观念或定义称谓的存在者之间，不能有比较。但是，在子性或圣子、出生或受生的观念上，圣子可以和受造者比较，圣经说：“他（基督）是不可见的上帝的肖像，是一切受造者的首生者。”（西 1:15）因此，在上帝中，父性或圣父的称呼，无所谓首先根据其指示上

① Basil, Hom.15, *De Fide*.

② Basil, Hom.15, *De Fide*.

③ *Summa Theologica*, Ia:33:3:ad2.

帝位格的意义,其次根据其指示上帝本质的意义;那是根据同一观念(没有先后地归于神圣位格和本质本体)。托马斯指出,前面已经阐述,根据心灵理解的秩序,绝对意义的共有名称,先于那专有或特殊的名称;因为在对专有名称的理解中包括那共有的名称,而对于的共有名称理解却不能包括那专有或特殊的名称;因为在对于圣父的位格的理解中也理解到上帝,而在对于上帝的理解中却不能理解到作为神圣位格的圣父。但是那些表达(上帝)和受造者的关系的共有名称,则后于那些表达(上帝)神圣位格间的实在关系的专有名称;因为在上帝中永恒出发的神圣位格,有如是创造受造者的本源。前面已经指出,即使根据巴西略的阐述,说"接受"是受造者和圣子共有的,并不是根据单一的或完全相同的意义,而是根据某种远距离的或细微的相似,由于这种细微的相似,圣子被称为"受造者的首生者"。因此,《罗马书》说:"好使他(圣子)在许多弟兄中做长子(首生者)。"但是,和其他作为上帝之子的受造者比较,上帝圣子自然有自己独特的地方,即圣子接受的,是圣子因自己的神圣本性就享有的;巴西略也是如此阐述的。根据上面的阐述,可以获得这一问题的结论。在上帝中,父性或圣父的称谓,首先根据其指示上帝位格的意义,指称作为神圣位格的圣父;其次根据其指示上帝本质本体的意义,指称作为全能创造者的上帝。[①]

三、作为个别位格表记的父性

前面已经阐述,表记是认识上帝神圣位格的特有观念

① *Summa Theologica*, Ia:33:3:ad3.

(ratio)。上帝中的神圣位格是借着起源关系而增加,和起源相关者有两方面含义,就是那有其他位格出于自己者以及那出于其他位格者。上帝中的神圣位格根据这两种方式显示自己。因此,作为神圣位格的圣父不能藉"出于其他位格"来显示自己,而是藉"不出于其他位格"来显示自己。[①] 前面已经指出,从"不出于其他位格"这方面来看,圣父的表记是"无起源性"。从"有其他位格出于自己"这方面来看,圣父以两种方式显示自己。就作为神圣位格的圣子在永恒中出于圣父而言,圣父用"父性"这一表记显示自己。就作为神圣位格的圣灵在永恒中出于圣父而言,圣父用"共同发出"(圣父和圣子在永恒里共同发出圣灵)这一表记显示自己。这其中,构成作为神圣位格的圣父的个别位格表记,就是父性(因为无起源性和共同发出都是一般位格表记)。[②] 在这个意义上,作为神圣位格的圣父在永恒中生出作为神圣位格的圣子,这是上帝神圣本体内部生活的基础事实,这是上帝神圣本体内部生活的神圣奥秘,就是上帝中神圣位格的永恒生出(生育)的神圣奥秘。[③]

在新旧约圣经中记载上帝神圣本质中"父性"和"子性"的称谓,以及作为神圣位格的圣父和圣子的称谓,并且有"圣父生出圣子"的陈述,揭示出基督耶稣是上帝的儿子。新约圣经中对于上帝神圣本质中"父子"关系称谓的记载,是极其频繁的。例如《马太福音》这样说:"除了父,没有人知道子;

① *Summa Theologica*, Ia:32:3.

② *Summa Theologica*, Ia:32:3.

③ *Summa Contra Gentiles*, IV:2.

除了子和子所愿意指示的,没有人知道父。"(太 11:27)而《马可福音》的开端就是:"上帝的儿子,耶稣基督福音的起头。"(可 1:1)《约翰福音》频繁记载圣子的称谓:"父爱子,已经将万有交在子手里。"(约 3:35)并且说:"父怎样叫死人起来,使他们活着,子也照样随自己的意思使人活着。"(约 5:21)使徒保罗也是频繁如此宣称说:"耶稣基督的仆人保罗,奉召为使徒,特派传上帝的福音。这福音是上帝从前藉众先知,在圣经上所应许的。论到上帝的儿子我主耶稣基督,按肉体说,是从大卫后裔生的;按圣善的灵说,因从死里复活,以大能显明是上帝的儿子。"(罗 1:1-4)《希伯来书》的开端这样宣称:"上帝既在古时借着众先知,多次多方地晓谕列祖,就在这末世,借着他儿子(道成肉身)晓谕我们。"(来 1:1-2)①

旧约圣经的书卷也有同样的记载,只是次数比较稀少。《箴言》这样说:"他的名字叫什么?他的圣子名叫什么?你知道吗?"(箴 30:4)《诗篇》这样说:"受膏者说:'我要传圣旨。耶和华曾对我说:你是我的儿子,我今日生你。你求我,我就将列国赐你为基业,将地极赐你为田产……'"(诗 2:7-8)②这里是耶和华膏立君王(弥赛亚)的宣告,是永远的"大卫之约"的重申。在永远的"大卫之约"中,上帝对于弥赛亚的应许是这样的:"你的家和你的国,必在我面前永远坚立。你的国位也必坚定,直到永远。"(撒下 7:16)耶和华在永远的"大卫之约"中应许将兴起一位大卫公义的苗裔,成为弥

① *Summa Contra Gentiles*,Ⅳ:2.

② *Summa Contra Gentiles*,Ⅳ:2.

赛亚和永远的君王。这永远的君王要治理以色列百姓和列邦万民，他将被称为“耶和华我们的义”。这永远的君王要救赎上帝的百姓脱离罪恶，这永远的君王将在新天新地建立永远的弥赛亚国度。上帝膏立自己的君王，这君王就是上帝的儿子，享有儿子的身份和权柄。耶和华是全地的主，上帝的儿子就得着列国和全地为产业，万族万邦万国万民都归于作为“万王之王、万主之主”的弥赛亚。

根据奥古斯丁的《诗篇》注释，“我今日生你”（诗 2:7），这节经文的确切含义就是作为神圣位格的圣父在永恒中生出（生育）作为神圣位格的圣子，就是“上帝的能力和智慧的永恒生出”，就是作为神圣位格的“独生子的永恒生出”。[①] 作为神圣位格的圣父在永恒中生出（生育）作为神圣位格的圣子的事实，就意味着上帝中父性（没有本源的本源）和子性（自本源出发者）的实在关系。圣言的永恒出发就是永恒生出（生育），这是按照归于有生命的存在者的产生的特有意义而言的。在完美的有生命的存在者中，生育的本源的关系就是父性。在上帝的神圣本质中，作为上帝神圣理智的内在行动的圣言的永恒生出（生育）的本源关系，就是作为神圣位格的圣父的父性。[②]《诗篇》这样说：“他要称呼我说：‘你是我的父，是我的神，是拯救我的磐石。’我也要立他为长子，为世上最高的君王。”（诗 89:26-27）这些旧约圣经的弥赛亚经文，奠基于永远的“大卫之约”，指向上帝三位一体的第二位，

---

① Augustine, *Expositions On the Book of Psalms*, 2:7.

② *Summa Theologica*, Ia:28:4.

就是作为神圣位格的圣子,就是道成肉身的基督耶稣,就是建立永远的弥赛亚国度的基督耶稣,就是作为永远的弥赛亚国度中"万王之王、万主之主"的基督耶稣。①

上帝的神圣本质中具有"父子"的称谓,必然具有作为神圣位格的"父子"之间的实在关系,奠基于作为神圣位格的圣父在永恒中生出作为神圣位格的圣子的事实。②《诗篇》这样说:"我今日生你。"(诗 2:7)这节经文的确切含义就是作为神圣位格的圣父在永恒中生出作为神圣位格的圣子的事实。前面已经指出,在上帝中作为神圣理智的内在行动的圣言的出发,就是作为神圣位格的圣子的出发,就是上帝中圣子的永恒生出(生育)。"生育"的确切含义就是有生命的存在者来自相连的具有生命的本源的开始或起源。那些按照相似或肖像的原理而源出或生出者,就是真正的"受生者"而获得儿子的名分。③ 在上帝中作为神圣理智的内在行动的圣言的永恒出发,是借着作为上帝自己神圣生命的理解行动的方式出发,是源自相连的神圣生命本源,是按照相似或肖像的原理而源出或生出,同时存在于相同的神圣本质中,因为在上帝中理解和存在是同一的。因此,在上帝中,圣言的永恒出发被称为永恒生出(生育),而在永恒中出发的圣言就是作为神圣位格的圣子。④

圣经书卷有作为神圣位格的"圣父生出圣子"的记载。《诗

---

① *Summa Contra Gentiles*, IV:2.
② *Summa Contra Gentiles*, IV:2.
③ *Summa Theologica*, Ia:27:2.
④ *Summa Theologica*, Ia:27:2.

篇》说:“我今日生你”(诗2:7)。根据奥古斯丁的《诗篇注释》,这节经文的确切含义就是揭示出上帝中神圣位格的永恒生出,就是“上帝的能力和智慧的永恒生出”,就是作为神圣位格的“独生子的永恒生出”。《箴言》这样说:“没有深渊,没有大水的泉源,我已生出。大山未曾奠定,小山未有之先,我已生出。”(箴8:24-25)《以赛亚书》的结语指出,上帝既然赏赐万物生子的能力,上帝同样具有在永恒中生出作为神圣位格的圣子的能力:“我造万物,使父母生子,我岂不生子?我给万物间的父母,赋予生子的能力,我岂无力生子?这是主耶和华的话。”(赛66:9)《约翰福音》指出,那道成肉身的圣子,就是上帝圣父的独生子:“道成了肉身,住在我们中间,充充满满地有恩典有真理。我们也见过他的荣光,正是父独生子的荣光。”(约1:14)作为神圣位格的圣子,就是作为神圣位格的圣父的彰显:“从来没有人看见上帝,只有父怀里的独生子,将他表明出来。”(约1:18)《希伯来书》说:“上帝使长子到世上来的时候,就说:‘上帝的使者都要拜他。’”(来1:6)①在这个意义上,作为神圣位格的圣父用父性这一位格表记显示自己。在这个意义上,构成作为神圣位格的圣父的个别位格表记,就是父性。②

第三节　永恒嘘出的本源

前面已经阐述,在上帝中具有两种永恒出发,就是作为神

① *Summa Contra Gentiles*, Ⅳ:2.

② *Summa Theologica*, Ia:32:3.

圣理智的内在行动的圣言的永恒出发,就是作为神圣位格的圣子的永恒出发,以及作为神圣意志的内在行动的圣爱的永恒出发,就是作为神圣位格的圣灵的永恒出发。根据作为神圣理智的内在行动的圣言的永恒出发,被理解者是在理解者中;根据作为神圣意志的内在行动的圣爱的永恒出发,被爱者是在爱慕者中。[①] 作为神圣意志的内在行动的圣爱的永恒出发是犹如被吹出的气息或精神(spiritus)。作为神圣意志的内在行动的圣爱的永恒出发,犹如被吹出的气息或精神(spiritus),这正是作为神圣位格的圣灵的名称。就作为上帝自己的神圣意志的内在行动的圣爱的位格含义而言,圣爱是圣灵的特有名称。在这个意义上,作为神圣位格的圣父和圣子在永恒中彼此相爱而发出作为神圣位格的圣灵。在上帝中具有四种实在关系,就是作为神圣位格的圣子的永恒出发具有的父性和子性,以及作为神圣位格的圣灵的永恒出发具有的嘘出和出发。作为神圣意志的内在行动的圣爱的永恒出发,就是作为神圣位格的圣灵的永恒出发的本源的关系就是共同嘘出。因此,在作为神圣位格的圣父中具有三项位格表记,就是无起源性、父性以及共同嘘出。

一、圣灵的永恒嘘出

在上帝中,存在就是理解。上帝的神圣存在就是上帝的神圣理解,上帝的神圣存在就是上帝的神圣本质,因此上帝的

---

① *Summa Theologica*, Ia:27:3.

神圣理解就是上帝的神圣本质。① 在上帝中，存在就是意志。在具有理智本性的存在者中都具有意志，在上帝中必然具有神圣意志，因为在上帝中具有神圣理智，上帝中的神圣意志和神圣理智在永恒中就是彼此伴随的。在这个意义上，上帝的神圣存在就是上帝的神圣意志，上帝的神圣存在就是上帝的神圣本质，因此上帝的神圣意志就是上帝的神圣本质。② 上帝的神圣存在就是上帝的神圣理解，上帝的神圣理解就是上帝的神圣本质；上帝的神圣存在就是上帝的神圣意志，上帝的神圣意志就是上帝的神圣本质。在上帝的神圣本质中，存在、理解和意志具有先验而完整的同一性。作为神圣存在的上帝，就是作为神圣理解的上帝，就是作为神圣意志的上帝，就是作为存在、理解、意志的先验而完整的同一性的上帝。根据存留在作为行动者的上帝本身的内在行动，就是作为神圣理智的内在行动和作为神圣意志的内在行动，在上帝中具有神圣位格的永恒出发。③

论到存留在作为行动者的上帝本身中的内在行动，在上帝的神圣理智中最为明显，因为无论是谁在理解，因为理解者在理解，在理解者中就必然发出理智概念，就是出于理智能力及其知识的对于所理解者的概念。这种概念用声音表达出来，就是用声音表达出来的“内心言辞”。可理解的“内心言辞”，源出于发言者，仍然存留在发言者中。④ 论到存留在作

① *Summa Theologica*, Ia:14:4.

② *Summa Theologica*, Ia:19:1.

③ *Summa Theologica*, Ia:27:1.

④ *Summa Theologica*, Ia:27:1.

为行动者的上帝本身中的内在行动,在上帝的神圣意志中同样明显,因为无论谁在渴慕,因为渴慕者的渴慕,在渴慕者中就必然发出爱情的气息或精神(spiritus),就是出于意志能力及其愿望的对于所渴慕者的爱情的精神。这种精神用爱慕表达出来,就是用爱慕表达出来的"内心爱情"。可以表达的"内心爱情",源出于爱慕者,仍然存留在爱慕者中。在上帝中具有两种永恒出发,就是作为神圣理智的内在行动的圣言的永恒出发,就是作为神圣位格的圣子的永恒出发,以及作为神圣意志的内在行动的圣爱的永恒出发,就是作为神圣位格的圣灵的永恒出发。根据作为神圣理智的内在行动的圣言的永恒出发,被理解者是在理解者中;根据作为神圣意志的内在行动的圣爱的永恒出发,被爱者是在爱者中。①

在上帝的神圣存在以及神圣本质中,上帝的神圣理智和神圣意志具有先验而完整的同一性。② 但是根据神圣理智和神圣意志的原理,根据神圣理智和神圣意志的内在行动而具有的神圣位格的永恒出发,就是作为神圣理智的内在行动的圣言的永恒出发以及作为神圣意志的内在行动的圣爱的永恒出发两者之间具有确定的本性秩序。前面已经指出,一存在者除非已经在理智中被领悟,就不能为意志所渴慕。就本性秩序而言,圣爱的永恒出发只能是后于圣言的永恒出发,这种本性秩序不是时间意义的先后秩序,而是本源意义的本性秩序,因为在神圣位格的永恒出发中不存在时间意义的先后秩

① *Summa Theologica*, Ia:27:3.

② *Summa Theologica*, Ia:19:1.

序。在上帝的神圣理智中，理解者和被理解者是同一神圣本体或神圣实体，但圣言（圣子）和圣言所从出的本源（圣父）之间仍然具有固定的本性秩序。同样，尽管在上帝中神圣理智和神圣意志具有先验而完整的同一性，由于根据意志的原理，爱慕是源于理智的领悟。在这个意义上，在上帝中，作为神圣位格的圣子的永恒出发和作为神圣位格的圣灵的永恒出发，仍然具有本性秩序上的区别。①

在上帝中，作为神圣意志的内在行动的圣爱的永恒出发，就是作为神圣位格的圣灵的永恒出发，就永恒出发的方式而言，不同于圣言即作为神圣位格的圣子的永恒生出（生育）。②亚他那修信经揭示出这两种永恒出发之间的区别："圣灵既不是被圣父和圣子形成，不是被圣父和圣子创造，不是由圣父和圣子生出（生育），而是由圣父和圣子发出（嘘出）。"③上帝中神圣位格的两种永恒出发之间的区别在于，在理智和意志之间存在着这样的区别，即理智之成为现实（理解行动的实际完成），是藉由被理解的存在者根据自己的肖像存在于理智中；而意志之成为现实（意志行动的实际完成），却不是藉由被渴慕的存在者根据自己的肖像存在于意志中，而是由于意志具有对于被渴慕的存在者的爱慕倾向。④ 因此，根据神圣理智的内在行动而具有的圣言的永恒出发，是根据肖像的性质，因此具有生出（生育）的性质，因为一切生育者都生育

① *Summa Theologica*, Ia:27:3:ad3.

② Thomas Aquinas, *Commentary on the Gospel of John*.15, lect.5, n.2064.

③ *Summa Theologica*, Ia:27:4.

④ *Summa Theologica*, Ia:27:4.

和自己相似者。根据神圣意志的内在行动而具有的圣爱的永恒出发,不是根据肖像的性质生出,而是以爱慕的方式发出(嘘出),犹如被吹出的气息或精神(spiritus),就是作为神圣位格的圣灵的永恒出发。①

作为神圣意志的内在行动的圣爱的永恒出发,就是作为神圣位格的圣灵的永恒出发,不是根据神圣肖像的性质生出(生育),而是犹如被吹出的气息或精神(spiritus)那样由圣父和圣子发出(嘘出)。而气息或精神(spiritus)这个名称所表示的,是一种富有生命活力的意气激扬或意志冲动,是一种神圣爱情激起的生命,就好像说某人经历到爱情的推动和激励,而去从事某件事情。② 前面已经指出,除了由受造者出发之外,我们没有别的方法为上帝命名。③ 由于在受造者中,除了生育之外,没有其他传递本性的途径,因此在上帝中神圣位格的永恒出发,除了永恒生出(生育)之外,也没有其他特殊名称来表达。因此,作为神圣意志的内在行动的圣爱的永恒出发,就是作为神圣位格的圣灵的永恒出发,就落得没有特殊名称。在神圣位格的永恒出发的阐述中,我们把这种作为神圣意志的内在行动的圣爱的永恒出发称为永恒嘘出,就是"嘘气或激发精神"(spiratio),作为神圣意志的内在行动的圣爱的永恒出发就是犹如被吹出的气息或精神(spiritus)。④

---

① *Summa Theologica*, Ia:27:4.

② *Summa Theologica*, Ia:27:4.

③ *Summa Theologica*, Ia:13:1.

④ *Summa Theologica*, Ia:27:4:ad3.

作为神圣意志的内在行动的圣爱的永恒出发,犹如被吹出的气息或精神(spiritus),这正是作为神圣位格的圣灵的名称。[①] 作为神圣意志的内在行动的圣爱的永恒出发,揭示出作为神圣位格的圣灵的永恒起源,就是作为神圣位格的圣父和圣子在永恒中共同发出作为神圣位格的圣灵。在这个意义上,作为神圣位格的圣父和圣子在永恒中是作为神圣位格的圣灵的共同本源。作为神圣意志的内在行动的圣爱的永恒出发落得没有特殊名称,这种作为神圣意志的内在行动的圣爱的永恒出发的本源关系既然称为犹如被吹出的气息的嘘出或发出(spiratio),作为上帝自己的神圣意志的内在行动在永恒中嘘出(发出)的圣爱,就是作为神圣位格的圣灵,就是作为神圣意志的上帝,就是作为圣爱的上帝。就作为上帝自己的神圣意志的内在行动的圣爱的本质含义而言,上帝作为自己的神圣意志就是爱:圣父是爱,圣子是爱,圣灵是爱。就作为上帝自己的神圣意志的内在行动的圣爱的位格含义而言,圣爱是圣灵的特有名称。在这个意义上,作为神圣位格的圣父和圣子在永恒中彼此相爱而发出作为神圣位格的圣灵。[②]

二、作为位格关系的永恒嘘出

在上帝中,神圣位格之间的永恒关系是实在的。在上帝中,神圣位格就其起源本质而言具有固定的自然秩序,因此神圣位格之间的永恒关系是实在的。当神圣位格由具有同样本

① *Summa Contra Gentiles*, IV:19.

② *Summa Contra Gentiles*, IV:19.

性的本源出发时，两者之间，就是出发者和那其所从出发者之间，必然具有实在的位格关系。在上帝中神圣位格的永恒出发既然是在同一本性中，根据上帝中神圣位格的永恒出发而具有的位格关系，必然是实在的关系。[①] 作为神圣位格的圣父是因为父性而是圣父。因此，圣父和父性在上帝中是相同或同一的。在上帝中，神圣位格是借着永恒的实在关系而彼此区分。倘若除去父性，圣父的神圣位格就不再存留。倘若除去子性，圣子的神圣位格就不再存留。倘若没有父性，作为"没有本源的神圣本源"的第一位格就不会称为圣父。倘若没有子性，作为"有本源的神圣本源"的第二位格就不会称为圣子。倘若上帝中的父性和子性不是实在的，作为神圣位格的圣父和圣子就不是实在的。倘若上帝中的共同嘘出和永恒出发不是实在的，作为神圣位格的圣父、圣子和圣灵就不是实在的。倘若上帝中神圣位格之间的永恒关系不是实在的，作为神圣位格的圣父、圣子和圣灵就不是实在的。在这个意义上，倘若没有神圣位格之间永恒的实在关系，就没有作为圣父、圣子和圣灵的神圣位格。

在上帝中，神圣位格关系的本质就在于神圣位格之间的彼此关联，根据这种彼此关联，不同的神圣位格之间在关系方面彼此相对或相互对立。在上帝中既然具有实在的位格关系，在上帝中应该具有实在的区别，就是神圣位格之间的实在区别。这种区别不是就上帝单纯神圣的本质本体而言，而是就上帝中神圣位格的实在关系而言，就上帝中神圣位格的彼

---

① *Summa Theologica*, Ia：28：1.

此区别而言。因为在上帝中本质本体具有唯一性；因为永恒的实在关系，上帝中神圣位格的数目为三。倘若上帝中的位格关系没有实在区别，上帝中就不能具有圣父、圣子和圣灵三个神圣位格。① 在上帝中，神圣位格的永恒关系就其本身而言，都和上帝的本质本体相同。在上帝中，神圣位格之间永恒的实在关系的存在和上帝本质本体的存在是相同的存在。就神圣位格的永恒关系而言，父性和上帝的本质本体相同，子性和上帝的本质本体相同；可是，父性和子性两者在其固有含义上，却含有彼此对立的关联。因此，父性和子性两者彼此具有区别。在这个意义上，就其本身而言，上帝中神圣位格之间的永恒关系具有实在的区别。②

前面已经阐述，只能根据作为上帝自己的神圣理智和神圣意志的内在行动的神圣位格的永恒出发来理解上帝中神圣位格之间永恒的实在关系。在上帝中这样的神圣位格的永恒出发只有两种，第一种永恒出发是根据作为神圣理智的内在行动的圣言的永恒出发，就是作为神圣位格的圣子的永恒出发。第二种永恒出发是根据作为神圣意志的内在行动的圣爱的永恒出发，就是作为神圣位格的圣灵的永恒出发。根据上帝中任何一种神圣位格的永恒出发，都应该具有两种相对或彼此对峙的位格关系：第一是那自本源出发者的关系，第二是本源本身的关系。③ 作为神圣理智的内在行动的圣言的永恒出发就是作为神圣位格的圣子的永恒生

① *Summa Theologica*, Ia：28：3.

② *Summa Theologica*, Ia：28：3.

③ *Summa Theologica*, Ia：28：4.

出(生育)。永恒生出的本源的关系称为父性,由本源出发者的关系称为子性。作为神圣意志的内在行动的圣爱的永恒出发就是作为神圣位格的圣灵的永恒嘘出(发出)。永恒嘘出的本源的关系称为嘘出,由本源出发者的关系称为出发(尽管嘘出和出发这两个名称归于作为神圣位格的永恒出发的起源本身,而不是归于关系)。因此,在上帝中具有四种实在关系,就是作为神圣位格的圣子的永恒出发具有的父性和子性,以及作为神圣位格的圣灵的永恒出发具有的嘘出和出发。①

前面已经阐述,作为神圣意志的内在行动的圣爱的永恒出发,就是作为神圣位格的圣灵的永恒出发,没有像"生育"那样的特殊名称。② 因为永恒出发,是作为神圣位格的圣子的永恒出发和作为神圣位格的圣灵的永恒出发的共同名称。在上帝中神圣位格的两种永恒出发中,除了永恒生出(生育)以外,没有其他特殊名称。因为除非从受造者出发,我们没有别的方法为上帝命名。由于在受造者中,传递生命本性的唯一途径就是生育。因此在上帝中的永恒出发,除了永恒生出(生育)以外,没有其他特殊名称。在这个意义上,作为神圣意志的内在行动的圣爱的永恒出发,就是作为神圣位格的圣灵的永恒出发,就落得没有特殊名称。作为神圣意志的内在行动的圣爱的永恒出发,就是作为神圣位格的圣灵的永恒出发可以称为嘘出,就是"嘘气或激发精神"(spiratio),因为作

① *Summa Theologica*, Ia:28:4.

② *Summa Theologica*, Ia:27:4.

为神圣位格的圣灵的永恒出发犹如是被吹出的气息或精神那样的出发。因此,根据作为神圣意志的内在行动的圣爱的永恒出发,就是作为神圣位格的圣灵的永恒出发具有的实在关系,也没有像“父性和子性”那样的特殊名称。作为神圣位格的圣灵的永恒出发具有的本源的关系可以称为嘘出(spiratio),而那由本源出发者的关系则称为出发;尽管前面已经指出,嘘出和出发这两个名称归于神圣位格的起源本身,而不是归于位格关系。①

在上帝中,神圣位格藉以彼此区别的根据就是永恒起源和位格关系。在上帝中,永恒起源和位格关系之间的区别在于,永恒起源是以神圣存在的内在行动的方式来表示,例如作为神圣理智的内在行动的圣言的永恒出发,就是作为神圣位格的圣子的永恒出发,以及作为神圣意志的内在行动的圣爱的永恒出发,就是作为神圣位格的圣灵的永恒出发;位格关系是以神圣位格的确定形式的方式来表示,例如作为神圣理智的内在行动的圣言的永恒出发具有的父性和子性,以及作为神圣意志的内在行动的圣爱的永恒出发具有的嘘出和出发。上帝中的神圣位格在本质本体方面完全相同,因此,上帝中的神圣位格是借着位格关系而彼此有区别。

在上帝中,正是永恒关系区别神圣位格,这是就神圣位格作为具有理智本性的个别实体而言,例如,父性就是圣父,子性就是圣子,因为在上帝中,抽象的和具体的彼此没有区别。圣父这一名称意指关系,而关系区别和建立位格。

---

① *Summa Theologica*, Ia:28:4.

前面已经指出，作为神圣意志的内在行动的圣爱的永恒出发具有的本源的实在关系，就是永恒嘘出。[1] 作为神圣位格的圣父和圣子在永恒中共同发出作为神圣位格的圣灵，因此作为神圣意志的内在行动的圣爱的永恒出发具有的本源的实在关系，就是共同嘘出。在上帝中神圣位格之间的实在关系，具有上帝的本质本体的存在，具有和上帝的本质本体完全相同的存在。在上帝中神圣位格之间的实在关系，就其本身而言，和上帝的本质本体是完全同一的。在上帝中神圣位格之间的实在关系中蕴涵着神圣位格在起源方面的彼此关联，而这种神圣位格之间的实在关系却没有包含在上帝的本质本体的名称中。[2] 前面已经指出，在上帝中，本质本体是唯一而单纯的，神圣位格之间的实在关系把神圣位格区分开来。[3] 在上帝中，神圣位格就是作为具有理智本性的个别实体的永恒关系本身，神圣位格借着永恒的实在关系而彼此有区别。作为神圣理智的内在行动的圣言的永恒出发具有父性和子性两种实在关系，作为神圣意志的内在行动的圣爱的永恒出发具有嘘出和出发两种实在关系。作为神圣位格的圣父和圣子在永恒中共同发出圣灵，作为神圣位格的圣父是“没有本源的本源”，作为神圣位格的圣子是“出于本源的本源”，作为神圣意志的内在行动的圣爱的永恒出发，就是作为神圣位格的圣灵的永恒出发的本源

① *Summa Theologica*, Ia:28:4.

② *Summa Theologica*, Ia:28:2.

③ *Summa Theologica*, Ia:28:3.

的关系，就是作为神圣位格的圣父和圣子在永恒中的共同嘘出。①

三、作为位格表记的共同嘘出

上帝是作为神圣位格的圣父、圣子和圣灵，圣父、圣子、圣灵彼此有别，圣父、圣子、圣灵在共同具有的相同的本质本体中各自具有自己的特有者（proprium），就是一位所具有的，其他两位没有。在上帝的神圣位格中，这些特有者成为神圣位格的特征（proprietas）。当这些神圣位格的特征呈现在人类理智面前时，就成为理智认识或辨认神圣位格的依据，并且由理智用抽象观念或名称把这些特征表达出来。这些用来表达上帝中神圣位格的特征的抽象观念或名称，就是用来认识或辨认神圣位格的表记（notio）。在这个意义上，位格表记就是用来表达上帝中神圣位格的特征的抽象观念或名称，就是用来认识或辨认神圣位格的抽象观念或名称。

大马士革的约翰说："我们是在三特征（proprietas）中，即在父性的、子性的和出发的特征中，承认上帝神圣位格之间的区别。"②因此，我们是借着用来表达神圣位格的特征的抽象观念或名称，就是位格表记（notio），来认识或辨认神圣位格。我们是借着用来表达神圣位格的特征的抽象观念或名称，就是位格表记（notio），承认上帝神圣位格之间的区别。

有些学者根据神圣位格的单纯性，不能肯定在单纯的神

---

① *Summa Theologica*, Ia:28:4.

② St.John Damascene, *De Fide Orthodoxa*, III:5.

圣存在中具有作为认识原理的抽象观念或名称,不能理解在神圣位格中具有特征和表记。倘若认识或辨认出神圣位格的特征,就把抽象的解释成具体的,例如说:“我们恳求你的慈悲”,就等于说:“我们恳求慈悲的你”;同样,倘若在上帝中谈论“父性”,就应该理解为“上帝圣父”。[①] 前面已经指出,我们把具体的和抽象的名称用于神圣位格,并不损害上帝的单纯性。上帝的神圣位格是单纯的,但仍然能够用抽象方式表达神圣位格的特有观念,而不损害神圣位格的单纯性。因为我们是如何理解,就如何命名或确定名称。上帝的神圣位格是单纯的,我们的理智却不能达到上帝的单纯性本身,不能就上帝的单纯性本身去阐述单纯性。因此,我们的理智只能按照自己的方式来领悟并命名神圣位格,就是按照那在可感觉的存在者中所发现的,因为理智是从这样的可感觉的存在者中获得知识。在可感觉的存在者中,我们是用抽象的名称表达单纯的形式,而用具体的名称表达作为个别实体的存在者。因此,前面已经指出,我们用抽象的名称表达神圣位格的特征,是为着展现上帝的单纯性;而用具体的名称表达神圣位格,是为着展现上帝的自身存在和完整性。[②]

上帝的神圣本质是单纯的,我们把具体的和抽象的名称用于上帝,并不损害上帝的单纯性。而且,不但需要以抽象和具体的两种方式来表达上帝的本质本体方面的名称,例如我们说“神圣本性”和“上帝”,或者“智慧”和“有智慧者”等;而

① *Summa Theologica*, Ia:32:2.
② *Summa Theologica*, Ia:32:2.

且需要以抽象和具体的两种方式来表达神圣位格的名称，例如我们说“父性”和“圣父”等。[①] 我们必须以抽象和具体的两种方式来表达神圣位格的名称，有两方面的主要原因。我们必须以抽象和具体的两种方式来表达神圣位格的名称，首先是因为异端派人士的对抗或执拗。我们既然承认圣父、圣子、圣灵是一位上帝和三个神圣位格，那么如果有人问及圣父、圣子、圣灵“因什么而是一位上帝”，以及“因什么而是三个神圣位格”时，如同对于前者的回答是因为本质本体而是一位上帝，同样，必须有一些抽象观念或名称，作为神圣位格之间彼此区分的依据。属于这类作为神圣位格之间彼此区分的依据的，就是以抽象方式表达的位格特征或位格表记，例如父性和子性。因此，在上帝中，本质本体表达的是“什么”，神圣位格表达的是“谁”，位格特征或位格表记表达的是“因什么”，回答的问题就是圣父、圣子、圣灵“因什么而是三个神圣位格”。[②]

必须以抽象和具体的两种方式来表达神圣位格的名称，第二方面的主要原因是作为神圣位格的圣父中具有圣父和圣子和圣灵的两种关系。因为在上帝中，一位格和其他两位格相关，就是作为神圣位格的圣父和作为神圣位格的圣子和圣灵相关。作为神圣位格的圣父和作为神圣位格的圣子和圣灵相关，并不是根据一个关系；否则圣子和圣灵就是根据同一种关系和圣父相关。倘若如此，既然只有关系可以使神圣位格

① *Summa Theologica*, Ia:32:2.

② *Summa Theologica*, Ia:32:2.

彼此区分,那么圣子和圣灵就不是彼此区分的两个神圣位格了。因此必须说,如果圣父只有一个关系和(圣子和圣灵的)两个关系相对,那么后者就不是两种不同的关系。因此,在圣父中应该具有和圣子和圣灵相关的实在关系。因此,根据圣子和圣灵和圣父相关的两种关系,应该肯定在作为神圣位格的圣父中具有圣父和圣子和圣灵相关的两种关系。因此,既然圣父只是一位格,作为神圣位格的圣父中具有圣父和圣子和圣灵的两种关系,那么就必须以抽象方式分别表达这两种关系,就是作为神圣位格的圣父中具有的圣父和圣子和圣灵的两种实在关系,这就是所谓位格特征或位格表记。[①] 前面已经指出,作为神圣位格的圣父和圣子的关系就是父性,作为神圣位格的圣父和圣灵的关系就是永恒嘘出。

在这个意义上,表记是认识或辨认神圣位格的特有观念,而神圣位格是因起源关系而增多。因此,表记是在神圣位格中,犹如抽象者是在具体者中。在上帝中,和起源相关者有两方面,即那有其他位格出于自己者,以及那出于其他位格者。神圣位格能够根据这两种方式显示自己。因此,圣父的神圣位格不能藉"出于其他位格"来显示自己,而只能藉"不是出于任何其他位格"来显示自己。因此,就"不是出于任何其他位格"这方面来看,圣父的表记就是"无起源性"。[②] 就"有其他位格出于自己"这方面来看,圣父以两种方式显示自己。因为,就圣子出于圣父而言,作为神圣位格的圣父用"父性"

① *Summa Theologica*, Ia:32:2.

② *Summa Theologica*, Ia:32:3.

这一表记显示自己。就圣灵出于圣父而言，作为神圣位格的圣父用“共同嘘出”这一表记显示自己。[1] 因此，在作为神圣位格的圣父中具有三项位格表记，就是无起源性、父性以及共同嘘出。因为只有实在关系的对立在上帝中产生神圣位格的复数性，而同一神圣位格的诸项特征并不构成位格关系的对立，因此没有实在的区别。同一神圣位格的诸项特征也不相互称述，因为这些特征表示的是神圣位格的不同观念。

必须以抽象和具体的两种方式来表达神圣位格的名称，第一个主要原因是因为位格特征或位格表记表达的是“因什么”，回答的问题就是圣父、圣子、圣灵“因什么而是三个神圣位格”。或者说，位格表记表达的是作为神圣位格的圣父、圣子、圣灵“因什么”而彼此区分。[2] 我们必须以抽象和具体的两种方式来表达神圣位格的名称，第二个主要原因是因为作为神圣位格的圣父中具有圣父、圣子和圣灵的两种不同的起源关系，就是作为神圣理智的内在行动的圣言的永恒出发，就是作为神圣位格的圣子的永恒生出，以及作为神圣意志的内在行动的圣爱的永恒出发，就是作为神圣位格的圣灵的永恒嘘出。[3] 因此，在作为神圣位格的圣父中具有三项位格表记，就是无起源性、父性以及共同嘘出。在上帝的神圣位格中，有不是出于本源或没有本源的神圣本源，即作为神圣位格的圣父，以及出于本源的神圣本源，即作为神圣位格的圣子。[4] 作

① *Summa Theologica*，Ia:32:3.

② *Summa Theologica*，Ia:32:2.

③ *Summa Theologica*，Ia:32:2.

④ *Summa Theologica*，Ia:33:4.

为神圣位格的圣父和圣子在永恒中共同嘘出作为神圣位格的圣灵。就圣父和圣灵的独特关系而言,圣父的一般位格表记就是共同嘘出。作为神圣位格的圣父借着父性和共同嘘出,对于由自己出发的神圣位格显示自己是“神圣本源”;作为神圣位格的圣父借着自己不是出于其他位格显示自己是“没有本源的神圣本源”。①

① *Summa Theologica*, Ia:33:4.

第 三 章

圣子的永恒出发

作为神圣奥秘的上帝是隐秘的上帝，作为神圣奥秘的上帝借着作为神圣位格的圣子（圣言）彰显自己。即使在作为神圣位格的圣子（圣言）的神圣彰显中，作为神圣奥秘的上帝依然是隐秘的上帝。在上帝的神圣奥秘中，作为神圣位格的圣子是"奥秘中的奥秘"。作为神圣位格的圣子的永恒性，这是上帝的神圣奥秘。作为神圣位格的圣子和圣父在神圣本质中的合一性，这是上帝的神圣奥秘。作为神圣位格的圣父和圣子在神圣本质中的永恒关系，这是上帝的神圣奥秘。上帝的神圣奥秘超越人类心灵纯粹理智的认识能力，认识上帝神圣奥秘的知识途径是上帝自己作为神圣救赎历史中的超自然恩典的神圣启示。在这个意义上，隐秘的事属于作为神圣奥秘的上帝，神圣启示属于在圣灵的光照中沉思神圣真理的哲学家。上帝的神圣奥秘犹如浩瀚深邃的实在海洋，人类心智借着上帝在神圣救赎历史中自由发出的启示言辞可以领略的神圣奥秘只是沧海一粟。作为尊贵的智慧存在者，人类心灵在现世的天路历程获得确凿可靠的上帝知识的真实途径，就是全神贯注地倾听并殚精竭虑地默想上帝在神圣救赎历史中自由发出的启示言辞,就是以上帝在神圣救赎历史中借着人类言辞形式发出的神圣启示为真理的首要原理。①

第一节 圣子的永恒生出

作为神圣位格的圣父在永恒中生出作为神圣位格的圣子,这是上帝神圣本体的内部生命的神圣奥秘。② 作为神圣位格的圣父在永恒中生出作为神圣位格的圣子,作为神圣位格的圣子的永恒生出,这是作为三位一体的上帝的神圣奥秘。圣经中清楚记载圣父和圣子的位格名称,并且有"圣父生出圣子"的清楚叙述。前面已经指出,诗篇这样说:"受膏者说:'我要传圣旨。耶和华曾对我说:你是我的儿子,我今日生你。'"(诗 2:7)根据奥古斯丁的《诗篇注释》,这节经文的确切含义就是上帝的独生子的永恒生出,就是作为神圣位格的圣子的永恒生出。③ 作为神圣位格的圣父在永恒中生出作为神圣位格的圣子,作为神圣位格的圣子在人类历史中道成肉身,就是在神圣救赎历史中降世为人的圣子基督耶稣,这是全部神圣奥秘中的神圣奥秘,这是三一学说的中枢原理,因为唯独作为神圣位格的圣子是作为神圣奥秘的上帝的自身彰显,唯独作为神圣位格的圣子是从神圣奥秘通往作为人类生命终极盼望的永恒荣耀的上帝国度的道路。圣经中既有"父子"的位格名称,就有"父子"之间的神圣位格关系,奠基于作为

---

① *Summa Contra Gentiles*, IV:1.

② *Summa Contra Gentiles*, IV:2.

③ Augustine, *Expositions On the Book of Psalms*, 2:7.

神圣位格的圣父在永恒中生出作为神圣位格的圣子的基础事实。①

一、神圣理智在永恒中生出神圣言辞

在上帝的神圣本质中,存在就是理解。上帝的神圣存在就是上帝的神圣理解,上帝的神圣存在就是上帝的神圣本质,上帝的神圣理解就是上帝的神圣本质,作为上帝藉神圣理智自己认识自己的内在行动的神圣理解就是上帝的神圣本质。在这个意义上,作为神圣本质的上帝具有完满的智慧知识,作为神圣本质的上帝完满的智慧知识就是借着神圣理智自己认识自己的智慧知识。作为神圣本质的上帝具有神圣理解的智慧知识。作为神圣本质的上帝,借着神圣理智自己认识自己。上帝的神圣智慧,就是上帝自己的完满存在。上帝的神圣智慧,就是上帝自己的完满本质。作为神圣本质的上帝藉神圣理智自己理解自己,作为神圣本质的上帝神圣理智藉自己认识自己。作为神圣本质的上帝的神圣理智自己认识自己的知识对象,就是上帝自己的神圣本质。在这个意义上,上帝神圣理解的现实行动,就是上帝自己的神圣本质。在上帝中,神圣理智和神圣理智认识自己的知识对象是完全同一的。在上帝的神圣本质中,智慧、存在和本质具有先验完整的内在同一性。在上帝的神圣本质中,神圣存在、神圣理解和神圣本质具有先验完整的内在同一性。②

① *Summa Contra Gentiles*,Ⅳ:2.

② *Summa Contra Gentiles*,Ⅰ:45.

作为神圣本质的上帝藉自己的神圣理智认识自己，作为神圣理智的上帝藉自己的神圣理智认识自己的神圣本质。作为神圣理智的上帝自己认识自己的知识对象，是作为神圣理智在永恒中发出的作为内心言辞的"意像"。"意像"，作为理智发出的内心言辞，指称理智在心智中由理解实在而孕生的思想，就是理智在心智中由理解实在而孕生出来的心相。上帝的神圣存在就是上帝的神圣理解，上帝的神圣理解就是上帝的神圣本质，上帝的神圣存在和上帝神圣理智的理解行动是完全相同的，上帝的神圣智慧藉自己认识自己而在神圣理智中孕生出来的作为内在言辞的意像，就是上帝神圣智慧的本质，就是作为神圣本质的上帝自己。上帝藉自己的神圣理智认识自己，在上帝的神圣本质中，神圣理智、作为神圣理智的内在行动在永恒中发出的作为内心言辞的意像和作为神圣理智认识对象的神圣本质，是完全相同的。作为神圣理智在永恒中发出的作为内心言辞的意像，不是在作为认识者的神圣理智之外，而是在作为认识者的神圣理智中。①

作为神圣位格的圣父在永恒中生出作为神圣位格的圣子的真实方式，就是"神圣理智生出神圣意像"，就是作为认识者的神圣理智在永恒中生出作为内心言辞的神圣意像。② 作为神圣奥秘的上帝具有自己认识自己的神圣智慧。作为神圣奥秘的上帝自己认识自己，是神圣智慧完善圆满的知识。作为神圣理智的上帝藉自己认识自己的神圣知识的完善圆满，

---

① *Summa Contra Gentiles*，Ⅳ:11.

② *Summa Contra Gentiles*，Ⅳ:11.

奠基于两个知识论的基础特征。第一，神圣理智在永恒中发出的作为内心言辞的意像，完全符合作为神圣理智认识对象的上帝自己的神圣本质的真相；第二，神圣理智在永恒中发出的作为内心言辞的意像和作为认识者的神圣理智两者具有完善的结合。上帝藉自己认识自己发出的作为内心言辞的意像，就是上帝自己的神圣本质，和上帝实体自身完全相同，和上帝的神圣理智完全相同。上帝的神圣实体，就是上帝的神圣智慧，就是上帝的神圣本质，作为认识者的上帝和作为被认识者的上帝，是同一位上帝。在这个意义上，作为神圣理智的上帝藉自己认识自己的理智光明，是完善圆满的知识。①

上帝具有自己认识自己的神圣智慧。凡是理智之所认识，就其被认识的实在而言，必须确实存在于作为认识者的理智中。理智知识的含义，就是智慧存在者藉理智把握住所认识的实在。在这个意义上，上帝如同在智慧存在者（心智领域）以内，自己作为自己认识自己的知识对象。② 智慧存在者（心智领域中）借着神圣理智认识的，是智慧存在者心智中认识的意像和言辞。作为神圣位格的圣父在永恒中生出作为神圣位格的圣子的真实方式，就是“神圣理智生出神圣意像”，就是作为认识者的神圣理智在永恒中生出作为神圣理智的内心言辞的神圣意像。因此，在上帝的神圣智慧中，作为神圣本质自身认识的上帝，就是被认识的上帝自己，作为上帝自己的意像和言辞。上帝自己的意像和言辞，就是作为神圣本质的

① *Summa Contra Gentiles*, I:47.

② *Summa Contra Gentiles*, IV:11.

上帝自己。在这个意义上,约翰福音深刻揭示出作为神圣智慧的上帝和作为神圣言辞的上帝在永恒中就是作为神圣位格的圣父和作为神圣位格的圣子的上帝,作为神圣位格的圣父和作为神圣位格的圣子在永恒中就是面对面同在的上帝:"圣言和上帝同在,圣言就是上帝"。①

上帝的神圣智慧固然恒常具有神圣知识的现实,上帝的神圣智慧就是作为神圣存在的现实。上帝的神圣智慧的实体,必然是上帝的神圣智慧的现实行动。上帝的神圣智慧,因为上帝藉自己认识自己的神圣理智行动而有知识,并且有神圣心智中怀思的内心言辞,就是怀有神圣理智认识的意像。上帝的神圣智慧发出的内心言辞或意像现实地存在于神圣心智中,就是作为意像的神圣言辞的被认识。上帝的神圣本质就是作为上帝神圣智慧的神圣理智和神圣行动,因此,上帝的圣言的存在,和上帝的神圣智慧的存在以及上帝的神圣本质的存在,是完全相同的存在。上帝的神圣存在就是上帝的神圣本质,上帝的神圣本质就是上帝的神圣实体。在这个意义上,上帝的圣言就是上帝的存在,上帝的圣言就是上帝的本质,上帝的圣言就是上帝的实体,上帝的圣言就是完全的上帝。作为神圣位格的圣父在永恒中发出作为神圣理智的内在行动的神圣言辞,就是作为神圣位格的圣子,就是完全的上帝。因此约翰福音揭示出作为神圣位格的圣子(圣言)就是完全的上帝:"圣言就是上帝"。②

---

① *Summa Contra Gentiles*, IV:11.

② *Summa Contra Gentiles*, IV:11.

上帝的神圣存在就是上帝的神圣本质，上帝的神圣存在就是上帝神圣理智的现实行动，上帝的神圣存在就是上帝神圣理智的现实智慧。因此，上帝的圣言被上帝的神圣智慧所认识，是上帝的神圣智慧认识的上帝自己，上帝的圣言就是完全的上帝，作为上帝神圣实体的存在具有上帝自己的神圣本质。因此约翰福音揭示出上帝圣言的深刻含义就是完全的上帝："圣言就是上帝"。[①]"圣言就是上帝"，意指上帝的圣言不但是神圣理智所认识所思想的作为内心言辞的意像，而且是作为神圣实在的上帝自己的神圣存在，是作为神圣实在的上帝位格，就是作为神圣实在的具有理智本性的个别实体。上帝的神圣智慧自己认识自己的现实行动，就是上帝的神圣本质的现实存在。在这个意义上，上帝的圣言在永恒中享有的上帝的神圣本质，就是上帝自己的神圣本质。圣言就是上帝，这是作为神圣位格的圣子的上帝。在永恒中发出圣言者就是上帝，这是作为神圣位格的圣父的上帝。因此，作为圣言的上帝和在永恒中发出作为神圣理智的内在行动的圣言的上帝，不是两个上帝，而是一个上帝，就是作为圣父、圣子、圣灵的上帝。[②]

二、神圣理智和神圣言辞

神圣理智藉自己认识自己而在永恒中生出作为神圣理智内心言辞的意像，就是作为圣言的上帝。作为圣言的上帝在

---

① *Summa Contra Gentiles*, IV: 11.

② *Summa Contra Gentiles*, IV: 11.

永恒中享有的神圣存在和神圣本质，和作为神圣理智自己认识自己的内在行动而发出圣言的上帝在永恒中享有的神圣存在和神圣本质，是完全相同的神圣存在和神圣本质。作为神圣理智自己认识自己的内在行动而发出的神圣言辞，和在永恒中藉自己认识自己而发出圣言的神圣理智，同样是完全的上帝。上帝的神圣存在就是上帝的神圣本质，上帝的神圣本质就是上帝的神圣存在。在上帝单纯实体的神圣本质中，上帝藉神圣理智自己理解自己，上帝藉神圣理智自己领悟自己。前面已经指出，上帝的神圣存在就是上帝在神圣理解，上帝的神圣存在就是上帝的神圣本质，上帝的神圣理解就是上帝的神圣本质。① 神圣理智在永恒中藉自己认识自己的理解行动，是存在于作为神圣理智的理解者中的内在行动。上帝的神圣存在就是上帝的神圣理解，上帝的神圣理解就是上帝的神圣本质。在上帝单纯实体的神圣本质中，神圣存在、神圣理解和神圣本质，在永恒中具有先验完整的内在同一性。②

上帝具有自己作为神圣本质的现实存在，因此具有作为神圣存在的完满现实。在上帝的神圣本质中，神圣实体、神圣本质和神圣存在，在永恒中具有先验完整的内在同一性。在上帝的神圣本质中，智慧存在者、神圣理智、神圣知识，以及作为神圣理智在永恒中发出的作为内心言辞的意像，在永恒中具有先验完整的同一性。③ 上帝的神圣理智自己认识自己而在永恒中生出内心言辞的奥秘，因为"内心言辞"指称"神圣

---

① *Summa Theologica*, Ia:14:4.
② *Summa Contra Gentiles*, IV:11.
③ *Summa Contra Gentiles*, IV:11.

理智藉自己认识自己而获悉的意像”:因为神圣理智藉自己认识自己具有神圣知识而在永恒中由作为上帝自己的智慧存在者发生出来(永恒生出),作为神圣理智藉自己认识自己的内在行动的终点和结果。[①] 神圣理智在永恒中因为认识神圣实在而在自己的心怀中形成所晓悟的作为内心言辞的意像,就是神圣理智自己认识自己而晓悟所认识的真理。神圣理智藉自己认识自己意会而晓悟的真理,就是神圣理智在永恒中发出的内心言辞(内心言辞,犹如心声)。因此,上帝因神圣理智自己认识自己具有神圣知识而在永恒中生出内心言辞,就是作为上帝的圣言。[②]

上帝的神圣理智自己认识自己而认识的圣言,对于认识圣言的上帝,两者的关系,就是在作为神圣奥秘的上帝自身中永恒生出的位格关系。

神圣言辞在永恒中生于神圣理智(犹如子生于父),就是作为神圣位格的圣子在永恒中生于作为神圣位格的圣父。毋宁说,神圣理智在永恒中自己认识自己而生出的神圣言辞,对于在永恒中自己认识自己而生出圣言的神圣理智,两者的关系,就是作为神圣位格的圣父在永恒中生于作为神圣位格的圣子。上帝的神圣言辞在永恒中生于上帝自己认识自己的神圣理智,就是作为神圣位格的圣子在永恒中生于作为神圣位格的圣父;上帝的神圣理智在永恒中自己认识自己而生出上帝的神圣言辞,就是作为神圣位格的圣父在永恒中自己认识

---

① *Summa Contra Gentiles*,Ⅳ:11.

② *Summa Contra Gentiles*,Ⅳ:11.

自己而生出作为神圣位格的圣子。[1] 在上帝的神圣本质中，作为智慧存在者的神圣理智、神圣理智自己认识自己的神圣知识，神圣理智自己认识自己而在永恒中生出的作为内心言辞的意像（圣言），分别享有自己的称谓，同时具有先验完整的同一性。在这个意义上，作为神圣理智的上帝和作为神圣言辞的上帝，同样是完全的上帝。在上帝的神圣本质中，神圣理智和神圣言辞之间的区别，只是在永恒中起源关系上的区别。[2]

在上帝的神圣本质中，作为神圣理智的上帝和作为神圣言辞的上帝，是完全相同的上帝。在上帝的神圣本质中，作为自己认识自己的神圣理智和作为神圣知识的神圣言辞在起源关系上的区别是确实的，神圣理智和神圣言辞在起源关系上的区别就是"有其他位格出于自己"和"自己出于其他位格"两者之间的区别，就是作为本源的位格和出于本源的位格之间的区别。在上帝的神圣本质中，神圣理智和神圣言辞之间的区别就是藉自己认识自己的"怀想圣言的神圣理智和圣言"之间的区别，就是"本源和从本源出生者"之间的区别。在上帝的神圣本质中，神圣理智和神圣言辞之间的区别，作为"有其他位格出于自己"和"自己出于其他位格"两者之间的区别，叫做关系的区别，就是"两者相关对立的区别"。[3] 约翰福音深刻揭示出作为圣言的上帝和发出圣言的上帝之间在起

① *Summa Contra Gentiles*, IV: 11.

② *Summa Contra Gentiles*, IV: 11.

③ *Summa Contra Gentiles*, IV: 11.

源关系方面的区别："圣言是上帝"。作为神圣言辞的上帝，和在永恒中发出圣言的作为神圣理智的上帝，在永恒中具有神圣起源关系上的位格区别。在永恒中，"圣言和上帝同在"。在永恒中，作为圣言的上帝存在于作为神圣理智的上帝的怀抱中。①

在上帝的神圣本质中，作为神圣言辞的上帝，和在永恒中自己认识自己而发出神圣言辞的上帝，不是没有某种区别，而是在永恒中具有起源关系上的区别，就是"有其他位格出于自己者"和"自己出于其他位格者"之间的区别，就是"本源"和"出于本源者"之间的区别。作为神圣理智的上帝自己认识自己在永恒中生出作为自己肖像的神圣言辞，作为神圣言辞的上帝（作为神圣位格的圣子）在永恒中就存在于作为神圣理智的上帝（作为神圣位格的圣父）的怀抱中。② 在这个意义上，作为神圣言辞的上帝（作为神圣位格的圣子），对于发出神圣言辞的上帝（作为神圣位格的圣父），犹如思想对于思想者，两者具有对立而相关的位格区别，就是上帝单纯的神圣本质中具有的神圣位格区别。约翰福音说："从来没有人看见上帝；只有在父怀里的独生子，将他表明出来。"神圣理智自己认识自己而在永恒中生出的神圣言辞，在自己认识自己的神圣理智的怀抱中，就是作为神圣言辞的上帝的独生子在作为神圣理智的圣父的怀抱中，犹如思想在思想者的怀抱中，指示神圣言辞和神圣理智两者对立的关系和区别。③

① *Summa Contra Gentiles*, IV: 11.

② *Summa Contra Gentiles*, IV: 11.

③ *Summa Contra Gentiles*, IV: 11.

上帝的神圣理智在永恒中自己认识自己而怀想的内心言辞，是神圣理智藉自己认识自己的神圣实在的真理和肖像。上帝的神圣理智自己认识自己而具有的神圣知识，不是以那知识自己为准则。上帝的神圣理智自己认识自己而具有的神圣知识以上帝自己的神圣本质为准则，因为神圣知识是作为神圣理智的上帝根据自己的神圣本质在永恒中生出的作为内心言辞的意像。① 上帝的神圣理智自己认识自己借着内心言辞享有的神圣知识，就是上帝自己的神圣理智。从上帝的神圣理智自己认识自己的胸怀中怀想而生出的内心言辞，犹如神圣理智的真理光明的荣耀照射，犹如神圣理智的实在水波的浩瀚涌流。上帝的神圣理智在永恒中生出的神圣言辞，是作为神圣理智的上帝自己认识自己的神圣本质的肖像。上帝的神圣言辞是上帝的神圣理智自己认识自己的肖像，上帝的神圣言辞是上帝单纯的神圣本质的肖像，因为作为神圣理智自己认识自己在永恒中生出的神圣言辞的意像，就是作为神圣位格的圣子，就是作为本源的上帝（圣父）永恒怀抱中的独生子，就是作为“没有本源的神圣本源”的上帝（圣父）永恒怀抱中的爱子，就是“那看不见的上帝的肖像”。②

三、神圣言辞和神圣本质

知识的成全，奠基于认识者和被认识者之间的肖似。理智知识的印象，肖似作为理智认识对象的实在的理智本质。

① *Summa Contra Gentiles*，Ⅳ：11.

② *Summa Contra Gentiles*，Ⅳ：11.

在这个意义上，神圣理智在永恒中自己认识自己怀想而生出的内心言辞，是神圣理智自己认识自己神圣实在的神圣本质的肖像。在这个意义上，上帝的神圣理智在永恒中自己认识自己而生出的神圣言辞，作为上帝自己神圣本质的肖像，必定逼肖上帝的神圣本质，就是作为神圣理智的上帝自己真实良善单纯完全的神圣本质。希伯来书揭示出作为神圣位格的圣子，"他是上帝荣耀所发的光辉，是上帝本体的真像"。① 上帝的圣言，肖似在永恒中发出圣言的上帝，两者在永恒中具有完全相同的神圣本质，因此不但具有本源和肖像的关系，而且具有父子的关系。作为神圣言辞的上帝和发出神圣言辞的上帝，具有儿子和父亲的关系，就是在永恒中作为神圣位格的圣子和作为神圣位格的圣父之间的关系。前面已经指出，《诗篇》说："耶和华曾对我说：'你是我的儿子，我今日生你。'"这节经文的基础含义在于揭示出作为神圣位格的圣父和圣子在永恒中具有完全相同的神圣本质，而不在于指示圣父和圣子因为起源关系而具有的位格区别。作为神圣位格的圣父和圣子在永恒中具有完全相同的神圣本质，因此具有完全相同的尊严荣耀。②

作为神圣位格的圣父在永恒中自己认识自己生出作为内心言辞的意像，作为神圣位格的圣父在永恒中自己认识自己生出作为神圣位格的圣子，是神圣理智出于神圣本性而在永恒中自己认识自己的内在行动。神圣理智在永恒中自己认识

① *Summa Contra Gentiles*, IV: 11.

② *Summa Contra Gentiles*, IV: 11.

自己的本性知识,就是以神圣智慧自己认识自己。上帝的神圣存在,是神圣本性的存在;因为上帝神圣理智自己认识自己的现实行动,上帝神圣理智自己认识自己的神圣知识,就是上帝的现实存在。上帝神圣理智自己认识自己而享有的神圣知识,就是上帝自己的神圣本质。① 上帝的神圣理智自己认识自己而在永恒中生出(生育)作为上帝自己的内心言辞的意像,上帝的神圣理智自己认识自己而在永恒中生出(生育)作为上帝自己的神圣言辞,是神圣理智出于神圣本性自己认识自己的内在行动。上帝的神圣言辞和发出神圣言辞的上帝,在永恒中具有完全相同的神圣本质,是完全的上帝。② 因此,上帝的神圣言辞和发出神圣言辞的上帝(因为原型和肖像的肖似关系)两者具有作为神圣位格的圣子在永恒中生于作为神圣位格的圣父的本性关系。

上帝的神圣理智自己认识自己而在永恒中生出(生育)作为上帝自己的内心言辞的意像,上帝的神圣理智自己认识自己而在永恒中生出(生育)作为上帝自己的神圣言辞,就是作为神圣位格的圣父在永恒中生出作为神圣位格的圣子,就是作为神圣位格的圣子在永恒中生于作为神圣位格的圣父。因此,《诗篇》这样说:"我今日生你。"在这节著名而深刻的经文中,"今日",就是"永恒的现在",意指"永远面前,无始无终的现实",没有暗含已往和未来的意思。③ 上帝藉神圣理智自己认识自己,完全出于上帝自己的神圣本性,犹如上帝藉神圣

① *Summa Contra Gentiles*, I:45.

② *Summa Contra Gentiles*, IV:11.

③ *Summa Contra Gentiles*, IV:11.

本质享有神圣存在,上帝藉神圣本质享有神圣智慧,上帝藉神圣本质享有神圣知识,上帝自己的神圣理解在永恒中存在于上帝的神圣本质中。在这个意义上,上帝藉神圣理智自己完全认识自己,上帝的神圣存在就是上帝自己的神圣理智自己认识自己的神圣知识。在这个意义上,上帝的神圣理智在永恒中自己认识自己而生出的作为内心言辞的意像,上帝的神圣理智在永恒中自己认识自己而生出的神圣言辞,就是作为上帝自己神圣位格的圣言,属于上帝的神圣本质,这是必然的。①

上帝的神圣理智在永恒中自己认识自己而生出的作为内心言辞的意像,上帝的神圣理智在永恒中自己认识自己而生出的神圣言辞,就是上帝的神圣本质在永恒中作为神圣位格的圣子。在这个意义上,上帝的圣言和发出圣言的上帝在永恒中具有完全相同的神圣本质,上帝的圣言是作为神圣位格的圣父在永恒中自己认识自己而生出的圣子。② 在上帝单纯完整的神圣本质中,作为神圣位格的圣父和作为神圣位格的圣子在永恒中具有完全相同的神圣本质,作为神圣位格的圣父和圣子享有完全相同的神圣本性和神圣本体,作为神圣位格的圣父和作为神圣位格的圣子具有完全相同的神圣本质和神圣实体。③ 作为神圣位格的圣父是完全的上帝,作为神圣位格的圣子是完全的上帝,在上帝的神圣本质中,作为神圣位格的圣父和作为神圣位格的圣子就自己享有的神圣本质而言

① *Summa Contra Gentiles*, IV:11.

② *Summa Contra Gentiles*, IV:11.

③ *Summa Contra Gentiles*, IV:11.

是完全平等的。上帝的神圣理智和神圣理智自己认识自己而生出(生育)的神圣言辞在永恒中具有完全相同的神圣本质,作为神圣位格的圣父和作为神圣位格的圣子在永恒中具有完全相同的神圣本质,这样的结论可以证于“父子的平等”,就是作为神圣位格的圣父和作为神圣位格的圣子在永恒中就神圣本质而言的完全平等。[①]

作为神圣位格的圣子既是作为神圣位格的圣父(上帝)的真子,因此和作为神圣位格的圣父(上帝)具有完全相同的神圣本质。神圣理智在永恒中自己认识自己而生出作为内心言辞的意像,神圣理智在永恒中自己认识自己而生出无限完满的神圣言辞,和在永恒中自己认识自己的神圣理智具有完全相同的神圣本质。在这个意义上,作为神圣位格的圣父和作为神圣位格的圣子在永恒中必然是平等的,作为神圣位格的圣父和作为神圣位格的圣子具有上帝自己的完全相同的无限单纯的神圣本质。[②] 上帝的神圣实体就是上帝的神圣本质,上帝的神圣本质就是上帝自己的神圣存在。上帝的神圣本质就是上帝的神圣实体,上帝的神圣实体就是上帝的神圣存在。[③] 在上帝单纯完整的神圣本质中,作为神圣位格的圣父和作为神圣位格的圣子在永恒中具有完全相同的神圣本质、神圣本质和神圣实体。前面已经阐述,上帝的神圣理智在永恒中自己认识自己而生出上帝的神圣言辞,上帝的神圣言辞是上帝的神圣理智

① *Summa Contra Gentiles*, IV:11.

② *Summa Contra Gentiles*, IV:11.

③ *Summa Contra Gentiles*, I:22-23.

在永恒中自己认识自己的神圣心智中生出的内心言辞。上帝的神圣言辞在永恒中生于上帝的神圣理智，依然存在于上帝的神圣理智中。①

上帝的神圣言辞在永恒中出生在发出神圣言辞者即上帝神圣理智自己认识自己的心怀中。上帝的神圣言辞在上帝的神圣本质中是永恒而完善的神圣位格（圣子），有别于作为神圣位格的神圣理智（圣父）。上帝的神圣言辞和上帝的神圣理智之间的区别，只是“起源关系方面的分别”。② 上帝的神圣理智在永恒中自己认识自己而生出神圣言辞，是用神圣智慧晓悟真理。上帝的神圣理智在永恒中自己认识自己而生出神圣言辞的方式，是在永恒中生出，没有“时间的延绵”，没有“先后的分别”。上帝的神圣言辞在永恒中生出，就起源关系和神圣位格而言，有别于上帝的神圣理智。上帝的圣言，和发出圣言的上帝，具有“起源关系方面的分别”，没有实体相离的分别。作为神圣位格的圣子在永恒中存在于作为神圣位格的圣父的怀中，作为神圣位格的圣父和圣子共同存在于上帝的单纯神圣的实体中，彼此没有实体分离的分别，只有关系的分别，就是作为神圣位格的父子对待的分别。作为神圣位格的圣父在永恒中生出作为神圣位格的圣子，就是发言的上帝在永恒中发出圣言，就是“上帝用神圣理智自己认识自己而生成神圣知识”。③

① *Summa Contra Gentiles*, Ⅳ:11.

② *Summa Contra Gentiles*, Ⅳ:11.

③ *Summa Contra Gentiles*, Ⅳ:11.

第二节　上帝的永恒智慧

上帝的神圣智慧在永恒中自己认识自己而生出上帝的神圣言辞,就是作为神圣位格的圣子。上帝的神圣言辞在永恒中生于上帝自己认识自己的神圣理智,仍然存在于上帝自己认识自己的神圣理智中。上帝的神圣理智在永恒中自己认识自己而生出上帝的神圣言辞,上帝的神圣理智同样存在于上帝自己的神圣言辞中。作为神圣位格的圣父,在永恒中把神圣生命施给作为神圣位格的圣子。上帝的神圣理智在永恒中自己认识自己而生出作为神圣智慧的言辞,上帝的神圣言辞是完全的上帝,作为神圣言辞的上帝就是发出神圣言辞的上帝,作为神圣言辞的上帝和发出神圣言辞的上帝在永恒中是相同的上帝。"上帝的神圣理智在永恒中自己认识自己而生出上帝的神圣言辞"的事实是上帝的神圣本质享有的。上帝的神圣理智在永恒中自己认识自己,这是上帝的神圣理智在永恒中自己认识自己的神圣理解行动。上帝的神圣理智在永恒中自己认识自己,就是上帝自己的神圣理解行动,上帝自己的神圣理解行动就是上帝自己的神圣本质。因此,上帝这个名称是作为神圣位格的圣父和圣子共有的"实体宾辞"(指称上帝的神圣实体):"作为神圣位格的圣父是上帝",以及"作为神圣位格的圣子是上帝"。

一、上帝的神圣智慧

前面已经阐述,上帝的神圣智慧在永恒中自己认识自己而生出上帝的神圣言辞,就是作为神圣位格的圣子。上帝的神圣言辞在永恒中生于上帝自己认识自己的神圣理智,仍然存在于上帝自己认识自己的神圣理智中。上帝的神圣理智在永恒中自己认识自己而生出上帝的神圣言辞,上帝的神圣理智同样存在于上帝自己的神圣言辞中。约翰福音揭示出上帝的神圣言辞在永恒中存在于发出神圣言辞的上帝中:"从来没有人看见上帝;只有在圣父怀里的独生子,将上帝表明出来"。上帝的神圣言辞是上帝的神圣理智在永恒中自己认识自己而生出的圣子,就是在永恒中作为神圣位格的圣子。① 上帝的神圣理智在永恒中自己认识自己而生出上帝的神圣言辞,就是神圣理智在永恒中自己认识自己晓悟真理而生出内心言辞。上帝的神圣理智在永恒中自己认识自己而生出上帝的神圣言辞,上帝的神圣言辞和上帝的神圣理智在永恒中享有完全相同的神圣本质,同时在永恒中具有神圣位格在起源关系方面的区别,就是在上帝单纯完整永恒的神圣本质中作为"施生者"的神圣理智(圣父)和作为"受生者"的神圣言辞(圣子)两者之间在起源关系方面的区别。② 上帝的神圣言辞和发出神圣言辞的上帝,没有实体相离的分别,而只具有起源关系方面的区别。现在阐述的论题是,上帝的神圣智慧具有上帝的神圣言辞的意思。

为着从世界中的存在者出发上升而达到对于上帝的神圣实在的知识,首先需要考察人类智慧的本质。人类智慧是人

① *Summa Contra Gentiles*, IV:11.

② *Summa Contra Gentiles*, IV:11.

类心智因认识崇高真理而获得的聪明,犹如神圣智慧。崇高真理包括上帝的神圣奥秘。人类智力,运用最高智慧的聪明,研究上帝的神圣奥秘,在意识中形成某些观念:发出心智中的内在言辞,晓悟内在言辞中的真理而享有的晓悟,叫做真知灼见,这就是人类的最高智慧。因此智慧一词,兼具两种含义:一是智能,就是作为认识能力的智慧,属于品质的范畴;二是知识,就是深刻的真知灼见,作为智慧的真知灼见,也属于品质的范畴。智慧的领悟能力是原因,高深的知识是智慧能力的效果,人间的语言习惯用原因的名称,作为效果的称谓;在这个意义上,智慧一词的两种含义,就是高深的智能和知识,两者都叫做智慧。同理,"公义"一词,既是德能的名称,因此也是德能成就的事功的名称;"勇气"一词,指示勇敢的德能,同时指称勇气成就的事功。一般而言,任何品德或能力所成就的事功和那品德或能力,往往享有相同的名称。根据这样的(知识论和语言心理的)原理,智慧存在者用深邃智慧发现而领悟的深邃思想,就是智慧的聪明,就是智慧的真知灼见,同时就是智慧存在者的高深智慧。①

作为智慧存在者的上帝的神圣智慧和作为智慧存在者的人类智慧固然具有相似点,同时具有两方面的实质性区别。上帝在永恒中藉自己认识自己(享有真理最高等级的神圣知识),上帝在永恒中藉自己理解自己,上帝在永恒中藉自己领悟自己,因此应该说上帝具有作为卓越知识能力的智慧(和人类相似)。然而上帝在永恒中自己认识自己,不是运用理

---

① *Summa Contra Gentiles*,Ⅳ:12.

智形成意像，代表自己而供自己沉思观察，而是犹如光明自照那样直接观照上帝自己的神圣本体；上帝的神圣理智，只有“光明自照而照耀”的完满现实。同时，就上帝自己认识自己的浩瀚深邃的神圣奥秘而言，上帝的神圣存在就是上帝的神圣理解，上帝的神圣理解就是上帝的神圣本质。上帝在永恒中自己认识自己，这个现实的神圣理解行动，就是上帝自己的神圣本体，就是上帝自己的神圣本质。上帝自己认识自己的神圣智慧既是上帝自己的神圣本体，上帝自己认识自己的神圣智慧就不是“才能”。在这个意义上，上帝的神圣智慧，不是上帝自己认识自己的“才能”，而是上帝自己的神圣本体。在这方面，作为智慧存在者的上帝和作为智慧存在者的人类，迥然不同。①

上帝的神圣言辞，作为上帝自己的神圣位格的圣子，是上帝在永恒中藉神圣理智自己认识自己而在心怀中形成的神圣观念和内心言辞，就是神圣理智在永恒中自己认识自己在心怀中形成的神圣观念和内心言辞。在永恒中藉神圣理智自己认识自己的上帝是作为神圣位格的圣父，在永恒中从神圣理智自己认识自己的心怀中生出的神圣言辞是作为神圣位格的圣子。上帝的神圣理智自己认识自己而在永恒中生出上帝的神圣言辞，从上帝自己认识自己的神圣理智生出的神圣言辞在永恒中存在于上帝的神圣理智中，上帝自己认识自己的神圣理智在永恒中存在于上帝的神圣言辞中。上帝的神圣言辞既出生在上帝神圣理智自己认识自己的心怀中，因此得以恰

① *Summa Contra Gentiles*，Ⅳ：12.

当地说，上帝的神圣言辞是在上帝神圣理智自己认识自己的心怀中孕生或出生的上帝自己的神圣智慧。上帝的神圣言辞在永恒中就是上帝自己认识自己的神圣智慧。作为神圣位格的圣子，是上帝的神圣理智在永恒中自己认识自己的神圣言辞，是上帝的神圣理智在永恒中自己认识自己的神圣智慧。因此圣经说，基督就是"上帝的智慧"。①

智慧存在者的心怀中生出的智慧言辞（就是真知灼见，或智慧沉思），是智慧存在者享有的智慧聪明的表现，犹如人的事功是人的才能的表现。上帝在永恒中藉神圣理智自己认识自己的神圣智慧，是上帝自己认识自己的神圣知识的纯粹现实，是上帝自己认识自己的神圣知识的纯粹完满；上帝在永恒中藉神圣理智自己理解自己，上帝在永恒中藉神圣理智自己洞悉自己，上帝的神圣理智自己洞悉自己的神圣知识是无限完满的。因此，上帝的神圣理智在永恒中自己认识自己的神圣智慧有时叫做"光明"。上帝的神圣理智在永恒中自己认识自己的智慧光明的光芒辉煌，从神圣理智的智慧光明中发出来，也是神圣理智的智慧光明的彰显。② 上帝的神圣理智自己认识自己的神圣智慧的圣言，叫做上帝光明和荣耀的辉煌；因此希伯来书说，作为神圣位格的圣言（圣子），"他是上帝荣耀所发的光辉，是上帝本体的真像"。简单地说，上帝的圣言是上帝荣耀的光辉，这是适宜的。约翰福音记载圣子亲自说，自己是作为神圣位格的圣父的荣耀彰显："圣父，我

① *Summa Contra Gentiles*, IV:12.

② *Summa Contra Gentiles*, IV:12.

已将你的圣名彰显在人间”。(彰显,是彰显上帝的能力,彰显上帝的荣耀和光辉)。①

上帝的圣子就是上帝的圣言,可以恰当地说是“上帝心怀中孕生的神圣智慧”,就是上帝的神圣理智在永恒中自己认识自己在心怀中生出的神圣智慧,这固然是不错的。同时需要指出,就指示神圣本质的名称的绝对意义而言,“神圣智慧”这个名称是三神圣位格的公共名称,而不是某神圣位格的特殊名称。就指示神圣本质的名称的绝对意义而言,“神圣智慧”这个名称应该是作为神圣位格的“圣父和圣子”两位的公共名称。上帝的神圣理智在永恒中自己认识自己用神圣言辞彰显的神圣智慧,是作为神圣位格的圣父的神圣本体。前面已经指出,作为“没有本源的本源”的神圣位格的圣父的神圣本体,是圣父和圣子在永恒中共同享有的相同的神圣本体。作为神圣位格的圣父和圣子在永恒中具有完全相同的神圣本质,因此圣父的神圣本质是在圣子中,圣子的神圣本质是在圣父中,圣经这样宣称:“父在子里面,子在父里面”。② 犹如“上帝”这个指示神圣本质(本体)的名称,是作为神圣位格的圣父和圣子的公共名称。同理,“神圣智慧”既然也是指示神圣本质(本体)的名称,因此也是作为神圣位格的圣父和圣子的公共名称。③

二、上帝的神圣言辞

上帝(作为神圣位格的圣父)作为神圣理智在永恒中自

① *Summa Contra Gentiles*,Ⅳ:12.

② *Summa Contra Gentiles*,Ⅳ:9.

③ *Summa Contra Gentiles*,Ⅳ:12.

己认识自己而生出作为神圣智慧的圣言,上帝(作为神圣位格的圣父)作为神圣理智在永恒中自己认识自己而生出作为神圣位格的圣子,这是上帝神圣本质中独一无二的永恒生出的事件,作为神圣位格的圣父在永恒中自己认识自己而生出独一无二的圣子,就是上帝(作为神圣位格的圣父)的独生子。[①] 第一,上帝在永恒中藉神圣理智自己认识自己,上帝在永恒中藉单纯而唯一的神圣理智自己认识自己,因为上帝的神圣存在就是上帝的神圣理解,上帝的神圣理解就是上帝的神圣本质,上帝的神圣知识就是上帝的神圣本质。因此,上帝的神圣理智在永恒中自己认识自己生出的神圣言辞是独一无二的。第二,上帝的神圣理智在永恒中自己认识自己而生出的神圣言辞就是在永恒中作为神圣位格的圣子;上帝的神圣言辞在永恒中的出生,就是作为神圣位格的圣子在永恒中的出生。因此,作为神圣位格的圣子的永恒出生,是上帝神圣本质中独一无二的事件,作为神圣位格的圣子是圣父的独生子。[②]

上帝的神圣理智在永恒中自己认识自己而生出作为神圣智慧的圣言,作为神圣位格的圣父在永恒中自己认识自己而生出作为作为神圣位格的圣子,这是上帝神圣本质内部生命的奥秘。作为神圣位格的圣子,是上帝(作为神圣位格的圣父)的独生子,在人类历史中道成肉身而降世为人,这是上帝亲自成就的超越人类理智理解能力的神圣作为。约翰福音指

① *Summa Contra Gentiles*,Ⅳ:13.

② *Summa Contra Gentiles*,Ⅳ:13.

出圣子的荣光，就是上帝独生子的荣光："道成了肉身，住在我们中间，充充满满地有恩典有真理。我们也见过他的荣光，正是父独生子的荣光。"上帝在永恒中用神圣理智自己认识自己而生出作为神圣知识的神圣言辞，上帝的神圣理智在永恒中自己认识自己享有"光明自照耀"的完满现实。作为神圣位格的圣父在永恒中自己认识自己而生出作为神圣位格的圣子，就是作为神圣位格的圣父把自己的神圣存在和神圣本质在永恒中施给作为神圣位格的圣子，就是上帝（作为神圣位格的圣父）的独生子。约翰福音说："从来没有人看见上帝；只有在圣父怀里的独生子，将他显明出来。"①

上帝的神圣理智在永恒中自己认识自己而生出作为神圣智慧的言辞，上帝的神圣言辞是完全的上帝，作为神圣言辞的上帝就是发出神圣言辞的上帝，作为神圣言辞的上帝和发出神圣言辞的上帝在永恒中是相同的上帝。作为神圣言辞的上帝和发出神圣言辞的上帝两者作为神圣位格的分别只是"关系的分别"，发出神圣言辞的上帝和作为神圣言辞的上帝，在永恒中的位格起源关系方面具有相互对待的分别。作为神圣言辞的上帝不是（在发出神圣言辞的上帝之外）另外是一个上帝。作为神圣言辞的上帝区别于发出神圣言辞的上帝，只是在于自己在永恒中是从作为神圣位格的圣父发出来的作为神圣位格的圣子。② 在这个意义上，"从作为神圣位格的圣父发出"，是作为神圣位格的圣子（神圣言辞）特有的宾辞。"发

---

① *Summa Contra Gentiles*，IV：13.

② *Summa Contra Gentiles*，IV：13.

出作为神圣位格的圣子(神圣言辞)”,是作为神圣位格的圣父特有的宾辞。除神圣位格各自固有特殊宾辞以外,其他各种宾辞,都是圣父和圣子(因为同是一个上帝)共有的宾辞。作为神圣位格的圣父和作为神圣位格的圣子同是一个上帝,因此享有上帝享有的一切宾辞。作为神圣位格的圣父和作为神圣位格的圣子同样具有创造的全能,同样具有无限的全知和全善。①

在上帝自己认识自己的神圣知识中,上帝在永恒中藉神圣理智自己认识自己,是作为智慧存在者的上帝在永恒中用神圣知识自己认识自己,就是作为神圣位格的圣父在永恒中藉神圣言辞(作为神圣位格的圣子)自己认识自己。在这样的神圣理解关系中,上帝的神圣言辞是圣父神圣理智在永恒中自己认识自己的心怀中生出的神圣知识。作为神圣位格的圣父在永恒中自己认识自己生出作为神圣位格的圣子,就是上帝的神圣理智在永恒中自己认识自己生出作为神圣智慧的神圣言辞。上帝的神圣存在就是上帝的神圣理解,上帝的神圣理解就是上帝的神圣智慧,上帝的神圣智慧就是上帝的神圣知识,上帝的神圣知识就是上帝的神圣本质。上帝的神圣理智在永恒中自己认识自己生出作为神圣智慧的神圣言辞,作为神圣位格的圣父在永恒中自己认识自己生出作为神圣位格的圣子,上帝在永恒中这样自己认识自己的神圣知识和神圣能力,是上帝自己的神圣本质,是作为神圣位格的圣父和作为神圣位格的圣子(因为是一个上帝)在永恒中共同享有的

① *Summa Contra Gentiles*, IV:13.

神圣本质。①

上帝的神圣理智在永恒中自己认识自己而享有的神圣知识,就是上帝的神圣言辞在永恒中出生于神圣理智的心怀中。作为智慧存在者的上帝在永恒中具有自己认识自己的能力,因此,上帝的神圣理智在永恒中自己认识自己具有生出作为神圣智慧的神圣言辞的神圣理解能力。上帝的神圣理智在永恒中自己认识自己,是单纯唯一的神圣理解行动,因此上帝自己认识自己的神圣理智只有一个神圣理解能力,因为在上帝的神圣本质中,神圣理解能力和神圣理解行动是没有区别的。因此上帝的神圣言辞在永恒中从上帝自己认识自己的神圣理智生出,和在永恒中发出神圣言辞的上帝,作为神圣位格的圣父在神圣理智自己认识自己的心怀中生出上帝的神圣言辞,是完全相同的行动,全部完成于上帝自己认识自己的单纯唯一的神圣理解能力。在这个意义上,"作为神圣位格的圣父在永恒中生出作为神圣位格的圣子"和"作为神圣位格的圣子在永恒中生于作为神圣位格的圣父",是从上帝的神圣理智在永恒中自己认识自己的相同的神圣理解能力发生出来的一件事。②

作为神圣位格的圣父和作为神圣位格的圣子在永恒中具有完全相同的神圣理解能力,在上帝的神圣本质中相同的神圣理解能力的效果具有神圣位格关系对待的两端:一端是作为神圣位格的圣父藉那个神圣理解能力发出神圣理解行动而

① *Summa Contra Gentiles*,Ⅳ:13.

② *Summa Contra Gentiles*,Ⅳ:13.

生出作为神圣位格的圣子;另一端是作为神圣位格的圣子藉那个神圣理解能力从作为神圣位格的圣父怀中生发出来。①作为神圣位格的圣父和作为神圣位格的圣子在相同的神圣理解能力的效果两端对峙而具有的区别,只是上帝的神圣本质在永恒中不同的神圣位格之间"关系的分别",就是在永恒中神圣位格的起源关系方面的区别,就是作为"不是出于其他位格"的神圣位格和作为"出于其他位格"的神圣位格的区别,就是作为"没有本源的本源"的神圣位格和作为"出于本源的本源"的神圣位格的区别,不是作为神圣本质本身的"实体相异或相离"的区别。上帝的神圣理智在永恒中自己认识自己而生出的神圣言辞,是作为单纯完善的个别实体的神圣位格。作为神圣位格的圣子在永恒中享有和作为神圣位格的圣父完全相等的神圣本质,作为神圣位格的圣子在永恒中是完全的上帝。②

三、作为神圣智慧奥秘的永恒生出

上帝的神圣理智在永恒中自己认识自己而生出作为神圣智慧的内心言辞,就是作为神圣位格的圣父在永恒中生出(生育)作为神圣位格的圣言,就是作为神圣位格的圣父在永恒中生出(生育)作为神圣位格的圣子。上帝的神圣理智在永恒中自己认识自己而生出上帝自己的神圣言辞,是作为上帝神圣本质的神圣现实在永恒中自己认识自己而生出神圣现

① *Summa Contra Gentiles*, IV:13.

② *Summa Contra Gentiles*, IV:13.

实，作为上帝神圣智慧的神圣光芒在永恒中自己认识自己而生出神圣光芒，作为上帝神圣实体的神圣位格在永恒中自己认识自己而生出神圣位格。因此，作为神圣位格的圣子是“上帝荣耀所发的光辉，是上帝本体的真像”。作为神圣位格的圣子在永恒中是完全的上帝，是永恒的上帝，是无限的上帝，是全能的上帝。上帝的神圣理智在永恒中自己认识自己而生出（生育）的神圣言辞，作为神圣位格的圣子在永恒中享有上帝自己完全的神圣本质，发出神圣言辞的上帝同样享有上帝自己完全的神圣本质。在永恒中自己认识自己而生出神圣言辞的上帝和上帝自己的神圣言辞，作为神圣位格的圣父和圣子在永恒中享有完全相同的神圣本质。①

上帝的神圣理智在永恒中自己认识自己而生出（生育）作为神圣智慧的内心言辞，作为神圣位格的圣父在永恒中自己认识自己而生出（生育）作为神圣位格的圣子，上帝是作为神圣现实的神圣本质，因此是一个上帝。上帝的神圣本质中具有复数的神圣位格，因为上帝的神圣本质中具有若干借着永恒起源关系可以分辨出彼此区别的作为自身存在而永恒存在的个别实体的神圣位格。在上帝的神圣本质中，作为神圣位格的圣父和圣子之间的位格关系，是上帝神圣本质中具有的神圣位格之间的本体关系。上帝单纯唯一的神圣本质中作为神圣位格的圣父和圣子两位之间的区别，不在神圣本质方面，而在借着永恒起源关系可以确认的神圣位格关系方面。在作为神圣实在的上帝中，位格关系和神圣本质是完全相同

---

① *Summa Contra Gentiles*，Ⅳ：14.

的神圣实在。在上帝的神圣本质中借着永恒起源关系彼此区分的位格关系,同是上帝单纯唯一的神圣本质。在这个意义上,上帝的神圣本质就是作为神圣位格的圣父和圣子之间的位格关系,作为神圣位格的圣父和圣子之间的位格关系就是上帝的神圣本质。①

作为神圣位格的圣父是上帝的神圣本质中"没有本源的神圣本源",作为神圣位格的"圣父是整个上帝性的本源"。②凡是圣父的神圣位格享有的一切(宾辞),都应该归于上帝。例如作为神圣位格的圣父的特性,是有别于作为神圣位格的圣子。作为神圣位格的圣父和圣子之间的位格关系,是作为神圣位格的圣父对于作为神圣位格的圣子两位不同而发生的关系。作为神圣位格的圣父的本义,正是指示圣父和圣子两个不同神圣位格之间,具有父亲对于儿子的位格关系。因此,作为神圣位格的圣父是整个上帝性的本源,上帝是作为神圣位格的圣子在永恒中的圣父,并且作为神圣位格的圣父是上帝的神圣本质。纵然如此,倘若单单指称圣父的神圣位格,作为神圣位格的圣父有别于作为神圣位格的圣子。倘若指称作为整个上帝性的神圣本质,作为神圣位格的圣父和作为神圣位格的圣子,两神圣位格共是上帝的神圣本质。上帝中神圣位格和神圣本质的关系原理,倘若从作为神圣位格的圣父方面而言,情况如此。倘若从作为神圣位格的圣子方面而言,情况相同。③

---

① *Summa Contra Gentiles*, IV:14.

② Augustine, *The Trinity*, 4:20.

③ *Summa Contra Gentiles*, IV:14.

上帝的神圣本质中神圣位格之间的关系不是意味着没有绝对主体。上帝的神圣本质固然在永恒中具有“神圣位格之间的关系”，依然是作为神圣实在的实体。在上帝中，位格关系和神圣主体两者是相同的神圣本质。在上帝中，神圣本质同时具有作为神圣位格的圣父和圣子两个相对的关系：上帝既是作为神圣位格的圣父，也是作为神圣位格的圣子。同时作为神圣位格的圣父和作为神圣位格的圣子两者确实具有永恒起源方面的位格区别。因为上帝自己的神圣本质，既是作为本性存在的神圣实体（作为神圣位格的圣父），也是神圣理智可认识的神圣言辞（作为神圣位格的圣子）。作为神圣位格的圣父在永恒中作为神圣理智自己认识自己；作为神圣位格的圣子在永恒中作为神圣言辞自己被自己认识；作为神圣位格的圣父和作为神圣位格的圣子都是上帝的神圣本质。在上帝的神圣本质中，神圣位格之间在永恒起源方面的关系是上帝自己的神圣实在。上帝发出的神圣言辞和发出神圣言辞的上帝，两者在永恒中彼此相对的位格关系，奠基于“上帝的神圣理智在永恒中自己认识自己而生出上帝的神圣言辞”的事实。①

“上帝的神圣理智在永恒中自己认识自己而生出上帝的神圣言辞”的事实是上帝的神圣本质享有的。上帝的神圣理智在永恒中自己认识自己，这是上帝的神圣理智在永恒中自己认识自己的神圣理解行动。上帝的神圣理智在永恒中自己认识自己，就是上帝自己的神圣理解行动，上帝自己的神圣理

---

① *Summa Contra Gentiles*，Ⅳ：14.

解行动就是上帝自己的神圣本质。因此,作为神圣位格的圣父和圣子之间的位格关系,不但是实际的位格关系,而且是上帝神圣本质中的"本体关系",以上帝自己的神圣本质为根基。作为神圣位格的圣父和圣子之间的位格关系就是上帝自己的神圣本质。① 在上帝的神圣本质中,神圣智慧的存在就是神圣实体的存在,神圣位格关系的存在就是神圣实体的存在。上帝的神圣本质中因永恒起源关系的对待而区分的神圣位格,在永恒中具有完全相同的神圣本质。上帝的神圣本质中因永恒起源关系的对待而区分的神圣位格之间的分别,以及神圣位格和"整个上帝性"之间的分别,不是神圣本质的分别,而是上帝的神圣本质自己对于自己的位格关系对待的分别。②

因此,上帝这个名称,是作为神圣位格的圣父和圣子共有的"实体宾辞"(指称上帝的神圣实体):"作为神圣位格的圣父是上帝",以及"作为神圣位格的圣子是上帝"。这是说,作为神圣位格的圣父和圣子共同享有的神圣实体,是上帝自己单纯唯一的神圣实体。上帝在永恒中的神圣本质是单纯唯一的神圣实体,上帝的神圣本质中因永恒起源关系而彼此区分的神圣位格共同享有上帝自己单纯唯一的神圣本质。就是说,上帝的神圣本质中因永恒起源关系而彼此区分的神圣位格同是一个上帝,作为神圣位格的圣父是上帝,作为神圣位格的圣子是上帝,作为神圣位格的圣父和圣子是同一个上帝。

---

① *Summa Contra Gentiles*, IV:14.

② *Summa Contra Gentiles*, IV:14.

上帝的神圣本质享有神圣实体的神圣存在，上帝的神圣本质就是上帝自己的神圣智慧和神圣意志。上帝藉自己的神圣本质自己认识自己，上帝藉自己的神圣本质自己爱自己，因此上帝的神圣本质中具有因永恒起源关系而彼此区别的神圣位格之间的关系，并且上帝中因永恒起源而彼此区分的神圣位格关系和神圣本质是相同的，神圣位格关系就是神圣实体中的位格关系。①

上帝单纯唯一的神圣本质中具有因永恒起源而区分的神圣位格之间彼此对待的关系，上帝是一体三位的上帝，上帝是三位一体的上帝。因此说上帝的神圣本质中的神圣位格是关系，神圣位格作为关系而具有的关系性就是神圣美善，因此是上帝的神圣本质，具有上帝自己的实体性，上帝的神圣本质中的神圣位格就是完全的上帝。上帝的神圣本质自身对待的神圣位格关系，是上帝自己的神圣实体，足以建立上帝的神圣本质中神圣位格彼此之间的区别，同时建立神圣位格自己的实体性，同时保证上帝的神圣本质中神圣位格之间的密切关系，上帝的神圣本质中因永恒起源而彼此区分的神圣位格是一个上帝。在上帝中，神圣本质单纯唯一而神圣位格彼此相异。由于神圣位格关系的区分，彼此关联的神圣位格相对而存在，例如作为神圣位格的圣父和圣子彼此相对而存在，作为神圣位格的圣父不是被生出，而作为神圣位格的圣子是被生出。作为神圣位格的圣父和圣子双方既然是彼此相对的位格关系，作为神圣位格的圣父和圣子之间就不能没有分别。倘若

① *Summa Contra Gentiles*，Ⅳ：14.

圣父和圣子两者的位格特征完全相同,就无法彼此区分。①

第三节　上帝的独生子

上帝的神圣理智在永恒中自己认识自己而生出上帝的神圣言辞,就是作为神圣位格的圣父在永恒中自己认识自己而生出作为神圣位格的圣子,这是上帝本体内部生活的神圣奥秘。上帝独生子(unicum Filium)的福音是上帝从前借着众先知在圣经上所应许的。希伯来书说:"上帝既在古时候借着众先知,多次多方地晓谕列祖,就在这末世,借着他儿子(道成肉身)晓谕我们。"上帝单纯唯一的神圣本质中既具有作为神圣位格的圣父和圣子的称谓,上帝单纯唯一的神圣本质中就具有作为神圣位格的圣父和作为神圣位格的圣子之间的实在关系,奠基于作为神圣位格的圣父在永恒中自己认识自己而生出作为神圣位格的圣子的事实。诗篇这样说:"受膏者说:'我要传圣旨。耶和华曾对我说:你是我的儿子,我今日生你。'"根据教会传统对于希伯来圣经的诠释典范,"你是我的儿子,我今日生你",这节"圣旨"的深邃含义,就是作为神圣位格的圣父在永恒中生出作为神圣位格的圣子,作为神圣位格的圣子是上帝的神圣理智在永恒中自己认识自己而生出的神圣言辞,作为神圣位格的圣子是上帝的神圣理智在永恒中自己认识自己而生出的作为神圣言辞的独生子。②

---

① *Summa Contra Gentiles*,Ⅳ:14.

② *Summa Contra Gentiles*,Ⅳ:2.

一、作为神圣位格的圣子

约翰福音序言说:"太初有道,道与上帝同在,道就是上帝。"(1:1)这节经文揭示出极其深邃的神学含义。第一,"太初有道"。作为神圣位格的圣言(圣子)在永恒中享有神圣存在和神圣本质,作为神圣位格的圣子是永恒的上帝。第二,"道与上帝同在"。在永恒中,作为神圣位格的圣子和作为神圣位格的圣父就是"面对面"共同享有神圣存在和神圣本质的神圣团契。第三,"道就是上帝"。作为神圣位格的圣言(圣子)在永恒中具有完全的神圣本质,作为神圣位格的圣言(圣子)在永恒中是完全的上帝。① 在永恒中和上帝(圣父)同在的道(圣言),就是上帝自己的独生子,就是在人类历史中道成肉身降世为人的作为神圣位格的圣子:"道成了肉身,住在我们中间,充充满满地有恩典有真理。我们也见过他的荣光,正是父独生子的荣光。"(1:14)上帝的圣子(独生子)道成肉身降世为人,就是以马内利的上帝,就是作为世人的救世主的上帝。道成肉身的基督耶稣彰显的神圣荣光,就是上帝的圣子(独生子)的神圣荣光。②

诗篇说:"上帝啊,你的宝座是永永远远的,你的国权是正直的。你喜爱公义,恨恶罪恶,所以上帝,就是你的上帝,用喜乐油膏你,胜过膏你的同伴。"(45:6-7)这些话是对基督耶

---

① *Summa Contra Gentiles*, IV:3.

② *Summa Contra Gentiles*, IV:3.

稣说的,因为基督耶稣就是受膏者,就是上帝为人类预备的弥赛亚。基督耶稣的宝座是永永远远的,就是基督再来而缔造的新天新地。基督耶稣的国权是正直的,因为在新天新地,上帝智慧全能圣洁公义的作为已经彰显出来。在天上的耶路撒冷,那里有千万的天使,有审判世人的圣父,有新约的中保耶稣,有旧约新约的圣徒。① 以赛亚书说:"因有一婴孩为我们而生,有一子赐给我们,政权必担在他的肩头上。他名称为奇妙策士、全能的上帝、永在的父、和平的君。"(9:6-7)先知以赛亚预言的是弥赛亚的降生,就是道成肉身的基督耶稣。作为神圣位格的圣子是"奇妙策士",是神圣智慧的"设计者",有一个永远的令人类惊奇的神圣救赎计划要执行。作为神圣位格的圣子是"全能的上帝",是宇宙万物的创造者,天使也是圣子创造的。作为神圣位格的圣子是"永在的父",是永远的全能者,厚爱并眷顾按照自己的神圣形像创造的人。作为神圣位格的圣子是"和平的君",是上帝应许中再来的弥赛亚,万王之王,把平安赐给专心信靠上帝的圣徒,必在大卫的宝座上治理上帝的弥赛亚国度,以公平公义使上帝的弥赛亚国度坚定稳固,直到永远。②

圣经清楚指出,作为神圣位格的圣父在永恒中自己认识自己生出作为神圣位格的圣子,作为神圣位格的圣子在永恒中生于作为神圣位格的自己认识自己的圣父,作为神圣位格的圣子在永恒中完全享有上帝自己的神圣本质,作为神圣位

① *Summa Contra Gentiles*, IV:3.

② *Summa Contra Gentiles*, IV:3.

格的圣子在永恒中是完全的上帝。[1] 福音书记载耶稣受难以前亲自问门徒:"你们说我是谁?"(太 16:15)使徒西门彼得向耶稣宣称说,耶稣是基督,是上帝的儿子:"你是基督,是永生上帝的儿子。"(太 16:16)犹太人相信旧约圣经预言的弥赛亚将要来临,使徒彼得斩钉截铁地指出:耶稣就是基督,耶稣就是上帝为人类预备的救主弥赛亚。复活的耶稣在前往以马忤斯的路上向门徒讲解圣经,从摩西和众先知起,凡经上指着自己(弥赛亚)的话,都给他们讲解明白。复活的耶稣在耶路撒冷亲自站在门徒当中说:"这就是我从前与你们同在之时,所告诉你们的话,说,摩西的律法,先知的书,和《诗篇》上所记的,凡指着我(弥赛亚)的话,都必须应验。"(路 24:44)整本希伯来圣经都预言上帝为人类预备的弥赛亚的降临。福音书指出,耶稣就是弥赛亚,耶稣就是道成肉身的圣子。因此,耶稣基督是上帝的独生子,也是完全的上帝。[2]

作为神圣位格的圣子在永恒中生于作为神圣位格的自己认识自己的圣父,作为神圣位格的圣子是上帝怀中的独生子,作为神圣位格的圣子是完全的上帝,是永恒的上帝。作为神圣位格的圣子在永恒中从作为神圣位格的圣父获得自己的神圣存在和神圣本质。作为神圣位格的圣子和作为神圣位格的圣父共同从虚无中创造有形无形的宇宙万物。约翰福音序言说:"太初有道,道与上帝同在,道就是上帝。"(1:1)正如前面已经揭示的:第一,太初有道。太初已经存在的道(言),就是

① *Summa Contra Gentiles*, IV:3.

② *Summa Contra Gentiles*, IV:3.

上帝的圣言,就是上帝的圣子。上帝的圣子"太初"已经存在,毋宁说,上帝的圣子在永恒中已经从作为神圣位格的圣父获得自己的神圣存在和神圣本质。第二,道与上帝同在。作为神圣位格的圣子和作为神圣位格的圣父在永恒中面对面地享有共同的神圣存在和神圣本质。第三,道就是上帝。作为神圣位格的圣子就是完全的上帝。约翰福音指出,有形无形的宇宙万物是借着圣言(作为神圣位格的圣子)从虚无中创造而获得存在的。因此,作为神圣位格的圣子在永恒中享有自己的神圣存在和神圣本质。①

上帝在永恒中自己认识自己而生出的圣言,就是上帝的圣子。作为神圣位格的圣子在永恒中从作为神圣位格的圣父获得自己的神圣存在和神圣本质,是上帝的独生子。在基督耶稣受洗时,圣灵仿佛鸽子降落在耶稣身上,圣父从天上发出雷霆般的呼声:"这是我的爱子,我所喜悦的。"因此,作为神圣位格的圣子是上帝的独生子。② 约翰福音记载:"我们也见过他的荣光,正是父独生子的荣光。"(1:14)约翰福音记载:"从来没有人看见上帝,只有父怀里的独生子,将他表明出来。"(1:18)作为神圣位格的圣子道成肉身降世为人,"因他要将自己的百姓从罪恶里救出来。"(太 1:21)把人类从罪恶里拯救出来,用自己的宝血赦免罪恶、洗涤罪孽、赏赐救恩,这是上帝自己的神圣作为。道成肉身的基督耶稣在自己的神圣位格中具有两种本性,就是完全的神性和完全的人性。耶稣

① *Summa Contra Gentiles*,Ⅳ:4.

② *Summa Contra Gentiles*,Ⅳ:4.

基督具有完全的神性，具有上帝本性固有的美善。上帝本性固有的美善都可以做基督耶稣的宾辞，因为耶稣基督完全具有上帝固有的神圣本质，作为神圣位格的圣子在永恒中是完全的上帝。①

希伯来圣经说："以色列啊，你要听！耶和华我们的上帝是独一的主。"(申 6:4)从虚无中创造宇宙万物的上帝是独一无二的上帝。在上帝的神圣本质中，既有圣父和圣子的位格称谓，就有圣父和圣子之间的位格关系，就是作为神圣位格的圣父和圣子之间藉永恒起源而区别的位格关系，圣父是圣父，圣子是圣子，神圣位格之间的区别不可混淆。② 约翰福音记载耶稣在圣父面前的祷告，"父！我求你在你面前，彰显我的荣耀。"从这些福音书记载中可以确证，作为神圣位格的圣父和作为神圣位格的圣子，是两个彼此区别的神圣位格。约翰福音记载耶稣的宣称："我和父原为一。"作为神圣位格的圣父和作为神圣位格的圣子在永恒中享有完全相同的神圣本质。作为神圣位格的圣子和作为神圣位格的圣父合起来，在永恒中是独一无二的上帝。作为神圣位格的圣子和作为神圣位格的圣父分开来，是在永恒中藉起源关系而彼此区别的神圣位格。创世记说："我们要照着我们的形象，按着我们的样式造人。"(1:26)圣经揭示出，神圣创造的行动归于不同的神圣实体，就是归于不同的神圣位格。圣经指出，创造宇宙万物的上帝是独一无二的上帝。因此，在独一无二的上帝自己的

---

① *Summa Contra Gentiles*, Ⅳ:4.

② *Summa Contra Gentiles*, Ⅳ:5.

神圣本质中具有作为神圣位格的圣父和作为神圣位格的圣子之间的位格区别。①

作为神圣位格的圣父和作为神圣位格的圣子之间的位格关系,以上帝的神圣本质中两个神圣实体之间的区别奠定神圣位格关系的基础。因此,作为神圣位格的圣子这个位格称谓,指称和作为神圣位格的圣父在永恒中彼此区别的神圣位格。前面已经指出,作为神圣位格的圣子道成肉身以后,作为神圣位格的圣父宣称耶稣基督是作为神圣位格的圣子,是圣父在永恒中的独生子:"这是我的爱子,我所喜悦的。"(太3:17)圣父这样的宣称,奠基于作为神圣位格的圣父和作为神圣位格的圣子两者在永恒中藉起源关系而彼此区别的位格关系。② 上帝是独一无二的上帝,"父在子里面,子在父里面"。作为神圣位格的圣父住在作为神圣位格的圣子里面,作为神圣位格的圣子住在作为神圣位格圣父里面,作为神圣位格的圣父和作为神圣位格的圣子在永恒中"原为一",作为神圣位格的圣父和作为神圣位格的圣子在永恒中享有相同的神圣本质。这些经文的含义不是取消圣父和圣子之间的位格区别,而是指出圣父和圣子在永恒中享有相同的上帝自己的神圣实体和神圣本质。③

二、圣父的独生子

在圣经书卷中,"上帝之子"不是一个单义名辞,而是一

① *Summa Contra Gentiles*, IV:5.

② *Summa Contra Gentiles*, IV:5.

③ *Summa Contra Gentiles*, IV:5.

个多义名辞:一方面指受造者,例如上帝创造的天使,有时称为"上帝的众子";另一方面指"上帝的独生子、基督耶稣"。两个含义,迥然不同。希伯来书指出:"他(基督)所承受的名,既比天使的名更尊贵,就远超过天使。所有的天使,上帝从来对哪一个说:'你是我的儿子,我今日生你'?又指着哪一个说:'我要作他的父,他要作我的子'?"(1:4-5)作为神圣位格的圣父曾向哪位天使说过这样的话呢?这两句话是对于道成肉身的基督耶稣说的,就是对于在永恒中作为神圣位格的圣子说的。[①] 希伯来书作者把作为神圣位格的圣子和天使相比较,因为当日犹太人非常敬重天使,犹太人把天使视为上帝启示的传递者,是上帝的使者。希伯来书受信者可能把作为神圣位格的圣子和天使同列。作者指出作为神圣位格的圣子承受的圣名,就是作为神圣位格的圣子的神性和作为,作为神圣位格的圣子享有的上帝独生子的崇高地位,远远超过天使。本节引用的希伯来圣经出自诗篇第2篇,犹太人确认这是弥赛亚诗篇,唯独作为神圣位格的圣子在永恒中享有这样的崇高地位。

作为神圣位格的圣父和作为神圣位格的圣子在永恒中借着位格起源关系而彼此区分,作为神圣位格的圣父和作为神圣位格的圣子两者在永恒中享有完全相同的神圣本质和神圣实体。作为神圣位格的圣子,是作为神圣位格的圣父的独生子,是作为神圣位格的圣父唯一的圣子:"我们也见过他的荣光,正是父独生子的荣光"。(约1:14)作为神圣位格的圣父

---

① *Summa Contra Gentiles*,Ⅳ:7.

在永恒中自己认识自己而生出作为神圣位格的圣子，作为神圣位格的圣子在永恒中享有和作为神圣位格的圣父完全相同的神圣存在和神圣本质，作为神圣位格的圣子是完全的上帝："上帝的儿子已经来到，且将智慧赐给我们，使我们认识那位真实的，我们也在那位真实的里面，就是他儿子耶稣基督里面。这是真神，也是永生。"（约一 5:20）作为神圣位格的圣父在永恒中自己认识自己而生出作为神圣位格的圣子，作为神圣位格的圣子就是真实的上帝，完全的上帝，永恒的上帝。作为神圣位格的圣子在自己的神圣实体中享有上帝完满的神圣本质："因为上帝本性一切的丰盛，都有形有体地居住在基督里面。"（西 2:9）上帝神圣本质的丰盛完满都有形有体地住在道成肉身的基督中。[①]

约翰福音记载耶稣在天父面前的祷告："凡是我的都是你的，你的也是我的"（17:10）因此，作为神圣位格的圣父和圣子在永恒中享有完全相同的神圣存在和神圣本质。作为神圣位格的圣子享有上帝自己的神圣本质和神圣实体，因此作为神圣位格的圣子是完全的上帝："你们当以基督耶稣的心为心。他（基督）本有上帝的形像，不以自己和上帝同等为强夺的；反倒虚己，取了奴仆的形像，成为人的样式。"（腓 2:6）作为神圣位格的圣子根据自己固有的本性，在永恒中和作为神圣位格的圣父是完全平等的。因此，作为神圣位格的圣父和圣子在永恒中享有完全相同的神圣存在和神圣本质。作为神圣位格的圣子在道成肉身以前，在永恒中享有上帝自己固

① *Summa Contra Gentiles*, IV:7.

有的神圣本质和神圣实体,作为神圣位格的圣子在永恒中是完全的上帝。作为神圣位格的圣子,作为无形上帝的肖像,彰显上帝完全荣耀的神性。因此,作为神圣位格的圣子,作为无形上帝的肖像,彰显上帝的神圣本质。作为神圣位格的圣子,作为无形上帝的肖像,彰显上帝神圣实体的真相。希伯来书说:“他(基督)是上帝荣耀所发的光辉,是上帝本体的真像。”(1:3)

作为神圣位格的圣子(圣言)是有形无形的宇宙万物的创造者。约翰福音说:“万物是借着圣言创造的;凡被创造的,没有一样不是借着圣言创造的。”(1:3)从虚无中创造有形无形的宇宙万物的圣言,就是在永恒中作为神圣位格的圣子,就是上帝的独生子,就是圣父喜悦的爱子:“爱子是那不能看见的上帝的肖像,是首生的,在一切被创造的以先;因为万有都是靠他造的……都是借着他造的,又是为他造的”。(西 1:15-16)作为神圣位格的圣子是有形无形的宇宙万物的创造者,也是神圣创造的目的。作为神圣位格的圣子,爱子是有形无形的宇宙万物的创造者,作为神圣位格的圣子是完全的上帝。作为无形精神实体的天使,是因为上帝的神圣创造行动从没有存在的境界进入享有存在的境界。作为无形精神实体的天使,是靠着圣子创造的,是借着圣子创造的,是为着圣子创造的。作为神圣位格的圣子,具有上帝神圣本质固有的神圣作为,例如创造宇宙万物、治理宇宙万物,洗涤罪孽,赏赐救赎,这些都是上帝自己的神圣作为。①

---

① *Summa Contra Gentiles*,Ⅳ:7.

根据歌罗西书阐述的创造神学,有形无形的宇宙万物倚靠作为神圣位格的圣子而获得存在并且持续存在,作为神圣位格的圣子是有形无形的宇宙万物的创造者,作为神圣位格的圣子是有形无形的宇宙万物存在秩序的主宰。希伯来书说,作为神圣位格的圣子常用他自己权能的命令托住宇宙万物,用自己的宝血洗净人的罪,就坐在高天至大者的右边。因此,作为神圣位格的圣子是完全的上帝。作为神圣位格的圣父和作为神圣位格的圣子,在创造、治理和救赎以及终极审判的神圣作为中,都是运用上帝自己作为创造者和拯救者的能力权柄。因此,作为神圣位格的圣父和作为神圣位格的圣子在永恒中享有完全相同的神圣本质和能力权柄,因为圣经不但说作为神圣位格的圣父和圣子用相同的方式行动,而且说作为神圣位格的圣父和圣子用相同的方式施行相同的神圣作为:例如创造、治理和拯救以及终极审判的神圣作为。因此,作为神圣位格的圣父和作为神圣位格的圣子在永恒中享有完全相同的神圣存在和神圣本质。作为神圣位格的圣子具有上帝自己完全的神性,作为神圣位格的圣父和作为神圣位格的圣子在永恒中享有上帝自己单纯的神圣存在和神圣本质。①

人类生命的终极盼望实现于独一无二的上帝中。唯独上帝自己是人类生命盼望的终极寄托。这个人类生命盼望的终极寄托是真实的上帝。唯独上帝自己配得人类心灵的信靠。但是,人类生命盼望的终极寄托,是实现在上帝的圣子中。因此,上帝的圣子是真实的上帝,上帝的圣子是完全的上帝。约

① *Summa Contra Gentiles*,Ⅳ:7.

翰福音说,“认识你独一的真神,并且认识你所差来的耶稣基督,这就是永生。”(17:3)约翰一书论到作为神圣位格的圣子说,“这是真神,也是永生。”(5:20)因此,作为神圣位格的圣子是真实的上帝,作为神圣位格的圣子是完全的上帝。作为神圣位格的圣父在永恒中自己认识自己而生出作为神圣位格的圣子,上帝的独生子。作为神圣位格的圣子在永恒中从自己认识自己的作为神圣位格的圣父获得上帝自己的神圣存在和神圣本质。作为神圣位格的圣子在永恒中是真实的上帝,是完全的上帝,是全能的上帝。作为神圣位格的圣子和作为神圣位格的圣父在永恒中享有上帝自己单纯的神圣存在和神圣本质。作为神圣位格的圣子和作为神圣位格的圣父在永恒中享有相同的荣耀和权柄。①

三、圣子:永恒的上帝

前面根据圣经启示阐述的神圣原理是,作为神圣位格的圣父和作为神圣位格的圣子在永恒中享有上帝自己单纯的神圣存在和神圣本质。作为神圣位格的圣父和作为神圣位格的圣子,在永恒中享有上帝自己单纯唯一的神圣存在和神圣本质,作为神圣位格的圣父和作为神圣位格的圣子都是完全的上帝。作为神圣位格的圣父和作为神圣位格的圣子,两个神圣位格在永恒中是独一无二的上帝,而不是两个上帝。前面已经指出,上帝的神圣实体是独一无二的,上帝的神圣本质同

---

① *Summa Contra Gentiles*, IV:7.

样是独一无二的。[1] 因此，作为神圣位格的圣父和作为神圣位格的圣子在永恒中享有上帝自己单纯唯一的神圣存在和神圣本质，作为神圣位格的圣父和作为神圣位格的圣子在永恒中是独一无二的上帝。在这个意义上，基督教原理固然承认作为神圣位格的圣父是上帝，作为神圣位格的圣子是上帝，这就是根据圣经启示阐述的"上帝独一无二"的基督教原理。上帝是独一无二的，基督教原理同时承认"独一无二的上帝"是作为神圣位格的圣父的宾辞，也是作为神圣位格的圣子的宾辞。[2] 作为神圣位格的圣父是完全的上帝，作为神圣位格的圣子是完全的上帝，作为神圣位格的圣父和作为神圣位格的圣子在永恒中是独一无二的上帝。

约翰福音记载耶稣向天父祷告说："求你赏赐他们认识你，独一的真神。"作为神圣位格的圣父是独一无二的上帝，作为神圣位格的圣子同样是独一无二的上帝。作为神圣位格的圣父在永恒中享有的完全神性，因为属于作为神圣位格的圣父，必定属于作为神圣位格的圣子。约翰一书说："这是真神，也是永生。"(5:10)真神和永生两个宾辞，是作为神圣位格的圣父和作为神圣位格的圣子两者共有的宾辞。作为神圣位格的圣父和作为神圣位格的圣子在永恒中是独一无二的上帝，凡圣父因作为独一无二的上帝而享有的宾辞，同样都是圣子的宾辞；凡圣子因作为独一无二的上帝而享有的宾辞，同样

---

① *Summa Contra Gentiles*, I:21.

② *Summa Contra Gentiles*, IV:8.

都是圣父的宾辞。[①] 福音书说:“除非圣父,没有谁认识圣子;除非圣子,没有谁认识圣父。”(太 11:27)作为神圣位格的圣父在永恒中自己认识自己,作为神圣位格的圣子在永恒中自己认识自己。“认识圣父”是作为神圣位格的圣子的宾辞,因此也是作为神圣位格的圣父的宾辞。因此,既然知道作为神圣位格的圣父是独一无二的上帝,就应承认作为神圣位格的圣子是独一无二的上帝。既然知道圣子认识圣父,就应承认“圣父认识圣父自己”。既然承认“唯独圣父是独一无二的上帝”,也应该承认“圣子是独一无二的上帝”。[②]

上帝是独一无二的“万王之王,万主之主”,这些经文提出的位格称谓,是作为神圣位格的“圣父和圣子”共有的位格称谓。启示录记载,作为神圣位格的圣子是上帝的圣言,是“万王之王,万主之主”。(19:16)“除非圣父,没有谁认识圣子。”这是说,作为神圣位格的圣子在永恒中(在道成肉身之前)作为无形的上帝也是人看不见的;在作为神圣位格的圣子道成肉身降世为人以后,圣子的人身是可见的,圣子的神性仍然是人的肉眼看不见的,而是人心可以相信的神圣奥秘。因此保罗书信说:“大哉!敬虔的奥秘……就是上帝在肉身显现,被圣灵称义,被天使看见,被传于外邦,被世人信服,被接在荣耀中。”(提前 3:16)[③]耶稣说:“圣父比我大”,使徒保罗揭示这节经文的含义。根据圣子道成肉身披戴仆人的人

① *Summa Contra Gentiles*,Ⅳ:8.

② *Summa Contra Gentiles*,Ⅳ:8.

③ *Summa Contra Gentiles*,Ⅳ:8.

性，确实是变得卑微，甚至比天使更卑微；在这个意义上，圣父大于圣子，圣子小于圣父。根据圣子在永恒中享有的神圣存在和神圣本质，作为神圣位格的圣子和作为神圣位格的圣父是完全平等的。就人性而言，道成肉身的圣子具有人性的身体和灵魂，因此经历死亡而复活。就神圣本质而言，作为神圣位格的圣子是完全的上帝，在永恒中享有和圣父相同的神圣本质和能力权柄。①

作为神圣位格的圣父在永恒中自己认识自己而生出作为神圣位格的圣子，作为神圣位格的圣子在永恒中从作为神圣位格的圣父获得自己的神圣存在和神圣本质，作为神圣位格的圣子在永恒中享有和作为神圣位格的圣父完全相同的神圣存在和神圣本质。作为神圣位格的父子关系的“施和受”，是作为神圣位格的父子相同的神圣本质的神圣存在的“施和受”。约翰福音记载耶稣说：“圣父施给我的恩惠是至大无比的。”这样的恩惠就是上帝自己的神圣存在和神圣本质，作为神圣位格的圣父在永恒中把上帝自己单纯的神圣存在和神圣本质赐给作为神圣位格的圣子，作为神圣位格的圣父和圣子在永恒中是平等的。作为神圣位格的圣父和圣子的神圣权柄是完全相同的。至大无比的恩惠，指示作为神圣位格的圣父和作为神圣位格的圣子两者同等的神圣本质。② 约翰福音记载耶稣祷告说：“父啊！现在求你使我同你享荣耀，就是未有世界以先，我同你所有的荣耀。”（17:5）这是祷告祈求作为神

① *Summa Contra Gentiles*, Ⅳ:8.

② *Summa Contra Gentiles*, Ⅳ:8.

圣位格的圣父把作为神圣位格的圣子在永恒中已经从圣父领受的神圣荣耀，在圣子道成肉身（经历死亡并且从死里复活）以后，向世人彰显出来。①

在上帝中，神圣智慧的知识就是神圣本质的存在。② 因此，上帝自己的神圣本质的赋予，就是上帝自己的神圣知识的赋予。上帝神圣智慧的知识赋予，是理智的证明，言辞的阐述或道理的教导。作为神圣位格的圣子在永恒中生于作为神圣位格的圣父，既是从作为神圣位格的圣父获得上帝的神圣本质和神圣存在，可以说是“圣子聆听圣父的教导”；同时，作为神圣位格的圣父在永恒中自己认识自己而生出作为神圣位格的圣子，可以说是“圣父给圣子证明真理”。保罗书信说：“基督是上帝的能力，也是上帝的智慧。”（林前 1:24）③作为神圣位格的圣子施行一切的神圣作为，不是由于自己，作为神圣位格的圣子不能由于自己而行动，而是由于作为神圣位格的圣父而行动；犹如作为神圣位格的圣子的神圣存在，不是由于自己，而是由于作为神圣位格的圣父而存在，因为作为神圣位格的圣父在永恒中自己认识自己而生出作为神圣位格的圣子。上帝的神圣作为，就是上帝的神圣存在，就是上帝的神圣本质。④ 因此，作为神圣位格的圣子在永恒中生于作为神圣位格的圣父，既然获得和圣父相同的神圣本质，也获得和圣父相同的神圣能力。虽然作为神圣位格的圣子的神圣存在和神圣

---

① *Summa Contra Gentiles*, IV:8.

② *Summa Contra Gentiles*, I:45.

③ *Summa Contra Gentiles*, IV:8.

④ *Summa Contra Gentiles*, I:45.

行动不是由于自己，依然依靠自己。依靠自己，就是运用圣子自己的能力。当然，作为神圣位格的圣子在永恒中享有的神圣能力是作为神圣位格的圣父在永恒中赋予的神圣能力。①

圣经记载圣子听从圣父的命令，这是因为圣子的人性而听从圣父的命令。圣子顺服而受难是因为圣子的人性而受难，圣子听从圣父的命令也是因为圣子的人性而听从命令。圣父对于圣子的命令是“前去受难”，圣父命令圣子忍受苦难。约翰福音说：“你们若遵守我的命令，就常在我的爱里；正如我遵守我父的命令，常在他的爱里。”（15：10）这是说圣子的人性，常在圣父的爱中，遵行圣父的命令。圣子顺服至死，且死在十字架上，是因为圣子的人性而顺服，因为圣子的人性而忍受苦难。② 圣子向圣父祈祷，是因为圣子的人性而向圣父祈祷。希伯来书说：“基督在肉体的时候，既大声哀哭，流泪祷告恳求那能救他免于死亡的主，就因他的虔诚，蒙了应允。”（5:7）圣子受圣父差遣，“上帝差遣自己的圣子由女人胎中生出”（加 4:4），女人的儿子受到圣父的差遣，是因为圣子的人性而受到圣父的差遣。在这个意义上，圣子接受圣父的治理，不是因为圣子在永恒中享有完全的神性，而是因为圣子道成肉身而享有完全的人性。作为神圣位格的圣子作为完全的上帝，即使以无形的方式受到圣父的差遣，依然在永恒中享有和圣父完全相同的神性。③

圣经记载“圣子获得圣父的举扬”，或“被振起”，只是说

---

① *Summa Contra Gentiles*，IV：8.

② *Summa Contra Gentiles*，IV：8.

③ *Summa Contra Gentiles*，IV：8.

明圣子的人性小于圣父。作为神圣位格的圣子需要获得举扬,不是新领受前所未有的神圣荣耀,而是需要借着万民的信仰,借着圣子施行的神迹奇事,并且借着圣子肉身复活的荣耀,将圣子肉身伤残而遮掩的神性荣耀,揭示而彰显出来。圣子自己宣称在未有宇宙以先,作为神圣位格的圣子在永恒中已经享有神性的荣耀。以赛亚书论到圣子作为受苦的弥赛亚神圣荣耀的隐藏:"他被藐视,被人厌弃,多受痛苦,常经忧患。他被藐视,好像被人掩面不看的一样,我们也不尊重他。"(53:3)圣子"被振起",是说圣子受难受死而从死里复活,是指圣子的肉身而言。圣子的"受举扬"和"受压抑"是相对的,都是以肉体为相同的主体。圣子的肉体在十字架上谦卑顺服至死,因此获得圣父的举扬。因此,就圣子的人性而言,圣子小于圣父;就圣子的神性而言,圣子和圣父完全平等,作为神圣位格的圣父和圣子在永恒中享有完全相同的能力权柄和神圣作为。因此,圣子自己彰显自己的荣耀。诗篇说:"主!求你施展你的能力,举扬起你自己来!"(20:14)约翰福音说:"我有权力弃置我的灵魂,也有权力再把灵魂取回来。"(10:18)振起是复苏以及"睡而复醒,振作起来"的意思,犹如"惊蛰"期间,春雷复震,草木复苏。① 约翰福音说圣子荣耀圣父:"愿你荣耀你的儿子,使儿子也荣耀你。"(17:1)圣父的荣耀隐藏,不是因为肉体的遮蔽,而是因为神性无形而不可见。作为神圣位格的圣父、圣子的神性荣耀,同样是无形而不可见的。以赛亚书说:"救主以色列的上帝啊,你实在是自隐的上

---

① *Summa Contra Gentiles*,Ⅳ:8.

帝。"(45:15)圣子荣耀圣父,不是把圣父没有的荣耀赏赐给圣父,而是把圣父原有的荣耀彰显给世人;因为圣子说:"我已经将你的圣名,彰显给众人。"圣子荣耀圣父,圣父荣耀圣子,作为神圣位格的圣父和圣子在永恒中享有完全相同的神圣本质。①

作为神圣位格的圣子在永恒中享有和圣父完全相同的神圣权柄。福音书记载复活的耶稣对门徒说:"天上地下所有的权柄,都赐给我了。"(太 28:18)这意味着,作为神圣位格的圣子在永恒中享有的神圣本质和神圣权柄,现在借着身体复活的荣耀事实向门徒以及世人彰显出来。赏赐天上座位,是赏赐人领受永生的祝福,属于圣子神圣权柄的范围。约翰福音说:"我的羊听我的声音,我也认识他们,他们也跟着我。我又赐给他们永生;他们永不灭亡,谁也不能从我手里把他们夺去。我父把羊赐给我,他比万有都大;谁也不能从我父手里把他们夺去。"(10:27-29)约翰福音说:"圣父将审判的权柄,全部交给圣子。"(5:22)审判世人的责任,是根据世人和上帝的关系,决定人在天上应该领受的荣耀地位。马太福音说:"圣子要把绵羊安置在右边,把山羊安置的左边。"(25:33)

列在右边者获得上帝的永恒奖赏;列在左边者面对上帝的永恒刑罚。作为神圣位格的圣子享有在终极审判时赏罚世人的审判权柄。② 奖赏世人以及刑罚世人的神圣权柄属于基

① *Summa Contra Gentiles*, IV:8.
② *Summa Contra Gentiles*, IV:8.

督,不是根据圣子道成肉身而获得的人性,而是根据作为神圣位格的圣子在永恒中享有的完全神性。天上的荣耀地位和恩典,是作为神圣位格的圣父借着永远预定的计划,预备赏赐给在基督里享有信、望、爱诸般神学美德的人。作为神圣位格的圣父根据永远的计划,给他们预备天上的荣耀地位。这里论及的天上荣耀地位的预备,既是根据上帝神圣智慧永远的预定计划,同时也属于圣子的神圣权柄,因为作为神圣位格的圣子就是圣父的神圣智慧。①

福音书记载耶稣受难前这样对门徒说:"现在我去给你们预备住处"(约 14:2),也是作为神圣位格的圣父永远预定的神圣救赎计划。圣子说不知道自己(第二次)降临(基督再来,终极审判)的确切日期,只是表示降世在人间的圣子未将这神圣知识启示给门徒。在圣经的语法中,"知识"作为"他动"的动词有时指示"告知"的意思。例如创世记中,天使对亚伯拉罕说:"现在我知道,你是敬畏上帝的人,"(22:12)因此,为着证明你是敬畏上帝的人,已经不需要牺牲你的独生子以撒了。②"在耶和华的山上必有预备",上帝已经亲自预备献祭的公羊。如此,耶稣不知道自己再来的日期,意思是说,耶稣未曾向门徒启示圣子知道的日期。耶稣知道自己第二次降临的日期,却不肯告知世人而已。歌罗西书说:"上帝的奥秘,就是基督;所积蓄的一切智慧知识,都在基督里面藏着。"(2:2-3)圣经记载耶稣在十字架受难以前经历的"忧愁、恐

① *Summa Contra Gentiles*, Ⅳ:8.

② *Summa Contra Gentiles*, Ⅳ:8.

惧"的客西马尼园的情感激荡,显然归于圣子的人性。在这个意义上,"效法基督"的确切含义,就是效法基督耶稣的人性,背负自己的十字架,顺服至死。①

作为神圣位格的圣父在永恒中自己认识自己而生出作为神圣位格的圣子,永恒生出的方式完全美善,圣父方面没有变化,作为神圣位格的圣父和作为神圣位格的圣子在永恒中享有完全相同的上帝自己单纯唯一的神圣本质。作为神圣位格的圣子在永恒中生于作为神圣位格的圣父,是从作为神圣位格的圣父获得神圣存在和神圣本质,作为神圣位格的圣父和圣子在永恒中享有完全相同的神圣本质。作为神圣位格的圣父在永恒中生出作为神圣位格的圣子的方式,迥然不同于上帝创造宇宙万物的方式。在这个意义上,作为神圣位格的圣子是作为神圣位格的圣父的独生子。② 约翰福音记载耶稣受难前为门徒向圣父祷告说:"你赐给我的荣耀,我已经赐给他们,使他们合而为一,像我们合而为一。我在他们里面,你在我里面,使他们完完全全地合而为一……"(17:22-23)这样的祷告固然可以证明圣父、圣子在永恒中合而为一,和普世门徒在基督里合而为一的方式相同,就是爱情的团契。作为神圣位格的圣父和圣子在永恒中的爱情团契,更揭示彼此享有神圣本质的同一。作为神圣位格的圣子在永恒中享有上帝自己神圣本质的真实和圆满,作为神圣位格的圣子在永恒中是完全的上帝。③

---

① *Summa Contra Gentiles*,Ⅳ:8.

② *Summa Contra Gentiles*,Ⅳ:8.

③ *Summa Contra Gentiles*,Ⅳ:8.

圣经说“父在子里面,子在父里面”(约 17:21)。显然,经文中两个“在”字,指示相同的事件、相同的意义和相同的方式:作为神圣位格的圣父如何在圣子里面,作为神圣位格的圣子如何在圣父里面。(这里的“在”字,显然是上帝自己的神圣位格的纯粹存在行动的意思)然而,圣父的神圣存在就是圣父的神圣本质;因此哪里有圣父的神圣存在,哪里就有圣父的神圣本质。(作为神圣位格的圣子中既有圣父的神圣存在,作为神圣位格的圣子中就有圣父的神圣本质。)同理,作为神圣位格的圣父中既有圣子的神圣存在,作为神圣位格的圣父中就有圣子的神圣本质。[1] 作为神圣位格的圣父和作为神圣位格的圣子在永恒中享有相同的神圣本质,因此圣父的神圣本质在作为神圣位格的圣子中,圣子的神圣本质在作为神圣位格的圣父中。圣父的神圣本质就是在永恒中作为神圣位格的圣父自己,圣子的神圣本质就是在永恒中作为神圣位格的圣子自己。作为神圣位格的圣父和圣子,两个神圣位格在永恒中享有一个神圣本质:作为神圣位格的圣父在圣子中,作为神圣位格的圣子在圣父中。[2]

① *Summa Contra Gentiles*, Ⅳ:9.

② *Summa Contra Gentiles*, Ⅳ:9.

第四章

圣子的位格称谓

上帝中神圣位格的永恒起源即上帝中神圣位格的永恒出发,奠定着神圣位格之间确凿的实在关系。前面已经阐述作为神圣位格的圣子的永恒生出,现在阐述作为神圣位格的圣子的位格称谓。作为神圣位格的圣子具有三个位格称谓,就是圣子、圣言和肖像。因为上帝的神圣本质中父性和子性的完整观念和意义,就是在作为神圣位格的圣父和圣子中,因为圣父和圣子的神圣本质和尊贵荣耀在永恒中是完全相同的。上帝的神圣理智在永恒中自己认识自己而发出神圣言辞,在永恒中出发的圣言就是圣子。奥古斯丁说:"圣言只意指圣子。"①在上帝中,根据本义而说的圣言意指神圣位格,圣言是圣子位格的特有名称。因为神圣言辞意指神圣理智的某种涌出,在上帝中根据神圣理智的涌出而出发的神圣位格就是圣子。因此,圣言是圣子位格的特有称谓。奥古斯丁说:"唯有圣子是圣父的肖像。"②肖像的原理包含着神圣起源和同一

① Augustine, *The Trinity*, 6:2.

② Augustine, *The Trinity*, 6:2.

性。上帝的神圣理智在永恒中自己认识自己而发出作为理智概念的神圣言辞,神圣理智的内在概念就是“被理解者的肖像”。[①] 因此,肖像是圣子位格的特有称谓。

第一节 作为位格称谓的圣子

前面已经阐述,上帝中具有神圣位格的永恒出发。[②] 上帝中神圣位格的第一种永恒出发是作为神圣位格的圣子的永恒生出。耶稣说:“我本是出于上帝,也是从上帝而来,并不是由着自己来,乃是上帝差我来。”(约 8:42)既然智慧存在者中每种出发都是遵循某种行动,根据存留在行动者本身中的行动必定揭示出一种内在的出发。智慧存在者的内在行动在理智中最为明显,因为理智的行动即智慧存在者的理解行动是存留在理解者中的。无论谁在理解,因为智慧存在者在理解,在智慧存在者中就有某种发出者,就是源出于理智能力及其知识的对于所理解者的概念。这种对于所理解者的概念藉由声音表达出来,就是作为内在语言的“心语或内心的言语”。[③] 上帝是具有神圣理智的精神实体,上帝藉自己理解自己。上帝的神圣存在就是上帝的神圣理解,上帝的神圣理解就是上帝的神圣本质。[④] 在这个意义上,应该根据神圣理智方面的出发,比如可理解的内心言语源出于发言者,却仍然存

① *Summa Theologica*, Ia:27:2.

② *Summa Theologica*, Ia:27:1.

③ *Summa Theologica*, Ia:27:1.

④ *Summa Theologica*, Ia:14:4.

留在发言者中的方式,阐述上帝中神圣位格的永恒出发。[①]

一、享有相同神圣本质的个别实体

在上帝中具有神圣位格的永恒出发,神圣位格的永恒出发奠基于上帝的神圣理智自己认识自己的内在行动以及上帝的神圣意志自己倾慕自己的内在行动。某些学者把出发单单理解为向外的出发,例如异端学者亚流(Arius)和撒伯流(Sabellius)把出发单单理解为向外的出发,不能理解神圣位格的永恒出发的神圣奥秘。亚流把出发理解为效果出自原因的出发,因此认为圣子出自圣父,如同是圣父的第一个受造者,而圣灵出自圣父和圣子,也如同是两者的受造者。如此,圣子和圣灵都不是真实的上帝。[②] 撒伯流把出发理解为原因到效果的出发,或者是原因推动效果,或者是原因把自己的像印在效果中,因此认为圣父自己以其从童贞女获得肉身而言,被称为圣子;圣父以其圣化有智慧的受造者并引导他们得到生命而言,被称为圣灵;如此,圣父、圣子、圣灵始终是一个神圣位格而已。[③] 这些学者把出发理解为根据指向外在对象的外向行动的出发,无法理解上帝中神圣位格的永恒出发的神圣奥秘,无法理解在上帝中具有圣父、圣子、圣灵三个享有相同的神圣本质的神圣位格的神圣奥秘。[④]

根据指向外在对象的外向行动都具有一种外向的出发,

① *Summa Theologica*, Ia:27:1.

② *Summa Theologica*, Ia:27:1.

③ *Summa Theologica*, Ia:27:1.

④ *Summa Theologica*, Ia:27:1.

根据存留在行动者本身中的内在行动同样具有一种内向的出发。前面已经指出，这种内在出发在智慧存在者的理智行动中极其显著，因为智慧存在者的理智行动即智慧存在者的理解行动是始终存留在理解者自身中的。根据外向行动出发的出发者，必定不同于自己的本源。可是，根据理智方面的内向行动出发而出发者，却不必然有什么区别；而且出发得越完美，出发者和自己所出自的本源就越是相同。因为一个存在者越是被深入理解，理智的概念和理解者两者之间的关系就越密切，理智的概念和理解者两者就越是合而为一；因为理智是根据其现实的理解而和被理解者形成一体或同一。前面已经指出，神圣理解的内在行动是在神圣理解者中，上帝具有完美的神圣知识。① 因此，上帝的神圣理解既然是上帝的完美现实，上帝在神圣理解的内在行动中发出的神圣言辞和作为发出圣言的神圣理解者的上帝，必然完全相同或完全同一。②

作为上帝的神圣理智在永恒中自己认识自己的内在行动的圣言的永恒出发，在上帝中称为神圣位格的永恒生出或生育。③ 尽管广义而言，作为出生的产生意味着从不存在到存在的转变，因此产生的范畴可以普遍用于一切有生有灭的存在者。可是，就特别用于有生命的存在者而言，出生或诞生意味着一个有生命的存在者来自相连的具有生命的本源的开始或源起。上述第二种含义的生出，本义地称为“出生或诞生”。但是，并非所有这类从相连的具有生命的本源而来的

① *Summa Theologica*, Ia:14:1.

② *Summa Theologica*, Ia:27:1:ad2.

③ *Summa Theologica*, Ia:27:2.

存在者都称为"受生者"。因此，头发并不具有受生者或子女的性质，只有那些根据肖像的性质而出发者才具有受生者或子女的性质，只有根据肖像的性质而出发才具有生育和父子关系的性质。在这个意义上，那些根据肖像的性质而出发者，才真正称为"受生者"。① 从生命的潜能出发到生命的现实的有生命的存在者，例如人，其出生包括上述两种含义的出生。倘若有一个有生命的存在者，其生命不是由潜能过渡到现实，那么如果在这种有生命的存在者中有出发的话，这种出发就完全不包括出生的第一种性质，而可能具有有生命的存在者特有的生育的性质。

在上帝中作为神圣理智自己认识自己的内在行动的神圣言辞的永恒出发，就是如此具有生命的存在者特有的生育的性质。第一，上帝中作为神圣理智自己认识自己的内在行动的神圣言辞的永恒出发，是借着作为生命活动的神圣理解行动的方式而出发；第二，上帝中作为神圣理智自己认识自己的内在行动的神圣言辞的永恒出发，是出于相连的神圣生命的本源；第三，上帝中作为神圣理智的内在行动的神圣言辞的永恒出发，是按照肖像的性质，因为神圣理智的概念就是被理解的存在者的肖像；第四，上帝中作为神圣理智自己认识自己的内在行动的神圣言辞和神圣理解存在于同一神圣本质中，因为在上帝中神圣理解和神圣存在是完全相同的神圣行动。② 因此，在上帝中作为神圣理智自己认识自己的内在行动的神

① *Summa Theologica*, Ia:27:2.

② *Summa Theologica*, Ia:14:4.

圣言辞的永恒出发被称为生育，在上帝中作为神圣理智自己认识自己的内在行动永恒出发的神圣言辞被称为圣子。①

在作为智慧存在者的人类理解中，理解行动不是人类理智的本体本身；因此，在作为智慧存在者的人类理解中，遵循理解行动出发的言辞和发出言辞的理解者两者不属于同一本性。因此，作为智慧存在者的人类理智遵循理解行动而发出言辞，并不具有真正的和完满的生育的性质。但是，上帝在永恒中作为神圣理智自己认识自己的神圣理解就是作为理解者的上帝自己的神圣本体；因为上帝的神圣存在就是上帝的神圣理解，上帝的神圣存在就是上帝的神圣本质，上帝的神圣理解就是上帝的神圣本体。因为上帝的神圣本质或本体本身就是可理解的像，在上帝中的神圣理解、被理解者和可理解的像，以及神圣理解行动本身都是完全相同的，因此上帝的神圣理解本身就是上帝的神圣本质以及上帝的神圣存在。② 因此，上帝中作为神圣理智自己认识自己的神圣理解的内在行动出发的神圣言辞的永恒出发，就是在永恒中享有完全相同的神圣本性的个别实体的永恒出发。在这个意义上，上帝中作为神圣理智自己认识自己的神圣理解的内在行动永恒出发的神圣言辞（神圣智慧），真正地即本义地被称为“受生者”，就是作为神圣位格的圣子。③

在上帝中作为“受生者”的圣子，从作为“生育者”的圣父获得自己作为神圣位格的无限完满的神圣存在和神圣本质，

---

① *Summa Theologica*, Ia:27:2.

② *Summa Theologica*, Ia:14:4.

③ *Summa Theologica*, Ia:27:2:ad2.

因为这作为神圣言辞的出发者在永恒中从另一位(没有本源的神圣本源)出发而享有上帝自己的神圣存在和神圣本质,才得以说获得作为神圣位格的圣子的神圣存在和神圣本质。在上帝自己的神圣存在和神圣本质的卓越完美中,既有以神圣理智在永恒中自己认识自己的神圣理解方式出发的神圣言辞,就是作为神圣位格的圣子,亦有神圣言辞即神圣智慧的“没有本源的神圣本源”,就是作为神圣位格的圣父;①因此,在上帝中具有作为神圣智慧的神圣位格的永恒生出,就是生育;在上帝中作为神圣理智在永恒中自己认识自己的神圣理解的内在行动发出的神圣言辞就是圣子。作为神圣位格的圣子在永恒中具有和作为神圣位格的圣父完全相同的神圣存在和神圣本质,犹如作为“没有本源的神圣本源”的圣父和作为神圣理智在永恒中自己认识自己的神圣言辞的出发者的圣子同样享有全部属于其卓越完美者一样。②

二、作为“受生者”的神圣位格

希拉利指出:“圣父由于赐予者的为首地位是更大的;但获赐同一存在的圣子,并不是更小的。”③就神圣位格在永恒中的神圣起源而言,作为神圣位格的圣父作为“没有本源的神圣本源”具有某种权威和为首地位,就上帝中神圣位格的彼此相同而言,圣父、圣子、圣灵在永恒中是完全相同的神圣位格。作为神圣位格的圣父在永恒中是作为神圣位格的圣子

① *Summa Theologica*, Ia:27:2:ad3.

② *Summa Theologica*, Ia:4:2.

③ Hilaty, *De Trinitate*, 9:54.

和圣灵的本源，作为神圣位格的圣子和圣灵在永恒中从作为神圣位格的圣父获得自己的神圣存在和神圣本质。我们由于圣父是“没有本源的神圣本源”而把某种权威或首位归于作为神圣位格的圣父，但因为圣父、圣子、圣灵在永恒中享有完全相同的神圣存在和神圣本质，我们并不把任何涉及从属或次等的含义归于在永恒中作为神圣位格的圣子和圣灵。作为神圣位格的圣父是“没有本源的神圣本源”，就存在秩序而言是作为神圣位格的圣子和圣灵的神圣本源。作为“没有本源的神圣本源”，作为神圣位格的圣父在永恒中固有的为首地位，揭示出上帝中神圣位格之间存在秩序的“在先”，而不是时间秩序的“在先”。

在上帝中某个神圣位格的固有名称，就是指那使某位格和所有其他位格有所区别者。那使圣父的神圣位格和其他位格有所区别者，正是作为“没有本源的神圣本源”在永恒中自己认识自己生出神圣言辞的父性。因此，表示父性的“圣父”这一位格名称，就是圣父的神圣位格的固有名称。[①] 在上帝中，“圣父”这一名称指示神圣理智自己认识自己的永恒生出的父子关系，“圣父”这一名称所指示的关系同时是作为具有理智本性的个别实体的神圣位格。在上帝中，“位格”这一名称是指示自立于上帝的神圣本质中的位格关系。因为在上帝中凡是属于位格的名称，都是表示关系的名称。在上帝中，“位格”这个名称同时表示本质也表示关系。在某种意义上，“位格”这个名称直接表示神圣本质，间接表示位格关系。在

① *Summa Theologica*, Ia:33:2.

某种意义上,“位格”这个名称直接表示位格关系,间接表示神圣本质。[①] 因此,在上帝中“圣父”这一位格名称指示的关系就是自立于上帝的神圣本质中的位格关系,在上帝中“圣父”这一位格名称指示的位格就是奠基于上帝中神圣理智自己认识自己的神圣言辞的永恒生出的起源关系的神圣位格。

上帝中神圣位格的命名,固然应该根据上帝中神圣位格的完美和终点或完成。在上帝中“父性”表示神圣理智在永恒中自己认识自己的神圣言辞的永恒生出的完成,因此圣父是上帝中作为“没有本源的神圣本源”在永恒中自己认识自己生出神圣言辞的神圣位格的固有名称。上帝中神圣理智在永恒中自己认识自己生出的神圣言辞就是圣子,作为神圣位格的圣子就是在永恒中作为受生者的神圣位格。在作为智慧存在者的人类理智中,言辞只是根据比喻被称为心灵的产物,因此言辞所归属者只是根据比喻被称为父。人类言辞不是自立于人性本质中的存在者,因此作为智慧存在者的人类言辞不能根据本义说是受生者。但是,上帝中神圣理智在永恒中自己认识自己发出的神圣言辞是自立于上帝神圣本质中的神圣位格,因此上帝中神圣理智在永恒中自己认识自己发出的神圣言辞不是根据比喻,而是根据位格名称的本义被称为圣子。[②] 因此,在上帝中神圣言辞(作为神圣位格的圣子)的本源,就是上帝中“没有本源的神圣本源”不是根据比喻,而是根据位格名称的本义就是作为神圣位格的圣父。

---

① *Summa Theologica*, Ia:29:4.

② *Summa Theologica*, Ia:33:2:ad3.

在这个意义上，生出（生育）以及“父性”的名称，如同其他根据其本义称述上帝自己的神圣奥秘的名称，就其所表示的实在而言，首先指称上帝，其次指称受造者，尽管这不是就其所表示的方式而言。因此，圣父这个位格名称就是上帝中“没有本源的神圣本源”的固有名称，圣子这个位格名称就是上帝中作为“受生者”的神圣位格的固有名称。在这个意义上，使徒保罗说：“因此，我在（我们的主耶稣基督的）父面前屈膝，天上地上的一切家族，都是从他而得名。”（弗 3：14–15）个中情形可以如此看出。在上帝中神圣理智自己认识自己的神圣言辞的永恒生出中，作为神圣位格的“生育者”和作为神圣位格的“受生者”两者的形式或神圣本质，在数目方面只是相同的一个。这一事实深刻揭示出，生出（生育）以及随之而来的父性，首先是在上帝中，其次才是在受造者中。因此，在上帝自己的神圣存在和神圣本质中，作为神圣位格的“生育者”和作为神圣位格的“受生者”两者之间的区别，只是就上帝中神圣位格的永恒起源关系方面而言，这一神圣奥秘属于上帝中神圣位格的永恒生出以及父性的真理。①

上帝的神圣本质中具有神圣位格的永恒生出和永恒嘘出，上帝的神圣本质在永恒中就是圣父、圣子、圣灵的神圣位格之间的存在团契。在这个意义上，父性以及子性的完整观念或意义，在永恒中是在圣父和圣子中，因为圣父和圣子的本性和荣耀是完全相同的，圣父和圣子在永恒中享有完全相同

① *Summa Theologica*，Ia：33：2：ad4.

的神圣存在和神圣本质。[①] 前面已经阐述,上帝的神圣理智在永恒中自己认识自己发出作为神圣智慧的神圣言辞,上帝中神圣言辞的发出具有生育的性质,上帝的神圣理智在永恒中自己认识自己发出的神圣言辞就是圣子。[②] 第一,上帝中作为神圣理智自己认识自己的内在行动的神圣言辞的永恒出发,是借着作为生命活动的神圣理解行动的方式而出发;第二,上帝中作为神圣理智自己认识自己的内在行动的神圣言辞的永恒出发,是出于相连的神圣生命的本源;第三,上帝中作为神圣理智的内在行动的神圣言辞的永恒出发,是按照肖像的性质,因为神圣理智的概念就是被理解的存在者的肖像;第四,上帝中作为神圣理智自己认识自己的内在行动的神圣言辞和神圣理解存在于同一神圣本质中,因为在上帝中神圣理解和神圣存在是完全相同的神圣行动。[③]

上帝的神圣理智在永恒中自己认识自己而发出作为神圣智慧的神圣言辞,上帝的神圣理智在永恒中自己认识自己发出的神圣言辞就是圣子。在这个意义上,上帝圣父在永恒中就是圣子的父,上帝圣子在永恒中就是圣父的子。因此,上帝的神圣本质中父性以及子性的完整观念或意义,是在上帝圣父和上帝圣子中。父性以及圣父固有的位格名称,子性以及圣子固有的位格名称,就其完整的观念或意义而言,揭示出上帝中圣父的神圣位格和圣子的神圣位格之间的永恒生出的起

---

① *Summa Theologica*, Ia:33:3.

② *Summa Theologica*, Ia:27:2.

③ *Summa Theologica*, Ia:14:4.

源关系中。[①] 根据巴西略的理解,“接受”是圣子和受造者两者共有的存在源泉。但是,倘若说“接受”是圣子和受造者两者共有的存在源泉,不是根据单一或完全相同的含义,而是根据类比的含义。作为神圣位格的圣子在永恒中从作为神圣位格的圣父获得的神圣存在和神圣本质,是作为神圣位格的圣子因自己的神圣本性而享有的。在这个意义上,作为神圣位格的圣子被称为上帝的独生子:“从来没有人看见上帝;只有在圣父怀里的独生子,将上帝表明出来。”(约 1:18)。[②]

三、“出于真神而为真神”

上帝的神圣理智在永恒中自己认识自己发出作为神圣智慧的神圣言辞,就是作为神圣位格的圣父在永恒中自己认识自己生出作为神圣位格的圣子,就是上帝中神圣位格的永恒生出,这是上帝神圣本质内在生命的深邃奥秘。福音书开篇就这样说:“上帝的儿子,耶稣基督的福音的起头。”(可 1:1)罗马书开篇就这样说:“这福音是上帝从前藉众先知,在圣经上所应许的。论到他儿子我主耶稣基督,按肉体说,是从大卫后裔生的;按圣善的灵说,因从死里复活,以大能显明是上帝的儿子。”(罗 1:2-4)希伯来书开篇就这样说:“上帝既在古时候借着众先知,多次多方地晓谕列祖,就在这末世,借着他儿子晓谕我们。”(来 1:1-2)希伯来圣经中的弥赛亚诗篇说:“耶和华曾对我说:‘你是我的儿子,我今日生你。’”(诗 2:7)

---

① *Summa Theologica*, Ia:33:3.

② *Summa Theologica*, Ia:33:3:ad2.

这是作为神圣位格的圣父和圣子之间的对话，圣子是上帝中神圣位格的第二位，道成肉身的耶稣基督。上帝的神圣本质中既有“圣父和圣子”的位格名称，就有“圣父和圣子”两者的位格关系，奠基于“作为神圣位格的圣父在永恒中生出作为神圣位格的圣子”的事实，就是上帝中神圣位格的永恒生出的事实。①

《约翰福音》序言指出圣子的神性：“太初有道，道与神同在，道就是神。”（约1:1）这节经文可以这样表述说：“太初有圣言，圣言与上帝同在，圣言就是上帝。”第一，太初有圣言。上帝的神圣理智在永恒中自己认识自己发出作为神圣智慧的神圣言辞，上帝的神圣理智在永恒中自己认识自己发出的神圣言辞就是作为神圣位格的圣子。第二，圣言和上帝同在。上帝的神圣理智在永恒中自己认识自己的理解行动是留存在作为理解者的神圣理智中的，上帝的神圣理智在永恒中自己认识自己发出的神圣言辞始终存留在上帝的神圣理智中。因此，作为神圣位格的圣子和作为神圣位格的圣父在永恒中“面对面”地同在。第三，圣言就是上帝。作为神圣位格的圣子在永恒中享有和作为神圣位格的圣父完全相同的神圣存在和神圣本质，作为神圣位格的圣子就是完全的上帝。永恒的圣言就是作为上帝神圣位格的圣子，《约翰福音》序言接着指出作为上帝神圣位格的圣子道成肉身而降世为人的奇妙事实，就是上帝在神圣救赎历史中成就的超越人类理智的奇妙作为：“道成了肉身，住在我们中间，充充满满地有恩典

① *Summa Contra Gentiles*, IV:2.

有真理。我们也见过他的荣光,正是父独生子的荣光。”(约1:14)①

《以赛亚书》清楚预言作为神圣位格的圣子在神圣救赎历史中的道成肉身,同时深刻揭示出道成肉身的圣子的神圣位格:“因有一婴孩为我们而生,有一子赐给我们,政权必担在他的肩头上。他名称为奇妙、策士、全能的上帝、永在的父、和平的君。”(赛9:6)第一,奇妙的策士。这位道成肉身的圣子是奇妙的设计师,有一个永远的神圣救赎计划,借着神圣救赎历史缔造永远荣耀的弥赛亚国度。第二,全能的上帝。作为神圣位格的圣子在永恒中享有和作为神圣位格的圣父完全相同的神圣存在和神圣本质,作为神圣位格的圣子在永恒中就是完全的上帝,全智的上帝,全能的上帝,创造宇宙万物的上帝。第三,永在的父。上帝从无中创造出有形无形的宇宙万物。就创造者和受造者的关系而言,根据其指示上帝自己的神圣本质的含义,“父”这一名称是圣父、圣子、圣灵共同享有的,因为圣父、圣子、圣灵作为创造者是人类以及全部受造者的父。第四,和平的君。道成肉身的神圣使命就是借着神圣救赎历史为人类带来永久和平,因为“他的政权必加增无穷。他必在大卫的宝座上治理他的国,以公平公义使国坚定稳固,从今直到永远。”②

福音书记载耶稣在约旦河领受施洗约翰的洗礼,随即从河水中上来;天忽然为耶稣开了,耶稣看见上帝的圣灵,仿佛

① *Summa Contra Gentiles*, IV:3.

② *Summa Contra Gentiles*, IV:3.

鸽子降下,落在耶稣身上。从天上有声音说:"这是我的爱子,我所喜悦的。"(太 3:17)①圣灵降临在道成肉身的圣子耶稣身上,赋予耶稣展开传道工作的能力权柄;圣父在天庭雷霆般的声音宣告道成肉身的弥赛亚是圣父的爱子,就是作为神圣位格的圣子。圣父、圣子、圣灵三个神圣位格的生命团契在这个场景中向世人显露。福音书记载基督耶稣在门徒面前登山变像,向犹太人说明自己就是那位要来的弥赛亚。耶稣在门徒面前变了形象,脸面明亮如日头,衣裳洁白如光。忽然有摩西和以利亚向门徒显现,同耶稣说话,谈论耶稣为世人受难的奥秘。说话之间,忽然有一朵光明的云彩遮盖他们;并且有声音从云彩里出来说:"这是我的爱子,我所喜悦的,你们要听他。"(太 17:5)圣父在天庭雷霆般的声音宣告道成肉身的弥赛亚是圣父的爱子,就是作为神圣位格的圣子。登山变像是天国景象的一瞥,看见基督在荣耀中,就是基督再次降临在荣耀的弥赛亚国度。

作为神圣位格的圣子是作为神圣位格的圣父在永恒中自己认识自己而生出的独生子:"我们也见过他的荣光,正是父独生子的荣光。"(约 1:14)作为神圣位格的圣父和圣子在永恒中具有完全相同的神圣存在和神圣本质,作为神圣位格的圣子在永恒中是完全的上帝,是三位一体的第二位:"这是真神,也是永生。"(约一 5:20)作为神圣位格的圣子和作为神圣位格的圣父在永恒中具有完全相同的神圣存在和神圣本质,作为神圣位格的圣子在永恒中具有完全的神性,道成肉身的

---

① *Summa Contra Gentiles*, Ⅳ:4.

基督享有上帝自己完全的神圣本质："因为上帝本性一切的丰盛，都有形有体地居住在基督里面。"（西 2:9）[1]作为神圣位格的圣子和作为神圣位格的圣父在永恒中具有完全相同的神圣存在和神圣本质："爱子是那看不见的上帝的像，是首生的，在一切被造的以先……"上帝的神圣理智在永恒中自己认识自己生出作为神圣言辞的圣子，作为神圣位格的圣子和作为神圣位格的圣父在永恒中具有完全相同的神圣存在和神圣本质，作为神圣位格的圣子是有形无形的宇宙万物的创造者，作为神圣位格的圣子同时是神圣创造的荣耀鹄的。（西 1:15-16）

作为神圣位格的圣子和作为神圣位格的圣父在永恒中具有完全相同的神圣存在和神圣本质，作为神圣位格的圣子在永恒中具有完全的神性，希伯来书说："圣子是上帝荣耀所发的光辉，是上帝本体的真像。"（来 1:3）[2]作为神圣位格的圣子在永恒中享有和圣父完全相同的尊贵荣耀，作为神圣位格的圣子在永恒中享有和圣父完全相同的神圣存在和神圣本质。尼西亚信经指出，圣子是上帝（圣父）的独生子，作为神圣位格的圣子在永恒中出于作为神圣位格的圣父，"出于神而为神，出于光而为光"。作为神圣位格的圣子"出于真神而为真神"，作为神圣位格的圣子和作为神圣位格的圣父在永恒中具有完全相同的神圣存在和神圣本质，作为神圣位格的圣子和作为神圣位格的圣父在永恒中具有完全相同的尊贵荣

① *Summa Contra Gentiles*, IV:7.

② *Summa Contra Gentiles*, IV:7.

耀和能力权柄。作为神圣位格的圣子是有形无形的宇宙万物的创造者,并且“常用他权能的命令托住万有。”(来1:3)①上帝的神圣理智在永恒中自己认识自己生出作为神圣智慧的神圣言辞,上帝的神圣理智在永恒中自己认识自己生出的神圣言辞就是作为神圣位格的圣子。

第二节　作为位格称谓的圣言

上帝的神圣理智在永恒中自己认识自己而生出作为神圣智慧的神圣言辞,上帝自己认识自己而生出的神圣言辞在永恒中就是作为神圣位格的圣子。因此,作为神圣理智的内在概念,在上帝中“圣言”这一名称不是指示本质本体的名称,而是位格名称。在上帝中,“圣言”这一位格名称根据本来含义应该归于圣子的神圣位格。在上帝中,根据神圣理智自己认识自己的永恒发出而出发的位格称为圣子,圣子的永恒出发称为生育(generatio)。在上帝中,惟有圣子根据言辞的本来含义(神圣理智的内在概念)称为圣言。因此,作为位格称谓的圣言,是作为神圣位格的圣子的特有名称。根据奥古斯丁的理解,“圣言”这个名称表示的,不但是和圣父的关联,而且是和藉圣言的创造能力获得存在的诸存在者的关联。就上帝中神圣位格的永恒生出而言,圣言这个名称表示圣子和圣父之间的关联。就上帝从无中创造宇宙万物而言,圣言这个名称表示创造者和受造者之间的关联。因此,在圣言的名称

---

① *Summa Contra Gentiles*,Ⅳ:7.

中含有创造者和受造者之间的关联。在这个意义上,圣言就是作为圣子的创造者。

一、神圣理智的内在概念

在上帝中,“圣言”这一名称,就其本义而言,是指示圣子的位格名称,指称上帝的神圣理智在永恒中自己认识自己发出的神圣言辞,就是在永恒中作为神圣位格的圣子,“圣言”绝不是指示上帝本质本体的名称。[①] 奥古斯丁指出:“正如圣子和圣父有关,同样地,圣言和那圣言之归属者有关。”[②]但是,在上帝中圣子是位格名称,因为是根据上帝中作为神圣位格的圣父和圣子之间的起源关系而说的。因此,圣言同样如此。在上帝中圣言是位格名称,因为圣言是根据上帝中神圣理智和神圣言辞之间的相互关系而说的。上帝的神圣理智在永恒中自己认识自己生出作为神圣智慧的神圣言辞,在这个意义上,圣言的永恒生出就是圣子的永恒生出。作为圣言的上帝(圣子)就是在永恒中发出圣言的上帝(圣父),圣父和圣子两者的区别只是“起源关系的对待”:发出圣言的上帝(圣父)和作为圣言的上帝(圣子),在永恒中具有相互对待的分别。因此,在上帝中“圣言”这一名称不是本质本体名称,而是位格名称。在上帝中,“圣言”这一位格名称根据本义应该归于圣子的神圣位格。[③]

在我们(人类)中,“言辞”这个术语根据本义具有三种含

---

① *Summa Theologica*, Ia:34:1.

② Augustine, *The Trinity*, 7:2.

③ *Summa Theologica*, Ia:34:1.

义;第四种含义是根据象征意义。在我们(人类)中,用声音发出的言辞被称为意义更明显而更普遍的言辞。在这外在的言辞中,有两项是自内部发出者,即声音本身和声音表达的意义。声音指示理智的概念,声音也出自想象。凡是没有意义的声音,都不能称为言辞。因此,外在的声音称为言辞,因为声音表达心灵的内在概念。因此,"言辞"根据本义具有三种说法:第一,心灵的内在概念;第二,表达内在概念的声音;第三,声音的像(imaginatio)。大马士革的约翰提出言辞的这三种说法。他说:"言辞"指"理智的天赋行动,理智藉此而理解,如同光一样",这是言辞的第一种含义即心灵的内在概念;"再者,言辞指那"不是用话语发出者,而是"在内心道出者",这是言辞的第三种含义即声音的像;"此外,言辞指天使",即"理智(或理智概念)"的使者或传达者,这是言辞的第二种含义即表达内在概念的声音。① 根据第四种含义,就是象征意义而说的言辞,是指藉言辞表达者或完成者,就是藉言辞表达的信息。例如宇宙万物完成上帝创造的话语,例如君王的使者完成君王命令的话语。②

在上帝的神圣奥秘中,神圣言辞这个称谓是根据本来含义而说的,即根据神圣言辞表达上帝神圣理智的内在概念的含义而说的。因此,奥古斯丁指出:"凡是不仅能够在言辞发出声音以前,而且也能够在用思想描绘其声音之像以前,就理解或领悟言辞者,就已经能够看到那圣言的某种相似或像,关

---

① John of Damascus, *De fide orthodoxa*, 1:13.

② *Summa Theologica*, Ia:34:1.

于此圣言,圣经说:太初有圣言(约 1:1)"①上帝的神圣理智在永恒中自己认识自己生出作为神圣智慧的神圣言辞。作为神圣理智的内在概念,神圣言辞根据自己的原理或性质就表示自己是出自其他存在者,就是出自神圣理解者或神圣领悟者的神圣知识。因此,就"神圣言辞"这一名称在上帝中是根据表达神圣理智内在概念的本来含义而论,"神圣言辞"就是表示某一出自其他存在者的存在者;而"出于其他存在者的存在者"就归于位格名称的性质或范围,因为上帝中神圣位格是根据永恒的起源关系而彼此区别。② 因此,"圣言"这一名称,就其在上帝的神圣奥秘中是根据表达上帝自己神圣理智内在概念的本来含义而论,不应该归于上帝的本质本体,而只应该归于神圣位格。③

有些学者认为,在上帝中,位格名称是根据本来含义而说的,如圣父和圣子。但是,"言辞"却是根据比喻而说的,正如奥里根(Origen)在《约翰福音释义》中说的。因此,在上帝中,言辞不是位格名称。托马斯指出,那些汲取奥里根思想的亚流派学者主张:圣子是因实体或本体的不同而别于圣父。④因为上帝圣子称为圣言,亚流派学者尽力倡导说"圣言"这一名称不是根据言辞的本义而说的,以避免根据自内部发出的言辞的本质,必须承认上帝圣子就是在圣父的实体或本体中;因为内在的言辞是以这种方式出自那发言者,即言辞仍然存

① Augustine, *The Trinity*, 15:10.

② *Summa Theologica*, Ia:32:3.

③ *Summa Theologica*, Ia:34:1.

④ *Summa Theologica*, Ia:32:1:ad1.

在于那发言者本身中。但是,倘若主张上帝的言辞是根据比喻而说的,就必须主张有根据本来含义而说的上帝的言辞。因为只是由于表示或表达的缘故,一存在者可能称为言辞;因为这存在者或者以言辞的资格主动地表达,或者被动地为言辞所表达。如果存在者是为言辞所表达,则应该肯定有表达这存在者的言辞。倘若这存在者是因为向外有所表达而称为言辞,那些存在者向外所表达者,只能是因为表达心灵的内在概念而称为言辞,人类也是用外在记号来表达心灵的内在概念。因此,即使在上帝中"言辞"有时根据比喻而说的,应该肯定上帝中具有根据本来含义而说的圣言,而圣言是指位格而说的。①

有些学者认为,奥古斯丁说:"言辞是和爱相结合的知识"。② 根据安瑟伦指出的:"对于至高无上的精神实体而言,言说只是用思想目睹而已"。③ 但是,在上帝中,知识、思想和目睹,是指本质本体而说的(归于上帝的本质本体)。因此,在上帝中,"言辞"不是指位格而说的。托马斯指出,在那些属于理智者中,没有什么是指位格而说的,只有"圣言"除外,因为只有圣言意指有存在者出自其他存在者。因为理智藉理解而生出者,乃是言辞。但是谈到理智本身,就理智藉理念存在于现实而言,属于绝对讨论(不涉及其他存在者)。同样,谈到理智的理解活动,理解和在现实中的理智的关系,就如同存在和在现实中的存在者的关系;因为理解不是意指从理解

① *Summa Theologica*, Ia:34:1:ad1.

② Augustine, *The Trinity*, 9:10.

③ Anselm, *Monologium*, 63.

者向外发出的活动，而是意指留存在理解者中的活动。至于说言辞是“知识”，不是以“知识”意指认识者的理智行动或习性，而是意指那理智藉认识领悟或孕育而生出者。因此，奥古斯丁也说，圣言是“受生的智慧”，①就是那智慧存在者的领悟或孕育本身；这受生的智慧同样可以称为受生的知识。可以根据同样的方式来解读安瑟伦：对于上帝而言，言说就是“用思想目睹”。在这个意义上，圣言是藉上帝思想的目睹而被领悟或受孕而生出。但是，“思想”这个名称不是根据本义归于上帝圣言；因为奥古斯丁说：“如此称为上帝圣言，而不能称为上帝的思想；是避免有人想象在上帝中有漂浮不定者，即某存在者现在获得言辞的形式而成为言辞，却又能够抛弃这种形式，成为隐秘的和无形式的。”②因为思想根据本来含义而言是探究真理，但是在上帝中没有这种探究。当理智已经获得真理的形式或达到真理的境界时，理智不再思想，理智是在全面静观或观赏真理。因此，安瑟伦是以“思想”代替“静观或观赏”，不是根据“思想”的本来含义而说的。③

有些学者认为，言说归于言辞的观念。但是，根据安瑟伦说的：正如圣父是理解者，圣子是理解者，圣灵是理解者；同样地，圣父是言说者，圣子是言说者，圣灵是言说者。这是对于圣父、圣子、圣灵三位而说的。④ 因此，在上帝中，“言辞”这一名称，是指本质本体而说的，而不是指位格而说的。托马斯指

---

① Augustine, *The Trinity*, 7:2.

② Augustine, *The Trinity*, 15:16.

③ *Summa Theologica*, Ia:34:1:ad2.

④ Anselm, *Monologium*, 62.

出，正如根据其本来含义而言，在上帝中，圣言是指位格而说的，不是指本质本体而说的；同样地，言说也是如此。因此，正如圣言不是圣父、圣子和圣灵共有的名称，同样地，认为圣父、圣子和圣灵是一个言说者或说话者，也不是真实的。因此，奥古斯丁说："在上帝中，用那同为永恒的圣言说出者或那发出同为永恒的圣言者，不是指上帝的每一位。"①但是，被说出却归于上帝的每一位；因为被说出者，不但有言辞，而且有藉言辞理解或表达的存在者。因此，在上帝中，以言辞被说出的方式的"被说出"，只归于上帝的一位（圣子）；但是以存在者在神圣理智的言辞中被说出的方式的"被说出"，可以归于上帝的每一位（圣父、圣子、圣灵）。因为圣父是因理解自己（圣父）、圣子、圣灵和自己的知识包罗的一切，而领悟或孕育出圣言；如此，作为圣父、圣子、圣灵的上帝以及全部受造者，都是用圣言被说出，犹如人的理智是用自己藉理解石头而领悟或孕育的言辞，说出石头。但是安瑟伦不是根据"说出"的本义，而以"说出"代替"理解"。然而，言说和理解两者并不相同。因为理解只包含理解者和被理解者的关系；在理解者和被理解者的关系中没有任何起源的观念或性质，只在我们的理智中有某种成形，即理智藉被理解者的形式而成为现实或实际理解。但是，在上帝中有完全的相同；因为在上帝中神圣理智和被理解者是完全相同的。② 但是言说或说出，却主要地含有和被领悟或孕育的言辞的关系；因为言说或说出，无非

① Augustine, *The Trinity*, 7:1.

② *Summa Theologica*, Ia:14:2.

就是发出言辞而已。但是言说或说出,也借着言辞而含有和被理解者的关系,这关系是借着被发出的言辞而显示给理解者。因此,在上帝中,只有那发出圣言者,是言说者或说出者;但是,每一位都是理解者和被理解者,因此,每一位都是用言辞被说出者。①

有些学者认为,没有任何上帝的位格是被完成的。但是,上帝的言辞却是被完成的。因为《诗篇》这样说:"闪电、冰雹、霜雪和云雾,以及完成他(上帝)话语的狂风暴雨。"(诗148:8)因此,在上帝中,"言辞"并不是位格名称。托马斯指出,"言辞"作为被完成者,不是根据上帝中"言辞"的本义(神圣理智的内在概念),而是根据"言辞"的象征含义或寓义。"言辞"的象征含义或寓意是指那藉"言辞"表达者或完成者,就是"言辞"表示或传达的信息,就是话语。正如我们常常如此说:"这(某某事)就是我对你所说的话(言辞),或就是君王命令的话(言辞)",这是在指明借着言辞(或传话)表达的信息之后说的,无论这言辞是以陈述的方式说的,或是以命令的方式说的。因为也如此说受造者完成上帝的话语,上帝借着话语创造有形无形的宇宙万物,"诸天藉耶和华的命而造,万象藉他口中的气而成"(诗33:6),这是指受造者完成为上帝神圣智慧领悟的圣言设计安排的效果;同样,当某人完成君王的话语促使他成就的工作时,就说某人完成了君王的话语。②

① *Summa Theologica*, Ia:34:1:ad3.

② *Summa Theologica*, Ia:34:1:ad4.

二、圣子位格的特有名称

奥古斯丁指出："圣言只意指圣子。"[①]因此，在上帝中，根据本来含义而说的圣言意指神圣位格，圣言是圣子位格的特有名称。因为言辞意指理智的某种涌出(emanatio)；上帝的神圣理智在永恒中自己认识自己生出作为神圣智慧的神圣言辞。约翰福音序言说："太初有圣言，圣言与上帝同在，圣言就是上帝。"(约1:1)第一，太初有圣言。上帝的神圣理智在永恒中自己认识自己发出的神圣言辞就是作为神圣位格的圣子。在这个意义上，圣言在永恒中就是作为神圣位格的圣子。第二，圣言和上帝同在。上帝的神圣理智在永恒中自己认识自己的理解行动留存在作为理解者的神圣理智中，上帝在神圣理智在永恒中自己认识自己发出的神圣言辞始终存留在上帝的神圣理智中。因此，作为圣言的圣子和作为发言者的圣父在永恒中"面对面"地同在。第三，圣言就是上帝。作为神圣位格的圣子在永恒中享有和作为神圣位格的圣父完全相同的神圣存在和神圣本质，作为神圣位格的圣子是完全的上帝。在上帝中，根据神圣理智的发出而出发的位格称为圣子，而圣子的出发称为生育(generatio)。[②] 在上帝中，惟有圣子根据言辞的本来含义(神圣理智的内在概念)而称为圣言。[③] 因此，作为位格称谓的圣言，是作为神圣位格的圣子的特有称谓。[④]

---

① Augustine, *The Trinity*, 6:2.

② *Summa Theologica*, Ia:27:2.

③ *Summa Theologica*, Ia:34:2.

④ Thomas Aquinas, *Commentary on the Gospel of John*. 1, lect. 1, n.25.

有些学者认为，在上帝中，圣子是自立的神圣位格。可是“言辞”并不意指自立的存在者，正如在我们（人类）中显示的那样。因此，圣言不可能是圣子位格的特有名称。托马斯指出，在我们（人类）中，存在和理解并不相同；因此在我们（人类）中，那存在于理解中者，并不属于我们（人类）的本性。但是，上帝的神圣存在就是上帝的神圣理解本身；上帝的神圣理解本身就是上帝的神圣本质。[①] 在上帝中，那存在于神圣理解中者（神圣言辞），属于上帝的神圣本性。因此，上帝的神圣理智在永恒中自己认识自己发出的圣言不是在上帝中的属性或某种效果，而是属于上帝的本性本身。因此，上帝的神圣理智在永恒中自己认识自己发出的圣言（神圣理智的内在概念）应该是某一自立的存在者；因为在上帝本性中的一切都是自立的。在这个意义上，大马士革的约翰说：上帝圣言“是实体或本体，是自立的存在者；可是其他的言辞”，即是我们（人类）的言辞，不是实体或本体，不是自立的存在者，“却是灵魂的能力”。[②] 因此，圣言是圣子位格的特有名称。[③]

有些学者认为，言辞是以某种被发出的方式出自发言者。因此，倘若圣子是上帝中根据本义而说的圣言，圣子就只能是以被发出的方式出自圣父。而这是瓦伦提诺（Valentinus）的异端，正如奥古斯丁指出的。[④] 托马斯指出，瓦伦提诺的错谬遭到谴责，不是因为瓦伦提诺认为圣子是以被发出的方式而

① *Summa Theologica*, Ia:14:4.

② John of Damascus, *De fide orthodoxa*, 1:13.

③ *Summa Theologica*, Ia:34:2:ad1.

④ Augustine, *De haeresibus*, 11.

生出,像亚流派错误理解的那样,如希拉利引述的;[①]而是由于瓦伦提诺主张的圣子的被发出的不同方式,根据奥古斯丁的上述阐述,[②]可以清楚地看出。[③] 因此,圣子就是上帝中根据本来含义而说的圣言。言辞总是以某种被发出的方式出自发言者,上帝的神圣理智在永恒中自己认识自己而发出作为神圣智慧的神圣言辞,上帝的神圣理智在永恒中自己认识自己而发出的神圣言辞就是作为神圣位格的圣子。作为圣言的圣子就是作为神圣理智在永恒中自己理解自己的内在概念,就是作为"被理解者的肖像"[④],出自作为发言者的圣父。作为圣言的圣子在永恒中以神圣理智发出言辞的方式出自作为发言者的圣父。在这个意义上,圣言就是圣子位格的特有名称。

有些学者认为,一神圣位格的一切特有名称,都指示此神圣位格的某种特征。因此,如果圣言是圣子的特有名称,那么圣言就指示圣子的某种特征。如此在上帝中,就将具有比前面数算的[⑤]更多的特征。托马斯指出,"圣言"这一位格名称指示的位格特征,和"圣子"这一位格名称指示的神圣位格特征,是同一特征。在这个意义上,奥古斯丁指出:"称为'圣子'的理由,也就是称为'圣言'的理由。"[⑥]因为作为神圣位

① Hilary, *De Trinitate*, 6:9.

② Augustine, *De haeresibus*, 11.

③ *Summa Theologica*, Ia:34:2:ad2.

④ *Summa Theologica*, Ia:27:2.

⑤ *Summa Theologica*, Ia:32:3.

⑥ Augustine, *The Trinity*, 7:2.

格的圣子的永恒出生是圣子的位格特征，而这永恒出生可以用不同的名称加以表达，把这些名称归于圣子，是为着指出作为神圣位格的圣子和圣父是同性同体的；称圣子位格为“光辉”，是为着指出圣子和圣父是同为永恒的；称圣子位格为“肖像”，是为着指出圣子和圣父就神圣本质而言是完全相同的；称圣子位格为“圣言”，是为着指出圣子的永恒出生不是以质料的方式出生，而是以上帝在永恒中自己认识自己的“神圣理智的内在概念”的方式出生。圣子的永恒出生用不同的名称加以表达，这是因为无法找到一个名称，用以来阐述上述一切。[1]

有些学者认为，无论谁理解，都会因理解而领悟或孕育言辞(理智的内在概念)。但是，圣子理解。因此，也应该有某种言辞属于作为理解者的圣子，圣子会因理解而领悟或孕育某种作为内在概念的言辞。如此则称为圣言，并不是圣子位格特有的。托马斯指出，把“是上帝”的神圣本质归于圣子的方式，也就是把“是理解者”的神圣本质归于圣子的方式；因为在上帝中，神圣理解是指本质本体而说的。圣父是理解者，圣子是理解者，圣灵是理解者。上帝是以一个单纯的理解行动理解一切，在上帝中不可能具有出于圣言的圣言，在上帝中只有一个完善的圣言。[2] 在上帝中圣言不是圣父、圣子和圣灵共享的位格名称，正如前面已经阐述的。[3] 但是圣子是作为受生者的上帝，而不是作为生者的上帝。因此，作为神圣位

---

① *Summa Theologica*, Ia:34:2:ad3.

② *Summa Theologica*, Ia:27:5:ad3.

③ *Summa Theologica*, Ia:34:1:ad2,3.

格的圣子在永恒中固然是理解者,却不是作为发出言辞者,而是作为出发的圣言或被发出的圣言;这是因为在上帝中,那被出发或出发的圣言,和上帝自己认识自己的神圣理智之间没有实在的差别,只因上帝中神圣位格永恒生出的起源关系而和圣言的本源有区别而已。①

有些学者认为,圣经论及圣子说:"(圣子)常用他权能的命令(言辞)托住万有。"(来1:3)巴西略根据这节圣经认为圣灵是圣子的言辞。② 因此,称为圣言,并不是圣子特有的。托马斯指出,把"(圣子)常用他权能的命令(言辞)托住万有"这节圣经用于圣子,"言辞"的含义不是根据上帝中言辞的本义(神圣理智的内在概念),而是取"言辞"的象征含义或寓义,意指言辞的效果,就是那藉"言辞"表达者或完成者。③例如君王命令的话语。在上面这节经文中,"言辞"的象征含义或寓意,意指那藉"言辞"完成者。因此,希伯来书那里的"注解"(拉丁通行本注解)说,"言辞"是意指"命令";这是因为基于圣言的权能的效果,万物得以保存自己的存在,犹如基于圣言的权能的效果,万物获得自己的存在一样。至于巴西略把"言辞"解释为圣灵,他的解说不是根据上帝中"言辞"的本来含义,而是根据"言辞"的象征意义或寓意,如同凡是显示某人者,都可以称为某人的言辞;如此,称圣灵为圣子的言辞的理由,就是因为圣灵显示圣子。④

---

① *Summa Theologica*, Ia:34:2:ad4.

② Basil, *Contra Eunom*, 5:11.

③ *Summa Theologica*, Ia:34:1.

④ *Summa Theologica*, Ia:34:2:ad5.

三、作为圣子的创造者

奥古斯丁指出:"'圣言'这个名称表示的,不但是和圣父的关联,而且也是和藉圣言的创造能力获得存在的诸存在者的关联。"①就上帝中神圣位格的永恒起源即神圣位格的永恒生出而言,圣言这个名称表示圣子和圣父之间的关联。就上帝从无中创造宇宙万物而言,圣言这个名称表示创造者和受造者之间的关联。② 托马斯指出,在圣言的名称中含有创造者和受造者之间的关联。因为上帝藉认识自己而认识一切受造者。而在灵智中领悟的言辞,却是在表达实际被理解的一切存在者。因此,在我们(人类)中,根据我们(人类)理解的许多不同存在者,而有许多不同的言辞。但是因为上帝是以同一个单纯行动理解自己和万物,因此上帝的唯一圣言,不但言说圣父,而且言说受造者。正如上帝对于自己的知识,固然只是认识,但是对于受造者的知识,既是认识也是创造;同样地,上帝的圣言,对于那在上帝圣父中者,只是言说,但对于受造者,既言说也创造。因此,《诗篇》说:"因为他说有,就有;命立,就立。"(诗 33:9)因为在圣言中,含有创造那由上帝创造的受造者的工作。③

有些学者认为,一切意指在受造者中的效果的名称,在上帝中,都是指本质本体而说的。可是圣言不是指本质本体而

① Augustine, *Lib* 83,63.

② Thomas Aquinas, *Commentary on the Gospel of John*. 1, lect. 1, n.27.

③ *Summa Theologica*, Ia:34:3.

说的,而是指位格而说的,正如前面已经阐述的。① 因此,在圣言的名称中并不含有和受造者的关联。托马斯指出,在"位格"的名称中,间接地含有上帝的本质本体;因为位格是具有理性本性的个别实体。因此,在"位格"的名称中,就上帝中神圣位格之间的永恒关系而言,不含有和受造者的关联;但在神圣位格属于本质本体的方面而言,位格名称却含有创造者和受造者的关联。因此,就在位格名称的意义中包括上帝的本质本体而言,指出在位格的名称中含有创造者和受造者的关联,是深刻而准确的。因为正如"是圣子或圣子的名称"是圣子特有的;同样地,"是受生的上帝"(就是作为受生者的上帝),或者"是受生的创造者"(就是作为受生者的创造者),也是圣子特有的。在这个意义上,圣言作为圣子位格的特有名称,意指作为受生者的创造者。就是以这种方式,在"圣言"的名称中,含有创造者和受造者的关系。②

有些学者认为,上帝中那些和受造者有关联的名称,都是在时间中或伴随时间归于或用于上帝,例如主和创造者。可是圣言却是在永恒中就归于上帝。因此,在圣言的名称中并不含有和受造者的关联。托马斯指出,关系是根据行动或动作而存在的。有些名称意指或含有上帝和受造者的关系,而上帝和受造者的关系是根据上帝的及于外在效果的创造、治理等外在行动或动作而存在的;这样的名称是在时间中用于或归于上帝。可是有些名称含有的关系,不是根据及于外在

① *Summa Theologica*, Ia:34:1.

② *Summa Theologica*, Ia:34:3:ad1.

效果的外在行动而存在的，而是根据留存在主动者中的神圣认识、神圣意志等内在行动而存在的；这样的名称则不是在时间中归于或用于上帝，而是在永恒中归于上帝。在“圣言”的名称中含有的，就是这样的和受造者的关系。同时，说一切含有上帝和受造者的关系的名称，都是有时间性的或伴随时间而说的，这并不正确；只有那些含有根据上帝及于外在效果的创造、治理等外在行动或动作而存在的创造者和受造者之间的关系的名称，才是有时间性的或在时间中而说的。①

有些学者认为，圣言含有和圣言本源的关联。因此，如果圣言含有和受造者的关联，那么圣言就是出自受造者了。因此，在圣言的名称中并不含有和受造者的关联。托马斯指出，上帝认识受造者，不是借着上帝从受造者获得的知识，而是藉上帝自己的本质本体认识受造者。上帝在永恒中具有完美的知识。上帝在永恒中是纯粹现实，在上帝中自己认识自己的神圣理智和被理解者是完全同一的。在上帝中被理解者就是上帝的神圣理智本身。因此，上帝的神圣理智在永恒中藉自己理解自己，上帝的神圣理智在永恒中藉自己领悟自己。②上帝藉自己的神圣本质认识受造者，上帝藉自己的神圣本质同时而完整地认识受造者。奥古斯丁指出：“上帝不是个别地或一个一个地看一切，好像是用变换的目光从这里转看到那里，又从那里转看到这里，而是同时或完整地看见一切。”③上帝在自己中同时而完整地看见自己创造的宇宙万物，上帝

① *Summa Theologica*, Ia:34:3:ad2.

② *Summa Theologica*, Ia:14:2.

③ Augustine, *The Trinity*, 15:14.

藉自己的神圣本质同时而完整地认识自己创造的宇宙万物。因此,即使圣言表述受造者,圣言却不必出自受造者。①

有些学者认为,上帝藉主动理智创造宇宙万物,上帝神圣理智中的神圣理念(ideas)是根据和受造者的不同关联而有许多不同的。因此,如果圣言含有和受造者的关联,那么在上帝中就不是只有一个圣言,而是有许多圣言。因此,在圣言的名称中并不含有和受造者的关联。托马斯指出,上帝的神圣理智中"理念"的名称,主要是为表示创造者和受造者的关联而起的;上帝藉主动理智创造宇宙万物,在上帝的神圣理智中具有宇宙秩序的理念,在上帝的神圣理智中具有全部受造者的理念,因此在上帝的神圣理智中具有许多理念②,因而在上帝中理念的名称也用复数,此外"理念"这名称也不是位格名称。但是"圣言"的名称,首先而主要地是为表示上帝自己的神圣本质中作为发言者的神圣位格和作为发出的言辞的神圣位格之间的永恒起源关系而起的,其次才表示作为"圣言"的创造者和受造者之间的关系,这是因为上帝藉理解自己而理解神圣理智中的全部理念,上帝藉理解自己而理解作为受造者的宇宙万物。因此,在上帝中只有唯一的圣言,而且是指位格说的。③

有些学者认为,倘若在圣言的名称中含有和受造者的关联,这无非是因为上帝认识受造者。但是上帝不但认识存在者,而且认识非存在者。这意味着在圣言的名称中也含有和

---

① *Summa Theologica*, Ia:34:3:ad3.

② *Summa Theologica*, Ia:15:2.

③ *Summa Theologica*, Ia:34:3:ad4.

非存在者的关联,而这似乎是错误的。因此,在圣言的名称中并不含有和受造者的关联。托马斯指出,上帝的圣言和非存在者的关系,就如同上帝的知识和非存在者的关系;上帝认识一切以任何方式存在者。那些绝对地不存在者,并非不可能以某种方式存在。那些不是实际存在的非存在者,却是存在于"能力"(potentia)中,或者存在于上帝自己的能力中,或者存在于受造者的能力中,或者存在于主动的能力中,或者存在于被动的能力中,或者存在于思考、想象或可以用任何方式表达的能力中。因此,凡是受造者能够做的、能够想的、能够说的一切,连上帝自己能够做的一切,都在上帝的知识中,即使这些非存在者尚未存在。因此,上帝不但认识存在者,而且认识非存在者。上帝对于这些只是存在于上帝自己或受造者能力中的非存在者具有单纯领悟的知识。① 因为在上帝的圣言中具有的,一点也不少于在上帝的知识中具有的,正如奥古斯丁阐述的。② 但是圣言对于存在者而言,既是表述者,也是创造者;而对于非存在者而言,圣言则只是表述者和揭示者。③

第三节　作为位格称谓的肖像

倘若构成或符合肖像(de Imago)的本质或观念,必须具备两个基本条件:第一,此存在者具有出自另一存在者的存在意义的起源关系(在上帝中,某神圣位格具有出自另一神圣

---

① *Summa Theologica*, Ia:14:9.

② Augustine, *The Trinity*, 15:14.

③ *Summa Theologica*, Ia:34:3:ad5.

位格的存在意义的永恒起源关系);第二,作为肖像的存在者和作为起源的存在者在存在者的本性方面相似,或者至少在本性的表记方面相似(在上帝中,作为肖像的神圣位格和作为起源的神圣位格享有完全相同的神圣本质)。在上帝中,肖像这个名称,是位格名称。在上帝的神圣理智和神圣意志之间具有这样的区别,即神圣理智成为现实是藉由被理解者根据自己的肖像存在于理智中,而神圣意志成为现实是由于意志具有对于被渴慕者的倾慕。在上帝中作为神圣意志的内在行动永恒出发的神圣位格,犹如是被吹出的生命气息,却不是被称为肖像。因此,肖像是圣子位格的特有称谓。作为神圣位格的圣子在永恒中从作为神圣位格的圣父获得自己的神圣存在和神圣本质,作为神圣位格的圣父和作为神圣位格的圣子在永恒中享有完全相同的神圣存在和神圣本质。圣经说:“爱子是那不能看见的上帝(圣父)的肖像。”

一、位格在永恒起源中共享本质

肖像(imago)这一名称就本来含义而言,不是单纯地意指存在者自身,而是意指存在者之间的关系而说的。肖像这一名称就本来含义而言,是意指存在者之间的起源关系以及相似关系而说的。关于肖像这一名称就本来含义而言意指存在者之间的关系,奥古斯丁说:“还有什么比说‘肖像是针对自己而说的’更为荒谬呢?”[①]因此,把肖像单纯地理解为存在者自身就其自身而言,而不是就存在者之间的关系而言的名称

① Augustine, *The Trinity*, 7:1.

是荒谬的,因为肖像这一名称,是在作为原型的存在者和作为肖像的存在者之间的起源关系中意指从作为原型的存在者而获得存在的作为肖像的存在者,同时是在作为原型的存在者和作为肖像的存在者之间的起源关系中意指作为原型的存在者和作为肖像的存在者共享的存在者本质或形式。作为肖像的存在者不能被理解为是单独的存在者,而是必定被理解为在和其他存在者的关系中的存在者,因为作为原型的存在者和作为肖像的存在者始终是在彼此关系中的存在者。因此,在上帝中,肖像是意指神圣位格(和其他神圣位格之间的永恒起源)关系而说的。因此,在上帝中,肖像是位格名称。①

肖像的本质或观念中含有作为原型的存在者和作为肖像的存在者两者之间的相似。但是,并不是任何一种相似都足以构成或符合肖像的本质或观念,只有那在存在者的本性方面的相似,或至少在存在者本性的表记方面的相似,才足以构成或符合肖像的本质或观念。② 例如,有形存在者的本性表记似乎主要是形状;因为我们看见不同本性的动物,是因为不同本性的动物具有不同的形状,而不是因为不同本性的动物具有不同的颜色。因此,倘若把某有形存在者的颜色绘在墙壁上,没有人说那是有形存在者的肖像,除非也在墙壁上绘出有形存在者的形状。但是,只是具有存在者的本性方面的相似或本性表记方面的相似,仍然不足以构成或符合肖像的

① Thomas Aquinas, *Commentary on the Gospel of John*.14, lect.2, n.1879.

② *Summa Theologica*, Ia:35:1.

本质或性质。倘若构成或符合肖像的本质或观念，作为原型的存在者和作为肖像的存在者之间必须具有存在意义的起源关系。正如奥古斯丁指出的，这个鸡蛋并不是那个鸡蛋的肖像，因为这个鸡蛋并不是出自那个鸡蛋。[①] 因为两个鸡蛋之间不具有存在意义的起源关系，尽管两个鸡蛋具有存在者的本性方面的真实相似，这个鸡蛋不可能是那个鸡蛋的肖像。

因此，倘若构成或符合肖像的本质或观念，使某存在者真正可以称为肖像，必须具备两个基本条件：第一，此存在者具有出自另一存在者的存在意义的起源关系（在上帝中，某神圣位格具有出自另一神圣位格的存在意义的起源关系）；第二，作为肖像的存在者和作为起源的存在者在存在者的本性方面相似，或者至少在本性的表记方面相似（在上帝中，作为肖像的神圣位格和作为本源的神圣位格具有完全相同的神圣本质）。在上帝中，神圣理智是根据实际或现实的理解而和被理解者完全同一。上帝自己认识自己的神圣理解既然是上帝的最高完美，上帝的神圣理智在永恒中自己认识自己发出的作为神圣智慧的圣言和发出圣言的神圣理智，必然完全相同。[②] 在上帝中，神圣言辞的永恒出发具有生育的性质，因为圣言的永恒出发是借着作为生命活动的神圣理解的内在行动的方式出于“没有本源的本源”，同时根据肖像的本质或性质，因为神圣理智的内在概念就是被

① Augustine, *Lib* 83, 74.

② *Summa Theologica*, Ia:27:1:ad2.

理解者的肖像。在上帝中,那些意指出发或起源者的名称,都归于位格。因此,在上帝中,“肖像”这个名称,是位格名称。①

有些学者认为,奥古斯丁指出:“三位一体的上帝性和肖像是独一无二的,人就是按照这肖像被创造的。”②因此,肖像是指上帝的本质本体而说的,而不是指神圣位格而说的。托马斯指出,肖像根据本义而言是指那效法另一存在者而出发者或产生者。确切地说,肖像根据本义而言是指效法作为原型的存在者而出发者或产生者。肖像的本质或观念中含有的相似就是作为原型的存在者和作为肖像的存在者两者之间在存在者本性方面或本性表记方面的相似。至于那为出发者或出生者效法的存在者,就是作为出发者或出生者的存在起源的存在者,根据本义称为原型,却不是根据其本义称为肖像。在这个意义上,上帝创造人所根据或效法的肖像根据本义而言就是上帝创造人所根据或效法的原型。因此,作为位格名称,肖像在上帝中意指神圣位格(和其他神圣位格之间的永恒起源)关系。作为上帝创造人的原型,肖像这个名称不是根据本义而说的,而是意指三位一体的上帝性。因此,奥古斯丁说:三位一体的上帝性就是上帝创造人所根据或效法的肖像时,就是如此用“肖像”这一名称(以肖像指原型)。③

有些学者认为,希拉利说:“肖像是那肖像所效法或相似

① *Summa Theologica*, Ia:35:1.

② Augustine, *De fide ad Petrum*, I.

③ *Summa Theologica*, Ia:35:1:ad1.

的存在者的在本性方面没有差别的本质或形式。”①但是,存在者的本质或形式,在上帝中都是指本质本体而说的。因此,肖像也是如此。肖像是指上帝的本质本体而说的,而不是指神圣位格而说的。托马斯指出,在希拉利关于肖像的定义中的本质或形式,意指一存在者在自身中具有的由另一存在者引出(出发或起源)的形式。确切地说,在希拉利关于肖像的定义中的本质或形式,意指作为肖像的存在者在自身中具有的由作为原型的存在者(就是作为肖像的存在者的存在起源)获得的本质或形式。在这个意义上,在希拉利关于肖像的定义中的本质或形式,意指根据作为原型的存在者和作为肖像的存在者之间的存在意义的起源关系而共享的存在者的本质或形式。在上帝中,在希拉利关于肖像的定义中的本质或形式,意指作为“没有本源的本源”的神圣位格和作为“出于本源的本源”的神圣位格借着存在意义的永恒起源关系而共享的神圣本质。肖像就是根据这种方式称为一存在者的本质或形式,如同那因具有和某存在者相似的形式而和某存在者相似者,也称为此存在者的形式一样。②

有些学者认为,“肖像”这个名称的本质或观念,来自效法或摹拟,其中含有先后秩序(作为原型的被摹拟者在先,作为肖像的摹拟者在后)。但是在上帝的神圣位格间,并没有先后秩序。因此,在上帝中,肖像不可能是位格名称。托马斯

① Hilary, *De synod*, 12. On the Synod of Ancyra, 358, against semi-Arianism.

② *Summa Theologica*, Ia:35:1:ad2.

指出,在上帝中神圣位格的永恒起源关系中,作为肖像的神圣位格(出于本源的本源)对于作为原型的神圣位格(没有本源的本源)的"效法",就是作为肖像的神圣位格(出于本源的本源)从作为原型的神圣位格(没有本源的本源)的永恒出发。作为肖像的神圣位格(出于本源的本源)从作为原型的神圣位格(没有本源的本源)的永恒出发,就是上帝的神圣理智在永恒中自己认识自己而生出作为神圣智慧的神圣言辞。上帝的神圣理智在永恒中自己认识自己而生出神圣理智的内在概念,就是在上帝中"作为被理解者的肖像"。① 因此,神圣位格的永恒出发固然具有神圣位格在永恒起源关系中的先后秩序(在这个意义上,由于圣父是"没有本源的本源"而把某种权威或首要地位归于圣父),却不意指时间中的先后秩序,而是意指神圣位格在永恒起源关系中共享神圣本质。②

二、圣子位格的特有名称

在上帝中,肖像作为位格名称,是圣子特有的。奥古斯丁指出:"惟有圣子是圣父的肖像。"③希腊教父在阐述圣灵的神圣本质时通常都主张圣灵是圣父和圣子的肖像,因为圣灵在永恒中从圣父出发而具有和圣父完全相同的神圣本质,圣灵在永恒中也从圣子出发而具有和圣子完全相同的神圣本质。④ 但

① *Summa Theologica*, Ia:27:2.

② *Summa Theologica*, Ia:35:1:ad3.

③ Augustine, *The Trinity*, 6:2.

④ e. g. Gregory Thaumaturgus, *Expositio fidei*; Athanasius, *Epist. I ad Serap.*, 20&24; Cyril of Alexandria, *Thesaurus* 33.

是拉丁教父跟随圣经书卷的用法,只把肖像的位格名称保留给圣子;因为在圣经正典书卷中只对于圣子有肖像的说法。歌罗西书说:“爱子是那不能看见的上帝的肖像,是首生的,在一切被造的以先;”(西1:15)希伯来书说:“他(圣子)是上帝荣耀所发的光辉,是上帝本体的真像”。(来1:3)有些教父指出和上述结论相关的理由,是由于圣子和圣父之间的相同,不仅是在神圣本性方面,而且是在作为本源的表记方面①;而在本源表记方面,圣灵既不同于圣子,也不同于圣父。但这些理由似嫌不足。因为正如在上帝中,相等和不相等不是根据关系来衡量,如奥古斯丁阐述的那样;②同样的,“肖像”的本质或观念要求的存在者本性方面以及本性表记方面的相似,也是如此。③

因此,有些教父说,圣灵不能称为圣子的肖像,因为肖像不能再有肖像。圣灵不能称为圣父的肖像,因为肖像是直接和那肖像的原型有关,而圣灵却是经由圣子(间接)和圣父有关。圣灵也不是圣父和圣子的肖像,因为倘若如此,圣灵就是圣父和圣子两者的同一肖像,这似乎是不可能的。因此,无论以何种方式,圣灵都不是肖像。但是上述的论证却没有价值可言。因为圣父和圣子是圣灵的同一个本源,正如奥古斯丁指出的那样:“圣父和圣子不是圣灵的两个本源,而是一个本源。”④在“作为圣灵的本源”这一点上,作为神圣位格的圣父

---

① *Summa Theologica*, Ia:32:3.

② Augustine, *Contra Maximinum*, II:14.

③ *Summa Theologica*, Ia:35:2.

④ Augustine, *The Trinity*, 5:14.

和圣子彼此不因在永恒中的位格关系而对立，因此作为神圣位格的圣父和圣子在永恒中是圣灵的同一个本源。作为神圣位格的圣父和圣子，因为“本源”这名称表示的神圣特征的单一性或同一性而是圣灵的一个本源。[①] 作为神圣位格的圣父和圣子在永恒中是圣灵的同一个本源，因为“本源”这个名称的内涵，已经同时意指两个位格。因此，就圣父和圣子作为圣灵的同一个本源而言，圣父和圣子共同具有一个肖像（圣灵），这并非不可能，因为甚至人也是圣父、圣子、圣灵的同一个肖像。[②]

关于肖像的名称唯独归于圣子的结论，应该提出另一种理由。正如圣灵虽然像圣子一样，因自己从圣父的永恒出发而获得圣父的神圣本性，却并不因此称为出生者（natus）；同样地，虽然圣灵像圣子一样，因自己从圣父的永恒出发获得和圣父相同的神圣本性，却也并不因此称为肖像。因为圣子的永恒出发是上帝中作为神圣理智自己认识自己的神圣言辞的永恒出发，作为神圣智慧的神圣言辞的本质或观念，含有和作为神圣言辞永恒出发的“没有本源的本源”的神圣理智在神圣本性上的完全相同。在上帝中神圣理智在永恒中自己认识自己的神圣理解和被理解者之间具有完全相同的神圣本性，神圣理智的内在概念就是被理解者的肖像。[③]

圣灵的永恒出发是上帝中作为神圣意志自己爱慕自己的神圣爱情的永恒出发，在上帝中，圣灵的永恒出发并不称为生

① *Summa Theologica*, Ia:36:4.
② *Summa Theologica*, Ia:35:2.
③ *Summa Theologica*, Ia:27:2.

育。因为在神圣理智和神圣意志之间具有这样的区别，即神圣理智成为现实（实际完成理解行动），是藉由被理解者根据自己的肖像存在于理智中；而神圣意志成为现实，不是藉由被渴慕者的肖像存在于神圣意志中，而是由于神圣意志具有对于被渴慕者的倾向。在上帝中作为神圣意志的爱慕行动的永恒出发者，犹如是被吹出的生命气息（spiritus），却不是被称为肖像。[①] 即使就圣灵是上帝的圣爱而言，神圣本性的相同也归于作为圣灵的爱。[②]

有些学者认为，大马士革的约翰说，圣灵是“圣子的肖像”[③]。因此，肖像的名称，不是圣子特有的。托马斯指出，大马士革的约翰和其他希腊教父，一般都是用“肖像”这一名称代替或指示完美的相似。[④] 在上帝中神圣位格之间的完美相似，首先指本质本体或上帝性方面的完全相同。在这个意义上，圣子圣灵都可以称为圣父的肖像，因为圣子圣灵在永恒中都是出自圣父，并且具有和圣父完全相同的神圣本质。同时，圣灵也可以称为圣子的肖像，因为圣灵在永恒中也是由圣子出发，并且具有和圣子完全相同的神圣本质。希腊教父主张圣灵是圣父和圣子的肖像，显然是着眼于圣父、圣子、圣灵在永恒中的位格起源关系以及完全相同的神圣本质。倘若继承拉丁教父的传统，跟随圣经书卷的用法，就只能把“肖像”这一名称保留给圣子。前面已经阐述，圣灵不是“肖像”的深刻

① *Summa Theologica*, Ia:27:4.

② *Summa Theologica*, Ia:35:2.

③ John of Damascus, *De fide orthodoxa*, 1:13.

④ *Summa Theologica*, Ia:35:2:ad1.

根源，在于上帝的神圣意志在永恒中以爱慕的方式发出“犹如是被吹出的气息”[1]的作为神圣位格的圣灵，而上帝的神圣意志的爱慕和作为被爱慕者的对象之间的关系，不是原型和肖像的关系。

有些学者认为，相似并偕同或基于出发，这属于肖像的本质或观念，如奥古斯丁指出的[2]。但是，相似并偕同或基于出发也适用于圣灵；因为圣灵是在永恒中出发于另一位，并且具备完全的相似。因此，圣灵是肖像。因此，肖像的称谓不是圣子特有的。托马斯指出，圣灵在永恒中具有和圣父和圣子完全相同的神圣本质，却并不因此是肖像。圣灵不是肖像的理由，已经在正解中做出阐述。[3] 第一，拉丁教父的传统，是跟随圣经书卷的用法，把“肖像”这一名称保留给圣子，因为在圣经正典书卷中只对圣子有“肖像”这种说法。第二，正如圣灵虽然像圣子一样，因为自己由圣父的出发而获得圣父的神圣本质，却并不称为出生者（natus）；同样地，虽然圣灵也获得和圣父完全相同的神圣本质，却也并不称为肖像。因为圣子的永恒出发犹如神圣言辞的永恒出发，而神圣言辞的本质或观念，含有和在永恒中生出神圣言辞的神圣理智的完全相同，因为神圣言辞作为神圣理智的内在概念就是“被理解者的肖像”[4]，因此上帝中神圣理智和神圣言辞的关系就是原型和肖像的关系。但是，这种深刻含义的原型和肖像的关系，并不归

---

① *Summa Theologica*, Ia:27:4.

② Augustine, *Lib* 83,74.

③ *Summa Theologica*, Ia:35:2:ad2.

④ *Summa Theologica*, Ia:27:2.

于作为上帝自己的神圣意志的内在行动的爱慕的本质或观念。

有些学者认为,人也称为"上帝的肖像",圣经说:"男人本来不该蒙头,因为男人是上帝的肖像和荣耀。"(林前11:7)因此,肖像的名称不是只归于圣子。托马斯指出,一存在者的肖像在另一存在者中,具有两种方式。第一种方式是肖像在根据本性而言具有相同本性的存在者中,例如君王的肖像呈现在自己的儿子身上。第二种方式是肖像在根据本性而言具有不同本性的存在者中,例如君王的肖像出现在钱币上。因此,圣子是圣父的肖像,是根据上述第一种方式,因为圣子和圣父根据存在者的本性而言具有完全相同的神圣本质。说人是"上帝的肖像",则是根据上述第二种方式,因为根据本性而言作为受造者的人和作为创造者的上帝具有迥然不同的本性。因此,为着指出在作为受造者的人中肖像的不完美,不但说"人是肖像",而且说"按照肖像",因为人是上帝"按照肖像"创造的,人是上帝"按照肖像"创造的智慧存在者,希望藉此指示趋向完美的行动。但是关于上帝圣子,却不能说圣子是"按照肖像",因为圣子是圣父的完美肖像。①

三、作为独生子的肖像

上帝的神圣实体是独一无二的,上帝的神圣本质是独一无二的。作为神圣位格的圣父和圣子在永恒中同是独一无二的上帝,独一无二的上帝既是圣父的宾辞,也是圣子的宾辞。

① *Summa Theologica*, Ia:35:2:ad3.

圣经记载耶稣为门徒向圣父祷告说：求你赏赐他们认识你，独一无二的真神。因此，圣父具有的独一无二的上帝的神圣本质，因归于作为神圣位格的圣父，必定归于作为神圣位格的圣子。作为神圣位格的圣父因神圣本质而具有的任何宾辞，同时都是作为神圣位格的圣子的宾辞。作为神圣位格的圣父在永恒中自己认识自己而生出作为神圣位格的圣子，作为神圣位格的圣子在永恒中从作为神圣位格的圣父获得自己的神圣存在和神圣本质，作为神圣位格的圣父和作为神圣位格的圣子在永恒中具有完全相同的神圣存在和神圣本质，作为神圣位格的圣父和作为神圣位格的圣子在永恒中具有完全相同的尊贵荣耀和能力权柄。圣经指出："爱子是那不能看见的上帝（圣父）的肖像"（西1:15），既然作为神圣位格的圣父是独一无二的上帝，作为神圣位格的圣子同样是独一无二的上帝。①

作为神圣位格的圣父在永恒中自己认识自己而生出作为神圣位格的圣子，作为神圣位格的圣父和作为神圣位格的圣子在永恒中具有完全相同的神圣存在和神圣本质，作为神圣位格的圣父如何在圣子中，作为神圣位格的圣子同样在圣父中。作为神圣位格的圣父的神圣存在就是圣父的神圣本质，那里有圣父的神圣存在，那里就有圣父的神圣本质。在作为神圣位格的圣子中，既然有圣父的神圣存在，因此在作为神圣位格的圣子中就有圣父的神圣本质。同样地，在作为神圣位格的圣父中，既然有圣子的神圣存在，因此在作为神圣位格的

① *Summa Contra Gentiles*, IV:8.

圣父中就有圣子的神圣本质。作为神圣位格的圣父和作为神圣位格的圣子在永恒中具有完全相同的神圣存在和神圣本质,因此圣父的神圣本质存在于作为神圣位格的圣子中,圣子的神圣本质存在于作为神圣位格的圣父中。圣父的神圣本质,不是别的,就是作为神圣位格的圣父自己。圣子的神圣本质,不是别的,就是作为神圣位格的圣子自己。作为神圣位格的圣父和作为神圣位格的圣子在永恒中具有完全相同的神圣存在和神圣本质,因此圣经指出:"父在子里面,子在父里面。"(约 17:21)①

作为神圣位格的圣父在永恒中自己认识自己而生出作为神圣位格的圣子,作为神圣位格的圣子在永恒中从作为神圣位格的圣父获得自己的神圣存在和神圣本质,作为神圣位格的圣父和作为神圣位格的圣子在永恒中具有完全相同的神圣存在和神圣本质。上帝的神圣本质就是上帝的神圣实体,上帝的神圣本质是独一无二的,上帝的神圣实体是独一无二的。上帝自己的神圣存在和神圣本质在永恒中是作为神圣位格的圣父和作为神圣位格的圣子共同享有的。在这个意义上,作为神圣位格的圣父和作为神圣位格的圣子在永恒中是独一无二的上帝,独一无二的上帝在永恒中是作为神圣位格的圣父的实体宾辞,独一无二的上帝在永恒中同样是作为神圣位格的圣子的实体宾辞。独一无二的上帝,这个实体宾辞同时揭示作为神圣位格的圣父和作为神圣位格的圣子在永恒中的神圣存在和神圣本质。作为神圣位格的圣父在永恒中自

① *Summa Contra Gentiles*, IV:9.

己认识自己而生出作为神圣位格的圣子，作为神圣位格的圣父在永恒中是独一无二的上帝，作为神圣位格的圣子在永恒中同样是独一无二的上帝。①

知识的对象在理智领域中是"意像"，就是智慧存在者在理智中藉理解对象而孕生的思想。上帝的神圣存在就是上帝的神圣理解，上帝的神圣理解就是上帝的神圣本质。作为上帝神圣理智对象的意像，就是上帝神圣理智自己的本体，就是上帝自己的神圣实体。上帝的神圣理智在永恒中自己认识自己——神圣理智，作为神圣智慧的意像和被理解者——在上帝的神圣理智中是完全同一的。② 在上帝的神圣理智自己认识自己的理解行动中，作为被理解的神圣现实存在于作为理解者的神圣理智中。理智的理解行动就是智慧存在者用理智把握作为被理解者的存在者。上帝的神圣理智是自己认识自己的神圣智慧，神圣理智的理解对象是神圣理智自己理解自己而生出的意像，就是作为神圣智慧的神圣言辞。上帝的神圣理智在永恒中自己认识自己而生出上帝的神圣言辞，上帝的神圣言辞就是上帝的神圣本质，上帝的神圣言辞就是上帝的神圣实体，因为上帝的神圣本质就是上帝神圣理智在永恒中自己认识自己的神圣理解。在上帝自己认识自己的神圣理智中，认识自己的上帝就是被认识的上帝，就是作为神圣言辞的上帝。因此圣经说："圣言就是上帝。"(约 1:1)③

上帝的神圣理智在永恒中自己认识自己而生出作为神圣

① *Summa Contra Gentiles*, Ⅳ:10.

② *Summa Contra Gentiles*, Ⅳ:11.

③ *Summa Contra Gentiles*, Ⅳ:11.

智慧的神圣言辞,上帝的神圣言辞恒久地存在于上帝在永恒中自己认识自己的神圣理智中。上帝的神圣理智在永恒中自己认识自己的神圣实体,就是上帝神圣理智在永恒中自己认识自己的神圣行动。上帝的神圣理智因自己认识自己的神圣行动而有神圣知识,并且有神圣理智在永恒中自己认识自己而生出的神圣言辞,就是作为神圣理智知识对象的意像。上帝的神圣言辞存在于上帝在永恒中自己认识自己的神圣理智中,就是在永恒中被作为神圣理智的上帝自己认识的上帝自己。上帝的神圣言辞不但是神圣理智在永恒中自己认识自己而生出的意像(神圣理智的内在概念),上帝的神圣言辞就是上帝的神圣理智在永恒中认识的上帝,上帝的神圣言辞在永恒中具有上帝的神圣存在和神圣本质,上帝的神圣言辞在永恒中就是作为圣言的上帝。上帝的神圣理智在永恒中自己认识自己而生出的神圣言辞就是作为圣言的上帝。因此,上帝的神圣言辞就是上帝的神圣存在,上帝的神圣言辞就是上帝的神圣本质,上帝的神圣言辞就是上帝的神圣实体。①

上帝的神圣理智在永恒中自己认识自己而生出作为神圣智慧的神圣言辞,上帝的神圣理智在永恒中自己认识自己而生出的作为神圣智慧的神圣言辞就是上帝的神圣实体。在永恒中发出神圣言辞的上帝是作为圣父的上帝,在永恒中作为神圣言辞的上帝是作为圣子的上帝。上帝的神圣理智在永恒中自己认识自己而生出作为神圣智慧的神圣言辞,上帝的神圣言辞就是上帝的神圣理智在永恒中自己认识自己而生出的

① *Summa Contra Gentiles*,Ⅳ:11.

"神圣理智的内在概念",就是神圣理智在永恒中自己认识自己而生出的内在言辞。在上帝自己认识自己的神圣智慧中,作为认识者的神圣理智和作为认识对象的神圣言辞,彼此不具有上帝中神圣本质和神圣实体方面的区别,只具有上帝中神圣位格的永恒起源关系方面的区别,就是作为"出于本源的神圣本源"和作为"没有本源的神圣本源"两者之间的区别。① 作为神圣位格的圣子在永恒中从作为神圣位格的圣父获得自己的神圣存在和神圣本质,作为神圣位格的圣父和作为神圣位格的圣子在永恒中具有完全相同的神圣存在和神圣本质。圣经说:"爱子是那不能看见的上帝(圣父)的肖像。"(西 1:15)②

① *Summa Contra Gentiles*,Ⅳ:11.

② *Summa Contra Gentiles*,Ⅳ:11.

第五章

圣灵的永恒出发

在上帝神圣本质的生命领域中，具有圣父、圣子、圣灵三个神圣位格。[①] 复活的耶稣对门徒说："你们要去，使万民做我的门徒，奉父子圣灵的名，给他们施洗。"（太 28:19）毋宁说：给他们施洗，归于圣父、圣子、圣灵的名。在新约希腊文中，圣父、圣子、圣灵的"名"（τό ὄνομα）是单数，揭示出作为神圣位格的父圣圣子圣灵是一位上帝。这节经文蕴涵着三一奥秘的深邃真理，作为神圣位格的圣父、圣子、圣灵是独一无二的上帝。[②] 保罗书信结语的祝福，同样揭示出三一奥秘的深邃真理："愿主耶稣基督的恩惠、上帝（圣父）的慈爱、圣灵的感动，常与你们众人同在！"（林后 13:14）作为神圣位格的圣灵在永恒中的起源，耶稣在十字架受难前安慰门徒说："但我要从父那里差保惠师来，就是从父出来真理的圣灵；圣灵来，就要为我作见证。"（约 15:26）"真理的圣灵"，作为圣父、圣子差遣的另一位"保惠师"，就是门徒天路历程的帮助者。[③]

---

① *Summa Contra Gentiles*, Ⅳ:15.

② *Summa Contra Gentiles*, Ⅳ:15.

③ *Summa Contra Gentiles*, Ⅳ:15.

五旬节圣灵降临，宣告基督教会的开端。作为神圣位格的圣父和圣子在神圣救赎历史中共同差遣作为神圣位格的圣灵，因为作为神圣位格的圣父和圣子在永恒中彼此相爱而共同嘘出（发出）作为神圣位格的圣灵。

第一节　圣父、圣子因爱情发出圣灵

在上帝中具有两种神圣位格的永恒出发，在上帝中具有两种根据存留在作为行动者的上帝自身中的内在行动的神圣位格的永恒出发，就是作为神圣位格的圣子的永恒出发和作为神圣位格的圣灵的永恒出发。在上帝中根据神圣理智的理解行动发出作为神圣智慧的圣言，就是在永恒中作为神圣位格的圣子。在上帝中根据神圣意志的倾慕行动发出作为神圣爱情的圣爱，就是在永恒中作为神圣位格的圣灵。[1] 在上帝中，根据神圣理智和神圣意志的本质，根据神圣理智和神圣意志的内在行动而具有的神圣位格的永恒出发，两者具有某种秩序。因为，圣爱的永恒出发只能奠基于圣言的永恒出发。因为一存在者除非已经在理智中被领悟，就不能为意志倾慕。即使在上帝中，神圣理智和神圣理智的内在概念是相同的神圣实体，神圣言辞和神圣言辞的本源两者之间仍然具有一定秩序；同样地，即使在上帝中，神圣理智和神圣意志是相同的神圣实体，根据圣爱的本质，作为神圣意志行动的圣爱是奠基于神圣理智的领悟。因此，在上帝中作为神圣位格的圣爱的

① *Summa Theologica*, Ia:27:2.

永恒出发和作为神圣位格的圣言的永恒出发之间仍然具有秩序的区别。[①] 上帝的神圣理智在永恒中自己认识自己而生出作为神圣位格的圣子,上帝的神圣意志在永恒中自己爱慕自己而发出作为神圣位格的圣灵。

一、爱情:神圣意志的首要原理

在智慧存在者中都具有和理智相伴随的意志,因为在智慧存在者中理智和意志两者是相随不离的。智慧存在者在真理中认识存在的至善,因知识而倾慕存在的至善,因知识而追求存在的至善,把存在的至善作为意志倾慕的对象。因此,智慧存在者对于真理的认识必然伴随着智慧存在者对于至善的追求。在智慧存在者中,具有存在、理解和意志的先验同一性。上帝在永恒中具有神圣理智,上帝在永恒中同样具有和神圣理智相伴随的神圣意志。上帝的神圣理解就是上帝的神圣存在,上帝的神圣理解就是上帝的神圣本质;同样地,上帝的神圣意志就是上帝的神圣存在,上帝的神圣意志就是上帝的神圣本质。[②] 上帝的神圣意志以至善为对象,上帝自己的神圣本质就是至善,上帝自己就是上帝的神圣意志的目的。上帝的神圣意志的对象就是上帝自己的至善,上帝自己的至善就是上帝的神圣本质。在这个意义上,上帝的神圣意志就是上帝的神圣本质。在上帝的神圣本质中,具有神圣存在、神圣理解和神圣意志的先验同一性,"在上帝中,存在、理解和

① *Summa Theologica*, Ia:27:2:ad3.
② *Summa Theologica*, Ia:19:1.

爱情，是相同的神圣实在。在上帝的神圣实在中，存在、理解和爱情，都是作为个别实体的神圣实在。”①

在智慧存在者中，意志的完整行动是以“爱情”为纯粹开端和深刻根源。“上帝是爱”（约一 4:16），上帝中神圣意志的首要行动就是爱。② 在意志行动中，爱是关于普遍的至善，无论是已经享有的至善（伴随着喜乐）或尚未享有的至善（伴随着盼望）。在这个意义上，爱是意志的首要行动。因此，意志的其他行动，都设定享有爱作为自己的第一根源。因为没有人渴慕一存在者，除非是视那存在者为自己倾慕的善；同样没有人喜乐（安息）于一存在者，除非那存在者是自己倾慕的善。因此愤怒，只是关于那违背自己倾慕的善；悲伤只是因为丧失自己倾慕的善。在这个意义上，智慧存在者经历的渴慕和愤怒，喜乐（安息）和悲伤，都是以爱为第一根源。③ 因此，享有意志的智慧存在者，必然享有作为意志首要行动的爱。在这个意义上，作为意志的首要行动的爱，是照亮智慧存在者的理智领悟的明灯，智慧存在者的理智领悟就其终极本质而言，只是呈现出作为智慧存在者的意志的首要行动的爱的照亮状态。作为意志的首要行动的爱，既是理智领悟的条件，也是理智领悟的根据。在这个意义上，智慧存在者的理智领悟的内在行动以爱为首要原理和第一根源，智慧存在者的意志倾慕的内在行动同样以爱为首要原理和第一根源。

在这个意义上，作为意志的首要原理和第一根源，爱的对

① *Compendium theologica*, I:50.

② *Summa Theologica*, Ia:20:1.

③ *Summa Theologica*, Ia:20:1.

象,不但领悟于作为智慧存在者的爱者的理智认识中,而且怀抱在作为智慧存在者的爱者的意志倾向中,只是作为智慧存在者的爱者的理智认识和意志倾向两者把握爱的对象的方式不同而已。智慧存在者的理智认识把爱的对象领悟在理智领域中,是理解和对象本质相同的印象而形成观念,因为在理智的理解行动中理解者和被理解者之间必然具有本质相同的关系。智慧存在者的意志倾向把爱的对象怀抱在意志领域中,是以对象本身为智慧存在者的意志行动的鹄的(终点),因为在意志的倾慕行动中爱者和被爱者之间必然具有相契合的关系。① 上帝在永恒中具有和神圣理智相伴随的神圣意志,上帝的神圣意志具有作为神圣本质的至善作为自己的对象,上帝在永恒中爱慕自己享有的作为神圣本质的至善,上帝在永恒中因自己享有的作为神圣本质的至善而喜乐。在这种意义上,上帝在永恒中具有和神圣理智相伴随的神圣意志。因此,上帝在永恒中具有和神圣智慧(圣言)相伴随的神圣爱情(圣爱)。②

狄奥尼索斯说:“爱是团契的力量。”③托马斯指出,作为意志的首要原理和第一根源,爱的行动常常指向两个方面:一是指向那爱者所渴慕某人享有的善,二是指向那爱者所渴慕享有此善的人。因为真正爱一个人,就是渴望自己所爱的那人享有善。因此,由于人爱自己,因此人渴望自己享有善。因此,人就尽力寻求那个善和自己合而为一。在这个意义上,爱

① *Summa Contra Gentiles*,IV:19.

② *Summa Theologica*,Ia:20:1.

③ Dionysius,*De divinis nominibus* 4.

被理解为“合一的力量”，即使在上帝中也这样理解，只是在上帝中这种“合一”并不意味着结合，因为上帝渴慕自己享有的至善就是上帝自己，因为上帝自己的神圣本质就是至善。一个人爱另一个人，就会渴望自己所爱的那人享有善。如此，爱者仿佛把这自己所爱的另一人当作自己，而把对那人的善当作对自己的善。在这个意义上，爱被理解为“团契的力量”，因为爱使一个人把另一个人和自己联系起来，把自己和那人的关系理解为自己和自己的关系。这样说来，就上帝渴望其他存在者享有善而言，上帝的爱也是“团契的力量”，只是在上帝中这种“团契”并不意味着结合。①

前面已经阐述，具有理智的智慧存在者都具有意志，因为在智慧存在者中意志和理智始终是相随不离的。② 上帝在永恒中具有神圣理智，上帝的神圣存在就是上帝在永恒中的神圣理解，上帝的神圣存在就是上帝的神圣本质，上帝的神圣理解就是上帝的神圣存在和神圣本质。在上帝中的理解、被理解者和可理解的形式以及理解行动本身，都是完全相同的一个。③ 上帝在永恒中具有神圣意志，如同上帝在永恒中具有神圣理智一样。上帝的神圣存在就是上帝在永恒中神圣旨意的意志行动，上帝的神圣存在就是上帝的神圣本质，上帝在永恒中神圣旨意的意志行动就是上帝的神圣存在和神圣本质。④ 上帝在永恒中的神圣意志的对象就是上帝自己的神圣

① *Summa Theologica*, Ia:20:1:ad3.

② *Summa Theologica*, Ia:19:1.

③ *Summa Theologica*, Ia:14:4.

④ *Summa Theologica*, Ia:19:1.

本质。在上帝中的神圣意志、意志对象和作为意志对象的至善以及意志行动本身,都是完全相同的一个。上帝在永恒中的神圣理智就是上帝的神圣存在和神圣本质,同样地,上帝在永恒中的神圣意志就是上帝的神圣存在和神圣本质。因此,上帝在永恒中的神圣意志和神圣理智是完全相同的神圣本质。①

上帝的神圣存在就是上帝的神圣本质。上帝在永恒中具有神圣理智,同样地,上帝在永恒中具有和神圣理智相伴随的神圣意志。在这个意义上,上帝在永恒中的神圣意志就是上帝的神圣存在,上帝在永恒中的神圣意志就是上帝的神圣存在和神圣本质。前面已经指出,在智慧存在者的全部意志行动中,爱是意志行动的首要原理和第一根源。② 上帝在永恒中的神圣意志以至善作为自己的意志对象。上帝自己在永恒中享有的神圣本质就是作为上帝自己的神圣意志对象的至善。在上帝自己的神圣旨意的意志行动中,上帝爱自己在永恒中享有的神圣本质(作为上帝自己的神圣意志对象的至善),上帝因自己在永恒中享有的神圣本质(作为上帝自己的神圣意志对象的至善)而喜乐。在这个意义上,爱和喜乐就是上帝在永恒中神圣旨意的意志行动。圣经说:“上帝是爱”。(约一 4:16)在这个意义上,上帝在永恒中的神圣意志具有爱,上帝在永恒中的神圣意志就是爱。③ 因此,在上帝的神圣意志中具有爱情,爱情是上帝在永恒中的神圣意志的首

---

① *Summa Contra Gentiles*, IV:19.

② *Summa Theologica*, Ia:20:1.

③ *Summa Theologica*, Ia:20:1.

要原理和第一根源。

二、作为神圣实体的圣爱

上帝在永恒中具有自己认识自己的神圣理智，同样地，上帝在永恒中具有和神圣理智相伴随的自己爱自己的神圣意志，上帝的神圣理智和神圣意志在永恒中具有完全相同的神圣本质。上帝的神圣意志在永恒中固有的意志对象，就是上帝的神圣本质固有的至善。因此，作为上帝自己的神圣意志的首要原理和第一根源，上帝在永恒中的爱情的首要对象，就是上帝自己的神圣本质。前面已经指出，爱情的对象必然借着某种方式被爱者怀抱在自己的意志领域中。既知道上帝在永恒中自己爱自己，就知道上帝被自己怀抱在自己的神圣意志中，就是上帝在永恒中自己享有自己的爱情。前面已经指出，爱是神圣意志的首要原理，爱是神圣意志的第一根源，爱是神圣意志的现实行动。[①] 上帝在永恒中的神圣意志的现实行动就是上帝的神圣本质，同样地，上帝在永恒中的神圣意志的现实行动就是上帝的神圣存在，因为上帝自己的神圣存在就是上帝自己的神圣本质。上帝在永恒中神圣意志的现实行动，就是上帝自己的神圣存在，就是上帝自己的神圣本质。在这个意义上，上帝在永恒中神圣意志的现实行动就是上帝自己的神圣实体，就是完全的上帝。[②]

上帝的神圣理智在永恒中自己认识自己而生出神圣言辞

① *Summa Theologica*, Ia:20:1.

② *Summa Contra Gentiles*, IV:19.

(圣言),同样地,上帝的神圣意志在永恒中自己爱自己而发出神圣爱情(圣爱)。上帝的神圣意志在永恒中自己爱自己的现实行动,就是上帝自己的神圣存在,就是上帝自己的神圣本质。在这个意义上,上帝的神圣意志在永恒中自己爱自己的现实行动就是上帝自己的神圣实体,就是完全的上帝。上帝的神圣意志在永恒中自己爱自己而发出的神圣爱情,就是上帝自己的神圣实体,就是完全的上帝。上帝的神圣意志在永恒中自己爱自己而发出的神圣爱情,就是上帝自己的神圣实体,就是作为神圣位格的圣灵(圣神)。前面已经指出,上帝的神圣理智在永恒中自己认识自己而生出的作为神圣智慧的神圣言辞,就是作为神圣位格的圣子,作为神圣位格的圣子就是上帝的圣言。[1] 同样地,上帝的神圣意志在永恒中自己爱自己而发出的神圣爱情,就是上帝自己的神圣实体,就是作为神圣位格的圣灵(圣神)。在这个意义上,作为神圣位格的圣灵(圣神)就是上帝的神圣意志在永恒中自己爱自己而发出的圣爱。因此,圣经说:"上帝是爱"。(约一4:16)[2]

倘若某存在者作为倾慕对象而进入到智慧存在者(爱者)意志的怀抱中,这倾慕事件中的意志行动,和智慧存在者(爱者)享有的理智认识那某存在者而形成的观念,具有秩序固定的关系。因为倘若智慧存在者(爱者)的理智认识没有对于那某存在者享有的美善形成观念,某存在者就不会成为智慧存在者(爱者)意志的倾慕对象。同时,这倾慕事件中的

① *Summa Theologica*, Ia:27:2.

② *Summa Contra Gentiles*, IV:19.

意志行动，对于那智慧存在者（爱者）的理智认识的观念指示的存在者本身，也具有秩序固定的关系：因为某存在者倘若没有借助任何方式获得智慧存在者（爱者）的理智认识的理解，就不会获得智慧存在者（爱者）意志的倾慕；同时倘若智慧存在者（爱者）的意志倾慕某存在者，智慧存在者（爱者）的意志不单单是倾慕关于这存在者的知识，而是倾慕这存在者本身固有的美善。[①] 在这个意义上，作为和智慧存在者（爱者）的理智认识相伴随的意志倾慕行动的爱情，是智慧存在者（爱者）由自己认识某存在者的理智观念中，发出到同时作为智慧存在者（爱者）认识对象的意志对象本身。

前面已经指出，上帝的神圣理智在永恒中认识认识自己而具有的神圣观念，作为"神圣理智的内在概念"，就是作为上帝自己的神圣智慧的神圣言辞。[②] 在这个意义上，上帝在永恒的神圣意志中，自己给自己作为爱情对象而享有的神圣爱情（作为神圣位格的圣灵），是从作为上帝自己的神圣智慧的神圣言辞（作为神圣位格的圣子）发出的，同时是从发出作为神圣智慧的神圣言辞的上帝（作为神圣位格的圣父）中发出的。这种含义的圣父、圣子的共同发出作为神圣位格的圣灵，是上帝中神圣位格的永恒起源的必然的神圣原理。[③] 上帝的神圣理智在永恒中自己认识自己而生出的作为神圣智慧的神圣言辞，就是作为神圣位格的圣子。在这个意义上，在永恒中自己认识自己而生出作为神圣智慧的神圣言辞的上帝，

① *Summa Contra Gentiles*, IV:19.

② *Summa Theologica*, Ia:27:2.

③ *Summa Contra Gentiles*, IV:19.

就是作为神圣位格的圣父。因此,在永恒中作为神圣位格的圣父和圣子共同发出的神圣爱情(圣爱),就是作为神圣实体的上帝,就是作为神圣位格的圣灵。在这个意义上,作为神圣位格的圣父和作为神圣位格的圣子在永恒中共同发出作为神圣位格的圣灵。①

上帝的神圣理智在永恒中自己认识自己而生出作为神圣智慧的神圣言辞,上帝的神圣理智和上帝的神圣言辞在永恒中具有完全相同的"原型和肖像"的关系。第一,上帝的神圣言辞的永恒出发,是借着作为神圣理智的生命活动的理解行动的永恒出发;第二,上帝的神圣言辞的永恒出发,是出于相连的生命本源;第三,上帝的神圣言辞的永恒出发,是按照肖像的本质,因为神圣理智的内在概念是被理解者的肖像;第四,上帝的神圣言辞的永恒出发,享有和上帝的神圣理智完全相同的神圣本质,因为在上帝中神圣存在和神圣理解是完全相同的。② 然而,上帝的神圣意志在永恒中自己倾慕自己而发出作为神圣实体的神圣爱情,上帝的神圣意志和上帝的神圣爱情在永恒中却不必具有"原型和肖像"的关系。在神圣理智和神圣意志之间具有这样的区别,即理智成为现实,是藉由被理解者根据自己的肖像存在于理智中;但是意志成为现实,是由于意志具有对于被倾慕者的倾向,而神圣意志的倾慕和倾慕对象之间,不具有"原型和肖像"的关系。③

上帝的神圣意志在永恒中自己倾慕自己而以爱情的方式

---

① *Summa Contra Gentiles*,Ⅳ:19.

② *Summa Theologica*,Ia:27:2.

③ *Summa Theologica*,Ia:27:4.

发出作为神圣实体的圣爱。上帝的神圣意志在永恒中的倾慕对象,获得神圣意志的倾慕而呈现在作为神圣意志的爱者热情的怀抱中,作为神圣实体的神圣爱情,却不必和作为神圣意志的爱者具有"原型和肖像"的关系。① 因此,在上帝中以神圣意志自己爱自己的圣爱的方式出发者,不是作为受生者的出发,不是作为圣子的出发,而是好像是被吹出的气息即灵(spiritus);而灵(spiritus)这个名称表示的,是一种富有生命活力的意气激昂和生命冲动,犹如说某人获得爱情的推动和激励,而去做某件事情。② 前面已经指出,在今生我们不能看见上帝的神圣本质,除非从受造者出发,我们没有别的方法给上帝命名。③ 由于在受造者中,唯独生育是生命传递生命本性的途径,因此在上帝中神圣位格的永恒出发,除了上帝的神圣理智在永恒中自己认识自己而生出神圣言辞的生育以外,也没有其他特殊名称。因此,上帝的神圣意志在永恒中自己爱自己而以圣爱方式的永恒出发,就落得没有特殊名称。不过,上帝的神圣意志以圣爱方式的永恒出发,可以称为"嘘气"或"嘘出",因为这是气息或灵(spiritus)的永恒出发。④

三、作为神圣位格的圣灵

上帝的神圣理智在永恒中自己认识自己而生出作为神圣智慧的神圣言辞,就是作为神圣位格的圣父在永恒中自己认

① *Summa Contra Gentiles*, IV:19.

② *Summa Theologica*, Ia:27:4.

③ *Summa Theologica*, Ia:13:1.

④ *Summa Theologica*, Ia:27:4:ad3.

识自己而生出作为神圣位格的圣子，作为神圣位格的圣父和作为神圣位格的圣子在永恒中具有完全相同的神圣存在和神圣本质，作为神圣位格的圣父和作为神圣位格的圣子在永恒中具有“原型和肖像”的关系。① 上帝的神圣意志在永恒中自己倾慕自己而发出作为神圣实体的神圣爱情，就是作为神圣位格的圣父和作为神圣位格的圣子在永恒中彼此相爱而发出作为神圣位格的圣灵。神圣意志的爱情对象在永恒中涌现在爱者的怀抱，既然不是根据“原型和肖像”的关系，上帝的神圣意志和神圣意志在永恒中自己倾慕自己而发出的神圣爱情之间就不是“生者和受生者”的永恒生出（生育）关系，上帝的神圣意志在永恒中自己倾慕自己而发出的作为神圣实体的神圣爱情就不是“作为神圣位格的圣子”。上帝的神圣理智在永恒中自己认识自己而生出作为神圣实体的神圣言辞，就是作为神圣位格的圣子。上帝的神圣意志在永恒中自己倾慕自己而发出作为神圣实体的神圣爱情，就是作为神圣位格的圣灵。②

上帝的神圣理智在永恒中自己认识自己而生出作为神圣实体的神圣言辞，就是作为神圣位格的圣子。上帝的神圣意志在永恒中自己倾慕自己而发出作为神圣实体的神圣爱情，就是作为神圣位格的圣灵。上帝的神圣理智在永恒中自己认识自己而生出作为神圣实体的神圣言辞，上帝的神圣意志在永恒中自己倾慕自己而发出作为神圣实体的神圣爱情，因为

① *Summa Contra Gentiles*，IV：19.

② *Summa Contra Gentiles*，IV：19.

神圣理智和神圣意志成为现实的方式不同,上帝中神圣位格的两种永恒出发具有不同的含义。上帝的神圣理智在永恒中自己认识自己而生出作为神圣实体的神圣言辞,指示"父生出子"的生育方式;因为神圣理智之成为现实,是由于被理解者作为自己的肖像存在于神圣理智中,"神圣理智的内在概念"是被理解者的肖像。[①] 上帝的神圣意志在永恒中自己倾慕自己而发出作为神圣实体的神圣爱情,却不指示"父生出子"的生育方式;因为神圣意志之成为现实,是由于神圣意志对于被倾慕者的倾向,根据神圣意志倾向的永恒出发,不是根据"原型和肖像"的生出,而是好像"被吹出的气息或灵"(spiritus),就是作为神圣位格的圣灵。[②]

神圣意志在永恒中自己倾慕自己的爱情对象,现实存在于作为智慧存在者的爱者意志的怀抱中,在作为智慧存在者的爱者意志的怀抱中发生倾向作用;并且借着某种方式和限度,对于作为智慧存在者的爱者发生催促作用,从心坎的深衷激励作为智慧存在者的爱者,渴慕智慧存在者所爱的意志对象固有的本体,渴慕智慧存在者所爱的意志对象固有的美善。作为智慧存在者的爱者的意志深处这种自发的激励或激动,是作为智慧存在者的爱者的"精神气息"(spiritus)固有的意志倾向。在作为智慧存在者的爱者的理智生命中,理智成为现实,就是理解行动的实际完成,是由于被理解者作为自己的肖像存在于理智中。在作为智慧存在者的爱者的理智生命

① *Summa Theologica*, Ia:27:2.

② *Summa Theologica*, Ia:27:4.

中,意志成为现实,就是意志行动的实际完成,不是由于被倾慕者作为自己的肖像存在于意志中,而是由于智慧存在者的意志具有对于作为意志对象的被倾慕者享有的至善的意志倾向。智慧存在者对于自己藉可理解的形式所领悟的至善,具有固有的意志倾向。当智慧存在者享有那至善,智慧存在者就安息在那至善中;当智慧存在者没有享有那至善,智慧存在者就去追求那至善。[①] 在这个意义上,作为意志行动的首要原理和第一根源,爱情也叫做“精神气息”(spiritus)。[②]

上帝的神圣意志在永恒中自己倾慕自己而发出的作为神圣实体的神圣爱情,仿佛是从上帝自己的神圣生命中“被吹出的生命气息”,作为一种富有活力的意气激昂或生命激荡,应该叫做“精神气息”或“激发精神”(spiritus)。上帝的神圣意志在永恒中自己倾慕自己而发出的作为神圣实体的神圣爱情,仿佛是从上帝自己的神圣生命涌流而出的生命气息,犹如从上帝自己的神圣生命涌流而出的活水江河,犹如从上帝自己的神圣生命涌流而出的生命河,风驰电掣,浩浩荡荡,呼吁吹动,鼓荡激励活泼的生机。[③] 上帝的神圣意志在永恒中自己倾慕自己而发出作为神圣实体的神圣爱情,犹如是从上帝自己的神圣生命中“被吹出的生命气息”(spiritus),就是作为神圣位格的圣灵(圣神)。圣灵(圣神)的名称,蕴涵着上帝的神圣意志在永恒中自己倾慕自己而发出的作为神圣实体的神圣爱情的生命激荡的意趣,同时蕴涵着上帝的神圣意志在永

---

① *Summa Theologica*, Ia:19:1.

② *Summa Contra Gentiles*, IV:19.

③ *Summa Contra Gentiles*, IV:19.

恒中自己倾慕自己而发出的作为神圣实体的神圣爱情在为壮观奇妙的有形无形的宇宙万物以及作为上帝自己神圣肖像的世人带来生命气息的“从无到有”的神圣创造行动中彰显出风驰电掣而雷霆万钧的“鼓荡激动”的意趣。①

上帝的神圣意志在永恒中自己倾慕自己而发出作为神圣实体的神圣爱情，犹如是从上帝自己的神圣生命中被吹出的生命气息或灵(spiritus)，就是作为神圣位格的圣灵。圣灵这个名称所表示的，是一种富有活力的意气激昂和生命气息，犹如说某人获得爱情的推动和激励，而去完成某项工作。② 在这个意义上，作为神圣位格的圣灵亲自把上帝的爱浇灌在圣徒心里。圣徒的生命就是圣灵的居所，作为神圣位格的圣灵亲自把上帝的爱充充满满地浇灌在圣徒心里，在圣徒生命中彰显上帝自己的神圣生命的权柄，成为圣徒的信心、勇气、智慧和力量的超自然源泉。因此圣经说：“凡是受上帝圣灵引导振作者，都是上帝的儿女。”(罗 8:14)作为神圣位格的圣灵亲自把上帝的爱充充满满地浇灌在圣徒心里，犹如天上的瀑布，犹如天上的光芒。作为神圣位格的圣灵亲自在圣徒生命中彰显上帝自己的神圣生命的圣洁公义和慈悲怜悯，作为神圣位格的圣灵亲自在圣徒生命中彰显上帝自己的神圣生命的深邃智慧和深刻旨意，成为圣徒生命的激励和鞭策。因此圣经说：“基督的爱，激励我们。”(林后 5:14)③

凡是智慧存在者的理智行动，都根据智慧存在者的理智

① *Summa Contra Gentiles*, Ⅳ:19.

② *Summa Theologica*, Ia:27:4.

③ *Summa Contra Gentiles*, Ⅳ:19.

行动的终点获得名称。上帝的神圣意志在永恒中自己倾慕自己而发出作为神圣实体的神圣爱情,终止于上帝自己的神圣本质。上帝的神圣意志在永恒中自己倾慕自己而发出的作为神圣实体的神圣爱情,以上帝自己的神圣本质为神圣意志的倾慕对象。上帝的神圣意志在永恒中自己倾慕自己的至善,就是上帝自己的神圣本质。上帝的神圣存在就是上帝的神圣本质,上帝的神圣理解就是上帝的神圣本质,上帝的神圣意志就是上帝的神圣本质。在上帝的神圣本质中享有神圣存在、神圣理解和神圣意志之间先验完整的同一性。上帝借着自己的神圣本质享有全面而卓越的完美,上帝因为自己的神圣本质就是至善。① 因此,上帝的神圣意志在永恒中自己倾慕自己而发出的作为神圣实体的神圣爱情,以上帝自己的神圣本质为神圣意志的倾慕对象。上帝的神圣意志在永恒中自己倾慕自己而发出的作为神圣实体的神圣爱情,作为上帝自己的神圣位格,作为完全的上帝,就获得圣灵(圣神)的名称。因为,凡是呈献给上帝的名称,都冠以"圣"字的尊贵称号(例如作为神圣位格的圣父、圣子和圣灵)。②

第二节　圣父、圣子共同发出圣灵

作为神圣位格的圣父和圣子在永恒中彼此相爱而发出作为上帝实体的神圣爱情(Amor),就是作为神圣位格的圣灵。

---

① *Summa Theologica*, Ia:6:3.

② *Summa Contra Gentiles*, IV:19.

在圣经关于圣灵的阐述中，圣灵既被称呼为圣父的圣灵，也被称呼为圣子的圣灵，圣父和圣子在永恒中共同享有作为神圣位格的圣灵。作为神圣位格的圣灵在永恒中从圣父和圣子获得自己的神圣存在和神圣本质，作为神圣位格的圣灵在永恒中享有和圣父和圣子完全相同的神圣存在和神圣本质。在上帝的神圣本质中，神圣位格之间只有秩序的分别。在上帝的神圣本质中神圣位格之间的秩序分别，只是神圣位格在永恒中起源关系的分别。因此，除非两个神圣位格（圣子和圣灵）中一位格在永恒中出于另一位格，两个神圣位格无法都出于同一神圣位格（圣父）而具有秩序的分别。作为神圣位格的圣子和圣灵在永恒中都出于作为神圣位格的圣父，作为神圣位格的圣子和圣灵之间的区别只是神圣位格在永恒中起源关系方面的区别，因此，作为神圣位格的圣灵在永恒中出于作为神圣位格的圣子，作为神圣位格的圣子在永恒中是作为神圣位格的圣灵的"出于本源的神圣本源"。①

一、圣父、圣子彼此相爱而发出圣灵

在圣经经文关于圣灵的阐述中，作为神圣位格的圣灵既被称呼为圣父的圣灵，作为神圣位格的圣灵也被称呼为圣子的圣灵，作为神圣位格的圣父和圣子在永恒中共同享有作为神圣位格的圣灵。② 作为神圣位格的圣灵被称呼为圣父的圣灵，就是耶和华的灵："主耶和华的灵在我身上，因为耶和华

---

① *Summa Contra Gentiles*, IV:24.

② *Summa Contra Gentiles*, IV:24.

用膏膏我,叫我传好信息给谦卑的人,差遣我医好伤心的人,报告被掳的得释放,被囚的出监牢。"(赛 61:1)作为神圣位格的圣灵被称呼为圣子的圣灵,就是基督的灵:"人若没有基督的灵,就不是属基督的。"(罗 8:9)圣灵是圣子的圣灵,因此被称呼为上帝儿子的灵:"你们既为上帝的儿子,上帝就差他儿子的灵,进入你们的心,呼叫:'阿爸! 父!'"(加 4:6)因此,作为神圣位格的圣父的圣灵,也是作为神圣位格的圣子的圣灵,作为神圣位格的圣父和圣子在永恒中共同享有作为神圣位格的圣灵(通称为上帝的圣灵)。圣经指出,"如果上帝的灵住在你们心里,你们就……属于圣灵了"。(罗 8:9)①作为神圣位格的圣灵,就是作为神圣位格的圣父和圣子在永恒中彼此相爱而发出的圣灵。

作为神圣位格的圣灵是作为神圣位格的圣父和圣子在永恒中彼此相爱而共同发出的圣灵,作为神圣位格的圣灵在永恒中是完全的上帝。因此,作为神圣位格的圣灵赐生命给我们,赋予我们权柄成为上帝的儿女。我们是借着作为神圣位格的圣灵光照而认识作为神圣位格的圣子,被作为神圣位格的圣灵赐予生命,建立为上帝的嗣子。作为神圣位格的圣父在永恒中自己认识自己而生出作为神圣位格的圣子,作为神圣位格的圣子在永恒中是完全的上帝。我们借着作为神圣位格的圣灵光照而认识作为神圣位格的圣子,认识作为神圣位格的圣子就是享有权柄成为上帝的儿女,被作为神圣位格的圣灵建立为上帝的嗣子:"圣灵和我们的心同证我们是上帝

① *Summa Contra Gentiles*, IV:24.

的儿女；既是儿女，便是后嗣，就是上帝的后嗣，和基督同作后嗣；如果我们和他（基督）一同受苦，也必和他（基督）一同得荣耀。”（罗 8:17）上帝已经应许圣徒和基督一同受苦，一同得荣耀，借着圣灵渐渐成为基督的样式：“因为他预先所知道的人，就预先定下效法他儿子的模样，使他儿子在许多弟兄中做长子。”（罗 8:29）①

作为神圣位格的圣父和圣子在永恒中彼此相爱而共同发出作为神圣位格的圣灵。在这个意义上，作为神圣位格的圣灵被称呼为基督（圣子）的圣灵，完全是由于基督是上帝的圣子，圣子作为圣父在永恒中生出的神圣位格是完全的上帝（不是由于圣子借着道成肉身同时是完全的人）。毋宁说，作为神圣位格的圣灵是上帝圣子的圣灵，作为神圣位格的圣灵和圣子在永恒中的唯一关系，就是神圣位格在永恒中的起源关系，就是作为神圣位格圣子在永恒中发出作为神圣位格的圣灵的起源关系。因为在作为神圣位格的圣父、圣子、圣灵之间，没有别的区分，只有神圣位格起源关系中的区分；在作为神圣位格的圣父、圣子、圣灵之间，没有别的关系，只有神圣位格在永恒中的起源关系。在这个意义上，作为神圣位格的圣灵是圣子的圣灵，作为神圣位格的圣灵在永恒中是从作为神圣位格的圣父出发，也是从作为神圣位格的圣子出发。倘若作为神圣位格的圣灵在永恒中不是从作为神圣位格的圣子出发，圣经不能说作为神圣位格的圣灵是圣子的圣灵。②

---

① *Summa Contra Gentiles*, IV:24.

② *Summa Contra Gentiles*, IV:24.

福音书记载耶稣受难前亲自应许门徒说:“但我(圣子)要从父那里差保惠师来,就是从父出来真理的圣灵;圣灵来了,就要为我(圣子)作见证。”(约15:26)在这个意义上,五旬节圣灵降临,是获得作为神圣位格的圣子的差遣。作为神圣位格的圣子和圣灵在永恒中的实在关系,就是作为神圣位格的圣灵在永恒中从作为神圣位格的圣子出发,因此圣经说作为神圣位格的圣子差遣作为神圣位格的圣灵,犹如源泉发出河流。圣子差遣圣灵,是神圣位格之间的差遣,因为作为神圣位格的圣子在永恒中是作为神圣位格的圣灵的本源,作为神圣位格的圣子在永恒中是作为神圣位格的圣灵的“出于本源的神圣本源”。就上帝中神圣位格的永恒起源而言,作为神圣位格的圣灵是作为神圣位格的圣父和圣子在永恒中彼此相爱共同发出的神圣爱情,圣灵在永恒中是作为神圣实体的神圣爱情,圣灵在永恒中是作为神圣位格的神圣爱情。因此,作为神圣位格的圣灵是上帝圣父的圣灵,作为神圣位格的圣灵是上帝圣子的圣灵,作为神圣位格的圣灵是上帝的圣灵,作为神圣位格的圣灵是作为上帝的圣灵。①

福音书记载耶稣在受难前和门徒谈论圣灵说:“圣灵要荣耀我(圣子),因为圣灵要将受于我(圣子)的,告诉你们。”(约16:14)这是说,作为神圣位格的圣灵在永恒中从作为神圣位格的圣子领受神圣智慧。作为神圣位格的圣灵既然领取作为神圣位格的圣子在永恒中享有的神圣智慧,作为神圣位格的圣灵就必定从作为神圣位格的圣子那里领取圣子在永恒

---

① *Summa Contra Gentiles*, IV:24.

中享有的神圣智慧。例如说:作为神圣位格的圣灵从作为神圣位格的圣父那里领取作为神圣位格的圣子在永恒中享有的神圣存在和神圣本质,作为神圣位格的圣灵必定也从作为神圣位格的圣子那里领取圣子在永恒中享有的神圣存在和神圣本质。在这个意义上,作为神圣位格的圣父和圣子在永恒中彼此相爱而共同发出作为神圣位格的圣灵,作为神圣位格的圣灵是作为神圣位格的圣父和圣子在永恒中彼此相爱而共同发出的。在这个意义上,福音书记载耶稣继续和门徒谈论圣灵说:“凡是父所有的,都是我(圣子)的,因此我说,圣灵要将受于我(圣子)的,告诉你们。”(约 16:15)①

既然作为神圣位格的圣父在永恒中享有的神圣存在和神圣本质,同样也是作为神圣位格的圣子在永恒中享有的神圣存在和神圣本质;那么圣父作为圣灵在永恒中的“没有本源的神圣本源”而享有的神圣权柄,也必定是圣子作为圣灵在永恒中的“出于本源的神圣本源”而享有的神圣权柄。在这个意义上,如同作为神圣位格的圣灵在永恒中从作为神圣位格的圣父获得圣父的神圣权柄,就是作为神圣位格的圣父在永恒中享有的神圣存在和神圣本质;同样,作为神圣位格的圣灵在永恒中也是从作为神圣位格的圣子获得圣子的神圣权柄,就是作为神圣位格的圣子在永恒中享有的神圣存在和神圣本质。在这个意义上,如同作为神圣位格的圣灵在永恒中从作为神圣位格的圣父出发,同样,作为神圣位格的圣灵在永恒中也从作为神圣位格的圣子出发。作为神圣位格的圣父和

---

① *Summa Contra Gentiles*,Ⅳ:24.

圣子在永恒中借着圣父和圣子两位彼此倾慕相爱的"爱情关系",在永恒中共同发出作为上帝实体的神圣爱情,作为神圣位格的圣父和圣子在永恒中彼此倾慕相爱而共同发出作为神圣位格的圣灵。①

二、作为上帝实体的神圣爱情

基督教历史记载许多圣师的论述,包括希腊圣师,引用这些圣师的著名论述,都能够阐述现在的结论,就是作为神圣位格的圣父和圣子在永恒中共同发出作为神圣位格的圣灵。②亚他那修(信经)根据奥古斯丁神学阐述三位一体学说,是大公教会前四次会议决定的教义清楚精确的摘要,这位被称为"固执的圣徒"的神学家的声望使亚他那修信经几乎获得普世的权威。亚他那修(信经)清楚地阐述三位一体的神圣奥秘:圣父、圣子、圣灵是在本体上绝对合一的三个分别的神圣位格,作为神圣位格的圣父、圣子、圣灵在永恒中借着起源关系而彼此区分,作为神圣位格的圣父、圣子、圣灵在永恒中享有完全相同的神圣本质。作为神圣位格的圣父在永恒中生出作为神圣位格的圣子,作为神圣位格的圣父和圣子在永恒中发出作为神圣位格的圣灵。作为神圣位格的圣父和圣子在永恒中发出作为神圣位格的圣灵,而"不是生出,不是做成,不是创造"。③ 作为神圣位格的圣灵不是受造者,不是艺术品。作为神圣位格的圣灵不是圣子或者圣子的圣子,而是圣父和

① *Summa Contra Gentiles*, IV:24.

② *Summa Contra Gentiles*, IV:24.

③ This is cited from the liturgical Athanasian Creed.

圣子在永恒中共同发出的作为上帝实体的神圣爱情。作为神圣位格的圣灵在永恒中是完全的上帝。

迦克敦大公会议(Chalcedon,451 A.D.)把圣西利尔(Cyril)书信中的著名论断列为经典:“真理的圣灵,名称叫作真理的圣灵,实际也是真理的圣灵(真理是上帝圣子);仿佛河流从上帝圣子源泉里,喷发出来;如同最终也是从上帝圣父源泉里,喷发出来。”①这是说,作为神圣位格的圣父和圣子在永恒中发出作为神圣位格的圣灵,作为神圣位格的圣灵仿佛河流从上帝圣子的源泉中喷发出来,如同作为神圣位格的圣灵仿佛河流从上帝圣父的源泉中喷发出来。在这个意义上,作为神圣位格的圣子在永恒中是作为神圣位格的圣灵的“出于本源的神圣本源”,作为神圣位格的圣父是作为神圣位格的圣灵的“没有本源的神圣本源”。在这个意义上,承认作为神圣位格的圣灵实体源于圣子,同时承认作为神圣位格的圣灵实体仿佛河流从作为神圣位格的圣子源泉里喷发出来,而不承认作为神圣位格的圣灵在永恒中出发于作为神圣位格的圣子,是荒唐的。“出发”是指示来源的名称,用来指示作为神圣位格的圣父、圣子、圣灵三位之间在永恒中的“源流”关系。②

君士坦丁会议时期的盲者狄迪慕斯(Didymus the Blind)的圣灵神学和亚他那修基本一致。狄迪慕斯在《圣灵论》中指出作为神圣位格的圣子是作为神圣位格的圣灵的本源:

① Cyril,*Epistola XVII ad Nestorium.*

② *Summa Contra Gentiles*,Ⅳ:24.

"除去圣父施给的(作为神圣位格的神圣存在和神圣本质),圣子一无所是。除去圣子施给的(作为神圣位格的神圣存在和神圣本质),圣灵的实体也一无所是。"①毋宁说,作为神圣位格的圣子在永恒中从作为神圣位格的圣父获得自己的神圣存在和神圣本质,作为神圣位格的圣灵在永恒中从作为神圣位格的圣子获得自己的神圣存在和神圣本质。作为神圣位格的圣灵在永恒中从作为神圣位格的圣父和圣子获得自己的神圣存在和神圣本质。倘若承认作为神圣位格的圣灵实体来于作为神圣位格的圣子,并且作为神圣位格的圣灵实体仿佛河流发源于作为神圣位格的圣子,就必须承认作为神圣位格的圣灵在永恒中也是从作为神圣位格的圣子出发而来的。② 作为神圣位格的圣子在永恒中是作为神圣位格的圣灵的"出于本源的神圣本源",作为神圣位格的圣父在永恒中是作为神圣位格的圣灵的"没有本源的神圣本源"。

第五次大公会议表决定案说:"关于这项论题,我们跟随教会圣师和教父:亚他那修,希拉利,巴西尔(Basil),神学家格列高利(Gregory the theologian),尼撒的格列高利(Gregory of Nyssa),安布罗西,奥古斯丁,德尔非禄(Theophilus),君士坦丁主教约翰(John of Constantinople),西利尔(Cyril),利奥(Leo),普罗克洛斯(Proclus);我们在各论点上,接受他们保卫正统教义,谴责异端,已经阐明的一切真理。"③圣灵神学的主要神学家是迦帕多家教父和奥古斯丁。迦帕多家教父的术

① St.Jerome's translation,n.37.

② *Summa Contra Gentiles*,Ⅳ:24.

③ Mansi,*Amplissima Collectio*,tom.Ⅸ,col.183.

语是“*mia ousia, treis hypostaseis*”。作为“圣灵神学家”的巴西尔阐述神学术语 ousia 和 hypostasis 的区别,指出圣父、圣子、圣灵享有相同的神圣本质。圣灵从上帝而出,不是生出,而是“仿佛上帝口中的气”①,就是嘘出。神学家格列高利问:“圣灵是上帝吗? 不错,他是。圣灵的本体相同吗? 当然,因为他是上帝。”②三位享有一个本质,就是神性,合一的基础在于圣父;圣子圣灵能被确定,因为两者出于圣父而归于圣父。③ 尼撒的格列高利指出,圣父、圣子、圣灵根据永恒起源关系而区分,圣灵是“由上帝和基督出来的”④,这和圣父、圣子共同发出圣灵的观念,只有一步之遥。

奥古斯丁的著述,特别在《论三位一体》以及《约翰福音注释》的著述中,阐述作为神圣位格的圣父和圣子在永恒中共同发出作为神圣位格的圣灵。⑤ 对于奥古斯丁而言,作为神圣位格的圣父在永恒中生出作为神圣位格的圣子,因此圣父被区别为圣父,圣子被区别为圣子。同样地,作为神圣位格的圣灵和圣父、圣子有别,因为圣灵在永恒中从圣父和圣子出发。作为神圣位格的圣灵是圣父和圣子的“共同恩赐”(donum),作为神圣位格的圣灵是圣父和圣子在永恒中彼此相爱而共同发出的神圣爱情。⑥ 在上帝的神圣本质中,作为神圣位格的圣父和圣子在永恒中彼此相爱而共同发出作为上帝实

① Basil, *De Spiritu sancto*, 46.

② Gregory Nazianzan, *oratio catechetica*.31:10.

③ Gregory Nazianzan, *oratio catechetica*.42:15.

④ Gregory of Nyssa, *Contra Macedonius*.2;10;12;24.

⑤ *Summa Contra Gentiles*, IV:24.

⑥ Augustine, *The Trinity*, 5:12.

体的神圣爱情,就是作为神圣位格的圣灵。就神圣实体而言,作为神圣位格的圣灵在永恒中从作为神圣位格的圣父和圣子获得自己的神圣存在和神圣本质,作为神圣位格的圣灵在永恒中享有和作为神圣位格的圣父和圣子完全相同的神圣存在和神圣本质。作为神圣位格的圣父和圣子在永恒中彼此相爱而共同发出作为神圣位格的圣灵,作为神圣位格的圣灵仍然享有唯一的终极本源,①因为作为神圣位格的圣子在永恒中是“出于本源的本源”,作为神圣位格的圣父在永恒中是“没有本源的本源”。上帝是圣父、圣子、圣灵在单纯永恒的神圣本质中借着起源关系而彼此区分的神圣位格。

约翰福音记载耶稣向门徒应许作为保惠师(παρακλητος)的圣灵以崭新方式的降临和同在:“我要求父,父就赐给你们另一位保惠师,叫他永远和你们同在,就是真理的圣灵……你们却认识他;因他常和你们同在,也要在你们里面。”(约 14:16-17)奥古斯丁指出,基督耶稣应许作为保惠师的圣灵将永远住在门徒里面,圣灵把上帝的爱浇灌在门徒生命中,成为门徒生命的深邃源泉。② 作为保惠师的圣灵把上帝的智慧奥秘启示给门徒:“但保惠师,就是父因我的名所要差来的圣灵,他要将一切的事,指教你们。”(约 14:26)奥古斯丁指出,门徒亲自认识上帝三位一体的神圣位格,因此,门徒亲自倾听作为神圣位格的圣父、圣子、圣灵的独特声音,并且在上帝单纯永恒的神圣本质中理解上帝的神圣位格。③ 作为保惠师的圣灵

① Augustine, *The Trinity*, 5:14.

② Augustine, *On the Gospel of St. John*, Tractate 74.

③ Augustine, *On the Gospel of St. John*, Tractate 77.

是门徒见证基督的超自然权柄:“但我要从父那里差保惠师来,就是从父出来真理的圣灵;他来了,就要为我作见证。”(约 15:26)奥古斯丁指出,五旬节圣灵降临,当日三千犹太人皈依基督,就是“真理的圣灵”为基督作见证。①

耶稣对门徒说:“我还有好些事要告诉你们,但你们现在不能领会。只等真理的圣灵来了,他要引导你们进入一切的真理。因为他不是凭自己说的,乃是把他所听见的都说出来;并要把将来的事告诉你们。”(约 16:12-13)奥古斯丁指出,作为神圣位格的圣父和圣子在永恒中共同发出作为神圣位格的圣灵。在这个意义上,作为神圣位格的圣灵既被称呼为“圣父的圣灵”(太 10:29),作为神圣位格的圣灵也被称呼为“圣子的圣灵”(罗 8:9)。作为神圣位格的圣灵在永恒中从作为神圣位格的圣父和圣子获得神圣存在和神圣本质,作为神圣位格的圣灵在永恒中从作为神圣位格的圣父和圣子获得神圣智慧和神圣知识,因为圣灵的神圣智慧就是圣灵的神圣存在。② 这些教会圣师的论述,足以揭示出第五次大公会议表决的定案,是承认作为神圣位格的圣灵在永恒中起源于作为神圣位格的圣子,和作为神圣位格的圣灵在永恒中起源于作为神圣位格的圣父的道理,同样真确。③ 作为神圣位格的圣父和圣子在永恒中彼此相爱而共同发出作为神圣位格的圣灵,在这个意义上,作为神圣位格的圣灵是圣父的圣灵,同样地,作为神圣位格的圣灵是圣子的圣灵。

---

① Augustine, *On the Gospel of St. John*, Tractate 92.

② Augustine, *On the Gospel of St. John*, Tractate 99.

③ *Summa Contra Gentiles*, Ⅳ:24.

三、圣子:出于本源的本源

根据公教信仰的经典,必须在基本原则上承认作为神圣位格的圣灵有别于作为神圣位格的圣子,因为上帝在神圣本质中就是圣父、圣子、圣灵的神圣位格。作为神圣位格的圣灵和作为神圣位格的圣子之间既有区别,区别的原因必定是彼此"对立的分别"。上帝的神圣本质中圣父、圣子、圣灵之间只有位格的分别,没有本质的分别,因为作为神圣位格的圣父、圣子、圣灵在永恒中享有完全相同的神圣本质。在这个意义上,作为神圣位格的圣灵和圣子之间彼此对立的分别只是"关系的对立",犹如作为神圣位格的圣父和圣子之间彼此对立的分别,只是"关系的对立"。作为神圣位格的圣父、圣子、圣灵之间"对立的分别",就是作为神圣位格的圣父、圣子、圣灵之间"关系的对立",就是上帝在永恒中神圣位格的起源关系的对立。作为神圣位格的圣父、圣子、圣灵在永恒中享有完全相同的神圣本质,却具有神圣位格的起源关系的分别。因此,作为神圣位格的圣灵既然有别于作为神圣位格的圣子,作为神圣位格的圣灵必定在永恒中起源于作为神圣位格的圣子,因为圣灵被称呼为圣子的圣灵。①

作为神圣位格的圣父在永恒中是上帝三位一体的终极本源,作为神圣位格的圣父在永恒中是作为神圣位格的圣子和圣灵的本源,作为神圣位格的圣父在永恒中是作为神圣位格的圣子和圣灵的"没有本源的本源",但作为神圣位格的圣子

① *Summa Contra Gentiles*, Ⅳ:24.

和圣灵在永恒中的起源方式不同。作为神圣位格的圣父在永恒中自己认识自己而生出作为神圣智慧的神圣言辞，就是作为神圣位格的圣子。作为神圣位格的圣父和圣子在永恒中彼此相爱而共同发出（犹如嘘出生命气息）作为上帝实体的神圣爱情，就是作为神圣位格的圣灵。① 作为神圣位格的圣子和圣灵在永恒中"都有来源"，因为作为神圣位格的圣子和圣灵在永恒中都是起源于作为神圣位格的圣父，因为作为神圣位格的圣父在永恒中是"没有本源的本源"。作为神圣位格的圣子和圣灵之间的区别，只是神圣位格的永恒起源方面的区别。作为神圣位格的圣子和圣灵之间的区别，只是由于作为神圣位格的圣子在永恒中是作为神圣位格的圣灵的本源，作为神圣位格的圣子在永恒中是作为神圣位格的圣灵的"出于本源的本源"。②

作为神圣位格的圣父在永恒中自己认识自己而生出作为神圣智慧的神圣言辞，就是神圣位格的圣子，作为神圣位格的圣父和圣子在永恒中彼此相爱而共同发出作为上帝实体的神圣爱情，就是作为神圣位格的圣灵。在这个意义上，作为神圣位格的圣子和圣灵在永恒中从作为神圣位格的圣父获得自己的神圣存在和神圣本质，作为神圣位格的圣父、圣子、圣灵在永恒中享有完全相同的神圣存在和神圣本质。作为神圣位格的圣父在永恒中自己认识自己而生出作为神圣智慧的神圣言辞，就是作为神圣位格的圣子。作为神圣位格的圣父和圣子

---

① *Summa Contra Gentiles*，Ⅳ:24.

② *Summa Contra Gentiles*，Ⅳ:24.

在永恒中彼此相爱而共同发出(犹如嘘出生命气息)作为上帝实体的神圣爱情,就是神圣位格的圣灵。在这个意义上,作为神圣位格的圣灵在永恒中不是单单出于作为神圣位格的圣父,而是出于作为神圣位格的圣父(没有本源的本源)和圣子(出于本源的本源),因为作为神圣位格的圣父(没有本源的本源)和圣子(出于本源的本源)在永恒中彼此相爱而共同发出(犹如嘘出生命气息)作为上帝实体的神圣爱情,就是作为神圣位格的圣灵。①

作为神圣位格的圣父在永恒中自己认识自己而生出作为神圣智慧的神圣言辞,就是神圣位格的圣子。作为神圣位格的圣父和圣子在永恒中彼此相爱而共同发出(犹如在永恒中嘘出生命气息)作为上帝实体的神圣爱情,就是作为神圣位格的圣灵。既然存在者除非在智慧存在者的理智中被领悟,就无法在智慧存在者的意志中被倾慕,因为作为智慧存在者的意志行动的爱情是起源于作为智慧存在者的理智行动的领悟。因此,上帝中神圣爱情的永恒出发只能跟随着作为神圣智慧的神圣言辞的永恒出发。根据上帝的神圣理智在永恒中自己认识自己的内在行动生出神圣言辞,就是作为神圣位格的圣子;根据上帝的神圣意志在永恒中自己倾慕自己的内在行动发出神圣爱情,就是作为神圣位格的圣灵。因此,在上帝中,作为神圣言辞的圣子的永恒出发和作为神圣爱情的圣灵的永恒出发,具有神圣秩序上的分别。② 在这个意义上,作为

① *Summa Contra Gentiles*,Ⅳ:24.

② *Summa Theologica*,Ia:27:3:ad3.

神圣位格的圣灵在永恒中不但起源于作为神圣位格的圣父（没有本源的神圣本源），而且起源于作为神圣位格的圣子（出于本源的神圣本源）。[1]

作为上帝神圣位格的圣父、圣子、圣灵在永恒中享有完全相同的神圣存在和神圣本质。在上帝的神圣本质中神圣位格之间只有秩序的分别，在上帝的神圣本质中神圣位格之间的秩序分别只是神圣位格在永恒中起源关系的分别。在这个意义上，除非两个神圣位格（圣子和圣灵）中一神圣位格在永恒中出于另一神圣位格，两个神圣位格（圣子和圣灵）无法都出于同一神圣位格而具有秩序的分别。作为神圣位格的圣子和圣灵在永恒中都出于作为神圣位格的圣父，作为神圣位格的圣子和圣灵之间的区别只是神圣位格在永恒中起源关系方面的区别，因此，作为神圣位格的圣灵在永恒中出于作为神圣位格的圣子。在这个意义上，作为神圣位格的圣子在永恒中是作为神圣位格的圣灵的本源，作为神圣位格的圣子在永恒中是作为神圣位格的圣灵的“出于本源的神圣本源”。作为神圣位格的圣父和圣子在永恒中彼此相爱而共同发出作为上帝实体的神圣爱情，就是作为神圣位格的圣灵。作为神圣位格的圣灵在永恒中是作为神圣位格的圣父和圣子彼此相爱而共同发出的神圣爱情。[2]

作为神圣位格的圣父和圣子在永恒中彼此相爱而共同发出作为上帝实体的神圣爱情，就是作为神圣位格的圣灵。在

---

① *Summa Contra Gentiles*, Ⅳ: 24.

② *Summa Contra Gentiles*, Ⅳ: 24.

上帝中以作为神圣位格的圣父和圣子在永恒中彼此相爱的神圣爱情的方式出发的上帝实体，犹如作为神圣位格的圣父和圣子在永恒中嘘出的生命气息（spiritus），犹如圣父和圣子彼此相爱而共同"嘘出生命气息或激发精神"，就是作为神圣位格的圣灵的永恒出发。圣灵这个名称所表示的，就是一种富于生命活力的意气激昂，犹如活水的泉源，犹如某人获得爱情的激励去成就某项工作。[①] 圣经说："赐给我们的圣灵，将上帝的爱浇灌在我们心里。"（罗5:5）作为神圣位格的圣灵在永恒中就是作为上帝实体的神圣爱情，圣灵把作为上帝实体的神圣爱情浇灌在圣徒生命中。作为神圣位格的圣父和圣子在永恒中彼此相爱而发出作为上帝实体的神圣爱情，就是作为神圣位格的圣灵。因此，作为神圣位格的圣父在永恒中是作为神圣位格的圣灵的"没有本源的神圣本源"，作为神圣位格的圣子在永恒中是作为神圣位格的圣灵的"出于本源的神圣本源"。在这个意义上，作为神圣位格的圣子在永恒中是作为神圣位格的圣灵的本源，作为神圣位格的圣子在永恒中是作为神圣位格的圣灵的"出于本源的神圣本源"。[②]

第三节 圣灵的神性

作为神圣位格的圣父和圣子在永恒中彼此相爱而发出作为上帝实体的神圣爱情，就是作为神圣位格的圣灵。作为神

① *Summa Theologica*, Ia:27:4.

② *Summa Contra Gentiles*, Ⅳ:24.

圣位格的圣灵在永恒中是完全的上帝。作为神圣位格的圣灵，是有形无形的宇宙万物的创造者。作为创造者的圣灵以超自然的方式赋予存在者以生命，作为创造者的圣灵以超自然的方式赋予存在者以生命气息，这是作为创造者的圣灵的奇妙工作，这是作为创造者的圣灵在神圣创造中的奇妙工作，这是作为创造者的圣灵在神圣救赎中的奇妙工作，并且这样神圣奇妙的使命和功效，适合于作为神圣位格的圣灵这个名称的本来含义。作为神圣位格的圣灵借着圣徒对于上帝的渴慕激励圣徒追求真理和良善，作为神圣位格的圣灵借着圣徒爱慕上帝的爱情激励圣徒遵守上帝诫命，成就上帝旨意，使圣徒从黑暗权势和律法束缚中获得自由，就是圣徒在基督里的自由："主的灵在哪里，哪里就有自由。"（林后 3:17）[①]哪里有圣灵的引导，哪里就有圣徒的自由。在这个意义上，作为保惠师的圣灵是生命的赐予者，作为保惠师的圣灵是自由的赐予者。

一、圣灵是上帝

圣经清楚的经文，指示圣灵是上帝，作为神圣位格的圣灵是完全的上帝。在圣经中，圣殿常和上帝连用，因为圣殿只可以献给上帝，因此诗篇作者说："耶和华在他的圣殿中，耶和华的宝座在天上。"（诗 11:4）保罗书信指出圣徒自己是圣灵的居所："你们的身体是圣灵（居住）的殿。"（林前 6:19）既然

① *Summa Contra Gentiles*, IV:22.

圣灵住在圣殿中,因此,圣灵是上帝。[①] 希伯来圣经说:"你要敬畏耶和华你的上帝,侍奉他。"(申6:13)圣徒只能敬畏独一无二的上帝。保罗书信指出:"我们这些倚靠上帝的圣灵敬拜,在基督耶稣里夸口而不倚靠肉体的人,才是真受割礼的。"(腓3:3)。使徒保罗指出,割礼的真实意义,唯有在基督里借着圣灵在圣徒生命中的洁净才能实现。因此,唯有领受圣灵的基督徒才是"真受割礼"的。在希腊原文抄本中,这节经文说:"我们侍奉上帝圣灵"。[②] 这里"上帝和圣灵"是并列名词,指一个神圣实体,就是作为神圣位格的圣灵。"敬拜"这个动词的原文,原意就是侍奉。使徒保罗以侍奉的动词,指示圣徒的敬拜。敬拜上帝,就是侍奉上帝。圣徒的侍奉,只能用于独一无二的上帝。因此,圣灵是上帝。[③]

以超自然的能力洁净在亚当里堕落的人,是上帝的工作。希伯来圣经说:"我在以色列人中,却要被尊为圣。我是叫你们成圣的耶和华。"(利22:32)保罗书信指出,圣灵是叫圣徒成为圣洁的:"你们奉主耶稣基督的名,并借着我们上帝的圣灵,已经洁净,成圣称义了。"(林前6:11)在这个意义上,圣徒借着基督耶稣的名领受所应许的圣灵,圣灵洁净圣徒生命中的污秽,恢复上帝创造恩典中的正直和圣洁,亲近一度远离的天父。保罗书信指出,圣徒借着信心被圣灵感动成为圣洁:"他(上帝)从起初拣选你们,叫你们因信真道,又被圣灵感动

① *Summa Contra Gentiles*, IV:17.
② *Summa Contra Gentiles*, IV:17.
③ *Summa Contra Gentiles*, IV:17.

成为圣洁,能以得救。”(帖后 2:13)作为保惠师的圣灵在圣徒生命中赐下真理和恩典,使圣徒借着圣灵的超自然光照,分辨诸灵,遵行真理,获得胜过黑暗权势的自由。圣灵在圣徒生命中超自然的奇妙恩典就是洁净圣徒,治死恶行:“若靠着圣灵治死身体的恶行必要活着。”(罗 8:13)作为保惠师的圣灵引导圣徒,顺服真理,弃绝罪孽,成为圣洁,活出在基督里的崭新生命。因此,圣灵是上帝。[①]

使人从死里复活是上帝的工作。面对当时犹太人对于基督身份的困惑,耶稣基督声称自己和圣父平等,宣称说:“父怎样叫死人起来,使他们活着,子也照样随自己的意思使人活着。”(约 5:21)[②]希伯来圣经指出耶和华具有使死人复活的权柄(结 37:13),基督耶稣同样具有使死人复活的权柄。基督耶稣具有使死人复活的权柄,不但具有肉体复活的含义,而且具有属灵复活的含义,这是圣父在基督里预备的神圣救赎的奥秘。使人从死里复活,同样是圣灵的工作。作为神圣位格的圣灵使耶稣从死里复活,同样地,住在圣徒中的圣灵是圣徒身体复活的保证:“叫耶稣从死里复活者的灵,若住在你们心里,那叫基督耶稣从死里复活的,也必借着住在你们心里的圣灵,使你们必死的身体又活过来。”(罗 8:11)作为保惠师的圣灵住在圣徒中,圣徒已经借着圣灵经历属灵的复活,将来还要借着圣灵经历身体的复活。作为保惠师的圣灵在现世帮助圣徒成为圣洁,作为保惠师的圣灵在末日使圣徒的身体经历

① *Summa Contra Gentiles*, IV:17.

② *Summa Contra Gentiles*, IV:17.

荣耀的复活，如同基督的复活，因为基督是复活之人初熟的果子。因此，圣灵是上帝。①

创造有形无形的宇宙万物，是上帝的工作。在圣经中，创造有形无形的宇宙万物，是作为神圣位格的圣灵固有的权柄。② 创世记叙述上帝的神圣创造说："上帝的灵运行在水面上。"(创 1:2)这里的描述指出，上帝的圣灵犹如风驰电掣的疾风，给有形无形的宇宙万物带来生命秩序。诗篇说："诸天藉耶和华的命而造，万象藉耶和华口中的气而成。"(诗 33:6)这节经文叙述上帝起初的神圣创造，是作为神圣位格的圣父、圣子、圣灵的奇妙作为，因为"圣洁可称颂的三一是不可分的一"。倘若"耶和华的命"指示作为神圣位格的圣子，"耶和华口中的气"是指示作为神圣位格的圣灵。诗篇说："你发出你的灵，它们(生物)便受造，你使地面更换为新。"(诗 104:30)诗篇作者称颂上帝的神圣创造，指出作为神圣位格的圣灵是宇宙万物的创造者。圣灵创造的生物在上帝的祝福中欣欣向荣，生机盎然。希伯来圣经说："上帝的灵造我，全能者的气使我得生。"(伯 33:4)作为圣父、圣子、圣灵的上帝，根据自己的神圣形象创造人。全能者嘘出的生命气息，就是作为神圣位格的圣灵，使人成为"有灵的活人"。(创 2:7)因此，圣灵是上帝。③

以赛亚书记载："我听见主的声音说：'我可以差遣谁呢？谁肯为我们去呢？'我说：'我在这里，请差遣我！'他说：'你去

① *Summa Contra Gentiles*, IV:17.

② *Summa Contra Gentiles*, IV:17.

③ *Summa Contra Gentiles*, IV:17.

告诉这百姓说:你们听是要听见,却不明白;看是要看见,却不晓得。'"(赛 6:8-9)使徒保罗把上帝的这些话归于圣灵,保罗对犹太人说:"圣灵藉先知以赛亚,向你们祖宗所说的话,是不错的。他说:'你去告诉这百姓说,你们听是要听见,却不明白;看是要看见,却不晓得。'"(徒 28:25-26)因此,圣灵是上帝。[①] 犹太人确信先知是上帝的代言人:"圣灵藉大卫的口,在圣经上预言……,这话是必须应验的。"(徒 1:16)福音书记载,"耶稣说:'这样,大卫被圣灵感动,怎么还称他为主,说:主对我主说,你坐在我的右边,等我把你仇敌,放在你的脚下?大卫既称他为主,他怎么又是大卫的子孙呢?'"(太 22:43-44)耶稣引用的希伯来圣经经文就是著名的弥赛亚诗篇(110:1)。关于先知预言的奥秘,使徒彼得指出预言就是圣灵的启示:"预言从来没有出于人意的,乃是人被圣灵感动说出上帝的话来。"(彼后 1:21)因此,圣灵是上帝。[②]

向人启示神圣奥秘是上帝特有的工作。希伯来圣经记载:"祈求天上的上帝施怜悯将这奥秘的事显明。"(但 2:28)神圣奥秘的启示,是圣灵固有的工作。圣经说:"上帝藉圣灵向我们显明"(林前 2:10)"圣灵讲述各样的奥秘。"(林前 14:2)因此,圣灵是上帝。[③] "他(上帝)……将智慧赐给智慧人,将知识赐给聪明人。"(但 2:21)这是圣灵特有的工作,福音书说:"但保惠师,就是父因我的名所要差来的圣灵,他要将一

---

① *Summa Contra Gentiles*, IV:17.

② *Summa Contra Gentiles*, IV:17.

③ *Summa Contra Gentiles*, IV:17.

切的事,指教你们。"(约 14:26)因此,圣灵是上帝。① 在人类历史中的神圣救赎是上帝的工作,在十字架上付出赎罪祭是圣子的工作,借着超自然真理的光照使人认识上帝是圣灵的工作:"你们既为儿子,上帝就差他儿子的灵(圣灵),进入你们的心,呼叫(圣父):'阿爸!父!'"(加 4:6)因此,圣灵是上帝。② 作为神圣位格的圣灵根据自己的神圣旨意在教会赐下诸般恩赐:"恩赐原有分别,圣灵却是一位。职事也有分别,主却是一位。功用也有分别,上帝却是一位,在众人里面运行一切的事。"(林前 12:6)因此,圣灵是上帝。③

二、作为创造者的圣灵

作为神圣位格的圣父和圣子在永恒中彼此相爱而发出作为上帝实体的神圣爱情,就是作为神圣位格的圣灵。作为神圣位格的圣灵,是有形无形的宇宙万物的创造者。上帝的神圣意志在永恒中自己爱慕自己的本体和至善,是上帝愿意创造宇宙万物的理由。上帝的神圣意志自己喜悦自己的存在,上帝的神圣意志也在自己的至善中喜悦宇宙万物的存在。因为上帝在自己的神圣本体中,以超自然的方式根据万物的本质,包含着有形无形的宇宙万物。在这个意义上,上帝用自己的神圣意志创造有形无形的宇宙万物。④ 上帝的神圣意志在永恒中自己爱慕自己的美善而发出的作为上帝实体的神圣爱

① *Summa Contra Gentiles*, IV:17.

② *Summa Contra Gentiles*, IV:17.

③ *Summa Contra Gentiles*, IV:17.

④ *Summa Contra Gentiles*, I:75.

情，就是作为神圣位格的圣灵，是上帝创造有形无形的宇宙万物的原因。[①] 作为神圣位格的圣父和圣子在永恒中彼此相爱而发出的作为神圣位格的圣灵，就是圣父和圣子在永恒中彼此相爱而发出的作为上帝实体的神圣爱情。因此，作为神圣位格的圣灵是有形无形的宇宙万物的创造者。诗篇作者称颂圣灵的神圣创造："你发出你的圣灵，它们（生物）便受造，你使地面更换为新。"（诗 104:30）[②]

作为神圣位格的圣父和圣子在永恒中彼此相爱而发出作为上帝实体的神圣爱情，就是作为神圣位格的圣灵。作为神圣位格的圣灵是上帝的神圣意志在永恒中自己爱慕自己而发出的神圣爱情。[③] 爱情具有催促和推动的生命活力，因此有形无形的宇宙万物在上帝主权中的变化，都是上帝圣灵固有的神圣作为。有形无形的宇宙万物在上帝主权中最初的变化，就是有形无形的宇宙万物从无中获得存在。创世记这样叙述上帝的神圣创造："上帝的圣灵运行在水面上。"（创 1:2）根据奥古斯丁对于《创世记》的诠释，"水"，象征上帝已经从无中创造出来的尚未获得作为存在秩序的完满形式的"原初质料"，就是尚未获得秩序、生命和光明的"原初质料"。作为神圣位格的圣灵犹如疾风"运行在水面上"，赋予上帝从无中创造的"原初质料"以存在秩序，因为上帝在创造中赋予的神圣秩序是有形无形的宇宙万物的生命。作为神圣位格的圣灵犹如风驰电掣的疾风"运行在水面上"，赋予有形无形的宇

① *Summa Contra Gentiles*, Ⅳ:20.

② *Summa Contra Gentiles*, Ⅳ:20.

③ *Summa Contra Gentiles*, Ⅳ:20.

宙万物奇妙壮观的存在秩序。因此,作为神圣位格的圣灵是宇宙万物的创造者。①

作为创造者的圣灵统御有形无形的宇宙万物的运行以及生育。作为创造者的圣灵统御有形无形的宇宙万物,就是作为创造者的上帝亲自引导有形无形的宇宙万物的运行以及生育(含有推动的意思),意指作为创造者的上帝亲自指导推动有形无形的宇宙万物,追求自己存在的固有目的,走向自己的终极目标。② 在这个意义上,圣经说:"我是首先的,我是末后的,我是初,我是终。"(启 22:13)作为创造者的上帝自己是有形无形的宇宙万物存在固有的终极目标。作为神圣爱情的深邃奥秘,"催促、推动"归于圣灵的神圣本质,因此统御有形无形的宇宙万物的运行和生育,都是圣灵的奇妙工作。因此,圣经说:"上帝的圣灵创造我,全能者的气使我得生。"(伯 33:4)这是说,作为全能者的圣灵是生命的赐予者,作为全能者的圣灵是我自己的生命的创造者。诗篇作者说:"你的圣灵本为善,求你引导我到平坦之地。"(诗 143:10)作为神圣位格的圣灵亲自引导圣徒的脚步,作为神圣位格的圣灵亲自引导圣徒脱离幽暗而走到光明平坦的生命境地,把圣徒的脚步"引导到平安的路上"。③

作为创造者的圣灵具有治理有形无形的宇宙万物的神圣权柄。治理有形无形的宇宙万物,是作为创造者的上帝神圣

---

① *Summa Contra Gentiles*,Ⅳ:20.

② *Summa Contra Gentiles*,Ⅳ:20.

③ *Summa Contra Gentiles*,Ⅳ:20.

主权的固有行动。[①] 圣经说:"圣灵就是主宰。"(林后3:17)作为创造者的圣灵以全能者的神圣主权治理有形无形的宇宙万物。第一,作为创造者的圣灵是宇宙万物的主宰,因为上帝的神圣治理就是用上帝的圣洁、智慧、权能,保守并治理上帝创造的有形无形的宇宙万物。第二,作为创造者的圣灵是神圣恩典的主宰,因为作为创造者的圣灵借着有效呼召,借着超自然真理的光照,吸引上帝的百姓在神圣救赎历史中归向上帝,这是作为创造者的圣灵的主权工作。第三,作为创造者的圣灵是永恒命运的主宰,因为作为创造者的圣灵保守圣徒在患难中持守信心:"就是在患难中也是欢欢喜喜的……因为所赐给我们的圣灵,将上帝的爱浇灌在我们心里。"(罗5:3-5)因此,住在圣徒心里的作为创造者的圣灵,就是圣徒荣耀复活的凭据。使徒约翰说:"我看见新天新地!"(启21:1)这是先知以赛亚宣告的上帝预言:"看哪,我造新天新地!"(赛65:17)[②]

尼西亚信经宣告:"我信圣灵,赐生命的主宰"。[③] 作为创造者的圣灵是"赐生命的主宰"。就上帝的神圣创造而言,作为创造者的圣灵是有形无形的宇宙万物的主宰,作为创造者的圣灵借着神圣创造把生命赋予各种生物:"你发出你的灵,它们(生物)便受造,你使地面更换为新。"(诗104:30)。就上帝的神圣救赎而言,作为创造者的圣灵是神圣恩典和永恒

① *Summa Contra Gentiles*, IV:20.
② *Summa Contra Gentiles*, IV:97.
③ *Summa Contra Gentiles*, IV:20.

命运的主宰,作为创造者的圣灵借着超自然真理的光照把生命赋予上帝拯救的百姓,因为圣灵是赐人智慧和启示的圣灵,保罗书信说:"求我们主耶稣基督的上帝,荣耀的父,将那赐人智慧和启示的灵,赏给你们,使你们真知道他;并且照明你们心中的眼睛,使你们知道他的恩召有何等指望;他在圣徒中得的基业,有何等丰盛的荣耀;并知道他向我们这信的人所显的能力,是何等浩大!"(弗 1:17-19)。生命的显著彰显是活动,有生命的智慧存在者有时被称呼为"活物",例如在圣经中上帝宝座前的尊贵天使被称呼为"活物"。因为爱情的深邃奥秘,作为创造者的圣灵具有施给催促和推动的能力权柄。作为创造者的圣灵在永恒中就是神圣生命,作为创造者的圣灵是"赐生命的主宰"。①

在福音书中,作为创造者的圣灵是生命的赐予者:"叫人活着的乃是灵"(约 6:63)圣灵借着超自然真理的光照,使人经历"出死入生"的复活。在先知书中,作为创造者的圣灵是生命的赐予者,圣灵是使枯干骸骨复活并且站起来成为极大军队的生命气息:"主耶和华对这些骸骨如此说:我必使气息进入你们里面,你们就要活了。"(结 37:5)以西结书中"骸骨复活"的异象,是希伯来圣经对于作为创造者的圣灵位格的深刻揭示。② 作为创造者的圣灵以超自然的方式赋予存在者以生命,作为创造者的圣灵以超自然的方式赋予存在者以生命气息,这是作为创造者的圣灵的奇妙工作,这是作为创造者

① *Summa Contra Gentiles*, IV:20.

② *Summa Contra Gentiles*, IV:20.

的圣灵在神圣创造中的奇妙工作,这是作为创造者的圣灵在神圣救赎中的奇妙工作,并且这样神圣奇妙的使命和功效,适合于作为神圣位格的圣灵这个名称的本来含义。作为神圣位格的圣灵是作为神圣位格的圣父和圣子在永恒中彼此相爱而发出的犹如生命气息的作为上帝实体的神圣爱情。因此,作为创造者的圣灵在永恒中是神圣生命,作为创造者的圣灵在永恒中是生命的赐予者。①

三、作为保惠师的圣灵

圣徒生命的深邃奥秘就是爱慕上帝,圣徒以超自然的奇妙方式爱慕上帝。这样的奥秘爱情的深邃源泉,是上帝赏赐给圣徒的圣灵:"赐给我们的圣灵,将上帝的爱浇灌在我们心里。"(罗 5:5)作为神圣位格的圣父和圣子在永恒中彼此相爱而发出作为神圣位格的圣灵,圣灵将上帝的爱浇灌在圣徒心中,圣灵在圣徒心中涌流出奇妙爱情,这是圣徒爱慕上帝的深邃源泉。在圣徒享有爱德的生命旅程,圣灵必定住在圣徒里面。因此,圣徒是圣灵的居所:"你们是上帝的殿,上帝的圣灵住在你们里面"(林前 3:16)②,圣灵居住在圣徒生命中。圣徒借着圣灵在心中涌流出来的爱情而爱慕上帝,爱情对象获得倾慕居住在爱情的心怀中,在圣徒的爱情心怀中必然有上帝的居住:"人若爱我,就必遵守我的道;我父也必爱他,并且我们要到他那里去,和他同住。"(约 14:23)前往和圣徒同

---

① *Summa Contra Gentiles*, IV:20.

② *Summa Contra Gentiles*, IV:21.

住的上帝，就是圣父、圣子、圣灵。圣徒借着圣灵知道自己住在上帝中，上帝住在自己中："遵守上帝命令的，就住在上帝里面；上帝也住在他里面。我们所以知道上帝住在我们里面，是因上帝赐给我们的圣灵。"(约一 3:24)①

作为神圣位格的圣父和圣子在永恒中彼此相爱而发出作为上帝实体的神圣爱情，就是作为神圣位格的圣灵。上帝把圣灵的爱情赏赐给圣徒，上帝深爱在圣灵中爱慕上帝的圣徒："不是我们爱上帝，乃是上帝爱我们，差上帝的儿子为我们的罪做了挽回祭，这就是爱了。"(约一 4:10)圣灵把上帝的爱浇灌在圣徒心中："上帝将圣灵赐给我们，从此就知道我们是住在上帝里面，上帝也住在我们里面。"(约一 4:13)上帝就是爱："上帝爱我们的心，我们也知道也信。上帝就是爱；住在爱里面的，就是住在上帝里面，上帝也住在他里面。"(约一 4:16)圣徒爱上帝，因为上帝首先爱世人，当世人还是罪人的时候，上帝就差遣自己的儿子为世人的罪做了挽回祭："我们爱，因为上帝先爱我们。"(约一 4:19)②挚爱的感情，引导相爱的人把自己的秘密启示给挚爱的人。挚爱使人彼此知心，使两颗心结合为一颗心。作为知心的良人，给良人启示秘密，就是把自己的秘密披露给良人。因此，上帝借着圣灵向圣徒启示自己的神圣奥秘："'上帝为爱他的人预备的，是眼睛未曾看见，耳朵未曾听见，人心也未曾想到的。'只有上帝借着圣灵向我们显明。"(林前 2:9-10)③

① *Summa Contra Gentiles*, IV:21.

② *Summa Contra Gentiles*, IV:21.

③ *Summa Contra Gentiles*, IV:21.

上帝享有赏赐圣徒超自然恩赐而祝福万民的奇妙爱情。上帝借着圣灵赏赐圣徒诸般超自然恩赐:“这人蒙圣灵赐他智慧的言语;那人也蒙这位圣灵赐他知识的言语……这一切都是这位圣灵所运行,随己意分给各人的。”(林前 12:8-11)①上帝借着圣灵赏赐圣徒的超自然恩赐,“有使徒,有先知,有传福音的,有牧师和教师;为要成全圣徒,各尽其职,建立基督的身体。”(弗 4:11-12)上帝借着圣灵赏赐圣徒诸般超自然恩赐,上帝的托付是“成全圣徒”和“建立教会”。圣徒借着圣灵获得上帝赏赐的诸般超自然恩赐,圣徒借着圣灵获得上帝赏赐的荣耀盼望:“那在基督里坚固我们和你们,并且膏我们的,就是上帝。上帝又用印印了我们,并且赐圣灵在我们心里作凭据。”(林后 1:21-22)因此,居住在圣徒生命中的圣灵,是圣徒在荣耀中获得天上永恒基业的凭据(ἀρραβων):“你们既听见真理的道,就是那叫你们得救的福音,也信了基督,既然信他,就领受应许的圣灵为印记,这圣灵,是我们得基业的凭据,直等到上帝选民被救赎,使上帝的荣耀得着称颂。”(弗 1:13-14)②

倘若人以善意仁爱疼惜某人,就能够收纳某人并且建立某人为嗣子,赋予某人嗣子的继承权。因此,收纳而建立人类为上帝的嗣子,是圣灵仁爱的恩惠:“你们领受的……是儿子的心,因此我们呼叫:‘阿爸!父!’圣灵和我们的心同证我们是上帝的儿女。”(罗 8:15-16)③挚爱关系的建立,就是冤仇的消除。冤仇和挚爱是彼此冲突的。圣经说:“爱能够遮掩

---

① *Summa Contra Gentiles*, IV:21.

② *Summa Contra Gentiles*, IV:21.

③ *Summa Contra Gentiles*, IV:21.

许多的罪。"(彼前4:8)圣灵借着超自然真理的光照,在上帝和世人之间建立挚爱的位格关系,消除上帝的震怒以及刑罚:世人往昔的罪孽因此获得上帝的赦免。福音书说:"你们领受圣灵。你们赦免谁的罪,谁的罪就要(获得上帝的)赦免。"(约20:22-23)"唯独亵渎圣灵,总不得赦免。"(太12:31)因为罪孽获得赦免,必须倚靠圣灵。圣徒成为圣洁,是圣灵的工作。作为神圣位格的圣灵是公义的圣灵,是焚烧的圣灵,是审判的圣灵:"主以公义的灵和焚烧的灵,将锡安女子的污秽洗去,又将耶路撒冷中杀人的血除净。那时,剩在锡安、留在耶路撒冷的,就是一切住耶路撒冷、在生命册上记名的,必称为圣。"(赛4:3-4)①

爱情的奥秘,莫过于心灵交流。上帝和圣徒超自然的心灵交流,在于赏赐圣徒仰望上帝的荣福:"我们却是天上的国民;并且等候救主,就是主耶稣基督,从天上降临。"(腓3:20)圣徒借着圣灵爱慕上帝,借着圣灵获得观赏上帝的荣福:"我们众人既敞着脸,得以看见主的荣光,好像从镜子里返照,就变成主的形状,荣上加荣。"(林后3:18)②爱情的奥秘,在于欢聚,分享倾心吐意的喜乐,并且在苦闷中彼此勉励。圣徒时而忧患不堪,乃以"圣徒相通"为确凿磐石,犹如来到稳妥的避难所。圣灵建立圣徒为爱慕上帝的天上国民,使上帝住在圣徒中,圣徒住在上帝中,帮助圣徒倚靠圣灵获得从上帝而来的安慰和喜乐,面对世间的艰难:"求你使我仍得救恩之乐,

---

① *Summa Contra Gentiles*,Ⅳ:21.

② *Summa Contra Gentiles*,Ⅳ:22.

赐我乐意的灵扶持我。”(诗 51:12)因此,“上帝的国度,就是在圣灵中奠基的公义、和平和喜乐。”(罗 14:17)使徒行传记载:“那时,各处教会都得平安,被建立;凡事敬畏主,蒙圣灵的安慰,人数就增多了。”(徒 9:31)圣灵是保惠师:“保惠师,就是父因我的名要差来的圣灵,他要将一切奥秘,指教你们。”(约 14:26)①

爱情的奥秘,在于志同道合。相爱者情投意合,必是天路同道。上帝把自己的神圣旨意晓谕给圣徒,是借着上帝颁布的诫命。圣徒爱慕上帝的心,愿意遵守上帝诫命:“你们若爱我,就必遵守我的命令。”(约 14:15)圣徒借着圣灵和上帝建立相爱的亲密团契,圣徒获得圣灵的激励,甘心情愿地遵守上帝诫命:“凡是被上帝的圣灵引导的,都是上帝的儿子。”(罗 8:14)圣灵引导圣徒的方式,是借着圣徒爱慕上帝的激情,引导圣徒遵守上帝诫命,成就上帝的旨意:“你们领受的……是儿子的心,因此我们呼叫:‘阿爸!父!’”(罗 8:15)②圣灵借着圣徒渴慕上帝的爱情,激励圣徒追求真理和良善。圣灵借着圣徒爱慕上帝的爱情,帮助圣徒遵守上帝诫命,成就上帝旨意,使圣徒从黑暗权势和律法审判中获得自由,就是圣徒在基督里的自由。在这个意义上,作为保惠师的圣灵是自由的赐予者:“主就是那灵;主的灵在哪里,哪里就有自由。”(林后 3:17)③哪里有圣灵的引导,哪里就有圣徒的自由。因此,作为保惠师的圣灵是生命的赐予者,作为保惠师的圣灵是自由的赐予者。

---

① *Summa Contra Gentiles*, IV:22.

② *Summa Contra Gentiles*, IV:22.

③ *Summa Contra Gentiles*, IV:22.

第六章

圣灵的位格称谓

作为神圣位格的圣灵具有三个特有称谓:圣灵、圣爱和恩惠。第一,根据"圣灵"这名称的固有意义,可以理解圣灵作为神圣位格特有称谓的根据。因为spiritus(灵)意指一种推动和激励,希伯来圣经也称呼气和风为spiritus。在希伯来圣经中,气和风,都是圣灵的表记。爱情的固有本质就是把爱者的意志推向那被爱者。因此,上帝的神圣意志在永恒中自己倾慕自己而嘘出(发出)的作为上帝实体的神圣爱情,作为上帝在永恒中发出的神圣位格,应该称为圣灵:"上帝是灵"(约4:24)。第二,作为神圣位格的圣灵是作为神圣位格的圣父和圣子在永恒中彼此相爱发出的神圣爱情,作为神圣位格的圣灵也被称呼为圣爱。因此,圣爱是圣灵位格的特有称谓。第三,恩惠就其原初含义而言,就是无意期待回报的自由慷慨的无偿施恩。自由慷慨的无偿施恩的唯一理由就是爱。作为圣父和圣子在永恒中彼此相爱而嘘出(发出)的作为上帝实体的神圣爱情,圣爱具有"首要恩惠或第一恩惠"的性质,因为圣爱是全部无偿恩惠的神圣本源。①

① *Summa Theologica*, Ia:38:2.

因此,恩惠是圣灵位格的特有称谓。

第一节　作为位格称谓的圣灵

在“圣灵”的位格名称中确实含有实在关系,就是根据上帝的神圣意志在永恒中自己爱慕自己的内在行动出发的实在关系,这种永恒出发的本源的关系称为“嘘出”,而从本源出发者的关系称为“出发”。在这个意义上,作为神圣位格的圣灵就是作为神圣位格的圣父和圣子在永恒中彼此相爱而嘘出的spiritus(生命气息)。在这个意义上,作为神圣位格的圣父和圣子在永恒中彼此相爱而嘘出(发出)作为神圣位格的圣灵。因此,希拉利祷告说:“我恳求你保护我的这种虔诚信仰,使我常常得有圣父,即是你;使我一同敬拜你和你的圣子,并且使我堪得你那藉你的独生子而享有存在的圣灵。”①作为神圣位格的圣父和圣子在永恒中彼此相爱而共同嘘出作为神圣位格的圣灵。作为神圣位格的圣父和圣子在永恒中共同嘘出(发出)作为神圣位格的圣灵,就是使作为神圣位格的圣父和圣子在永恒中合而为一的神圣爱情。作为神圣位格的圣父在永恒中是作为神圣位格的圣灵的“没有本源的神圣本源”,作为神圣位格的圣子在永恒中是作为神圣位格的圣灵的“出于本源的神圣本源”。

一、在永恒中被嘘出的生命气息

圣经说:“原来在天上作见证的有三个:圣父、圣言和圣

① Hilary,*De Trinitate*,12:57.

灵;这三样也都归于一。"(约一 5:8)作为神圣位格的圣父、圣子和圣灵,都是圣子(基督)的见证。第一,道成肉身的耶稣在约旦河领受洗礼时,天上的圣父亲自为圣子(基督)作见证,因为那时"从天上有声音说:'这是我的爱子,我所喜悦的。'"(太 3:17)第二,基督耶稣在十字架上舍命流血,是道成肉身的圣子为自己(基督)作见证,因为基督耶稣在十字架上献上一次永远的赎罪祭(来 10:12),就是神圣救赎奥秘的奇妙彰显。第三,圣父和圣子差遣来的保惠师,真理的圣灵,就是为圣子(基督)作见证,因为基督耶稣亲自应许门徒说:"圣灵降临在你们身上,你们就必得着能力;并要在耶路撒冷、犹太全地,和撒玛利亚,直到地极,作我的见证。"(徒 1:8)作为保惠师的圣灵是智慧的圣灵,是真理的圣灵,是公义的圣灵,是生命的圣灵,是荣耀的圣灵。奥古斯丁说:倘若问:"三个什么?"我们就说:"三个位格。"①三个位格,就是在永恒中作为神圣位格的圣父、圣子和圣灵。因此,"圣灵"是神圣位格的特有名称。

在上帝中具有两种神圣位格的永恒出发(processio),就是根据神圣理智自己认识自己的内在行动的永恒出发以及根据神圣意志自己倾慕自己的内在行动的永恒出发。上帝中神圣位格的第一种出发,是以作为理智概念的神圣言辞的方式的永恒出发,就是作为神圣位格的圣子的永恒出发。上帝中神圣位格的第二种出发,是以作为意志行动的神圣爱情的方

① Augustine, *The Trinity*, 7:4.

式的永恒出发，因为不是作为生育的永恒出发，没有特有的名称。[1] 因此，根据这种神圣意志在永恒中自己倾慕自己的内在行动出发而有的位格关系，也都没有名称。[2] 因此，以这种作为意志行动的神圣爱情的方式而出发的神圣位格，同理也没有特有的名称。但是，正如基于人的通常说法，产生某些名称，以表示上述（原本没有名称的）关系，例如，我们用“出发”（processio）和“嘘出”（spiratio）来命名这种神圣爱情的永恒出发，即使根据其特性而言，这些名称似乎主要是指表记行动，而不是关系本身；同样地，根据圣经的通常用法，为表示那以作为上帝实体的神圣爱情的方式出发的神圣位格，产生“圣灵”这一名称。[3]

神圣科学从两方面来理解圣灵作为神圣位格的特有名称的理由。第一，根据那称为“圣灵”者的神圣位格的共同性，理解圣灵作为神圣位格的特有名称的理由。奥古斯丁指出，因为圣灵“是（圣父和圣子）两位共有的，因此（圣父和圣子）两位共有的称呼，就成为圣灵自己的特有称呼。因为圣父是上帝，圣子也是上帝；圣父是圣的，圣子也是圣的。”[4]因此，圣父是上帝，圣子是上帝，圣灵是上帝。因此，圣父是圣的，圣子是圣的，圣灵是圣的。第二，根据“圣灵”这名称的固有含义，理解圣灵作为神圣位格的特有名称的理由。因为 spiritus（灵）这一名称，在有形存在者中意指冲动和推动；希伯来圣

---

① *Summa Theologica*, Ia:27:4:ad3.

② *Summa Theologica*, Ia:28:4.

③ *Summa Theologica*, Ia:36:1.

④ Augustine, *The Trinity*, 15:19.

经也称呼气和风为 spiritus。在希伯来圣经中,气和风,都是圣灵的表记。但是,爱情固有的性质,就是把爱者的意志推向那被爱者。而“圣”是归于那些指向享有神圣本质的上帝的称谓。因此,由于上帝中根据神圣意志在永恒中自己爱慕自己的内在行动发出的神圣位格,是以上帝自己爱慕自己的神圣爱情的方式出发,[①]因此称呼这神圣位格为圣灵(spiritus),是相宜的。[②]

有些学者认为,没有任何神圣位格共享的名称,是某一位格特有的。但是,“圣灵”这一名称,却是(上帝的)神圣位格共有的。因为希拉利指出,“上帝的灵”有时指示圣父,例如:“上帝的灵临在我身上”(赛 61:1);有时指示圣子,例如:圣子“为显示自己是用自己本性的能力赶鬼”,说:“我倚靠上帝的圣灵赶鬼”(太 12:28);有时指示圣灵,例如:“我要将我的灵浇灌在所有有血气的人身上”(珥 2:28)。[③] 因此,“圣灵”这一名称,并不是上帝某一位格特有的。托马斯指出,“圣灵”这个名称,就其作为两个名称分开而言,是上帝的神圣位格共享的:“上帝是灵”(约 4:24)。因为 spiritus(灵)这一名称,意指上帝作为无形的神圣实体;作为圣灵表记的形体的 spiritus(气、风)是看不见的;因此,我们将这一名称归于一切无形的和看不见的实体。至于所称呼的“圣”,指示上帝的美善的圣洁。前面已经阐述,倘若把我们称呼的“圣灵”作为名称来理解,那么教会通常是用“圣灵”来指示上帝神圣位格中

---

① Thomas Aquinas, *Commentary on the Gospel of John*.15, lect.5, n.2064.

② *Summa Theologica*, Ia:36:1.

③ Hilary, *De Trinitate*, 8:25.

的一位，就是在永恒中以神圣爱情的方式出发的神圣位格。[1]

有些学者认为，神圣位格的名称，都是对于和其他存在者的关系而称呼的，正如波爱修指出的。[2] 但是，"圣灵"这一名称，并不意指和其他存在者的关系。因此，这一名称并不是上帝位格的特有名称。托马斯指出，固然我们阐述的"圣灵"，不是根据关系称呼的，而是意指那具有实在关系的神圣位格，因为通常是用"圣灵"表示那只因为神圣位格在永恒中的起源关系而有别于其他位格（圣父和圣子）的神圣位格（圣灵）。作为神圣位格的圣父和圣子在永恒中彼此相爱而嘘出作为上帝实体的神圣爱情，作为神圣位格的圣父和圣子在永恒中彼此相爱而嘘出作为神圣位格的生命气息，作为神圣位格的圣父和圣子在永恒中嘘出的"生命气息"就是作为神圣位格的圣灵。同时，就是在"圣灵"的位格名称中也含有关系，倘若把 spiritus（灵、气）理解为 spiritus（被嘘出的生命气息）。[3] 在"圣灵"的位格名称中确实含有实在关系，就是根据上帝的神圣意志在永恒中自己爱慕自己的内在行动出发的实在关系，这种出发的本源的关系称为"嘘出"，那从本源出发者的关系称为"出发"。[4]

有些学者认为，因为圣子是上帝神圣位格的名称，就不能再说这人的圣子或那人的圣子。但是，圣经却说这人的灵或那人的灵。例如圣经说："上帝对摩西说：我将取些你身上具

① *Summa Theologica*, Ia：36：1：ad1.

② Boethius, *De Trinitate*, 5.

③ *Summa Theologica*, Ia：36：1：ad2.

④ *Summa Theologica*, Ia：28：4.

有的圣灵,赐给他们。"(民 11:17)圣经说:"以利亚的圣灵已经降临在以利沙身上。"(王下 2:15)因此,"圣灵"似乎不是上帝神圣位格的特有名称。托马斯指出,在"圣子"的位格名称中,只具有那作为出于本源的神圣位格和作为本源的神圣位格的关系(圣子只是出于本源的神圣位格而不是本源,圣子的名称不具有本源的含义);但是在"圣父"的名称中,却具有作为本源的神圣位格的关系;同样地,在"圣灵"的名称中也是如此具有作为本源的神圣位格的关系,这是就圣灵具有某种推动的能力而言(作为推动本源)。没有任何受造者有资格作为上帝神圣位格的本源,应该反过来指出,圣父、圣子、圣灵作为创造者都是受造者的本源。在这个意义上,就创造者和受造者之间的本源关系而言,可以说"我们的圣父"和"我们的圣灵"(罗 8:16);但是不可以说"我们的圣子"。①

二、从神圣言辞出发的神圣爱情

亚他那修信经指出:圣灵出自圣父和圣子的方式,"不是做成,不是受造,也不是受生,而是出发。"托马斯指出,神圣科学揭示出圣灵是出自圣子。倘若圣灵不是出自圣子,圣灵在位格方面就绝对不能和圣子彼此区别(作为有别于圣子位格的位格)。② 因为上帝中的神圣位格不是根据什么绝对者彼此有别,否则神圣位格就不是共享唯一相同的神圣本质。在上帝中以绝对陈述阐述的,都归于唯一而单纯的神圣本质。

① *Summa Theologica*, Ia:36:1:ad3.

② *Summa Theologica*, Ia:28:3.

因此，神圣位格只是由于关系而彼此有别。① 但是，除非根据关系的彼此对立，关系不能区别位格。例如，圣父具有对于圣子和圣灵的两种关系。但是这两种关系并不相互对立，因此不能形成两个位格，而归于圣父的位格。因此，倘若在圣子和圣灵中，只有两者分别和圣父的两种关系，这两种关系并不相互对立，正如圣父对于两者的两种关系不相互对立。因此，圣子和圣灵因相互对立的关系而彼此相关。在上帝中除了永恒起源关系，不可能具有其他的相对关系。② 永恒起源的相对关系，却是根据本源和根据那出自本源者而言的。因此只有两种可能：或者是圣子出自圣灵（实际没有人如此主张），或者是圣灵出自圣子，这是神圣科学承认的。③

作为神圣位格的圣子和圣灵的两种出发的性质，也确认这种结论。圣子是以神圣理智的方式出发而为圣言，圣灵是以神圣意志的方式出发而为圣爱。④ 但是，圣爱必定由圣言出发；因为除非是爱者用理智领悟到某存在者，爱者就不会爱这存在者。因此，圣灵是起源于圣子。⑤ 万物的秩序也彰显这点，受造者的秩序彰显上帝的荣耀。因此，倘若两个位格，圣子和圣灵，发于作为神圣位格的圣父，彼此应该具有某种秩序。排除一位格出自另一位格的本性秩序，两者不能具有其

① *Summa Theologica*, Ia:36:2.

② *Summa Theologica*, Ia:28:4.

③ *Summa Theologica*, Ia:36:2.

④ *Summa Theologica*, Ia:27:2,4.

⑤ Thomas Aquinas, *Commentary on the Gospel of John*. 15, lect. 5, nn. 2062-2065; *Summa Theologica*, Ia:36:2.

他秩序。因此,不能说作为神圣位格的圣子和圣灵起源于圣父,彼此却不是一个起源于另一个。[①] 希腊教父也认为圣灵的出发和圣子具有某种秩序,他们承认圣灵是"圣子的灵",圣灵是"藉圣子"而出自圣父。[②] 据说其中某些教父承认圣灵"是出自圣子"或"由圣子流出",而不是"发于圣子"。这似乎是出于无知或固执。因为倘若做某些考察,会发现"出发"(processio)一词,在一切和起源有关的用词中,是普遍性的。我们用"出发"指示任何一种起源,例如光芒由太阳出发,江河由源泉出发。因此,无论是从和起源相关的什么用词出发,都可以结论说:圣灵是起源于圣子。[③]

有些学者认为,狄奥尼索斯指出:"关于上帝性的位格方面,除了上帝在圣经中向我们明确表示者,不可胆敢再说什么。"[④]但是圣经没有明确地指出圣灵起源于圣子,只说圣灵起源于圣父;福音书说:"那发于圣父的真理的圣灵。"(约15:26)因此,圣灵不是起源于圣子。托马斯指出,关于上帝,凡是在圣经的言辞和内容以及含义中找不到的,我们都不该说。在圣经中并没有说圣灵起源于圣子的言辞,但是就含义或内容而言,圣经具有这种表述;圣子论及圣灵说:"他(圣灵)要荣耀我(圣子),因为他要从我领受。"(约16:14)应该持守圣经中的这一解释原则,即凡是论及圣父的,即使附加排他用

---

① *Summa Theologica*, Ia:36:2.

② E.g. Gregory Thaumaturgus, *Expositio fidei*, Basil, *De Spiritu Sancto* 18, Cyril of Alexandria, *De adorat*, John of Damascene, *De fide orthodoxa* I:12.

③ *Summa Theologica*, Ia:36:2.

④ Dionysius, *De divinis nominibus*, 1, 1&2.

语,也应该解释为适用于圣子,只有那些根据相对关系而区分圣父和圣子的经节例外。因为当圣子说:“除了父以外,没有人认识子”(太 11:27),这并不排除圣子认识自己。因此,当圣经说圣灵起源于圣父时,即使说唯独起源于圣父一位,也并不排除圣子;因为就圣父、圣子作为圣灵的本源而言,圣父、圣子并不彼此对立;圣父、圣子的对立只在这一方面,即这一位是圣父,而那一位是圣子。①

有些学者认为,尼西亚君士坦丁大公会议(A.D.325)信经说:“我们信圣灵,主及赋予生命者,由圣父发出,和圣父、圣子同受尊崇,同享荣耀。”因此,信经不应增加“圣灵由圣子发出”②;而那些增加这信条的人,似乎应该受绝罚。托马斯指出,在每次大公会议中,为了在会议中被谴责的错误,都曾经制定某种信经或信仰宣言。因此,以后的大公会议,并不是制定和先有信经不同的信经,而是把那原来蕴涵在先有信经中的真理,藉某些增添加以阐述,以驳斥某些新兴起的异端。因此,在迦克敦大公会议的决议中说:在君士坦丁大公会议聚会的教父们,传授关于圣灵的道理,他们不是补充先前(尼西亚会议的)教父们的不足;而是进一步阐述这些教父们的原意,以驳斥异端派人士。因为在早期大公会议时期,尚未出现这种错误,说圣灵不是由圣子出发;因此,当时还没有必要明确阐述此点(圣灵由圣子出发)。此后,由于产生了某些学者的这一错误,于是在西方召开的某大公会议中,就以罗马教宗

---

① *Summa Theologica*, Ia:36:2:ad1.

② The Latin version of the Nicene Creed.

的权威做出明确阐述。古代大公会议也是以罗马教宗的权威召开并被认可的。而且这(圣灵由圣子出发)原来就蕴涵在“圣灵由圣父出发”的说法中。[1]

有些学者认为,大马士革的约翰指出:“我们说圣灵出自圣父,我们也称圣灵为圣父的灵;但我们不说圣灵出自圣子,却也称圣灵为圣子的灵。”[2]因此,圣灵并不是发于圣子。托马斯指出,某些学者(Nestorianus)首先提倡圣灵不是发于圣子,正如以弗所大公会议(A.D.431)谴责的他们的信经指出的。这些学者以及其后的许多人,都信从这种错误;其中也包括大马士革的约翰。因此,在这点上不应赞成他的意见。尽管如此,有学者指出,就那些话的含义而言[3],正如大马士革的约翰未曾承认圣灵发于圣子,同样地,也未曾否认。[4] 有些学者认为,没有存在者从那自己安息其中的存在者中发出。但是圣灵安息于圣子中。因为圣卷说:“愿你们平安! 以及愿全体有此信仰的人平安,即他们都相信唯一的上帝圣父,圣父的唯一圣子,我们唯一的主耶稣基督,以及唯一的圣灵,圣灵发于圣父,并存留在圣子中。”[5]因此,圣灵并不是发于圣子。托马斯指出,说圣灵存留在圣子中,并不排除圣灵由圣子出发;因为也说圣子存留在圣父中,而圣子却是由圣父出发。至于说圣灵安息在圣子中,或者是如同爱者的爱情安息在被

---

① *Summa Theologica*, Ia:36:2:ad2.
② John of Damascus, *De Fide Orthodoxa*, I:8.
③ John of Damascus, *De Fide Orthodoxa*, I:8.
④ *Summa Theologica*, Ia:36:2:ad3.
⑤ *Acts of St. Andrew.*

爱者中;或者是根据基督的人性而言的,福音书记载:“你看见圣灵降下,停在谁身上,谁就是那要以圣灵施洗的人。”(约1:33)①

有些学者认为,圣子(自圣父)出发而为圣言。但是在我们(人类)中,我们的灵(spiritus)似乎不是出自我们的言辞。因此,圣灵不是出自作为言辞的圣子。托马斯指出,在上帝中,圣言的称谓,不是根据和用声音说出的言辞的相似,从这种言辞并没有圣灵发出,否则圣言只是根据比喻而称为言辞;圣言的称谓是根据和神圣理智的内心言辞的相似,圣爱就是发于这种言辞。② 有些学者认为,圣灵完美地发于圣父。因此,说圣灵发于圣子,是多余的。托马斯指出,根据“圣灵完美地发于圣父”,说“圣灵发于圣子”,不但不是多余的,而且是绝对必然的。因为圣父和圣子的能力是唯一而相同的;凡出于圣父的,必然出于圣子,除非是和子性的特征不相符合。因为圣子是出于圣父,却不是出于自己。③ 有些学者认为,在永恒的存在者中,存在和能够存在,彼此没有差别;在上帝中,两者没有差别。但是,即使圣灵不是发于圣子,圣灵仍然可以和圣子有区别。安瑟伦说:“圣子和圣灵固然是从圣父获得存在,但是方式却不相同;因为一个是藉生育,另一个是藉出发,这使圣子和圣灵藉此而彼此有别。”④安瑟伦继续说:“即使没有其他什么使圣子和圣灵成为两个(位格),单凭这一

① *Summa Theologica*, Ia:36:2:ad4.

② *Summa Theologica*, Ia:36:2:ad5.

③ *Summa Theologica*, Ia:36:2:ad6.

④ Anselm, *De Processione Spiritus Sancti*, 4.

点,两者就已经彼此不同。"①因此,圣灵和圣子有别,不需要圣灵出自圣子。托马斯指出,圣灵和圣子的位格不同,是奠基于一位格的起源有别于另一位格的起源。神圣位格起源的差别本身,是由于圣子出于圣父,圣灵出于圣父和圣子。前面正解已经阐述,起源的区别没有其他方式。②

作为神圣位格的圣父在永恒中藉圣子嘘出(发出)作为神圣位格的圣灵。希拉利祷告说:"我恳求你保护我的这种虔诚信仰,使我常常得有圣父,即是你;使我一同敬拜你和你的圣子,并且使我堪得你那藉你的独生子而享有存在的圣灵。"③在一切某存在者藉另一存在者而行动的陈述中,前置词"藉"(per)指示行动的原因或本源。但是,因为行动是介于行动者和行动成果之间,在其中有"藉"的因果陈述中,有时是就行动出于行动者那方面来看("藉"指示的)行动原因。此时是针对行动者的原因;这原因或是目的因,例如说:工匠"藉贪图利益"而工作;或是形式因,例如说:工匠"藉自己的技术"而工作;或是动力因,例如说:工匠"藉他者的命令"而工作。但是,在其中有"藉"的因果陈述中,有时是就行动成果那方面来看("藉"指示的)行动原因。前置词"藉",有时是直接地指出权柄或行动的原因,例如说:"君王藉执政官而工作";有时是间接地指出权柄或行动的原因,例如说:"执政官藉君王而工作"。④ 由于圣子有圣灵从自己出发,是基于作

① Anselm, *De Processione Spiritus Sancti*, 4.

② *Summa Theologica*, Ia:36:2:ad7.

③ Hilary, *De Trinitate*, 12:57.

④ *Summa Theologica*, Ia:36:3.

为神圣位格的圣父，因此可以说，作为神圣位格的圣父藉圣子嘘出（发出）圣灵；或者说，作为神圣位格的圣灵藉圣子由作为神圣位格的圣父出发，意义完全相同。①

有些学者认为，凡藉某一位而发于另一位者，就不是直接地发于这另一位。因此，倘若圣灵是藉圣子发于圣父，圣灵就不是直接地发于圣父。这似乎不宜。托马斯指出，在一切行动中需要考虑两点：即行动主体（suppositum），以及行动能力。因此，倘若在圣父和圣子中，考虑的是发出圣灵的能力，就没有居中者可言；因为这能力是唯一而相同的。但是，倘若考虑的是发出（圣灵者）的位格本身，既然圣父和圣子共同发出圣灵，就圣灵出自圣父而言，是直接发于圣父；就圣灵出自圣子而言，是间接发于圣父。因此，上帝圣灵藉圣子而发于圣父。② 有些学者认为，倘若圣灵藉圣子发于圣父，圣灵只是为着圣父发于圣子。但是“凡为某存在者而存在者，则以那某存在者为甚”。因此，圣灵发于圣父，甚于发于圣子。托马斯指出，倘若圣子由圣父获得的是发出圣灵的不同能力，圣子就如同第二原因；如此，圣灵发于圣父，甚于圣灵发于圣子。但是，在圣父和圣子中是唯一而相同的发出（圣灵的）能力；因此，圣灵同等地发于圣父和圣子两者。有时说圣灵主要地发于圣父，因为圣子由圣父获得这（发出圣灵的）能力。③ 因此，

① Thomas Aquinas, *Commentary on the Gospel of John*. 15, lect.5, n.2064; *Summa Theologica*, Ia:36:3.

② *Summa Theologica*, Ia:36:3:ad1.

③ Augustine, *The Trinity*, 15:27.

圣灵同等地发于圣父和圣子。①

有些学者认为,圣子是因出生而享有存在。倘若圣灵藉圣子而出自圣父,就是首先有圣子出生,然后有圣灵出发,如此圣灵的出发就不是永恒出发——这是异端。托马斯指出,正如圣子的出生和生者是同为永恒的,因此不是先有圣父,然后才生圣子;同样地,圣灵的出发和圣灵的本源也是同为永恒的。因此,不是先有圣子出生,然后才有圣灵出发;两者都是永恒的。② 有些学者认为,说某人藉某人而行动,就可以反过来说;因为,正如说君王藉执政官而行动,同样地,可以说执政官藉君王而行动。但是我们绝不说圣子藉圣父而嘘出(发出)圣灵。因此,不能说圣父藉圣子而嘘出(发出)圣灵。托马斯指出,说某人藉某存在者而行动,不是常常可以反过来说。说执政官藉君王工作,因为执政官是自己行动的主宰,执政官是主动地工作。前置词"藉"指示居中者,说执政官藉君王工作,因为在主动方面在先的主体,其能力对于效果更直接;因为是第一原因的能力使第二原因和效果相结合;因此,第一原理是"直接的"原理(principium immediatum)。就主体秩序而言,说君王藉执政官工作;就能力秩序而言,说执政官藉君王工作,因为是君王的能力使执政官的行动获得效果。圣父和圣子两者之间的秩序,不是能力秩序,而是主体秩序。因此,说圣父藉圣子发出(圣灵),不能说,圣子藉圣父发出

① *Summa Theologica*, Ia:36:3:ad2.

② *Summa Theologica*, Ia:36:3:ad3.

(圣灵)。[1]

三、圣父、圣子彼此相爱的神圣爱情

作为神圣位格的圣父和圣子在永恒中彼此相爱而嘘出(发出)作为神圣位格的圣灵,奥古斯丁说:“圣父和圣子不是圣灵的两个本源,而是一个本源。”[2]托马斯指出,在其中没有相互关系的对峙来区别圣父和圣子的全部论题,圣父和圣子都是一个本源。就“作为圣灵的本源”这论题而言,圣父和圣子彼此不因相互关系而对峙,因此,圣父和圣子是圣灵的一个本源。[3] 有些学者认为,“圣父和圣子是圣灵的一个本源”,这说法不相宜。[4] 因为“本源”(principium)是单数时,不是意指位格,而是意指特征,应该理解为形容词;因为不能用形容词限定形容词,不宜说圣父和圣子是圣灵的一个本源;除非把“一个”理解为副词,意指“他们是一个本源,即是以一个方式”。但是根据同样理解,可以说圣父是圣子和圣灵的两个本源,即是以两种方式(生出和嘘出),这似乎不妥。[5] 应该说,即使本源意指特征,却是以名词表示起源;如同“父”和“子”两名词,即使在受造者中也是如此。因此,“本源”由自己表示的形式获得数目(单数或复数),如同其他名称。因此,正如圣父和圣子,因为“上帝”这名称表示的形式的单一

---

① *Summa Theologica*, Ia:36:3:ad4.

② Augustine, *The Trinity*, 5:14.

③ *Summa Theologica*, Ia:36:4.

④ Alan of Lille, *Theologica regula* 51.

⑤ *Summa Theologica*, Ia:36:4.

性或同一性，是一个上帝；同样地，圣父和圣子，因为"本源"这名称表示的特征的单一性或同一性，是圣灵的一个本源。①

有些学者认为，圣灵发于圣父和圣子，似乎不是着眼于圣父、圣子是一个本源；也不是在本性方面，因为如此圣灵也是发于自己，因为圣灵在本性方面和圣父、圣子同为一个；也不是因为圣父和圣子共有一个特征，因为一个特征似乎不能归于两个主体。因此，圣灵发于圣父和圣子，是以圣父、圣子为复数。因此，圣父和圣子并不是圣灵的一个本源。托马斯指出，倘若着眼于嘘出（发出）能力，圣灵发于圣父和圣子，是以圣父和圣子为同一个发出能力，这能力以某种方式意指本性和特征。② 一个特征同时在两个具有相同本性的主体中，这也并非不相宜。但是倘若着眼于嘘出（发出）的主体，圣灵就是发于圣父和圣子，而圣父和圣子是两个神圣位格；作为神圣位格的圣父和圣子在永恒中彼此相爱而嘘出（发出）作为神圣位格的圣灵，作为神圣位格的圣父和圣子在永恒中彼此相爱而共同嘘出（发出）作为神圣位格的圣灵，因为作为神圣位格的圣灵在永恒中发于圣父和圣子，犹如使圣父和圣子两者合而为一的圣爱，③就是使作为神圣位格的圣父和圣子两者合而为一的神圣爱情。④

有些学者认为，几时说"圣父和圣子是圣灵的一个本

① Thomas Aquinas, *Commentary on the Gospel of John*.15, lect.5, n.2065; *Summa Theologica*, Ia:36:4.

② *Summa Theologica*, Ia:41:5.

③ *Summa Theologica*, Ia:37:2.

④ *Summa Theologica*, Ia:36:4:ad1.

源”,不能是指位格的单一;因为如此圣父和圣子就是一个位格。如此说,也不是指特征的单一;因为倘若是为了(共有)一个特征,圣父和圣子是圣灵的一个本源;那么同理,为了(圣父享有)两个特征,圣父就是圣子和圣灵的两个本源;[①]而这是不适宜的。因此,圣父和圣子不是圣灵的一个本源。托马斯指出,“圣父和圣子是圣灵的一个本源”这说法,意指同一个特征,即是“本源”这名称表示的形式。但是不可据此说,圣父因享有两个特征,因此是两个本源;因为这说法隐指两个位格。[②] 有些学者认为,圣子和圣父相同,并不甚于圣灵和圣父相同。但是圣灵和圣父不是上帝某位格的一个本源。因此,圣父和圣子也不是上帝某位格的一个本源。托马斯指出,在上帝中,神圣位格的相同或不相同,不是根据彼此的关系特征,而是根据上帝的本质。[③] 因此,正如圣父不是和自己相同甚于和圣子相同,同样地,圣子也不是和圣父相同甚于圣灵和圣父相同。[④]

有些学者认为,倘若圣父和圣子是圣灵的一个本源,这“一个本源”或者是作为神圣位格的圣父,或者不是作为神圣位格的圣父。但是两者都不能赞同:因为倘若这“一个本源”是圣父,圣子就是圣父;倘若这“一个本源”不是圣父,圣父就不是圣父。因此,不应该说圣父和圣子是圣灵的一个本源。托马斯指出,对于“圣父和圣子是一个本源”这种阐述,说或

---

① *Summa Theologica*, Ia:32:3.

② *Summa Theologica*, Ia:36:4:ad2.

③ *Summa Theologica*, Ia:42:1.

④ *Summa Theologica*, Ia:36:4:ad3.

者这"一个本源是圣父",或者这"一个本源不是圣父",两种说法不是矛盾的对立,因此没有必要赞同其中的一种说法。因为当我们说"圣父和圣子是一个本源"时,这"一个本源"并没有指示固定的存在者或明确指示某一基体(suppositio);就是说,这"一个本源"并没有指示固定的神圣位格或具体指示某一神圣位格,而是委婉地兼指(圣父和圣子)两个神圣位格。因此,上述辩论过程中犯有转移概念内涵的错误,就是把"一个本源"委婉兼容的存在者或内涵(作为一个本源的两个神圣位格),转移为明确固定的存在者或内涵。①

有些学者认为,倘若圣父和圣子是圣灵的一个本源,反过来似乎应该说,圣灵的一个本源是圣父和圣子。但是这说法似乎是错误的;因为这"本源"(principium 单数),应该假定或者是圣父的位格,或者是圣子的位格;而这两种方式都是错误的。因此,"圣父和圣子是圣灵的一个本源"这说法,也是错误的。托马斯指出,"圣灵的一个本源是圣父和圣子"这阐述,同样是真实的。因为这"本源",作为圣灵的永恒出发的本源,其内涵不是单单指示一个神圣位格(圣父或圣子),而是委婉地兼指两个神圣位格(圣父和圣子)。② 有些学者认为,实体(位格)方面的一个(unum),等于同一个(idem)。因此,倘若圣父和圣子是圣灵的一个本源,圣父和圣子就是"同一个本源"。但是许多人否认这一点。因此,不应该赞成圣父和圣子是圣灵的一个本源。托马斯指出,圣父和圣子是圣

① *Summa Theologica*, Ia:36:4:ad4.

② *Summa Theologica*, Ia:36:4:ad5.

灵的同一个本源，这说法能够是恰当的，因为这“本源”的内涵，是同时委婉地兼指两个神圣位格（圣父和圣子）。[①]

有些学者认为，圣父、圣子和圣灵因为是受造者的一个本源，而称为一个创造者。但是圣父和圣子却不是一个嘘出（圣灵）者，而是两个嘘出者。[②] 这符合希拉利的阐述，他说：“应该承认”，圣灵是“出自圣父和圣子（多个）开创者（复数）。”[③]因此，圣父和圣子不是圣灵的一个本源。托马斯指出，这些学者说，即使圣父和圣子是圣灵的一个本源，却是“两个嘘出者，这是基于主体或位格的不同，正如圣父和圣子是‘两个有嘘出行动的’，因为行动归于主体或位格。这和‘创造者’这名称的情形，并不相同。因为圣灵发于圣父和圣子，是以圣父和圣子为两个位格；”[④]但是受造者出于上帝三位，却不是以圣父、圣子、圣灵为三位，而是以圣父、圣子、圣灵为一个上帝（一体）。应该这样说：由于“有嘘出行动的”是形容词，而“嘘出者”是名词，可以说圣父和圣子是“两个有嘘出行动的”，因为行动主体是复数；不可以说圣父和圣子是两个嘘出者，因为嘘出行动是一个。因为形容词根据其主体获得数字（单数或复数）；名词的数字来自自己，即根据名词表示的形式。至于希拉利说，圣灵“是出自圣父和圣子（多个）开创者”，应该如此解释，即希拉利是以名词代替形容词，或者

---

① *Summa Theologica*, Ia:36:4:ad6.

② Alexander of Hales, *Summa theologica* II:493; Bonaventure, *I Sent.* 29:2:2; Albert the Great, *I Sent.* 29:5.

③ Hilary, *De Trinitate*, 2:29.

④ *Summa Theologica*, Ia:36:4:ad1.

把名词当作形容词。①

第二节 作为位格称谓的圣爱

“圣爱”,是圣灵位格的特有称谓。教宗格列高利一世在五旬节即圣灵降临节的证道词指出:“圣灵自己就是爱。”作为神圣位格的圣灵,就是圣父和圣子在永恒中彼此相爱而嘘出(发出)的圣爱。在上帝中,“爱”这一名称具有两种含义:本体意义和位格意义或表记意义。根据上帝中“爱”这一名称的位格意义或表记意义,圣爱是圣灵位格的特有称谓,作为神圣位格的圣灵就是圣父和圣子在永恒中彼此相爱而嘘出(发出)的作为上帝实体的神圣爱情。根据上帝中“圣爱”这名称的位格含义,就是揭示上帝中神圣位格的永恒出发的表记意义,作为神圣位格的圣父和圣子在永恒中因作为神圣位格的圣灵,就是作为上帝实体的神圣爱情而彼此相爱。根据上帝中“圣爱”这名称的表记意义,圣父因圣灵而爱圣子,圣子因圣灵而爱圣父,圣父和圣子因圣灵(圣爱)在永恒中彼此相爱。上帝的神圣意志在永恒中自己倾慕自己而嘘出(发出)的作为上帝实体的神圣爱情,作为上帝在永恒中嘘出(发出)的神圣位格,就是完全的上帝,因此称呼为圣灵,圣经说:“上帝是灵”(约4:24)。

一、圣爱是圣灵的特有名称

作为神圣位格的圣灵,就是圣爱。教宗格列高利一世在

① *Summa Theologica*, Ia:36:4:ad7.

五旬节即圣灵降临节的证道词指出:“圣灵自己就是爱。”①作为神圣位格的圣父和圣子在永恒中彼此相爱而发出的作为神圣位格的圣灵,就是作为神圣实体的圣爱。在上帝中,“爱”这一名称具有两种含义:本体意义和位格意义。根据“爱”这名称的位格意义,爱是圣灵的特有名称;如同圣言是圣子的特有名称。为深刻揭示圣言和圣爱的确切含义,前面已经阐述,在上帝中具有两个神圣位格的永恒出发:一个是以神圣理智的方式出发,就是作为圣言的圣子的永恒出发;②另一个是以神圣意志的方式出发,就是作为圣爱的圣灵的永恒出发。③根据神圣理智的永恒出发是比较熟悉的,因此,为表示其中能够阐述的每一点,都找到比较适当的名称;但根据神圣意志的出发却不是如此。圣爱的永恒出发,因为在受造者中没有适当类比而落得没有特殊名称。因此用某些迂回的名称,来表示那作为圣爱出发的神圣位格;至于那些根据神圣意志的永恒出发而有的关系,则获得“出发”(processio)和“嘘出”(spiratio)等名称。④ 这些名称根据其名词的本来含义而言,主要是起源的名称,而不是关系的名称。⑤

应该同样考察(两者中)每个神圣位格的永恒出发。因为,正如人因理解一存在者,而有理智对于被理解者的某种领悟(conceptio)在理解者中出现,并称为言辞;同样地,人因爱

① St.Gregory I,the Great,Pope(590-604),*Homily.In Evang.*2:30.

② *Summa Theologica*,Ia:27:1.

③ *Summa Theologica*,Ia:27:3.

④ *Summa Theologica*,Ia:28:4.

⑤ *Summa Theologica*,Ia:37:1.

一存在者,而有被爱者被铭刻(impressio)在爱者情感中,据此说,被爱者是在爱者中,正如被理解者是在理解者中。如此,当一人理解自己和爱自己时,他在自己中,不但是藉存在者的同一性,而且犹如是被理解者在理解者中,以及被爱者在爱者中。① 但是在理智方面找到一些名词,来表示理解者和被理解者的关联,正如"理解"一词;而且找到名词,来表示理智领悟(conceptio intellectualis)的出发,就是"言说"本身以及"言辞"。因此,在上帝中,"理解"是指神圣本体而言的,因为并不含有和出发的言辞的关系;"言辞"是指神圣位格而说的,因为"言辞"表示那被发出者或出发者;至于"言说"本身,则是指表示神圣位格关系的表记而言的,②因为"言说"表示言辞的本源(作为发言者的圣父)和言辞(作为圣言的圣子)两者的关系。③

在神圣意志的永恒出发方面,除了表示爱者和被爱者的关系的"爱慕"(diligere)以及"爱"(amare)以外,没有出现其他名称,以表示被爱者藉深植(于爱者的心中)的情感以及情感和自己本源的关系,这关系的产生,在爱者方面就是因为他(爱者)爱,反过来说亦然。因此,由于名词的缺乏,我们用"爱"以及"爱慕"表示这样的关系;犹如我们称圣言为"被领悟的理解"或受生的智慧。④ 因此,根据上面的阐述,只就在爱或爱慕中含有爱者和被爱者的关系而言,"爱"和"爱慕"是

① *Summa Theologica*, Ia:37:1.

② *Summa Theologica*, Ia:32:3.

③ *Summa Theologica*, Ia:37:1.

④ *Summa Theologica*, Ia:37:1.

指示上帝的神圣本体而言的，如同（名词）“理解”和（动词）“理解”是指示上帝的神圣本体而言的。但是，倘若我们用这些名称，就是“爱”和“爱慕”，来表示那以作为上帝实体的神圣爱情的方式出发的神圣位格和自己本源的关系，以及反过来表示本源和那出发的神圣位格的关系，以致“爱”应该理解为“出发的神圣爱情”，以及“爱慕”应该理解为嘘出“出发的神圣爱情”；如此（名词）“爱”是位格名称①，（动词）“爱慕”或“爱”是表记动词，如同（动词）“言说”和“生出”是表记动词。②

有些学者认为，奥古斯丁说：“正如说圣父、圣子和圣灵都是智慧，而且三者一起不是三个智慧，而是同一个智慧；我不知道为什么不同样地也说圣父、圣子和圣灵都是爱，而且三者一起是同一个爱。”③但是，没有任何归于每一位格以及全部归于全体位格的每一位格的名称，是（其中）某一位格的特有名称。因此，“爱”这一名称，不是圣灵特有的。托马斯指出，在上帝中，“爱”这一名称具有两种含义：本体意义和位格意义。奥古斯丁（在此处）谈论爱，圣父、圣子、圣灵都是爱，而且三者是同一个爱，是根据“爱”这名称在上帝中的本体意义，正如正解已经阐述的。④ 根据“爱”这名称在上帝中的本体意义，圣父是爱，圣子是爱，圣灵是爱，圣父、圣子、圣灵是同一个爱：“上帝是爱。”（约一 4:16）根据“爱”这名称在上帝中

① Thomas Aquinas, *Commentary on the Gospel of John*. 15, lect.5, n.2064.

② *Summa Theologica*, Ia:37:1.

③ Augustine, *The Trinity*, 15:17.

④ *Summa Theologica*, Ia:37:1:ad1.

的位格意义,“圣爱”是圣灵的特有名称;如同圣言是圣子的特有名称。根据“爱”这名称在上帝中的位格意义,“爱”指示那在永恒中根据作为上帝实体的神圣爱情的方式出发的神圣位格和自己本源的关系。在这个意义上,“爱”应该理解为“出发的神圣爱情”,如此则(作为名词的)“爱”是位格名称,就是作为神圣位格的圣灵的特有名称。

有些学者认为,圣灵是自立的神圣位格。但是,爱不是表示自立的神圣位格,而是表示那出自爱者而及于被爱者的意志行动。因此,爱并不是圣灵的特有名称。托马斯指出,前面已经阐述,即使理解、愿意和爱慕,都是借着及于理智对象和意志对象的行动表示自己,也都是存留在行动者中的内在行动。[①] 但是在那行动者本身中也因而具有和对象的某种关系。因此,爱慕,即使在我们(人类)心灵中的爱慕,也是存留在爱者中的爱慕,而内心言辞,也是存留在发言者中的言辞;同时兼有和言辞表示的被理解者或被爱者的关系。但是在作为单纯的神圣实体的上帝中,尚有更深邃的神圣奥秘;因为在上帝中圣言和圣爱都是作为实体的神圣位格。[②] 因此,几时说圣灵是圣父对圣子的神圣爱情,或者对其他存在者的神圣爱情,圣爱作为位格称谓的含义并不说有什么存在者及于另一存在者;而只是指示圣爱和被爱者之间的关系;正如在圣言的位格称谓中,含有圣言和圣言表达的被理解者的关系。[③]

---

① *Summa Theologica*, Ia:14:2; Ia:18:3:ad1.

② *Summa Theologica*, Ia:27:1; Ia:27:2; Ia:27:3; Ia:28:2; Ia:29:2-4.

③ *Summa Theologica*, Ia:37:1:ad2.

有些学者认为,爱是彼此相爱者的团契,狄奥尼索斯指出:“爱是团契的力量。”[1]但是,团契是其联合的存在者的居中者,而不是发于这些存在者的存在者。既然圣灵发于圣父和圣子,[2]圣灵似乎不是圣父和圣子的爱或团契。托马斯指出,说圣灵是圣父和圣子的团契,是就圣灵是爱而言。因为,既然圣父是以唯一而相同的爱爱自己和圣子,圣子也是如此爱自己和圣父,圣灵作为爱,在自己中就含有圣父和圣子的关系,同样地含有圣子和圣父的关系,两者皆如同爱者和被爱者的关系。但是,奠基于圣父和圣子的彼此相爱,必然有彼此的神圣爱情,就是圣灵,从两者出发。因此,就起源而言,圣灵不是居中者,而是神圣位格的第三位。但是就上述关系而言,圣灵是圣父、圣子两者的团契,因为圣灵是发于圣父和圣子两者。[3] 有些学者认为,一切爱者都有爱。圣灵是爱者,因此圣灵有爱。倘若圣灵是爱,圣灵就是出于爱的爱,以及出于圣灵的圣灵。这是不相宜的。托马斯指出,正如圣子理解,圣子却没有资格发出言辞,因为圣子是以出发的圣言的资格理解;同样地,圣灵具有本体意义的爱,但是圣灵没有资格嘘出(发出)爱,这是表记意义的爱慕。因为圣灵具有本体意义的爱,是作为“出发的爱”,[4]而不是作为“发出爱的爱”。[5]

---

① Dionysius,*De divinis nominibus*,4:15.

② *Summa Theologica*,Ia:36:2.

③ *Summa Theologica*,Ia:37:1:ad3.

④ *Summa Theologica*,Ia:30:3;Ia:31:1;Ia:39:1,2 & 5.

⑤ *Summa Theologica*,Ia:37:1:ad4.

二、圣爱的表记意义

奥古斯丁说:圣灵是那“受生者(圣子)藉以为生者(圣父)所爱,并爱自己的生父者”。① 这意味着,作为生者的圣父和作为受生者的圣子藉圣灵而彼此相爱。② 托马斯指出,关于这个课题,说“圣父因圣灵而爱圣子”,的确产生某种困难,因为副词“因”或名词副格(“因以”),蕴涵原因的关系,因此圣灵对于圣父和圣子而言,似乎成为爱的本源;这是完全不可能的。因此,有学者说,“圣父和圣子因圣灵而彼此相爱”这命题不是真的。③ 这些学者宣称,这命题已经为奥古斯丁订正或收回,即当奥古斯丁订正“圣父因受生的智慧是有智慧的”这一类似命题时。④ 另有些学者说,这一命题的措辞不当,应该这样解释:“圣父因圣灵而爱圣子”,意思是说“以本体的爱”,这种爱应该归于圣灵。⑤ 还有些学者说,副词“因”蕴涵有表记的关系,意思是说“圣灵是圣父爱圣子的表记”,这是因为圣灵是作为爱或以“爱”的身份发于圣父和圣子两者。但是还有些学者说,副词“因”蕴涵有形式原因的关系;因为圣灵是爱,圣父和圣子因这爱而形式地彼此相爱或有合乎爱的形式的爱。⑥ 最后,有些学者说,副词“因”蕴涵有形式

---

① Augustine, *The Trinity*, 6:5.

② Thomas Aquinas, *Commentary on the Gospel of John*. 17, lect.3, n.2214.

③ Peter of poitiers, *I Sent*. 21.

④ Augustine, *Retractationes*. 1:29.

⑤ Simon of Tournai, *I Sent*.

⑥ William of Auxerre, *Summa aurea* I:8:7.

效果的关系。[①] 这些人比较接近真理。[②]

倘若明确阐述这课题，应该指出，存在者通常由其形式而获得名称，例如："白色的"这名称，就来自白色或白色性；"人"这名称就来自人性，凡是有存在者由形式而获得名称者，都是根据形式的关系。就如同我说："那人用衣服(在副格的名词)著身"，这一副词或在副格的名词，蕴涵有形式原因的关系，即使本身不是形式。但是，有时一存在者也因那出于自己的存在者获得名称，不但是如同行动者因其行动获得名称，而且是因行动者的行动终点(行动效果)获得名称，倘若行动效果归于行动的概念或内涵。因为我们说："火是因烧热而为燃烧者"，即使燃烧不是那原本作为火的形式的热，而是由火发出的行动；我们说："一棵树因满树花朵，而正在开花或是开花者"，作为指示行动的动词"开花"(florere)蕴涵着固定的效果，就是作为名词的花朵。因此，一棵树在开花，就必定有花朵；同样，一棵树倘若树上有花朵，就必定在开花。因此我们说：一棵树因满树花朵而是开花者，即使花朵不是树的形式，而是由树发出的行动效果。[③]

在这个意义上，应该揭示出，在上帝中"爱"具有两种含义，就是上帝中"爱"的本体意义，以及上帝中"爱"的表记意义。就上帝中"爱"的本体意义而言，作为神圣位格的圣父和圣子不是因圣灵而彼此相爱，作为神圣位格的圣父和圣子因

① Bonaventure, *I Sent.*32:I:2.

② *Summa Theologica*, Ia:37:2.

③ *Summa Theologica*, Ia:37:2.

自己的神圣本体而彼此相爱。因此,就上帝中"爱"的本体意义而言,奥古斯丁指出:"谁敢说,圣父除了因圣灵以外,就不爱自己、不爱圣子,也不爱圣灵?"①前面的那些论述,就是根据上帝中"爱"的本体意义而言。但是,就上帝中"爱"的表记意义而言,"爱"就是嘘出爱,就是发出爱。就上帝中"爱"的表记意义而言,圣爱就是作为神圣位格的圣父和圣子在永恒中彼此相爱而嘘出作为上帝实体的神圣爱情,就是作为神圣位格的圣父和圣子在永恒中彼此相爱而嘘出作为神圣位格的圣灵,如同(动词)言说(dicere)就是发出言辞,"开花"就是生出花朵。因此,正如说一棵树因满树花朵而开花,同样地,也说圣父因圣子(永恒出发的圣言)而言说自己以及受造者;说圣父和圣子因圣灵(永恒出发的圣爱)彼此相爱,并且因圣灵爱我们。②

有些学者认为,奥古斯丁指出圣父并不是因受生的智慧而是有智慧的。③ 不能说,圣父是因圣子而是有智慧的。但是,正如圣子是受生的智慧,同样地,圣灵是被发出的爱或出发的爱,正如前面已经阐述的。④ 因此,圣父和圣子并不是因被发出的或出发的爱而彼此相爱,就是说,圣父和圣子并不是因圣灵而彼此相爱。托马斯指出,在上帝中,"有智慧的"或"有知识的"等名称,只是取其本体意义;因此,就本体意义而言,不能说圣父因圣子而是"有智慧的"或"有知

① Augustine, *The Trinity*, 15:7.

② *Summa Theologica*, Ia:37:2.

③ Augustine, *The Trinity*, 7:1.

④ *Summa Theologica*, Ia:37:1.

识的”。但是，在上帝中“爱”的名称，不但取上帝中“爱”的本体意义，而且取上帝中“爱”的表记意义。根据上帝中“爱”的本体意义，作为神圣位格的圣父和圣子在永恒中因自己的神圣本体而彼此相爱，而不是因圣灵而彼此相爱。但是，根据上帝中“爱”的表记意义，爱就是嘘出爱。正如正解已经阐述的，作为神圣位格的圣父和圣子在永恒中因圣灵而彼此相爱并且因圣灵而爱我们，因为圣灵就是作为神圣位格的圣父和圣子在永恒中彼此相爱而嘘出的作为上帝实体的神圣爱情。①

有些学者认为，“圣父和圣子因圣灵而彼此相爱”这一命题，其中“爱”的名称，或者取其本体意义，或者取其表记意义。根据“爱”的本体意义，命题不可能是真的；因为根据同理可以说“圣父是因圣子而理解”。根据“爱”的表记意义，命题也不可能是真的；因为根据同理可以说：“圣父和圣子是因圣灵而嘘出”，或“圣父是因圣子而产生”。因此，“圣父和圣子因圣灵而相爱”这一命题，无论根据哪一种意义，都不是真的。托马斯指出，倘若在行动的概念或内涵中含有固定的效果，行动的本源既可以由行动，也可以由效果而获得命名；例如说，一棵树是因“正在开花”和“花”而是开花者。但是，倘若在行动中不含有具有固定的效果，那么行动的本源就只能由行动而获得命名。因此，在我们阐述的“发出”或“生出”中，只含有表记行动。因此不能说：“圣父因圣灵而发出”，或“因圣子而生出”。但是可以说，“圣父因圣言”，如同因由圣

① *Summa Theologica*, Ia:37:2:ad1.

父出发的位格,"因发言行动",如同因表记行动而发言。因为"发言"含有固定的出发位格,"发言"就是发出言辞。同样地,根据其表记意义,"爱"就是发出爱。因此可以说,"圣父因圣灵",如同因出发的位格"而爱圣子",及"因爱这一行动",如同因表记行动"而爱圣子"。[①]

有些学者认为,圣父以同一个爱而爱圣子、爱自己以及爱我们。但是,圣父不是因圣灵而爱自己,因为没有表记行动可以反射到行动的本源;因为不能说"圣父生出自己"或"嘘出自己"。因此,也不能说圣父"因圣灵爱自己",这是就爱的表记意义而言。同样地,圣父爱我们的爱,似乎也不是圣灵;因为其中含有和受造者的关联,因此是归于本体的爱。因此,即使"圣父因圣灵而爱圣子"这一命题,也不是真的。托马斯指出,圣父不但因圣灵而爱圣子,而且也因圣灵而爱自己,因圣灵而爱我们。前面已经指出,根据上帝中"爱"的表记意义,爱不但意指上帝位格的永恒出发,而且意指那以神圣爱情的方式出发的位格,而神圣爱情含有和被爱的存在者的关系。[②]因此,正如圣父因自己生出的圣言,言说自己和受造者,因为圣言足以表达圣父和受造者;同样地,圣父也因圣灵爱自己并且爱受造者,因为圣灵的永恒出发,如同是第一美善的爱情,圣父因圣灵而爱自己并且爱受造者。[③] 显然地,在圣言(圣子)和圣爱(圣灵)中具有和受造者的关联,不过是在第二顺

---

① *Summa Theologica*, Ia:37:2:ad2.

② *Summa Theologica*, Ia:37:1.

③ *Summa Theologica*, Ia:34:1.

位，[1]因为上帝的真理和美善，是作为创造者的上帝理解以及眷爱受造者的神圣本源。[2]

三、作为神圣实体的圣爱

上帝的神圣理智在永恒中自己认识自己而生出作为神圣智慧的神圣言辞，就是作为神圣位格的圣子，因为"理智的概念就是被理解的存在者的肖像"。[3] 上帝的神圣意志在永恒中自己爱慕自己而嘘出（发出）作为上帝实体的神圣爱情，作为神圣位格的圣父和圣子在永恒中彼此相爱而嘘出（发出）作为上帝实体的神圣爱情，就是作为神圣位格的圣灵。在这个意义上，作为神圣位格的圣灵就是作为神圣位格的圣父和圣子在永恒中彼此相爱而嘘出（发出）的作为上帝实体的神圣爱情。因此，上帝的神圣意志在永恒中自己爱慕自己的内在行动的永恒出发，就是"爱的出发"。[4] 上帝的神圣意志就是上帝的神圣本质，上帝的神圣意志的现实行动就是上帝的神圣存在，上帝神圣意志的现实行动就是上帝的本质存在。因此，上帝的神圣意志的现实行动，圣父和圣子在永恒中彼此相爱而发出的神圣爱情，就是上帝自己的神圣实体，就是上帝的神圣位格，就是完全的上帝。因此，上帝的神圣意志在永恒中自己爱慕自己而发出的神圣爱情，作为上帝自己的神圣实

① *Summa Theologica*, Ia：14：5；Ia：19：2；Ia：20：1&2.

② *Summa Theologica*, Ia：37：2：ad3.

③ *Summa Theologica*, Ia：27：2.

④ *Summa Theologica*, Ia：27：3.

体,就是作为神圣位格的圣灵。①

存在者作为意志对象而进入爱者的怀抱,如此的意志行动,和爱者的理智认识对象而形成的观念,具有秩序固定的关系。如此的意志行动,对于那理智观念指示的存在者,也具有秩序固定的关系。倘若存在者没有获得理智的认识,就无法获得意志的倾慕。同时,意志倾慕作为对象的存在者,不但是倾慕关于存在者的知识,而是倾慕存在者固有的美善。因此,智慧存在者的意志享有的爱情,是爱者由自己认识作为倾慕对象的存在者的观念中,发射到作为倾慕对象的存在者本身。② 智慧存在者的理智认识作为倾慕对象的存在者而具有的观念,就是作为智慧的言辞。因此,上帝的神圣意志在永恒中自己爱慕自己而具有的神圣爱情,是从上帝自己的神圣言辞发出的,同时是从发出言辞的上帝自己发出的。上帝的神圣理智在永恒中自己认识自己而生出的神圣言辞,就是作为神圣位格的圣子。上帝的神圣理智在永恒中自己认识自己而生出神圣言辞的上帝,就是作为神圣位格的圣父。因此,作为神圣位格的圣灵,是从作为神圣言辞的圣子发出的,同时是从发出神圣言辞的圣父发出的。③

在上帝中根据神圣理智的理解方式的圣言的永恒出发,就是作为神圣位格的圣子的永恒出发。在上帝中根据神圣意志的倾慕方式的圣爱的永恒出发,就是作为神圣位格的圣灵

---

① *Summa Contra Gentiles*, IV:19.

② *Summa Contra Gentiles*, IV:19.

③ *Summa Contra Gentiles*, IV:19.

的永恒出发。根据上帝中神圣理智和神圣意志的固有性质，根据上帝的神圣理智在永恒中自己认识自己的理解行动而具有的永恒出发，以及根据上帝的神圣意志在永恒中自己爱慕自己的倾慕行动而具有的永恒出发，彼此之间具有秩序固定的关系。[①] 就上帝中神圣位格的永恒出发的固定秩序而言，圣爱的永恒出发必定跟随着圣言的永恒出发。因为，某存在者除非已经在智慧存在者的理智中被领悟，就不能为智慧存在者的意志所倾慕。[②] 因此，即使在上帝中，神圣理智和神圣理智自己认识自己的内在概念是同一神圣实体，但神圣理智在永恒中自己认识自己而发出的神圣言辞和神圣言辞的本源之间仍然具有固定秩序。同样地，即使在上帝中神圣理智和神圣意志具有同一的神圣本质，根据爱情的固有性质，爱情总是出于理智的领悟。因此，在上帝中，圣爱的永恒出发和圣言的永恒出发，具有秩序的分别。[③]

上帝的神圣理智在永恒中自己认识自己而生出作为神圣智慧的神圣言辞，就是作为神圣位格的圣子。因为在永恒中出生在神圣理智中的神圣言辞，作为神圣理智在永恒中自己理解自己的内在概念，就是作为被理解者的神圣理智的肖像。[④] 但是，上帝自己的神圣意志倾慕的爱情对象，获得神圣意志的倾慕而出现在爱者热情的怀抱中，爱者和爱情对象两者却不必具有“原型和肖像”的关系。因此，上帝的神圣意志

① *Summa Theologica*, Ia:27:3:ad3.

② *Summa Theologica*, Ia:27:3:ad3.

③ *Summa Theologica*, Ia:27:3:ad3.

④ *Summa Theologica*, Ia:27:2.

在永恒中自己倾慕自己而发出作为上帝实体的神圣爱情，就不是圣父生出圣子的“生育”关系。因此，上帝的神圣意志在永恒中自己倾慕自己而发出的作为上帝实体的神圣爱情，就不能称呼为“作为神圣位格的圣子”，也不能称呼为“圣子的圣子”。① 前面已经指出，除非根据受造者的类比，我们没有其他方法为上帝命名。在受造者中，生育是传递生命本性的唯一途径。在上帝中神圣位格的永恒出发，除了圣子的永恒生出，就没有其他特殊名称。因此，上帝的神圣意志在永恒中自己倾慕自己而发出作为上帝实体的神圣爱情，就落得没有特殊名称，可以称呼为嘘出(发出)。②

作为爱情对象的存在者，现实存在于作为爱者的存在者的意志怀抱中，在某些方式和限度中，发生催促作用，从生命深处激励爱者，倾慕自己所爱的作为爱情对象的存在者的本体，渴望自己所爱的作为爱情对象的存在者的本体，向往自己所爱的作为爱情对象的存在者的本体。在这个意义上，智慧存在者心灵深处涌现出来的催促激励，是爱情固有的生命奥秘。因此，上帝的神圣意志在永恒中自己倾慕自己而发出的作为上帝实体的神圣爱情，仿佛上帝的神圣意志在永恒中自己倾慕自己而嘘出的生命气息，呼吁吹动，激荡活泼的生机。在这个意义上，上帝的神圣意志在永恒中自己倾慕自己而发出的作为上帝实体的神圣爱情，就是作为神圣位格的圣灵。③因此，在上帝中以神圣爱情的方式永恒出发者，不是如同受生

① *Summa Contra Gentiles*, IV:19.

② *Summa Theologica*, Ia:27:4:ad3.

③ *Summa Contra Gentiles*, IV:19.

者（圣子）的永恒出发，而是犹如被吹出的生命气息，而圣灵（spiritus）这个名称表示的，恰恰是一种富于生命活力的意气激昂，恰恰是一种富于生命活力的心灵激励，仿佛说某人获得爱情的激励，去承担某种使命。①

凡是智慧存在者享有的理智行动以及意志行动，都是根据智慧存在者的理智行动以及意志行动的终点（鹄的）而获得名称。上帝的神圣意志在永恒中自己倾慕自己而嘘出（发出）的作为上帝实体的神圣爱情，终止于上帝自己的神圣本体。前面已经指出，上帝的神圣意志在永恒中自己倾慕自己而嘘出（发出）的作为上帝实体的神圣爱情，以上帝自己的神圣本体为上帝自己的神圣意志的爱情对象。上帝的神圣意志在永恒中自己倾慕自己享有的神圣本体，上帝在永恒中自己倾慕自己的神圣意志就安息在上帝自己的神圣本体中。② 上帝的神圣意志在永恒中自己倾慕自己享有的至善，就是倾慕上帝自己在永恒中享有的神圣本质。上帝在永恒中享有的至善，就是上帝自己的神圣本质。因此，上帝的神圣意志在永恒中自己倾慕自己而嘘出（发出）的作为上帝实体的神圣爱情，作为上帝在永恒中发出的神圣位格，就是完全的上帝，应该称呼为圣灵，圣经说："上帝是灵"（约 4:24）。根据人类语言，凡是呈现给上帝的名称，都冠以"圣"的称号（例如圣父、圣子、圣殿）。③

---

① *Summa Theologica*, Ia:27:4.

② *Summa Theologica*, Ia:19:1.

③ *Summa Contra Gentiles*, IV:19.

第三节 作为位格称谓的恩惠

在"圣灵"和"圣爱"这两个位格称谓之外,"恩惠"(Donum)是圣灵位格的特有称谓。在恩惠的称谓中,蕴涵着被赐予的适合性(aptitudo),蕴涵着恩惠(Donum)和赐予者以及获赐予者的关系。作为被赐予的恩惠,同时蕴涵着和赐予者和获赐予者的关系。恩惠属于赐予者,这种归属关系具有若干含义。第一种含义意指恩惠和赐予者相同。恩惠和赐予者没有区别,而和获赐予者有区别。根据这种方式,圣灵赐予自己。第二种含义意指恩惠是赐予者的所有者。恩惠就本体含义而言和赐予者有区别。根据这种方式,上帝的恩惠意味着某种受造者。第三种含义意指神圣位格的永恒起源。如此,圣子属于圣父,圣灵属于圣父和圣子两者。根据第三种含义,恩惠(Donum)作为神圣位格和赐予者有区别,而且是位格称谓。奥古斯丁指出:"正如对于圣子而言,出生就是出于圣父;同样地,对于圣灵而言,'是上帝的恩惠'(Donum Dei),就是发于圣父和圣子。"①圣灵"作为上帝的恩惠",是根据神圣位格的永恒起源关系,就是作为神圣位格的圣父和圣子在永恒中彼此相爱而发出作为神圣位格的圣灵。因此,"恩惠"(Donum)是圣灵的特有名称。

一、恩惠是位格名称

奥古斯丁指出:"正如肉身的形体无非就是肉身;同样

① Augustine, *The Trinity*, 4:20.

地,圣灵的恩惠无非就是圣灵。"[1]圣灵是位格名称。因此,恩惠也是位格名称。托马斯指出,在"恩惠"的称谓中,蕴涵着被赐予的适合性。至于被赐予的恩惠,同时享有和赐予者和获赐予者的关系:倘若恩惠不是为赐予者拥有,就不可能被赐予;在这个意义上,恩惠是属于赐予者的。"恩惠属于赐予者",这种阐述具有彼此区别的三种含义。第一,恩惠和赐予者相同。如此,恩惠和赐予者没有区别,恩惠和获赐予者有区别。在这个意义上,"圣灵赐予自己"。第二,恩惠是赐予者的所有者。在这个意义上,上帝的恩惠意味着某种受造者。第三,根据神圣位格的永恒起源。如此,圣子属于圣父,圣灵属于圣父和圣子两者。另一方面,恩惠被赐予获赐予者,就是为着使获赐予者享有恩惠;在这个意义上,恩惠属于获赐予者。说上帝的神圣位格(或某位格)是某某的,或者是根据神圣位格的永恒起源,例如:圣子是圣父的,圣灵是圣父和圣子两者的;或者是根据神圣位格为某人享有,就是上帝位格借着成圣恩典的降临。[2]

倘若我们(智慧存在者)享有某存在者,意味着我们可以根据自己的自由意愿,享用或享有这存在者。[3] 根据如此的享有方式,上帝的神圣位格(或某位格)只能为和上帝相结合的智慧存在者享有。至于其他没有理性的受造者,固然能够为上帝的神圣位格推动,但是没有达到如此境界,即自己有能

① Augustine, *The Trinity*, 15:19.

② *Summa Theologica*, Ia:38:1.

③ Augustine, *The Trinity*, 10:10&11.

力享有上帝的神圣位格以及运用上帝神圣位格的祝福。智慧存在者有时可以达到这种享有上帝的神圣位格以及运用上帝神圣位格的祝福的生命境界,例如:智慧存在者分享上帝的圣言及其出发的圣爱(圣灵)已经达到如此程度,使智慧存在者能够真正自由地认识上帝并且正确地爱慕上帝。在这个意义上,惟有智慧存在者能够享有上帝的神圣位格(或某位格)。但是,智慧存在者单纯凭借自己的天赋能力,不能达到享有上帝神圣位格(或某位格)的地步;因此,这种享有上帝神圣位格的能力应该从神圣实在赐给智慧存在者;因为凡是我们由他处获得的,就说是赐给我们的。① 上帝的神圣位格能够以这种方式被赋予智慧存在者,并且能够是"恩惠"。②

有些学者认为,在上帝中,位格名称都蕴涵有某种区别。但是,在上帝中,"恩惠"这名称没有蕴涵什么区别;因为奥古斯丁说:圣灵"作为上帝的恩惠被赐予,如同圣灵作为上帝把自己赐出。"③因此,"恩惠"不是位格名称。托马斯指出,"恩惠"这一名称,蕴涵有位格区别,因为恩惠是以神圣位格的永恒起源方式归于某位格。至于圣灵赐予自己,这是因为圣灵是归于自己的,可以享用自己,毋宁说圣灵享有自己;如同说自由人是归于自己。奥古斯丁指出:"还有什么比你更属于你自己呢?"④毋宁说,或多或少,恩惠属于赐予者。但是,"恩惠属于赐予者"这种阐述,可以具有若干方式。第一种方式

① *Summa Theologica*, Ia:43:3.

② *Summa Theologica*, Ia:38:1.

③ Augustine, *The Trinity*, 15:19.

④ Augustine, *On the Gospel of St. John*, Tractate 29, on *John* 7:16.

指（恩惠和赐予者）相同的方式，如同奥古斯丁前面阐述的；如此恩惠和赐予者没有区别，而和获赐者有区别——根据这种方式，圣灵赐予自己。第二种方式说恩惠属于赐予者，恩惠如同是赐予者的所有者；恩惠就本体方面而言应该和赐予者有区别。根据这种方式，上帝的恩惠意味着某种受造者。第三种方式说恩惠属于赐予者，是根据神圣位格的永恒起源而言——根据这种方式，圣子属于圣父，圣灵属于圣父和圣子两者。因此，根据这种方式说恩惠属于赐予者，恩惠就神圣位格而言和赐予者有区别，而且是位格名称。[1]

有些学者认为，没有任何位格名称适用于上帝的本体。但是，正如希拉利指出的，上帝的本体是圣父赐给圣子的恩惠。[2] 因此，恩惠不是位格名称。托马斯指出，说神圣本体是圣父赐给圣子的恩惠，是根据前面阐述的"恩惠属于赐予者"的第一种方式，就是恩惠和赐予者相同的方式。根据"恩惠属于赐予者"的第一种方式，恩惠和赐予者没有区别，而和获赐者有区别。根据这种方式指出，神圣本体是作为神圣位格的圣父赐给作为神圣位格的圣子的恩惠。因为神圣本体归于圣父，是以恩惠和赐予者相同的方式归于作为神圣位格的圣父。但是，恩惠作为位格称谓，是根据前面阐述的"恩惠属于赐予者"的第三种方式，就是神圣位格的永恒起源关系而言。根据"恩惠属于赐予者"的这种方式，圣子属于圣父，圣灵属于圣父和圣子两者。根据这种方式揭示出"恩惠属于赐予

① *Summa Theologica*, Ia:38:1:ad1.

② Hilary, *De Trinitate*, 9:54.

者”，恩惠作为神圣位格而言和赐予者有区别，而且是位格名称。根据“恩惠属于赐予者”的第三种关系，恩惠是位格名称，因为恩惠是以神圣位格的永恒起源方式归于（上帝的）某位格。①

有些学者认为，根据大马士革的约翰，在作为神圣位格的圣父、圣子、圣灵之间，没有什么从属或服役。② 但是，恩惠中蕴涵有某种归属，无论是对于获得恩惠者，还是对于赐予恩惠者。因此，恩惠不是位格名称。托马斯指出，就恩惠在上帝中作为位格名称而言，并不蕴涵归属关系，而只蕴涵对于赐予恩惠者的永恒起源关系。根据神圣位格的永恒起源关系，指出“恩惠属于赐予者”，就是说，圣子属于圣父，圣灵属于圣父和圣子两者。在这种语境中，恩惠并不蕴涵归属关系，只是就神圣位格而言和赐予者有区别。至于对于那获得恩惠者，恩惠蕴涵着自由享有。拥有某存在者，意味着可以根据自己的意愿享用这存在者。根据这样的享有方式，智慧存在者可以达到享有上帝的神圣位格以及运用上帝神圣位格的祝福的生命境界，例如：智慧存在者分享上帝的圣言以及圣爱已经达到如此境界，使智慧存在者可以真正自由地认识上帝并且正确地爱慕上帝。在这个意义上，智慧存在者自由享有上帝的神圣位格。上帝的神圣位格能够如此被赐予智慧存在者，并且能够是“恩惠”。③

有些学者认为，恩惠这称谓蕴涵有和受造者的关联；如此

---

① *Summa Theologica*, Ia:38:1:ad2.

② John of Damascus, *De Fide Orthodoxa*, III:21.

③ *Summa Theologica*, Ia:38:1:ad3.

“恩惠”这名称用于上帝，似乎是时间性的称谓，就是在时间中的称谓。但是，“位格”是在永恒中用于上帝的称谓，例如“圣父”和“圣子”。因此，恩惠不是位格名称。托马斯指出，“恩惠”这一名称，不是基于恩惠现实地被赐予获赐予者，而是基于恩惠具有能够被赐予的恰当性，就是恩惠享有和赐予者以及获赐者的关系。因此，神圣位格在永恒中具有恩惠的称谓，即使是在时间中现实地被赐予。而且，不是因为恩惠作为神圣位格蕴涵有和受造者的关联，就应该是归于神圣本体的；只需要在恩惠作为神圣位格的概念中具有某种本质是归于神圣本体的，如同在“位格”的概念中包括有神圣本体。① 前面已经指出，在神圣位格中必定蕴涵着和受造者的关联，因为在位格称谓中间接地包含神圣本体。因此，在位格称谓中，就神圣位格的永恒起源关系而言，不蕴涵和受造者的关联；就神圣位格归于神圣本体而言，位格称谓必定蕴涵着和受造者的关联。②

二、恩惠是圣灵的特有名称

作为神圣位格的圣父和圣子在永恒中彼此相爱而嘘出(发出)作为神圣位格的圣灵，恩惠就是圣灵位格的特有称谓。奥古斯丁指出：“正如对于圣子而言，出生就是出于圣父；同样地，对于圣灵而言，‘是上帝的恩惠’就是发于圣父和圣子。”③圣灵“作为上帝的恩惠”，因为圣灵在永恒中发于作

① *Summa Theologica*, Ia:34:3:ad1.

② *Summa Theologica*, Ia:38:1:ad4.

③ Augustine, *The Trinity*, 4:20.

为神圣位格的圣父和圣子。圣灵“作为上帝的恩惠”,就是根据上帝神圣位格在永恒中的起源关系。作为神圣位格的圣灵,是根据起源于作为神圣位格的圣父和圣子而获得特有的名称。智慧存在者享有的理智行动以及意志行动,是根据理智行动以及意志行动的终点而获得名称。上帝的神圣意志在永恒中自己倾慕自己而嘘出(发出)的作为上帝实体的神圣爱情,安息于上帝自己的神圣本体。上帝的神圣意志在永恒中自己倾慕自己享有的神圣本体,上帝在永恒中自己倾慕自己的神圣意志安息于上帝自己的神圣本体。① 因此,上帝的神圣意志在永恒中自己倾慕自己而嘘出(发出)的作为上帝实体的神圣爱情,作为上帝在永恒中发出的神圣位格,作为完全的上帝,获得圣灵的位格称谓,圣经说:“上帝是灵”(约4:24)。因此,“恩惠”是圣灵的特有名称。②

托马斯指出,就“恩惠”这个称谓在上帝中取其位格意义并且指示神圣位格而言,“恩惠”是圣灵位格的特有名称。③ 为深刻阐述“恩惠”作为位格称谓的含义,有必要指出,“恩惠”这个称谓就其本来含义而言,就是不具有偿还性质的馈赠,就是不具有偿还性质的施恩,就是无意期待回报而被馈赠的美善;如此,恩惠就是无偿的施恩。但是,无偿施恩的理由却是爱。毋宁说,无偿施恩的唯一理由就是爱。因为我们愿意无偿地馈赠某人某些礼物或祝福,是因为我们愿意这人享

① *Summa Theologica*, Ia:19:1.

② *Summa Theologica*, Ia:38:2.

③ *Summa Theologica*, Ia:38:2.

有善。[1] 因此,在我们无偿地馈赠这人任何美善的时候,我们首先赐给这人的,是我们渴望这人享有善的爱。真正爱一个人的意志,就是渴望这人享有善。一个人真正爱另一个人的意志,就是渴望自己所爱的那人享有善。[2] 因为我们确实爱那人,我们渴望自己所爱的那人享有善,因此我们愿意无偿地馈赠那人某些礼物或祝福。在这个意义上,无偿施恩的唯一理由,就是爱。在这个意义上,显然地,爱具有"首要恩惠"的性质,爱具有"第一恩惠"的性质。一切无偿的恩惠,都是借着爱而馈赠的。[3]

上帝的神圣意志在永恒自己倾慕自己而嘘出(发出)作为上帝实体的神圣爱情,就是作为神圣位格的圣灵。作为神圣位格的圣父和圣子在永恒中彼此相爱而嘘出(发出)作为上帝实体的神圣爱情,就是作为神圣位格的圣灵。因此,作为神圣位格的圣灵,是"由圣父和圣子发出"。[4] 在上帝中以神圣爱情的方式出发的神圣位格,犹如是被吹出的生命气息。圣灵这个名称表示的,是上帝中神圣爱情充满生命力的意气激昂和生命激励。[5] 就"圣爱"这一称谓的位格含义而言,圣爱是圣灵的位格称谓。就在圣爱或爱慕中蕴涵着爱者和被爱者的关系而言,圣爱和爱慕是指本体而言的。就在圣爱和爱慕中蕴涵着那以神圣爱情的方式出发的神圣位格和本源的关

---

① *Summa Theologica*, Ia:20:1:ad3.

② *Summa Theologica*, Ia:20:1:ad3.

③ *Summa Theologica*, Ia:38:2.

④ *Summa Theologica*, Ia:27:4.

⑤ *Summa Theologica*, Ia:27:4.

系,以及本源和那以神圣爱情的方式出发的神圣位格的关系而言,"圣爱"应该理解为从作为神圣位格的圣父和圣子"出发的爱"。因此,圣爱是圣灵的位格称谓。① 因此,圣灵在永恒中从作为神圣位格的圣父和圣子出发而具有"第一恩惠"的性质。② 奥古斯丁指出:"是借着恩惠,就是借着圣灵,许多因人而殊的恩惠被分别施给基督的肢体。"③因此,恩惠是圣灵的位格称谓。

有些学者认为,称为恩惠,是基于被馈赠。但是,正如圣经指出的:"有一个儿子赐给我们。"(赛9:6)因此,"恩惠"这一名称也用于圣子,如同用于圣灵。托马斯指出,由于作为神圣位格的圣子是以"言辞"的方式在永恒中发于作为神圣位格的圣父,以及"言辞"作为"神圣理智的内在概念"具有和自己本源相同的性质,因此特别称圣子为肖像,④即使作为神圣位格的圣灵也和作为神圣位格的圣父具有完全相同的神圣本质;同样地,由于作为神圣位格的圣灵在永恒中发于作为神圣位格的圣父和圣子,作为神圣位格的圣灵是作为神圣位格的圣父和圣子在永恒中彼此相爱而嘘出(发出)的作为上帝实体的神圣爱情,因此特别称呼为"恩惠"。"恩惠"作为圣灵特有的位格称谓,表示作为神圣位格的圣父和圣子在永恒中彼此相爱而嘘出(发出)的作为上帝实体的神圣爱情,即使作为神圣位格的圣子也被赐给我们。这"圣子被赐给我们",也是

① *Summa Theologica*, Ia:37:1.

② *Summa Theologica*, Ia:38:2.

③ Augustine, *The Trinity*, 15:19.

④ *Summa Theologica*, Ia:27:2.

出自圣父的爱,这是上帝对于世人的慈爱,根据福音书:"上帝爱世人,甚至将自己的独生子赐给他们。"(约3:16)①

有些学者认为,归于上帝某位格的特有名称,都意指这位格的某种特征。但是,"恩惠"这一名称,却没有意指圣灵的什么特征。因此,恩惠不是圣灵的特有名称。托马斯指出,在"恩惠"的名称中,含有这样的意义,即根据神圣位格的永恒起源,恩惠是属于那赐予者的。毋宁说,根据神圣位格的永恒起源,作为恩惠的圣灵,属于作为赐予者的圣父和圣子。这是说,作为神圣位格的圣灵属于作为赐予者的圣父,圣灵是圣父的圣灵;作为神圣位格的圣灵属于作为赐予者的圣子,圣灵是圣子的圣灵。恩惠作为位格称谓,是根据"恩惠属于赐予者"的特定含义,就是上帝中神圣位格的永恒起源关系而言。②根据"恩惠属于赐予者"的这种特定含义式,作为神圣位格的圣灵属于作为赐予者的圣父和圣子两者。根据上帝中神圣位格的永恒起源,恩惠就位格而言和作为赐予者的圣父和圣子有区别,而且是位格名称,因为恩惠以神圣位格的起源方式属于作为赐予者的圣父和圣子。如此则"恩惠"具有圣灵的永恒起源的特征,就是作为神圣位格的圣灵的永恒出发。③

有些学者认为,可以称圣灵为某人的灵(王下2:15),正如前面阐述的那样,上帝的神圣位格(圣父、圣子、圣灵)都可以作为受造者的本源,因此可以说:"我们的圣父"和"我们的

---

① *Summa Theologica*, Ia:38:2:ad1.

② *Summa Theologica*, Ia:38:1:ad2.

③ *Summa Theologica*, Ia:38:2:ad2.

圣灵”。① 但是，不能称圣灵为某人的恩惠，只能称呼圣灵为上帝的恩惠。因此，恩惠不是圣灵的特有名称。托马斯指出，既然在“恩惠”的称谓中，蕴涵着被馈赠的恰当性，就是蕴涵着“恩惠”和赐予者以及获赐予者的两方面关系。在这个意义上，恩惠在被馈赠之前，只属于赐予者；但是，恩惠在被馈赠之后，就属于获赐予者。因此，由于圣灵作为“恩惠”，并不意指现实的馈赠，而是意指神圣位格的永恒起源。在这个意义上，不能称“恩惠”（圣灵）为某人的恩惠，而只能称“恩惠”（圣灵）为赐予者上帝（圣父和圣子）的恩惠。在神圣位格的永恒起源中，圣灵的赐予者是作为神圣位格的圣父和圣子。在神圣救赎历史中，圣灵的获赐予者是上帝拣选的圣徒。因此，当“恩惠”被馈赠之后，就属于获赐予者。那时，圣灵就是某人的灵（王下 2:15），在这个意义上，圣灵就是某人获得的恩赐。②

三、作为神圣爱情的恩惠

在“恩惠”这个指示神圣馈赠行动的称谓中，蕴涵着被馈赠的恰当性。作为那赐予者对于获赐予者的馈赠，被赐予的“恩惠”，同时享有和那赐予者以及那获赐予者的关系。第一，在原初而首要的意义上，恩惠属于那赐予者。倘若恩惠不属于那赐予者，就不可能被赐予。这是说，赐予者永远只能赐予那获赐予者自己享有的“馈赠”，而永远无法赐予那获赐予

---

① *Summa Theologica*, Ia:36:1:ad3.

② *Summa Theologica*, Ia:38:2:ad3.

者自己没有享有的“馈赠”。在这个原初而首要的意义上，作为那赐予者对于获赐予者的馈赠，恩惠属于那赐予者。第二，在现实地或实际地被赐予的意义上，恩惠属于那获赐予者。因为赐予恩惠，就意味着使那获赐予者享有“恩惠”，就意味着使那获赐予者享有自己原来未曾享有的“恩惠”。[①] 倘若恩惠依然没有属于那获赐予者，作为那赐予者对于获赐予者的馈赠，“恩惠”就未曾现实地或实际地被赐予。作为那赐予者对于获赐予者的馈赠，在原初而首要的意义上，恩惠属于那赐予者；在现实地被赐予的意义上，恩惠属于那获赐予者。毋宁说，在被赐予之前，恩惠只属于那赐予者。但是，在被赐予之后，恩惠就属于那获赐予者。[②]

“恩惠属于赐予者”，关于恩惠和赐予者之间这种原初而首要的关系的确切陈述，具有若干彼此区别的含义。“恩惠属于赐予者”的第一种含义，是恩惠和赐予者完全相同。在这个意义上，赐予者自己就是恩惠，恩惠就是赐予者自己，而和获赐予者有区别。因此说：圣灵赐出自己。[③] “恩惠属于赐予者”的第二种含义，是赐予者拥有恩惠。在这个意义上，恩惠在本体方面和赐予者有区别，恩惠不是赐予者自己。在这种情形中，上帝的恩惠，通常意指某种受造者。[④] “恩惠属于赐予者”的第三种含义，意指上帝中神圣位格的永恒起源关系。在这个意义上，作为神圣位格的圣子属于作为神圣位格

① *Summa Theologica*, Ia:38:1.

② *Summa Theologica*, Ia:38:2:ad3.

③ *Summa Theologica*, Ia:38:1:ad1.

④ *Summa Theologica*, Ia:38:1:ad1.

的圣父,作为神圣位格的圣灵属于作为神圣位格的圣父和圣子。倘若根据上帝中神圣位格的永恒起源关系揭示出"恩惠属于赐予者"的命题,那么,恩惠的称谓蕴涵着上帝中神圣位格之间的区别,恩惠以神圣位格的永恒起源关系的方式归于作为本源的赐予者,恩惠就位格而言和作为本源的赐予者有区别。根据"恩惠属于赐予者"这个陈述的第三种含义,"恩惠"是位格名称。①

"恩惠"的称谓就其语词的原初含义而言,就是意指不具有偿还性质的馈赠或施恩,毋宁说,就是意指不具有偿还期待的馈赠或施恩。"恩惠"的称谓就其语词的原初含义而言,就是无意希望回报而被赐予的馈赠。在这个意义上,"恩惠"的称谓就其语词的原初含义而言,就是意指无偿的馈赠或无偿的施恩,就是意指无意希望回报的自由慷慨的无偿施恩。② 但是,就"恩惠"的原初含义而言,自由慷慨的无偿施恩的理由何在?就"恩惠"的原初含义而言,自由慷慨的无偿施恩的理由就是爱,毋宁说,自由慷慨的无偿施恩的唯一理由就是爱。③ 倘若我们自由慷慨地无偿馈赠或无偿施恩,倘若我们自由慷慨地无偿赐予作为获赐予者的他人礼物或祝福,那是因为我们渴望作为获赐予者的他人享有善,那是因为我们渴望作为获赐予者的他人享有生命的完满祝福。在这个意义上,在我们自由慷慨地无偿馈赠作为获赐予者的他人礼物或无偿赐予作为获

① *Summa Theologica*, Ia:38:1:ad1.

② *Summa Theologica*, Ia:38:2.

③ *Summa Theologica*, Ia:38:2.

赐予者的他人祝福的全部行动中,我们首先赐予作为获赐予者的他人的,是我们渴望那获赐予者享有善的一份挚爱。①

爱慕是智慧存在者的意志行动的首要原理。真正爱一个人,就是渴望自己爱慕的人享有至善,就是渴望自己爱慕的人享有生命的完满祝福。一个人真实地爱慕另一个人,就会渴望自己爱慕的人享有至善,就是渴望自己爱慕的人享有生命的完满祝福。如此,倘若一个人真实地爱慕另一个人,一个人犹如把这另一个人当作自己,把对于自己爱慕的人的良善当作对于自己的良善,把对于自己爱慕的人的生命的完满祝福当作对于自己生命的完满祝福。② 在这个意义上,倘若一个人真实地爱慕另一个人,对于自己爱慕的人的自由慷慨的无偿馈赠或无偿祝福,就是出于真实爱慕的无意期待回报的无偿馈赠的意志行动。在这个意义上,作为智慧存在者的意志行动的首要原理,智慧存在者渴望作为获赐予者的他人享有至善的爱,智慧存在者渴望作为获赐予者的他人享有生命的完满祝福的爱,具有"首要恩惠或第一恩惠"的性质。在这个意义上,作为自由慷慨的无偿馈赠或无偿祝福的全部恩惠,都是借着作为"首要恩惠或第一恩惠"的神圣爱情而自由赐予的。③

作为神圣位格的圣灵是作为神圣位格的圣父和圣子在永恒中彼此相爱而嘘出(发出)的作为上帝实体的神圣爱情,作

① *Summa Theologica*, Ia:38:2.

② *Summa Theologica*, Ia:20:1:ad3.

③ *Summa Theologica*, Ia:38:2.

为神圣位格的圣灵是作为神圣位格的圣父和圣子在永恒中彼此相爱而嘘出(发出)的作为神圣位格的神圣爱情。在这个意义上,作为神圣位格的圣灵,就是作为神圣位格的神圣爱情,具有上帝中"首要恩惠或第一恩惠"的性质。[①] 在这个意义上,"恩惠"是圣灵的特有名称,犹如"圣爱"是圣灵的特有名称。上帝的神圣意志在永恒中自己倾慕自己而嘘出(发出)作为上帝实体的神圣爱情,上帝的神圣意志在永恒中自己倾慕自己而嘘出(发出)作为神圣位格的神圣爱情,就是作为神圣位格的圣灵。根据上帝的神圣意志在永恒中自己倾慕自己的神圣爱情的永恒出发,毋宁说,根据作为神圣位格的圣父和圣子在永恒中彼此相爱的神圣爱情的永恒出发,作为被爱者的上帝是在作为爱者的上帝中,作为爱者的上帝是在作为被爱者的上帝中。根据上帝的神圣意志在永恒中自己倾慕自己的神圣爱情的永恒出发,爱者和被爱者以及神圣爱情,都是作为圣父、圣子、圣灵的上帝自己。[②]

上帝的神圣意志在永恒中自己倾慕自己而嘘出(发出)的作为上帝实体的神圣爱情,作为神圣位格的圣灵,就是作为上帝实体的神圣爱情的"首要恩惠或第一恩惠"。[③] 在这个意义上,根据上帝中神圣位格的永恒起源秩序,"恩惠属于赐予者"。在这个意义上,作为"恩惠"的圣灵在永恒中属于作为赐予者的圣父和圣子,作为神圣位格的圣灵在永恒中属于作为神圣位格的圣父和圣子。在这个意义上,作为神圣位格的

---

① *Summa Theologica*, Ia:38:2.

② *Summa Theologica*, Ia:27:3.

③ *Summa Theologica*, Ia:38:2.

圣灵在永恒中是“圣父的圣灵”，作为神圣位格的圣灵在永恒中是“圣子的圣灵”，因为作为神圣位格的圣父和圣子在永恒中是作为神圣位格的圣灵的神圣本源，作为神圣位格的圣父在永恒中是作为神圣位格的圣灵的“没有本源的本源”，作为神圣位格的圣子在永恒中是作为神圣位格的圣灵的“出于本源的本源”。在这个意义上，作为神圣位格的圣父和圣子在永恒中彼此相爱而嘘出（发出）的作为上帝实体的神圣爱情，作为神圣位格的圣灵，就是作为神圣爱情的“首要恩惠”或“第一恩惠”。[①] 因此，作为神圣爱情的“恩惠”，是圣灵位格的特有名称。

① *Summa Theologica*, Ia:38:2.

第七章

上帝三位，本质相同

尼西亚会议（325 A.D.）确认的“同性同体”（homoousion）这术语，确实含义是“神圣位格，归于一个本体”。① 在上帝的神圣实在中，就表达方式而言，以本体指位格的形式。因此说，神圣本体归于三个位格，三个位格归于一个本体。在上帝位格中，只有本体和关系。上帝三位在本体方面相同，上帝三位藉关系而彼此区别。在上帝中，关系区别并建立位格。在上帝中，指定永恒起源秩序的表记行动归于位格；基于上帝位格的关系和完美以及位格的出发方式，上帝三位是圣父、圣子和圣灵。上帝三位在永恒中享有相同的神圣本质，神圣位格就完美、无限和全能而言完全相同。圣父是全能者，圣子是全能者，圣灵是全能者。在神圣历史中，上帝位格的被差遣具有两层含义。第一，源自差遣者的凭借起源的出发；第二，被差遣的位格存在于智慧存在者中的崭新方式。上帝位格的被差遣，是时间性的。倘若把差遣位格理解为观察差遣凭借的效果的本源，就是上帝三位共同差遣那被差遣的位格。在这个

① Augustine, *Contra Maximinum*, 2:14.

意义上,圣子的道成肉身,五旬节圣灵降临,都是上帝三位在神圣历史中共同差遣。

第一节　神圣位格和神圣本质

作为神圣位格的圣父、圣子、圣灵在永恒中享有完全相同的神圣本质。尼西亚会议(325 A.D.)确认的"同性同体"(homoousion)这术语,确实含义是"上帝三位,归于一个本体"。[①]在上帝的神圣实在中,就表达方式而言,以本体指位格的形式。在上帝中,位格为三而本体唯一。神圣本体归于三个位格,三个位格归于一个本体。上帝的单纯性揭示出在上帝中本体和基体相同。倘若以名词表示上帝本体的名称,用名词称述三位时,用单数。圣父、圣子、圣灵是一个上帝,因为在上帝三位中只有一个神圣本体。"上帝"这本体名称,根据本来含义能够指称位格。用抽象方式表示的本体名称"本质",不能够代替位格。基于本质和位格的相同,指示位格和表记的名词名称可以称述上帝本体。阐述神圣实在,有时把本体属性归于上帝三位。在观念上,上帝的本体属性,比上帝的位格特征,对于人类理智而言更明显。如同理智使用在受造者中发现的(上帝)踪迹或肖像阐述上帝三位,理智使用本体属性阐述上帝三位。把本体属性归于上帝三位的这种阐述,称为归名(appropriatio)。

① Augustine, *Contra Maximinum*, 2:14.

一、上帝三位，归于一个本体

在上帝中，神圣本体和神圣位格完全相同。[①] 奥古斯丁说："当我们说圣父的位格时，我们只不过是在说圣父的本体。"[②]托马斯指出，对于思考上帝的单纯性的神学家而言，神圣位格和神圣本体完全相同。上帝的单纯性揭示出，在上帝中本体和基体是同一的存在者。[③] 在理智实体中，基体（hypostasis）就是位格。[④] 上帝的单纯性揭示出，在上帝中本体和位格是同一的存在者。上帝的神圣奥秘在于，位格是三，本体维持唯一。波爱修指出："关系增加位格为三"[⑤]。有些学者主张在上帝中本体和位格彼此区别，这些学者认为关系只是附加于本体，关系只是存在者之间的关联，关系不是实在。[⑥]但是，在受造者中的关系是属性，在上帝中的关系就是上帝的本体。因此，在上帝中位格关系和神圣本体是相同的存在。[⑦]在上帝中，作为神圣实在的本体和位格并无不同；上帝三位却彼此具有实在的区别。前面已经阐述，位格意指上帝本性中的关系，位格名称同时表示本质和关系。[⑧] 和神圣本体比较，关系作为神圣实在没有分别，分别只在观念方面；和相对关系

---

① Thomas Aquinas, *Commentary on the Gospel of John*.16, lect.4, n.2113.

② Augustine, *The Trinity*, 7:6.

③ *Summa Theologica*, Ia:3:3.

④ *Summa Theologica*, Ia:29:1.

⑤ Boethius, *De Trinitate*, 6.

⑥ *Summa Theologica*, Ia:39:1.

⑦ *Summa Theologica*, Ia:28:2.

⑧ *Summa Theologica*, Ia:29:4.

比较，关系基于本源和出于本源者的关联而有实在的区别。如此，本体仍是一个，神圣位格是三个。①

有些学者认为，凡是在其中本体和基体相同的存在者，应该只有唯一本性的唯一基体，如同分离实体（天使）揭示的②；这样的存在者，不可能基体增加，而本体不增加。但是，在上帝中，却有一个本体和三个位格。③ 因此，本体和位格并不相同。托马斯指出，在受造者中，基体的区分不是借着关系，而是借着本质（principium essentiale）；因为在受造者中，关系是附加于本体的属性。在上帝中，关系是自立的；因此，基于彼此相对，关系能够区分基体。但是本体并不因此有所区分；因为关系和本体作为同一存在者而言，彼此没有区别。④ 有些学者认为，对于同一存在者，不能同时肯定和否定。但是（在上帝中），对于本体和位格同时肯定和否定；因为位格是有区别的，本体是没有区别的。因此，位格和本体不是同一存在者。托马斯指出，本体和位格在上帝中具有观念的分别，因此肯定一个，不必同时肯定另一个。⑤ 有些学者认为，没有存在者"奠基在自身"。但是，位格在本体之下；因此称为基体（suppositum）或奠基者（hypostasis）。因此，位格和本体不是同一存在者。托马斯指出，理智根据受造者的方式为上帝的实在命名。⑥ 受造者藉质料而个体化，因此个体称为主体

---

① *Summa Theologica*，Ia：39：1.

② *De substantiis separatis* 17.

③ *Summa Theologica*，Ia：28：3；Ia：30：2.

④ *Summa Theologica*，Ia：39：1：ad1.

⑤ *Summa Theologica*，Ia：39：1：ad2.

⑥ *Summa Theologica*，Ia：13：1：ad2.

(subjectum)或基体(suppositum)或(希腊文的)hypostasis。因此,上帝位格称为基体或hypostasis,不是说,其中有实在含义的奠基者。①

作为神圣位格的圣父、圣子、圣灵在永恒中享有完全相同的神圣本质,作为神圣位格的圣父、圣子、圣灵在永恒中归于完全相同的神圣本体。奥古斯丁说:尼西亚会议(325 A.D.)为抵制亚流派而确认的"同性同体"(homoousion)这术语,确实含义是"上帝三位,归于一个本体"。② "同性同体"(homoousion)的确实含义,就是Tres Personas esse Unius Essentiae。托马斯指出,理智为上帝的神圣实在命名,不是根据神圣实在的方式,而是根据在受造界发现的方式,因为理智不能直接认识神圣实在。③ 理智从可感存在者获得知识,可感存在者因质料而个体化。如此,存在者的本性如同形式,个体如同形式的主体或基体。在上帝的神圣实在中,就表达方式而言,以本体表示位格的形式。在受造者中,说形式归于享有形式的基体,而不说享有形式的基体归于形式,除非附加指定形式的限制词。同样地,在上帝中,位格为三而本体唯一,说神圣本体归于三个位格以及三个位格归于神圣本体,这意味着,相关语词的所有格用以指定形式,就是作为形式的神圣本体。④ 因此,"同性同体"(homoousion)的确实含义,就是"上帝三位,归于一个本体"。

---

① *Summa Theologica*, Ia:39:1:ad3.

② Augustine, *Contra Maximinum*, 2:14.

③ *Summa Theologica*, Ia:13:1:ad2; Ia:13:3.

④ *Summa Theologica*, Ia:39:2.

有些学者认为，希拉利说：圣父、圣子和圣灵，“因substantia（实体）而为三，因和谐而为一。”[①]上帝的实体就是上帝的本质。因此，神圣位格并不归于一个本体。托马斯指出，在希拉利，substantia 指自立体，不是指“本体”。[②] 有些学者认为，狄奥尼索斯指出，关于上帝的实在，凡是圣经权威没有表明者，都不应该肯定。[③] 在圣经中，完全没有表明圣父、圣子和圣灵归于一个本体。因此，不应支持这一表述。托马斯指出，圣经中没有“上帝三位归于一个本体”的经文，但是圣经表达这样的意义；例如：“我和父原为一”（约 10:30），以及“我在父里面，父在我里面”（约 10:38，14:10）。而且能够找到其他许多意义相同的经文。[④] 有些学者认为，上帝的本性和本体相同。因此，说三位归于一个本性即可。托马斯指出，“本性”（natura）意指行动的本源，“本体”（essentia）源自“存在”（esse）。某些在行动方面相同的存在者，可以说这些存在者归于一个本性；只有那些享有一个“存在”（esse）的存在者，可以说这些存在者归于一个本体。因此，说上帝三位归于一个本体，比说上帝三位归于一个本性，更宜于表达上帝的唯一性。[⑤]

有些学者认为，通常不说位格归于本体；而是说本体归于位格。因此，不宜说三位归于一个本体。托马斯指出，根据形

---

① Hilary, *De synod.*29.

② *Summa Theologica*, Ia:39:2:ad1.

③ Dionysius, *De divinis nominibus*, 1.

④ *Summa Theologica*, Ia:39:2:ad2.

⑤ *Summa Theologica*, Ia:39:2:ad3.

式的绝对意义，通常说形式归于那享有形式的存在者，不说那享有某形式的存在者归于形式，除非指定形式。如此，需要两个所有格，一个意指形式，一个限定形式。对于上帝位格而言，上帝的本体如同形式。因此，宜于说本体归于位格，不说位格归于本体，除非指定本体，例如说：圣父是“归于上帝本体”的位格，或者说：三位归于“一个本体”。[①] 有些学者认为，奥古斯丁说，我们不说三位“出自一个本体”，避免认为在上帝中本体和位格并不相同。但是，前置词涉及另一相关的存在者，名词的变格也如此。[②] 因此，不应说三位归于一个本体。托马斯指出，前置词“自”，不是指示形式因的关系，而是指示动力因或质料因的关系。后面两种原因和那有这原因的存在者有区别；因为没有存在者是自己的质料以及主动本源。但是，存在者是自己的形式，正如无形存在者彰显的。因此，说三位归于“一个本体”，并且以本体指定形式，这不表示本体和位格不同；倘若说三位出自一个本体，就是表示本体和位格不同。[③] 有些学者认为，可能导致错误的表述，都不应该说。说三位归于一个本体，可能导致错误。希拉利说：“所宣称的圣父和圣子归于一个实体，或意指一个有两个名称的自立体；或意指一个被分割的实体形成两个不完美的实体；或意指两者摄取先已存在的第三实体。”[④]因此，不应该说三位归于一个实体。托马斯指出，希拉利说：“倘若因为有些人不以

① *Summa Theologica*, Ia:39:2:ad4.

② Augustine, *The Trinity*, 7:6.

③ *Summa Theologica*, Ia:39:2:ad5.

④ Hilary, *De synod*.68.

神圣实在为神圣，而认为不应该承认有神圣实在，这将损害到神圣实在”[①]；因此，“倘若有人误解‘同性同体’，对我这正确理解者，有何相干？”[②]希拉利指出：“因此，（圣父和圣子是）一个实体，是基于受生本性的特征，而不是基于分割，合一或共享”。[③] 因此，上帝三位，归于一个本体。[④]

二、本体名称和位格名称

作为神圣位格的圣父、圣子、圣灵在永恒中归于一个本体。倘若以名词形态表示本体的名称，用名词称述三位时，用单数。圣经说：“以色列，你要听：耶和华你的上帝是唯一的上帝。”（申 6:4）托马斯指出，本体名称中，有些以名词形态表示本体，有些以形容词形态表示本体。那些以名词表示本体者，用单数称述三位；那些以形容词表示本体者，用复数称述三位。名词名称是用实体形态表示存在者；形容词是用属性形态表示存在者，属性归于主体。实体本然地享有存在；因此，名词名称的单数或复数，根据名称表示的形式。属性是在主体中享有存在，属性从主体获得单一或众多；因此，在形容词名称中的单数或复数，根据主体。[⑤] 在受造者中，存在于若干基体中的一个形式是基于秩序的合一，如同有秩序团契的形式。表示这种形式的名称，倘若是名词，就用单数称述若干

① Hilary, *De synod.* 85.

② Hilary, *De synod.* 86.

③ Hilary, *De synod.* 71.

④ *Summa Theologica*, Ia: 39: 2: ad6.

⑤ *Summa Theologica*, Ia: 39: 3.

基体;倘若是形容词,就用复数。在上帝中,本体如同形式,[①]这形式是单纯而唯一的。[②] 因此,以名词表示上帝本体的名称,用名词称述三位时,用单数。我们不说圣父、圣子和圣灵是三个上帝,而说是一个上帝;因为在上帝三位中只有一个"上帝本体"。[③] 以形容词称述上帝本体的名称,则用复数称述三位,因为基体是多数。倘若作为形容词,我们说"三个存在的"(复数,下同)、"三个智慧的"、"三个永恒的"、"三个非受造的"和"三个无限的"。倘若作为名词,我们说"一个非受造者"(单数,下同)、"一个无限者"和"一个永恒者",如同亚他那修信经指出的。[④]

有些学者认为,"人"意指"有人性的";同样地,"上帝"意指"有上帝性的"。上帝三位是三个有上帝性的。因此,上帝三位是三个上帝。托马斯指出,"上帝"意指那"有上帝性的",表示方式却不相同;"上帝"是名词,"有上帝性的"是形容词。因此,即使是"三个有上帝性的",却不是"三个上帝"。[⑤] 有些学者认为,圣经说:"起初上帝创造天地。"(创 1:1)希伯来文用的是 Elohim(上帝),可以理解为"多个上帝"。如此说,因为(上帝)有多个位格。因此,上帝三位是多个上帝。托马斯指出,不同语言有不同表达。由于基体(suppositum)有多个,希腊人说"三个 hypostase";希伯来文用 Elohim

① *Summa Theologica*, Ia:39:2.
② *Summa Theologica*, Ia:3:7; Ia:11:4.
③ *Summa Theologica*, Ia:39:3.
④ *Summa Theologica*, Ia:39:3.
⑤ *Summa Theologica*, Ia:39:3:ad1.

的复数。但是我们(拉丁文)不用复数说上帝(Deus),也不如此说 substantia(兼指位格和本体),避免把(涉及位格的)复数误解到本体。① 有些学者认为,“存在者”这名称,根据绝对说法,似乎指实体。但是用这名称的复数称述上帝三位;奥古斯丁说:“我们应该享有的存在者(复数),是圣父、圣子和圣灵。”②因此,其他本体名称,可以用复数称述上帝三位。托马斯指出,“存在者”一词归于超越(范畴)者(transcendens)。就“存在者”作为“关系”而言,在上帝中用复数;就“存在者”归于本体而言,用单数。奥古斯丁说③:“同一上帝圣三是至高无上的存在者(单数)”。④ 有些学者认为,“上帝”这名称意指有上帝性者,同样地,“位格”这名称意指自立于理智本性中者。我们说:“上帝三位”。因此,可以说“三个上帝”。托马斯指出,“位格”这名称表示的形式,不是本体,而是位格性。在圣父、圣子和圣灵中有三个位格性,因此,不是用这名称的单数,而是用复数,称述三者。⑤

用具体方式表示的本体名称,例如“上帝”,根据本义能够具体指称位格。尼西亚信经说:“出自上帝的上帝。”托马斯指出,有些学者说,“上帝”以及其他类似名称,原本具体指称本体;由于和表记的结合,转用于具体指称位格。这种理解似乎出自对于上帝的单纯性的理解,因为单纯性要求那拥有

① *Summa Theologica*, Ia:39:3:ad2.

② Augustine, *De doctr.christ.* 1:5.

③ Augustine, *De doctr.christ.* 1:5.

④ *Summa Theologica*, Ia:39:3:ad3.

⑤ *Summa Theologica*, Ia:39:3:ad4.

者和被拥有者在上帝中相同;因此,那"有上帝性者",即"上帝"这名称意指者和上帝性相同。但是在某些特有说法中,不但应该注意意指的实在,而且应该注意意指的方式。因此,因为"上帝"这名称意指本体,意指在享有此本体者中的本体,就是在基体中的本体;因此,"上帝"这名称,就表示方式而言,根据本义就能够具体指称位格。因此,"上帝"这名称有时表示本体,例如说:"上帝创造";这述语是由于句子表示的形式归于主语,这形式是上帝性。同时,"上帝"这名称能够表示位格。有时表示一个位格,例如说:"上帝生";有时表示两个位格,例如说:"上帝共发";有时表示三个位格,例如说:"愿尊贵荣耀归于那……独一的上帝"(提前1:17)。①

有些学者认为,智者说:"单数名词,其意指和其具体所指,两者相同。""上帝"这名称似乎是单数名称,因为不能使用复数。② 既然"上帝"意指本体,似乎是具体指示本体,不是指示位格。托马斯指出,"上帝"这名称,在其表示的形式(上帝性)惟一的意义上,是单数名词;这名称在其表示的形式出现在多个基体中的意义上,是共有名称。因此,不必然常常指示"上帝"表示的本体。③ 有些学者认为,在主语中的(名)词,受到在述语中的(动)词的限制,不是基于动词的意义,而基于动词的时态。但是说"上帝创造","上帝"这名称具体指称本体。因此,说"上帝生出",这"上帝"名称,不能基于表记述语(生出)具体指称位格。托马斯指出,这一疑难,是针对

① *Summa Theologica*, Ia:39:4.

② *Summa Theologica*, Ia:39:3.

③ *Summa Theologica*, Ia:39:4:ad1.

(正解首先提到的)那些学者,他们说,“上帝”这名称,没有代替位格的自然性质。①

有些学者认为,倘若“上帝生出”这命题是真的,因为上帝圣父生出;“上帝不生出”这命题也是真的,因为上帝圣子不生出。因此,作为生者的上帝以及作为非生者的上帝,似乎有两个上帝。托马斯指出,“上帝”这名称具体指称位格,和“人”具体指称位格并不相同。因为“人”表示的形式即人性,分散在不同基体中,本然地具体指称位格。人性只在理论上存在;因此,“人”并不指称人性。“上帝”这名称表示的形式(本体),作为存在者是单一的。因此,“上帝”这名称本然地指称本性(上帝性);附加(表记行动)限定“上帝”这名称指称位格。因此,说“上帝生出”,因为(“生出”的)表记行动,“上帝”指称圣父位格。但是说“上帝不生出”,没有表记限定“上帝”这名称为圣子位格;因此使人以为“生出”和上帝本性格格不入。倘若指出某表记归于圣子位格,这命题就是真的,例如说:“受生的上帝不生出”。因此,不是“一是生者上帝以及一是非生者上帝”,除非指出归于位格的表记,例如说“上帝圣父是生者上帝以及上帝圣子是非生者上帝”。如此结论不是有多个上帝;因为上帝圣父和上帝圣子是一个上帝。②

有些学者认为,倘若“上帝生出上帝”,那么或者上帝生出上帝自己,或者生出另一个上帝。但是,不是生出上帝自己,“没有存在者生出自己。”③不是生出另一个上帝,因为只

① *Summa Theologica*, Ia:39:4:ad2.

② *Summa Theologica*, Ia:39:4:ad3.

③ Augustine, *The Trinity*, 1:1.

有一个上帝。因此,"上帝生出上帝"这命题是错误的。托马斯指出,"上帝圣父生出上帝自己"这表述是错误的,因为"自己"作为反身词,复归(和主语意指)相同的基体。奥古斯丁说:"上帝圣父生出有分别的自己。"①因为"自己",或者是副格,这叙述的含义成为"上帝圣父生出另一和自己有分别的"。"自己",或者(作为直接受格)单纯指示动词所及,如此只涉及本性相同;说"上帝圣父生出另一位和自己相似者",这是不适当的说法。同样地,"上帝圣父生出另一个上帝"这表述是错误的。圣子是"有别于"圣父的另一位②,不能够说"圣子是另一个上帝";限制词"另一个"把自己加于名词"上帝";如此是意指上帝性的不同。有些人赞成"上帝圣父生出另一上帝";这些人把"另一"理解为名词,把"上帝"理解为并列名词。这种说法不适当,应该避免,免得导致错误。③

有些学者认为,倘若"上帝生出上帝",这"受生的上帝",或者是上帝圣父,或者不是上帝圣父。倘若是上帝圣父,上帝圣父就是受生的。倘若不是上帝圣父,就有一个不是上帝圣父的上帝;这是错误的。因此,不能说"上帝生出上帝"。托马斯指出,"上帝生出上帝,而上帝(受生的上帝)是上帝圣父"这说法是错误的;因为"圣父"和"上帝"作为并列名词,限定"上帝"指示圣父位格;如此意义是"上帝生出上帝,圣子(受生的上帝)就是圣父自己";如此上帝圣父就是受生的,这是错误的。因此,"上帝生出上帝,而上帝(受生的上帝)不是

① Augustine, Epist.170, *Ad Maximum*.

② *Summa Theologica*, Ia:31:2.

③ *Summa Theologica*, Ia:39:4:ad4.

上帝圣父”,这种否定说法是真的。倘若不把“上帝圣父”理解为并列名词,结果相反,肯定说法是真的,否定说法是错误的;如此是:“上帝生出上帝,上帝圣子(受生的上帝),和上帝圣父是同一上帝”。但是这种解释太曲折,最好是直接否定肯定说法,肯定否定说法。但是,有学者(Praepositinus)说,肯定说法和否定说法都是错误的。因为关系代名词“他”(受生的上帝),在肯定说法中涉及位格;在否定说法中同时涉及名词意义(上帝)和位格(圣父)。因此,肯定说法的意义,是把“是上帝圣父”归于圣子位格。否定说法的意义,是把“是上帝圣父”从上帝圣子位格中除去,也从上帝圣子的上帝性中除去。这似乎不合理。关于同一存在者,做出肯定,也可以另有否定。[①]

用抽象方式表示的本体名称,例如“本质”,不能代替位格。奥古斯丁说:“没有存在者自己生自己。”[②]倘若本质生本质,就是本质生自己;在上帝中没有区别于上帝本质的实在。因此,本质不生本质。托马斯指出,关于这个论题,约雅敬院长(Joachim de Flora,1132-1202)错了。他肯定,正如“上帝生上帝”,可以说“本质生本质”。他考虑到,基于上帝的单纯性,“上帝”和“上帝的本质”没有分别。他未曾察觉,确认说法的真实性,不但应该注意说法表示的实在,而且应该注意说法表示的方式。[③] 即使就实在而言,上帝和上帝性相同,表示方式不是处处相同。“上帝”这名称意指上帝的本质,如同是

① *Summa Theologica*,Ia:39:4:ad5.

② Augustine,*The Trinity*,1:1.

③ *Summa Theologica*,Ia:39:4.

在享有者中的上帝本质,基于这一表示方式,“上帝”可以代替位格;凡是位格特有的,都可以归于“上帝”这名称,例如说“上帝是受生的,或是生者”。[①] 但是基于表示方式,“本质”这名称不代替位格,因为“本质”意指作为抽象形式的本质。因此,那些位格特有者以及使位格藉以彼此区别者,不能归于本质;因为如此就表示,在上帝本质中有区别,如同在位格中有区别。[②]

有些学者认为,奥古斯丁说:“圣父和圣子同是一个智慧,因为同是一个本质;分别而论,是智慧出自智慧,如同本质出自本质。”[③]托马斯指出,圣师为阐述本质和位格的同一,用语有时逾越正确说法的限度。因此,不应推广这些说法,而是应该澄清,就是用具体名称阐述抽象名称,用位格名称阐述抽象名称,例如说:“本质出自本质”以及“智慧出自智慧”,含义是“那作为本质和智慧的圣子,出自那作为本质和智慧的圣父”。但是,也应该注意这些抽象名称中的秩序。那些归于行动的和位格的关系更密切,因为行动是归于位格的。因此,“本性出自本性”以及“智慧出自智慧”说法的不妥,弱于“本质出自本质”说法的不妥。[④] 有些学者认为,当我们生、灭时,在我们中的全部一起生、灭。但是,圣子受生。上帝的本质在圣子中,上帝本质似乎也(和圣子一起)受生。托马斯指出,在受造者中,受生者获得的本性,不是生者享有的同一个本

① *Summa Theologica*, Ia:39:4.

② *Summa Theologica*, Ia:39:5.

③ Augustine, *The Trinity*, 7:2.

④ *Summa Theologica*, Ia:39:5:ad1.

性，而是另一个不同的本性，这本性藉生育在受生者中开始有新的存在，藉消亡停止存在；生和灭是偶然的。但是，受生者上帝获得的本性，和生者上帝的本性，是同一个本性。因此，在圣子中，不是生出上帝的本性，不是上帝的本性受生。[①] 有些学者认为，上帝和上帝的本质相同。[②] “上帝生出上帝”这陈述是真的。[③] 因此，“本质生本质”这陈述也是真的。托马斯指出，即使“上帝”和“上帝的本质”实际相同，两者的表示方式不同，关于两者的陈述应该不同。[④]

有些学者认为，归于存在者的谓词，都可以为那存在者代替。上帝的本质是圣父。因此，本质可以代替圣父位格。如此是本质生育（如同圣父生育）。托马斯指出，把上帝本质归于圣父，是藉同一的方式，这是基于上帝的单纯性；但是不可说“上帝的本质能够代替圣父”，这是基于两者表示方式不同。倘若上帝的本质归于圣父，如同普遍者归于特殊者，“本质代替圣父位格”的设想才算合理。[⑤] 有些学者认为，本质是生者；因为本质是圣父，圣父是生者。倘若本质不是生者，本质是生者，又不是生者。这是不可能的。托马斯指出，名词名称和形容词名称具有这样的差别，名词名称直接指出基体；形容词名称把意义加于名词。因此，“名词名称自立（作主体），形容词名称不自立，只（和名词）联合。”因此，用名词表示的

---

① *Summa Theologica*, Ia:39:5:ad2.

② *Summa Theologica*, Ia:3:3.

③ *Summa Theologica*, Ia:39:4.

④ *Summa Theologica*, Ia:39:5:ad3.

⑤ *Summa Theologica*, Ia:39:5:ad4.

位格名称可以归于本质,这是基于存在者的同一性;这不是说,位格特征使本质有区别,位格特征只涉及名词名称意指的位格。但是涉及表记或位格的形容词不能归于本质,除非和名词联合。因此,不能说“本质是生育的”。可以说:“本质是生育的存在者”,或者说“生育的上帝”,倘若其中“存在者”和“上帝”是指位格;倘若指本质,就不能这样说。倘若说“本质是生育的存在者”以及“本质是非生育的存在者”,两者并无矛盾。第一个“存在者”指位格,第二个“存在者”指本质。① 有些学者认为,“圣父是整个上帝性的本源。”②圣父作为本源,只是由于生出(圣子)以及发出(圣灵)。因此,圣父生出或发出上帝性。托马斯指出,就“上帝性”是同一个上帝性在多个基体中而言,“上帝性”享有集体名称的形式。因此,说“圣父是整个上帝性的本源”,可以指上帝的全体位格;在上帝位格中,本源归于圣父。这不意指圣父是自己的本源。圣父是整个上帝性的本源,不是因为圣父生出和发出上帝性,而是因为圣父借着生出和发出而传递上帝性。③

指示位格和表记的名词名称,可以表示神圣本质。奥古斯丁说:“我们相信,唯一上帝是名为上帝的唯一圣三。”④托马斯指出,即使涉及位格和表记的形容词名称不能用来称述本质,基于本质和位格的相同,涉及位格和表记的名词名称可

---

① *Summa Theologica*, Ia:39:5:ad5.

② Augustine, *The Trinity*, 4:20.

③ *Summa Theologica*, Ia:39:5:ad6.

④ Augustine, *Sermo de fide* I. (found among Augustine's works as serm. 233)

以称述本质。[①] 上帝的本质,不但和一位相同,而且和三位相同。因此,一位、两位和三位,都能够用以称述本体。例如说:“本体是圣父、圣子和圣灵”。因为“上帝”这名称本然地指称本体。[②] 正如“本体是三位”这陈述是真的,“上帝是三位”这陈述也是真的。[③] 有些学者认为,“人是一切人”,这陈述是错误的,这陈述不能在任何个体获得证实。同样地,“上帝是三位”这陈述是错误的,这陈述不能在享有上帝性的位格获得证实。圣父不是圣三,圣子不是圣三,圣灵不是圣三。托马斯指出,“人”这名称本然地指称位格,基于附加词指称(人的)本性。[④] “人是一切人”,这陈述是错误的,不能在任何个体获得证实。“上帝”这名称本然地指称本质。因此,“上帝是三位”这陈述,即使对于享有上帝本性的位格而言都不是真的,对于上帝本体却是真的。[⑤] 有些学者认为,在下面者不用以称述在上面者。“上帝”这名称和上帝三位,如同共有者和那在自己下面者。[⑥] 因此,似乎不能把位格名称用于“上帝”。托马斯指出,说“上帝”或“上帝的本体是圣父”,是根据同一性的方式称述,因为在上帝中没有普遍和特殊。因此,“圣父是上帝”这陈述是本然地如此,“上帝是圣父”这陈述也是本然地如此。[⑦]

---

① *Summa Theologica*, Ia:39:5:ad5.
② *Summa Theologica*, Ia:39:4:ad3.
③ *Summa Theologica*, Ia:39:6.
④ *Summa Theologica*, Ia:39:3:ad3.
⑤ *Summa Theologica*, Ia:39:6:ad1.
⑥ John of Damascus, *De Fide Orthodoxa*, III:4.
⑦ *Summa Theologica*, Ia:39:6:ad2.

三、本体名称,归名于上帝三位

归名(appropriatio)是现在阐述的主题,表示一种特有化,就是把三个位格共有的,视为某一位格特有的。这种特有,不是排他式的特有,而是优先式的特有,就是在"共有"的前提下,优先把那"共有的"归于某位格。阐述上帝的神圣实在,有时把本体名称归名于神圣位格。圣经说:"基督总是上帝的能力,上帝的智慧。"(林前 1:24)托马斯指出,为了阐述信德,宜于把本体名称归名于上帝三位。即使不能用论证来阐述上帝的三位一体,①能够借助更明显的实在来阐述。在观念上,上帝的本体名称,比上帝的位格特征,对于我们而言更明显;我们由受造者获得知识,我们能够由受造者认识上帝的本体名称,却不能如此认识上帝的位格特征。② 因此,正如我们使用在受造者中发现的(上帝的)踪迹或肖像阐述上帝三位,我们使用本体属性阐述上帝三位。藉本体名称彰显上帝三位的这种阐述,称为归名(appropriatio)。藉本体名称阐述上帝三位,有两种方式:第一是藉由相似点,例如:属于理智者都归名于圣子,因为圣子是以理智方式出发而为圣言。第二是藉由非相似点③,例如:把能力归名于圣父,奥古斯丁说,人间的父亲,通常因年老而力衰。④

有些学者认为,能够导致信德方面的错误者,阐述上帝实

① *Summa Theologica*, Ia:32:1.

② *Summa Theologica*, Ia:32:1:ad1.

③ Hugh of St Victor, *De sacramentis* I:2:8.

④ *Summa Theologica*, Ia:39:7.

在时都应避免。耶柔米说:“是基于言说不当而出现异端”。把上帝三位共有者,归名于某位格,可能导致信德方面的错误。因为这可能被理解为,这些本体属性只属于被归名的位格,或者这些本体属性归于此位格,超过归于其他位格。因此,不应该把本体属性归名于上帝三位。托马斯指出,把本体属性归名于上帝三位,不是把本体属性作为位格特征,而是藉由比较阐述上帝三位。归名的结果,不是信德的错误,而是真理的彰显。① 有些学者认为,用抽象方式表示的本体名称,是藉形式的方式表示自己的意义。但是此位格和彼位格,不是如同其形式;因为形式和形式的基体没有区别。因此,本体属性,尤其是用抽象方式表示的本体属性,不应该被归名于三位。托马斯指出,倘若把本体属性归名于上帝三位,是把本体属性作为位格特征,那么此位格和彼位格就如同具有形式的关系。奥古斯丁排除这种说法:圣父不是因圣父生出的智慧是智慧的,仿佛惟有圣子是智慧,圣父没有圣子就不能称为智慧的。实际上,圣子是圣父的智慧,因为圣子出自圣父,圣父本身是智慧;因为两者本然就是智慧,两者是一个智慧。② 因此,圣父不是因为圣父生出的智慧是智慧的,而是因为圣父原本就是自己本体的智慧。③ 有些学者认为,“特有的”先于那被归名的;因为在“被当作特有的”定义中含有“特有的”。根据逻辑思考,本体属性先于上帝三位,如同共有的先于特有的。因此,本体属性不应该是被归名的。托马斯指出,根据我

① *Summa Theologica*, Ia:39:7:ad1.

② Augustine, *The Trinity*, 7:1.

③ *Summa Theologica*, Ia:39:7:ad2.

们的思考方式，即使上帝的本体属性作为本体属性先于位格，就本体属性享有"被归名者"的性质而言，位格特征能够先于"被归名者"。①

圣师著述把归于上帝本体者归名于上帝三位。有些学者列举希拉利和奥古斯丁著述中的若干归名，提出商榷。托马斯指出，我们的理智是在受造者的引导下认识上帝。因此，理智应该根据来源于受造者的方式阐述上帝的神圣实在。在阐述受造者时，我们逐次阐述四点。第一，把对象视为"存在者"，绝对地阐述那"存在者"本身。第二，视存在者为"一"存在者。第三，着眼于存在者享有行动以及产生效果的能力。第四，根据存在者和行动效果的关系。因此，这也是我们关于上帝逐渐完成的四种阐述。② 同样地，根据对于上帝的第一种阐述，根据上帝本体绝对地阐述上帝本身，揭示出圣师著述的第一种归名。根据对于上帝的第二种阐述，视上帝为"唯一者"，揭示出圣师著述的第二种归名。根据对于上帝的第三种阐述，阐述在上帝中产生效果的能力，揭示出圣师著述的第三种归名。根据对于上帝的第四种阐述，阐述上帝和效果的关系，揭示出圣师著述的第四种归名。最后，托马斯具体阐述"真理"、"生命册"以及"那存在者"的归名。

有些学者认为，希拉利说："在圣父中有永恒，在肖像中有美，在恩惠中有喜乐。"③希拉利提出位格的三个特有名称：

---

① *Summa Theologica*, Ia:39:7:ad3.

② *Summa Theologica*, Ia:39:8.

③ Hilary, *De Trinitate*, 2:1.

"圣父"这名称;"肖像"这名称,这是圣子特有的;[①]"恩惠"这名称,这是圣灵特有的。[②] 希拉利提出三个被归名者;把"永恒"归名于圣父,把"美"归名于圣子,把"喜乐"归名于圣灵。这似乎不合理,因为永恒意指存在的持续,美是存在的本源,喜乐属于行动。但是,未见希拉利把"存在"和"行动"归名于上帝位格。因此,上述归名,似乎不适当。托马斯指出,根据上帝的第一种讨论,根据上帝本体绝对地讨论上帝,可以运用希拉利的归名,把永恒归名于圣父,把美归名于圣子,把喜乐归名于圣灵。因为永恒,就其意指没有本源而言,和圣父特有者相合,圣父是没有本源的本源。至于美和圣子特有者相合,因为美要求三点:完美、和谐与光明。关于完美,和圣子特有者相合,圣子享有圣父真正而完美的本性。在圣子中"有至高和第一生命"。[③] 关于和谐,和圣子特有者相合,圣子是圣父的肖像。倘若肖像完美地呈现出存在者,就说肖像是美的。奥古斯丁说:"在那里(在圣子中),有浩大的和谐以及无可复加的平等。"关于光明和圣子特有者相合,圣子是圣言,圣言是理智的"光辉"。[④] 奥古斯丁说:"圣子如同是完美的圣言以及全能上帝的艺术。"至于"喜乐"和圣灵特有的相似,根据延伸的含义,"喜乐"在自身中含有"享用",仿佛"是随自己的意志享用某存在者"以及"快乐地享用"。[⑤] 因此,圣父和圣

---

① *Summa Theologica*, Ia:35:2.

② *Summa Theologica*, Ia:38:2.

③ Augustine, *The Trinity*, 6:10.

④ John of Damascus, *De Fide Orthodoxa*, I:13.

⑤ Augustine, *The Trinity*, 10:11.

子赖以彼此分享的“享用”，和圣灵特有的相合，因为圣灵是爱。奥古斯丁说：“这爱，这喜乐，这幸福，他（希拉利）都称为享用。”①至于我们享有上帝，和圣灵特有的相似，因为圣灵是恩惠。奥古斯丁说：“在上帝三位中，圣灵是生者（圣父）和受生者（圣子）的喜乐，丰盛地倾注在我们身上的喜乐。”②因此，归名于上帝三位的，有永恒、美和喜乐，没有本体和行动。因为在本体和行动的定义中，由于两者的共有性，找不到和上帝三位分别特有的相似。③

有些学者认为，奥古斯丁说：“在圣父中有唯一，在圣子中有平等，在圣灵中有和谐。”④这似乎不适当。因为就形式而言，一位格并不因那被归名者有自己的名称；因为圣父不是因受生的智慧（圣子的智慧）是智慧的。⑤ 但是，“这三者，都是因圣父是唯一，都是因圣子是平等，都是因圣灵是和谐。”⑥因此，上述归名，并不适当。托马斯指出，根据上帝的第二种讨论，视上帝为“唯一者”。因此，奥古斯丁把“唯一”归名于圣父，把“平等”归名于圣子，把“和谐”归名于圣灵。显然地，这三个名称都意指“唯一”，只是方式不同。“唯一”是绝对说法，不预设其他存在者存在。把“唯一”归名于圣父，因为圣父是没有本源的本源，不预设其他位格存在。“平等”作为“唯一”，和其他存在者有关联；“平等”，是和其他存在者有

① Augustine, *The Trinity*, 6:10.

② Augustine, *The Trinity*, 6:10.

③ *Summa Theologica*, Ia:39:8:ad1.

④ Augustine, *De doctr.christ.* 1:5.

⑤ *Summa Theologica*, Ia:27:2:ad1; Ia:39:7:ad2.

⑥ Augustine, *De doctr.christ.* 1:5.

"唯一"量度,"平等"被归名于圣子,因为圣子是出于本源的本源。"和谐"表示两存在者中的"唯一"。"和谐"被归名于圣灵,因为圣灵出于(父子)两位。如此,奥古斯丁说:"三者因为圣父是唯一,因为圣子是平等,因为圣灵是和谐。"显然地,任何存在者都是被归名于那在其中首先发现此存在者;在圣父中,首先发现"唯一",因为圣父是没有本源的本源,其他两位因圣父获得"唯一"。倘若没有其他两位,在圣父中就不会有"平等";肯定圣子,立刻发现有平等。因此,说"三位因圣子是平等",不是因为对于圣父而言,圣子是平等的本源,而是因为有圣子,圣父称为是平等的。关于圣父的平等,首先注意到的是圣子;圣灵和圣父平等,也是来自圣子。同样地,排除作为父子两位格的和谐的圣灵,就不能理解圣父和圣子基于和谐的"唯一"。因此说"三位因圣灵是和谐";因为肯定圣灵,才发现有基础,说圣父和圣子是合而为一的。①

有些学者认为,根据奥古斯丁,能力被归名于圣父,智慧被归名于圣子,美善被归名于圣灵。这似乎不适当,因为德能(virtus)属于能力。德能被归名于圣子:"基督是上帝的德能"(林前1:24);德能也被归名于圣灵:"因为有德能从他身上发出来,医好他们。"(路6:19)因此,不应该把能力归名于圣父。托马斯指出,根据上帝的第三种讨论,讨论在上帝中产生效果的能力,因此采用第三种归名,即"能力"、"智慧"和"美善"的归名。这种归名,倘若着眼于本体属性(能力智慧美善)在上帝三位中,这是根据"相似"的观点。因为"能力"

① *Summa Theologica*, Ia:39:8:ad2.

有本源的性质，因此和圣父相似，圣父是整个上帝性的本源。“智慧”和圣子相似，因为圣子是圣言，圣言是智慧的理念。“美善”，作为爱的理由和对象，和圣灵相似，因为圣灵是爱。但是“德能”(virtus)归名于圣子和圣灵；这种归名，不是根据德能意指存在者的能力，而是根据那由存在者的能力发出者，有时也称为德能。[①]

有些学者认为，奥古斯丁说：“使徒说：‘出于他、借着他、归于他’(罗 11:36)，不应该含糊地解释”[②]：“‘出于他’是意指圣父，‘借着他’是意指圣子，‘归于他’是意指圣灵”。[③] 这种归名，似乎不适当。因为“归于他”，似乎表示目的因的关系，目的因是第一因。这种关系应该归名于圣父，因为圣父是没有本源的本源。托马斯指出，根据上帝的第四种讨论，讨论上帝和效果的关系，揭示出“出于他、借着他、归于他”这种归名。“出于”，有时意指质料因关系，上帝不是质料因；有时意指动力因关系。动力因由于上帝的主动能力归于上帝，因此被归名于圣父，如同能力被归名于圣父。“借着”有时指中间原因，如此“借着”，有时不是归名于圣子者，而是圣子特有者：“万物是借着他(圣言)造成的”(约 1:3)；圣子不是创造的中间原因，而是出于本源的本源。“借着”有时意指形式关系，主动者借着形式行动。因此，如同智慧和艺术被归名于圣子；“借着”也被归名于圣子。“归于”，意指包容者的关系。上帝包容万物有两种方式。第一种方式是根据万物的相似

① *Summa Theologica*, Ia:39:8:ad3.

② Augustine, *The Trinity*, 6:10.

③ Augustine, *Contra Maximinum*, 2:23.

点，说万物在上帝中，意指万物在上帝的知识中。如此“归于他”，应该归名于圣子。第二种方式是根据上帝自己的美善，引导万物达到自己的目的，并藉以保存及治理万物。如此“归于他”归名于圣灵，如同美善归名于圣灵。目的因固然是第一因，目的因的关系不应该归于圣父；圣父是上帝位格的本源，上帝位格的出发，不是出于特定目的，上帝三位都是终极目的；上帝位格的出发，是根据本性的出发，属于本性能力的性质。①

有些学者认为，同样，发现“真理”归名于圣子（约 14:6）；“生命册”归名于圣子（诗 39:8）；“那存在者”归名于圣子（出 3:14）②；“注解”说：“是圣子在说，也是圣子曾对摩西说：‘我是那存在者’。”上述名称似乎原本是圣子特有的，而不是归名于圣子。奥古斯丁说：“真理是和本源的至极相似”③；这似乎原本就归于圣子，因为圣子有本源。“生命册”似乎是（为某存在者）特有的存在者，生命册表示自己是出于另一存在者，因为书册都由某存在者撰写。至于“那存在者”，似乎也是圣子特有的。因为倘若对摩西说“我是那存在者”，是三位在说，摩西就能说：“那是圣父、圣子和圣灵者打发我到你们这里来。”因此，摩西能够一方面说：“那是圣父、圣子和圣灵者打发我到你们这里来”，另一方面只意指其中一位。这是错误的；因为任何一位都不兼是圣父、圣子和圣灵。因此，这“那存在者”，不是三位共有，而是圣子特有的。托马斯指

① *Summa Theologica*, Ia:39:8:ad4.

② *Summa Theologica*, Ia:13:11.

③ Augustine, *De vera religione* 36.

出,关于上述归名,应该说:真理因属于理智[1],被归名于圣子;但是真理不是圣子特有的。阐述真理,可以视真理在理智中,以及在万物中。理智和存在者本身属于本体,不是属于位格,真理同样如此。前述奥古斯丁的真理定义,是指被归名于圣子的真理。至于"生命册",直接意指知识,间接意指生命。生命册是上帝关于那些将获得永生者的知识。[2] 因此,生命册被归名于圣子,即使"生命"被归于圣灵,因为生命意指内在活动,和圣灵特有者相合,因为圣灵是爱。至于"为其他存在者所撰写",不是书册的本质,倘若把书册理解为书册;只有把书册理解为作品,才是如此。因此,生命册本身没有起源关系,不是属于位格,而是归名于位格。至于"那存在者"归名于圣子,不是根据固有意义,而是根据附加意义。在上帝对摩西的谈话中,含有人类获得救赎的预像,这救赎是借着圣子完成的。"那",作为关系代名词,有时指向圣子;如此是根据位格意义,如同"受生的上帝"是位格名称。意义不确定时,"那存在者"是本体名称。即使就文法而言,"那"似乎属于确定位格;但是任何可以指定的存在者,即使根据存在者本性而言不是位格,在文法上可以称为位格。就文法而言,上帝本体就其藉"上帝"这名称表示而言,可以用关系代名词"那"来指明(出 15:2)。[3]

① *Summma Theologica*, Ia:16:1.

② *Summma Theologica*, Ia:24:1.

③ *Summma Theologica*, Ia:39:8:ad5.

第二节 位格和关系

波爱修说:“惟有关系增加上帝位格数目为三。”①在上帝位格中,只有本体和关系。上帝三位在本体方面完全相同,上帝三位藉关系而彼此区别。在上帝中,关系区别并建立位格,这是就位格是基体而言。例如,“圣父”这名称,不但意指特征,而且意指位格;“圣父”意指关系,关系区别并建立位格。关于上帝位格和表记行动的关系,指定神圣位格永恒起源秩序的表记行动,归于位格;作为位格起源的表记行动,不是出于意志,而是出于上帝位格的神圣本性;根据表记行动的位格出发,不是出于虚无,而是出自上帝自己的神圣本性;在上帝中具有和表记行动相关的能力;表记行动的相关能力,直接意指本性,间接意指关系;基于上帝位格的关系和完美以及出发方式,上帝三位是圣父、圣子和圣灵。上帝三位享有相同的神圣本质,就完美、无限和永恒而言完全相同。上帝三位具有本性秩序,就是基于神圣位格的永恒起源的本性秩序。作为神圣位格,圣子在圣父中,圣父在圣子中。就神圣位格的能力权柄而言,上帝三位完全相同,圣父是全能者,圣子是全能者,圣灵是全能者。

一、关系区别并建立位格

在上帝中,关系和位格完全相同。② 波爱修说:在上帝

① Boethius, *De Trinitate*.6.

② Thomas Aquinas, *Commentary on the Gospel of John*.16, lect.4, n.2113.

中,"那存在者,和那因以存在者",并无差别。[①] 圣父是因父性而是圣父。因此,圣父和父性完全相同。同样地,其他特征和(相关)位格,也是完全相同。托马斯指出,关于这一论题,意见分歧。有些学者说,特征既"不是位格",也"不是在位格中"。这些学者是受到关系的表达方式的影响,关系表示的意义,不是在某存在者中,而是对于某存在者而言。因此他们说,关系是搭配性的。[②] 但是,作为在上帝中的神圣实在,位格关系是上帝的神圣本体;上帝中,本体和位格相同;[③]因此,在上帝中,关系和位格相同。另有些学者谈论这"同一性"却说,特征固然是位格,但不是在位格中,他们认为说在上帝中有特征,只是根据表达方式,不是实际如此。[④] 但是,必须肯定在上帝中有特征。[⑤] 这些用抽象方式表示的特征,如同是位格的形式。既然形式的本质,要求形式在自己的基体中,应该说,特征"在位格中",但"特征是位格";如同说本体"是在上帝中",但本体就是上帝。[⑥]

有些学者认为,凡相同者,一者增加,他者也必增加。但是,在上帝中,在一位格中具有多种关系,例如在圣父位格中有父性和共同发出;在两位格中具有同一种关系,例如在圣父和圣子中具有共同发出。因此,关系和位格并不是相同。托

① Boethius, *De hebdomad.*

② *Summa Theologica*, Ia:28:2.

③ *Summa Theologica*, Ia:39:1.

④ *Summa Theologica*, Ia:32:2.

⑤ *Summa Theologica*, Ia:32:2.

⑥ *Summa Theologica*, Ia:40:1.

马斯指出，位格和特征就本身而言相同，在观念上却不相同。因此，不必然是一者增加，他者也增加。同时，由于上帝的单纯性，在上帝中具有两种同一性。第一，上帝的单纯性排除“形式和质料”的组合，因此在上帝中，抽象的和具体的彼此相同，例如：“上帝性”和“上帝”。第二，上帝的单纯性排除“实体和属性”的组合，因此归于上帝的都是上帝的本体。因此，在上帝中，智慧和德能相同，因为两者都在上帝的本体中。根据同一性的这两种理解，在上帝中特征和位格相同。因为归于位格的特征和位格相同，是基于抽象的和具体的相同，特征就是位格本身；例如：父性就是圣父，子性就是圣子，出发就是圣灵。那些不是归于位格的特征和位格相同，是基于同一性的另一理解，即归于上帝者，都是上帝的本体。因此，共同发出和圣父和圣子的位格相同，不是因为共发是一个位格，而是因为共发如同在两位格中的本体；共同发出是在两位格中的特征。① 因此，关系和位格相同。②

有些学者认为，没有存在者是在自己中。但是，关系在位格中，而且不能说这是由于同一性；否则，关系就应该在本体中。因此，在上帝中，关系或特征和位格并不相同。托马斯指出，说特征在本体中，只是根据同一性的方式。说特征以同一性的方式在位格中，不但指特征和位格实际相同，而且着眼于表示方式，即特征在位格中，如同形式在基体中。因此，特征限定并区别位格，但是不限定并区别本体。③ 有些学者认为，

---

① *Summa Theologica*, Ia:30:2.

② *Summa Theologica*, Ia:40:1:ad1.

③ *Summa Theologica*, Ia:40:1:ad2.

相同者都有如此情形,即用来称述其中一者的称谓,可以用来称述他者。但是,用来称述位格的称谓,不是都可以用来称述特征。我们说"圣父生出",不说"父性是生者"。因此在上帝中,特征和位格并不相同。托马斯指出,表记动词和分词,意指表记行动。行动是基体的行动。特征表示自己,不是如同基体,而是如同基体的形式。因此,这种表示方式,不容许把表记动词和分词归于特征,以及用表记动词和分词称述特征。① 特征表示自己,如同是位格的形式。②

在上帝中,关系区别并建立位格。③ 波爱修指出:"惟有关系增加上帝位格的数目为三。"④托马斯指出,在发现其中具有共同点的若干存在者中,应该探寻那区别因素。上帝三位在本体方面相同,应该探寻那区别三位者。在上帝位格中,使位格藉以彼此区别的有两者:起源和关系。起源和关系本身并无不同,两者在表示方式上却有差别;起源藉行动表示,例如生育;关系藉形式表示,例如父性。⑤ 有些学者注意到关系伴随行动而产生,他们说,在上帝中,位格藉起源区别自己;例如说:圣父和圣子有区别,因为圣父生育,圣子出生。至于关系,只是显示位格区别。但是,这种说法不能成立。第一,为阐述两存在者彼此有区别,应该藉那内在于两者的因素阐述两者的区别。但是存在者的起源,不是内在于存在者的因

---

① *Summa Theologica*, Ia:32:2:ad2.

② *Summa Theologica*, Ia:40:1:ad3.

③ Thomas Aquinas, *Commentary on the Gospel of John*. 16, lect. 4, nn. 2111-2113.

④ Boethius, *De Trinitate*. 6.

⑤ *Summa Theologica*, Ia:40:2.

素,而是表示从这存在者到那存在者的过程。在上帝位格中,只有本体和关系。上帝三位在本体方面相同,上帝三位必然藉关系而彼此区别。第二,不应该把上帝位格之间的区别,理解为如同是共同者被分割,因为本体未被分割;应该是那些区别的因素本身建立有区别的存在者。因此,是关系区别并建立位格,这是就位格是基体而言,例如:父性就是圣父,子性就是圣子,因为在上帝中,抽象的和具体的没有区别。但是,说起源建立位格,却违背起源的性质。主动意义的起源意指从位格发出;起源预设位格的存在。被动意义的起源意指到某位格的过程,尚未建立那位格。① 因此,位格是藉关系而区别,不是藉起源。即使根据起源和关系,位格都彼此区别,根据我们的理解方式,位格首要地是藉关系而彼此区别。② "圣父"这名称,不但意指特征,而且意指位格;"生者"这名称意指特征,因为"圣父"这名称意指关系,关系区别并建立位格;"生者"这名称意指起源,起源并不区别并建立位格。③

有些学者认为,单纯存在者藉自己区别自己。上帝位格是单纯的。因此,位格藉自己区别自己,不是藉关系区别位格。托马斯指出,位格就是相对的关系本身。因此,位格藉关系而区别,不违背位格的单纯性。④ 有些学者认为,形式都是根据自己的类(genus)区别自己。但是,位格意指个别实体。因此,位格不是藉关系区别自己。托马斯指出,上帝位格在作

---

① *Summa Theologica*, Ia:40:2.

② Thomas Aquinas, *Commentary on the Gospel of John*. 15, lect.5, n.2064.

③ *Summa Theologica*, Ia:40:2.

④ *Summa Theologica*, Ia:40:2:ad1.

为根基的存在或本体上，以及在绝对者方面，彼此没有不同；区别只是根据那“对于他者”而言的。因此，关系足以区别位格。[①] 有些学者认为，绝对者先于相关者。但是（在上帝中），首先有的区别是位格区别。因此，位格不是藉关系区别自己。托马斯指出，区别越是在先，越是接近唯一。因此，位格区别是至小的区别。因此，三位的区别应该藉那形成至微小的区别者，即藉关系。[②] 有些学者认为，那预设有区别者，不能是区别的第一原理。但是，“关系”预设有区别，因为关系的定义揭示：“有关系者的存在，是自己对于他者的存在”。因此，在上帝中，区别的第一原理，不是关系。托马斯指出，倘若关系是属性，关系预设基体的区别；倘若关系是自立的，关系不是预设区别，而是带来区别。至于说“有关系者的存在，是自己对于他者的存在”，“他者”意指相关对方或相对关系。这相对关系，不是先有的，而是同时有的。[③]

倘若用理智从神圣位格中抽出关系，位格就不复存留。希拉利说：“圣子除了‘出生或子性’，什么也没有。”[④]但是，圣子是因出生或子性而为圣子。除去子性，圣子位格就不再存留。关于其他位格，情形相同。托马斯指出，理智抽象（abstractio），有两种方式：一是从特殊中抽出普遍，二是从质料中抽出形式。区别在于，从特殊中抽出普遍，特殊者不再存留；

① *Summa Theologica*, Ia:40:2:ad2.

② *Summa Theologica*, Ia:40:2:ad3.

③ *Summa Theologica*, Ia:40:2:ad4.

④ Hilary, *De Trinitate*.4:10.

从质料中抽出形式，形式和质料两者继续存留在理智中。[①] 在上帝中，就实在而言，没有普遍和特殊，没有形式和质料；就表示方式而言，有类似处："本体是普遍，基体是特殊"。[②] 倘若从特殊中抽出普遍，用理智抽出特征，在理智中仍然存留本体，不再存留位格。倘若从质料中抽出形式，用理智抽出特征，仍然存留对于位格的理解。例如，用理智从"圣父"中抽出"非受生的"和"发出"，圣父位格（在理解中）仍然存在。用理智除去特征，同时除去对于位格的理解。因为特征临于位格，不是如同形式临于基体，而是自己带来自己的位格，因为特征就是位格，如同父性就是圣父；在上帝中，位格意指有区别的存在者，位格是个别实体。既然是关系区别并建立位格，倘若用理智从位格中抽出关系，位格就不复存留。[③]

有些学者认为，在上帝中，位格区别不是藉关系，只是藉起源；[④]因此，圣父是藉此是位格，即圣父不是出自其他位格；圣子藉此是位格，即圣子藉出生而出自其他位格。但是，关系临于位格，如同是作为崇高身份的特征，是关系建立位格的性质；因此，关系和起源也称为位格性。因此，用理智除去关系，仍然存留基体，不再存留位格。这种说法不能成立。第一，关系区别并建立位格。[⑤] 第二，位格是"具有理智本性的个别实体"。[⑥] 因

① *Summa Theologica*, Ia:40:3.

② John of Damascus, *De Fide Orthodoxa*, III:6.

③ *Summa Theologica*, Ia:40:3.

④ *Summa Theologica*, Ia:40:2.

⑤ *Summa Theologica*, Ia:40:2.

⑥ Boethius, *De duabus naturis* 3.

此,倘若使位格是基体,不是位格,应该抽出的是理智本性,不是位格特征。[①] 有些学者认为,一存在者倘若有另一存在者因附加于自己而和自己有关系,除去附加者,仍然可以被理解。位格因附加(特征)而和基体有关系,位格是"具有特征的特殊基体。"[②]因此,从位格中除去特征,基体仍然可以被理解。托马斯指出,位格附加于基体的,是"有区别作用的特征";这一切都应该被视为一种差别。但是,具有区别作用的特征"自立"于"理智本性"中。因此,从位格中除去特征,就不再存留基体;除去理智本性,仍然存留基体。位格或基体,都是个别实体;在上帝中,在两者的性质中都有具有区别作用的关系。[③]

有些学者认为,圣父是圣父,和圣父是位格,不是出于同一因素。因为,圣父因父性而是圣父,倘若圣父因父性是位格,在自身中没有父性的圣子,就不是位格。因此,用理智从圣父中除去父性,圣父仍然是位格;是位格,就是基体。因此,从位格中除去特征,仍然存留基体。托马斯指出,圣父因父性不但是圣父,也是位格,也是基体。不能因此说圣子不是基体;如同不能因此说圣子不是位格。[④] 有些学者认为,奥古斯丁说:"称为非受生的和称为圣父,并不相同;因为即使圣父没有生圣子,仍然可以称圣父为非受生的。"[⑤]倘若圣父没有

---

① *Summa Theologica*, Ia:40:3.

② *Summa Theologica*, Ia:29:3:ad2.

③ *Summa Theologica*, Ia:40:3:ad1.

④ *Summa Theologica*, Ia:40:3:ad2.

⑤ Augustine, *The Trinity*, 5:6.

生圣子,在圣父中就没有父性。因此,除去父性,仍然存留圣父的非受生的基体。托马斯指出,奥古斯丁说,除去父性,圣父基体仍然是非受生的,并不是说,无起源性建立并区别圣父的基体;这是不可能的,因为"无起源性"没有肯定什么。奥古斯丁是一般性陈述,不是一切非受生者都是圣父。因此,除去父性,在上帝中就不再存留和其他位格彼此区别的圣父位格;只有和受造者彼此区别的圣父位格,如同犹太人理解的那样。①

在上帝中位格特征和表记行动的先后秩序,应该区分:主动意义的表记行动(例如生育),预设先有位格特征;圣子的位格特征,预设先有被动意义的表记行动(诞生)。生育是圣父的位格行动。父性建立圣父位格。因此,父性先于主动意义的表记行动。托马斯指出,有些学者说,关系并不区别并建立位格,只是显示获得区别和建立的位格;因此,应该说表记行动先于关系;因此说:"因为圣父生育,因此是圣父。"但是,倘若在上帝中,关系区别并建立位格,就应该指出区别。在上帝中,起源有主动和被动的含义。主动意义的起源把作为表记行动的发出归于位格;被动意义的起源把作为表记行动的出发归于位格。因此,被动意义的起源先于出发中的位格特征,包括个别位格特征;因为被动意义的起源意指通往因特征被建立的位格的过程。主动意义的起源先于那作为本源的位格的不是归于个别位格的关系;例如:共同发出的表记行动,先于圣父和圣子的共有特征。至于归于圣父位格的个别特征,以两种

① *Summa Theologica*, Ia:40:3:ad3.

方式来阐述。第一，视特征为关系；因此预设先有表记行动，因为关系基于行动。第二，视特征为建立位格者；因此预设先有特征，因为根据理解的程序，主动位格先于表记行动。①

有些学者认为，箴言说："圣父常是圣父，因为圣父常生圣子。"②因此，生育先于父性。托马斯指出，说"圣父因生育是圣父"，用"圣父"这名称，是根据这名称指示关系的意义，不是根据这名称指示位格的意义。根据位格意义，应该说："因为圣父是圣父，圣父生育"。③ 有些学者认为，在理智的理解中，关系预设先有作为关系根据的存在者。父性是基于"生育"行动的关系。因此，父性预设先有生育。托马斯指出，这理解的出发点，是视父性为关系，而不是视父性为建立位格者。④ 有些学者认为，主动意义的生育和父性的关系，如同出生和子性的关系。子性预设先有诞生，因为诞生，才有圣子。因此，父性也是预设先有生育。托马斯指出，诞生是通往圣子位格的过程；因此，诞生先于子性，即使视子性为圣子位格的建立者。但是，主动意义的生育，表示自己是出于圣父位格，因此，预设先有圣父的位格特征。⑤

二、位格和表记行动

在上帝中，指定神圣位格永恒起源秩序的表记行动，归于

---

① *Summa Theologica*, Ia:40:4.

② Peter Lombard, I *Sent*, 27, 1.171.

③ *Summa Theologica*, Ia:40:4:ad1.

④ *Summa Theologica*, Ia:40:4:ad2.

⑤ *Summa Theologica*, Ia:40:4:ad3.

位格。奥古斯丁说:“这是圣父特有的,即圣父生出圣子。”[①]但是,生育是行动。因此,在上帝中具有表记行动。托马斯指出,在上帝位格中的区别,基于神圣位格的永恒起源。唯独借着表记行动能够指定永恒起源。因此,倘若在上帝位格中指定永恒起源秩序,必须把表记行动归于位格。[②] 有些学者认为,波爱修说:“各类范畴,倘若用来称述上帝,都转变为上帝本体,只有关系除外。”[③]行动是一种范畴。倘若把行动归于上帝,应该归于上帝本体,而不是归于表记。托马斯指出,一切起源都借着某种行动来标识。有两种起源秩序归于上帝。第一种是根据受造者出自上帝,这是上帝三位共有的。因此,为标识受造者出自上帝而归于上帝的行动,归于本体。第二种在上帝中神圣位格的永恒起源秩序,是根据位格出自位格。指定这种起源秩序的行动称为表记行动,因为位格表记是位格间的关系。[④] 在上帝中,表记行动归于位格。

有些学者认为,奥古斯丁说,论及上帝的陈述,或者根据本体陈述,或者根据关系陈述。[⑤] 那些归于本体的,用本体属性表示;那些归于关系的,用位格名称和特征名称表示。除去这些,不应该再把表记行动归于位格。托马斯指出,只是根据表示方式,表记行动和位格关系有差别;就实在而言,两者完

---

① Augustine, *De fide ad Petrum* 2.

② *Summa Theologica*, Ia:41:1.

③ Boethius, *De Trinitate*, 4.

④ *Summa Theologica*, Ia:41:1:ad1.

⑤ Augustine, *The Trinity*, 5:4.

全相同。因此,生育和诞生,“换以其他名称,称为父性和子性。”①揭示表记行动和位格关系的同一性,应该注意:我们首先是从变动来猜测存在者的起源秩序;存在者藉变动而脱离原状,必有原因。根据名称的含义,行动指示“变动的起源”;如同在那可被其他存在者推动的存在者中,变动称为被动;根据变动是从推动者开始,止于那被推动者中,变动的起源称为行动(主动)。因此,除去其中的变动,行动意指从本源达到出于本源者的起源秩序。在上帝中引出位格的位格行动,只是本源对于那出于本源者的关联,这些关联就是关系或表记本身。我们只能根据感觉界存在者的方式阐述上帝以及灵智实体,因为我们从感觉界存在者获得知识。在感觉界存在者中的主动和被动,就含有变动而言,和那伴随主动和被动的关系并不相同。因此,上帝位格间的关联,一方面用表记行动表示,另一方面用位格关系表示。这些关联本身是相同的,关联的差别只在于表示方式。② 有些学者认为,行动自己产生或引起被动,这是行动的性质。在上帝中没有被动。因此,不应该肯定在上帝中有表记行动。托马斯指出,行动就其意指变动起源而言,自己产生或引起被动;我们不是如此主张在上帝位格中有行动。除非根据文法涉及表示方式,在上帝中没有被动;如同我们把生出归于圣父,把诞生归于圣子。③

作为神圣位格永恒起源的表记行动,不是出于意志,而是

① Peter Lombard, I *Sent*, 26, 2.

② *Summa Theologica*, Ia:41:1:ad2.

③ *Summa Theologica*, Ia:41:1:ad3.

出于本性。奥古斯丁说:“圣父不是因意志,也不是因必然生出圣子。”①托马斯指出,说一存在者因意志而存在,能够有两种含义。第一,副格(因)表示伴同意志。例如说:“我因自己的意志而是人”,因为“我愿意我是人”。根据这种方式,可以说圣父因意志生出圣子,如同圣父因意志是上帝;因为圣父愿意自己是上帝,圣父愿意自己生出圣子。第二,副格(因)表示和本源的关联,例如说:“工匠因意志而工作”,意志是行动的本源。根据这种方式,圣父不是因意志生出圣子;但是圣父因意志创造万物。希拉利说:“谁若说,如同任何受造者,圣子是因上帝的意志受造而成,他就应该受绝罚。”②理由在于,就产生存在者或效果而言,意志和本性具有这样的区别,本性被限定于一,意志不被限定于一。效果和行动者藉以行动的形式肖似。存在者只有一种本性形式,存在者藉此形式是享有存在和本质的存在者;因此,存在者的存在和本质如何,存在者产生的就如何。根据理智的许多理念,意志享有许多行动形式;那因意志行动的,不是行动者如何,行动就如何;而是行动者愿意行动如何,行动就如何。因此,那些能够是这样或那样的存在者,意志是这些存在者的本源;这样的存在归于受造者。那些只能如此这般的存在者,本性是这些存在者的本源。上帝本然地必然存在,受造者由无中被创造。因此,亚流派为贬低圣子为受造者,就根据意志指示本源的含义,说圣父因意志生出圣子。但是,圣父不是因意志,而是因本性生出圣

① Augustine, *Ad Orosum*.

② Hilary, *De synod*.57.

子。希拉利说:"上帝的意志赋予受造者实体";[1]但是出于永恒实体的完美诞生,赋予圣子本性。上帝愿意受造者如何存在,受造者就如何存在;生于上帝的圣子,上帝如何存在,圣子如何自立存在。[2]

有些学者认为,希拉利说:"圣父不是受到本性必然的引领,生出圣子。"[3]托马斯指出,引述希拉利,是为着驳斥那些从圣子受生中排除圣父的伴同意志的学者。他们说,圣父因本性生出圣子,即圣父没有生出圣子的意愿;如同我们因必然而遭遇诸般违背自己意志的事情。引语上下文[4],可以揭示其含义:"不是在圣父不愿意的情形下,或圣父被迫的情形下,或圣父本不愿意,却因受到本性必然的引导,生出圣子。"[5]有些学者认为,圣经说:"(上帝)把我们迁到他爱子的国度。"(西 1:13)钟爱归于意志。因此,圣子因意志生于圣父。托马斯指出,称基督为"上帝的爱子",因为基督从上帝获得丰盛的钟爱,不是因为钟爱是圣子受生的本源。[6] 有些学者认为,没有什么比爱更是自愿的。圣灵发于圣父和圣子而为爱。因此,圣灵的出发是自愿的。托马斯指出,就意志是本性而言,意志自然地意愿;例如人的意志自然地倾向于幸福。同样地,上帝自然地意愿和爱自己。但是,上帝的意志对

① Hilary, *De synod.*58.
② *Summa Theologica*, Ia:41:2.
③ Hilary, *De synod.*58.
④ Hilary, *De synod.*58.
⑤ *Summa Theologica*, Ia:41:2:ad1.
⑥ *Summa Theologica*, Ia:41:2:ad2.

于有别于自己的存在者的关系，却是两可的。① 圣灵出发而为爱，因为上帝爱自己。因此，圣灵是因本性出发，即使是以意志的方式出发。②

有些学者认为，圣子以理智方式出发而为圣言。“言辞”是藉意志发于发言者。因此，圣子发于圣父，是藉意志，不是藉本性。托马斯指出，即使在理智领悟中，也是回溯到那些起初自然领悟者。上帝自然地领悟自己。因此，圣言的发出是借着本性。③ 有些学者认为，一存在者倘若不是自愿的，就是必然的。倘若圣父不是因意志生出圣子，似乎是必然生出圣子，这违背奥古斯丁的说法。④ 托马斯指出，一存在者称为必然的，可以藉自己，以及藉其他存在者。“藉其他存在者”具有两种方式。第一是藉主动和强迫的原因；如此形成的必然，称为强暴。第二是藉目的因；例如说：某存在者在若干导向目的的存在者中是必然的，因为没有这存在者，就不能达到目的，或不能顺利达到目的。根据这两种方式，上帝的生育都不是必然的；上帝没有目的因，也没有存在者能够强迫上帝。一存在者“藉自己”是必然的，是说这存在者不能不存在。如此，“上帝存在”是必然的。倘若根据这种方式，“圣父生圣子”是必然的。⑤

作为位格起源的表记行动不是出于虚无，而是出自上帝

---

① *Summa Theologica*, Ia：19：3.

② *Summa Theologica*, Ia：41：2：ad3.

③ *Summa Theologica*, Ia：41：2：ad4.

④ Augustine, *Ad Orosum*.

⑤ *Summa Theologica*, Ia：41：2：ad5.

自己的神圣本性。[1] 奥古斯丁说:“上帝圣父在永恒中藉本性,生出和自己平等的圣子。”[2]托马斯指出,圣子不是从虚无中诞生,而是由圣父的神圣本体诞生。在上帝中具有本来含义的父性、子性和出生。[3] 在生育和制造或创造之间具有区别,生育出于自己,制造借着质料。工匠藉质料制造,上帝从虚无中创造。[4] 倘若圣子出自圣父,宛如由“无”中诞生,圣子和圣父的关系,就如同工艺品和工匠,圣子就不是本来含义的圣子(约一 5:20)。因此,上帝圣子不是由“无”中诞生,不是受造,只是出生。倘若称呼受造者为上帝的儿子,这是根据喻义的说法,根据和圣子的某种肖似。就上帝圣子是唯一者而言,圣子是“独生子”(约 1:18)。但是,就其他人因和圣子肖似被称呼为(上帝的)嗣子而言,只是根据喻义称圣子为“长子”(罗 8:29)。因此,圣子由圣父的神圣本体诞生。圣父生育圣子,不是把“本性的部分”赋予圣子,而是把整个本性赋予圣子,惟有起源方面的区别仍然存在。[5] 因此,表记行动出于上帝的神圣本性。[6]

有些学者认为,倘若圣父是由某存在者生圣子,或者是由自己,或者是由他者。倘若是由他者,就有不同于圣父的存在者在圣子中,因为那有存在者由自己生出的存在者,也在那生

---

① Thomas Aquinas, *Commentary on the Gospel of John.* 16, lect.4, n.2114.

② Augustine, *De fide ad Petrum* 2.

③ *Summa Theologica*, Ia:27:2; Ia:33:3.

④ *Summa Theologica*, Ia:45:2.

⑤ *Summa Theologica*, Ia:40:2.

⑥ *Summa Theologica*, Ia:41:3.

出的存在者中。这违背希拉利说的:“在他们(三位)中,没有什么不同的。”[①]倘若圣父是由自己生出圣子,那有存在者由自己生出的存在者倘若继续存在,就会获得那生出的存在者的称谓;如此,圣父生出圣子,或者圣父不复存在,或者圣父是圣子,这是错误的。因此,圣父不是由某存在者,而是由无中生出圣子。托马斯指出,说圣子“生自圣父”时,“自”,指示那同性同体的生者本源。上帝的本体不变,也不接受其他形式。[②] 有些学者认为,那有存在者由自己生出的存在者,是那生出的存在者的本源。倘若圣父由本性生出圣子,圣父的本性就是圣子的本源。因此如同是主动本源,生者是受生者的本源。因此应该说“本质生育”,这是前面已经驳斥的。[③] 托马斯指出,说圣子是生“自圣父本体”,意指和主动本源的关系:“圣子生自圣父的本体,就是生自‘圣父本体’”[④]因此,奥古斯丁说:“我说(圣子)生自‘圣父本体’”,其意义如同我更清楚地说“生自‘圣父的本体’”[⑤]但是,这不足以揭示这陈述的意义,因为可以说受造者“出自上帝本体”,却不能说受造者“出自上帝的本体”。因此,可以有另外的说法,“自”,常常指示“同性同体”。可以说一存在者出自另一存在者,只要这另一存在者是指同性同体的本源:主动本源,质料本源,形式本源。因为说天使是“出自理智本性”。根据这种方式,说圣

---

① Hilary, *De Trinitate*, 7:39.

② *Summa Theologica*, Ia:41:3:ad1.

③ *Summa Theologica*, Ia:39:5.

④ Peter Lombard, I *Sent*, 5, 2.49.

⑤ Augustine, *The Trinity*, 15:3.

子生自圣父的本体;因为藉"生"赋予圣子的圣父本体,自立于圣子中。①

有些学者认为,奥古斯丁说,上帝三位不是"生自"同一本体,因为本体和位格并无不同。② 圣子的位格和圣父的本体也并无不同。因此,圣子不是出自圣父的本体。托马斯指出,说"圣子生自圣父的本体",其中有增添,根据这陈述指示的关系,保全(圣子和圣父的位格的)区别。但是说"三位出自上帝的本体",其中没有什么指示关系者,可以藉以建立区别。因此,情形不同。③ 有些学者认为,受造者出自虚无。但是圣经称圣子为受造者。(德 24:5,14)因此,圣子不是由某存在者,而是由虚无中出生。同理,关于圣灵可以如此说。托马斯指出,说"智慧是受造的",可以这样理解,此处智慧,不是指作为圣子的智慧,而是受造的智慧,上帝把这智慧放在受造者中;根据引文,相同章节兼谈受生的智慧和受造的智慧,并无不宜;因为受造的智慧是分享受生的智慧。这话也可能和圣子摄取的受造本性有关,就是"我已经被预见和受造者合而为一"。或者,智慧称为受造的和受生的,是暗示上帝生育的方式。在生育时,受生者获得生者本性,这属于完美;在创造时,创造者不改变,受造者也不获得创造者的本性。因此,说圣子同时是受造的和受生的,是从创造中领悟圣父的不变性,从生育中领悟在圣父和圣子中的唯一本质。希拉利也

① *Summa Theologica*, Ia:41:3:ad2.

② Augustine, *The Trinity*, 7:6.

③ *Summa Theologica*, Ia:41:3:ad3.

是这样理解这经句。[①] 至于引述的其他经文，不是谈论圣灵，而是谈论受造的 spiritus；这 spiritus，有时称为风暴，空气，人的气息，有时称为生命或其他看不见的实体。[②]

在上帝中具有和表记行动相关的能力，因为能力意指行动的本源。奥古斯丁说："倘若上帝圣父未能生出和自己同等的圣子，上帝圣父的全能何在？"[③]托马斯指出，肯定在上帝中具有表记行动，应该肯定在上帝中具有和表记行动相关的能力；因为能力意指行动的本源。因此，既然圣父是生育的本源，圣父和圣子是嘘出的本源；因此，必须把生育能力归于圣父，把嘘出能力归于圣父和圣子。[④] 生育能力意指那生者藉以生育者；因此，在一切生者中都具有生育能力，在一切嘘出者中都具有嘘出能力。[⑤] 有些学者认为，一切能力，或是主动的，或是被动的。这两种能力都不能适用于此；在上帝中没有被动能力；[⑥]而主动能力不适用于上帝位格，因为上帝位格不是受造的。[⑦] 因此，在上帝中没有和表记行动相关的能力。托马斯指出，正如一位格根据表记行动出发，不是如同受造者；在上帝中和表记行动相关的能力，不是涉及受造的位格；而是涉及永恒出发的位格。[⑧] 有些学者认为，能力是对于可

① Hilary, *De synod.* 17.

② *Summa Theologica*, Ia:41:3:ad4.

③ Augustine, *Contra maximinum* 2:7.

④ Thomas Aquinas, *Commentary on the Gospel of John.* 16, lect.4, n.2115.

⑤ *Summa Theologica*, Ia:41:4.

⑥ *Summa Theologica*, Ia:25:1.

⑦ *Summa Theologica*, Ia:41:3.

⑧ *Summa Theologica*, Ia:41:4:ad1.

能者而言。上帝位格不归于可能者,而归于必然者。因此,上帝位格藉以出发的表记行动,不应该肯定在上帝中有相关能力。托马斯指出,和必然者相对而言,可能性基于被动能力,在上帝中没有这种能力。因此,在上帝中没有这种方式的可能者;只是根据将可能者涵盖在必然者中的方式。如此可以说:如同"上帝存在"是可能的,"圣子受生"是可能的。①

有些学者认为,圣子出发而为圣言,言辞归于理智;圣灵出发而为爱,爱归于意志。在上帝中,能力是对于效果而言,不是对于理解和意志而言的。② 在上帝中,不应该谈论和表记行动相关的能力。托马斯指出,能力意指本源。但是,本源指出自己和那出于本源者有区别。论及上帝实在,有两种区别:一种是实在的区别,另一种只是观念上的区别。根据实在的区别,上帝藉本体有别于万物,正如一位格有别于作为本源的另一位格。在上帝中,行动和行动者只有观念上的区别。有些行动,使某些存在者藉以出于上帝而有别于上帝,无论是根据本体区别或位格区别,对于这样的行动,可以根据"本源"的含义,把能力归于上帝。因此,如同肯定在上帝中有创造的能力,肯定在上帝中有生出或嘘出能力。但是,理解和意志不意指这样的行动,因为理解和意志不揭示有存在者出于上帝而有别于上帝,无论是根据本体区别或位格区别。因此,对于这些行动,无法证实能力在上帝中(意指本源)的性质,除非只根据理解和表示方式,就是在上帝中的理智和理解,是

① *Summa Theologica*, Ia:41:4:ad2.

② *Summa Theologica*, Ia:25:1:ad3;Ia:25:1:ad4.

用不同方式表示，即使上帝的理解本身就是上帝的本体，没有本源。①

作为位格起源的表记行动的相关能力，直接意指本性，间接意指关系。上帝能够生出圣子，同样地，上帝愿意生出圣子。生出的意愿意指本体，生出能力也是意指本体。托马斯指出，有些学者说，生出能力在上帝中意指关系。这是不可能的。因为在行动者中的能力，根据本义，指称那行动者藉以行动者。凡藉行动产生一存在者的行动者，在行动者藉以行动的形式方面，都是产生和自己相似者。因此，受生者和生者相似的因素，就是在生者中的生出能力。圣子在上帝本性方面和圣父相似。因此，在圣父中的上帝本性，是在圣父中的生出能力。希拉利说："上帝的诞生，持有自己本源的本性；因为既是那是上帝者自立存在，亦是从那是上帝者处（获得能力）自立存在。"②应该说，生出能力主要地意指上帝本体；③不只是意指关系。意指本体，不是着眼于本体和关系相同，仿佛以相同方式兼指两者。因为，即使父性意指圣父的形式，父性是建立圣父位格的位格特征。在受造者中，个体形式建立生者位格，却不是生者藉以生出的因素。因此，不能把父性理解为圣父藉以生育者，只能理解为建立生者位格者。但是那圣父藉以生育者，是上帝本性，圣子是在这本性中和圣父相似。大马士革的约翰说，生育是"本性的工程"④，本性，不是被视为

① *Summa Theologica*, Ia:41:4:ad3.

② Hilary, *De Trinitate*, 5:37.

③ Peter Lombard, I *Sent*, 7, 5.26.

④ John of Damascus, *De Fide Orthodoxa*, I:8.

生者，而是被视为生者藉以生育者。因此，生出能力直接地意指上帝本性，间接地意指关系。①

有些学者认为，能力意指本源，我们称主动能力为行动的本源。在上帝中，对于位格的本源，是以表记或关系称谓。因此，在上帝中，能力不是意指本体，而是意指关系。托马斯指出，能力不是意指本源的关系本身，否则就归于“关系”；能力意指那作为本源者；能力作为本源，不是仿佛能力是行动者，而是意指那行动者藉以行动者。但是，行动者有别于行动的果实，生者有别于受生者。但是生者的生育凭借的形式，是生者和受生者共有的；生育越完美，这形式越完美。上帝的生育是完美的，因此，生者生育凭借的形式，是生者和受生者共有的，就数目而言同一，不但就形式而言同一。因此，不能根据上帝本体是“生者生育凭借的本源”，说“上帝本体被区别”；倘若说上帝的本体生育，这结论可以成立。② 有些学者认为，在上帝中，能够（行动）和行动没有差别。但是在上帝中，生出行动意指关系。因此，生出能力也是如此。托马斯指出，在上帝中，生育能力和生育相同，如同本体和生育以及父性相同，相同是在实在方面，不是在观念方面。③ 有些学者认为，在上帝中，意指本体的，都是三位共有的。但是，生出能力不是三位共有的，而是圣父特有的。因此，生出能力不是意指本体。托马斯指出，说“生育能力”，直接指出“能力”，间接提及“生育”，如同说“圣父的本体”。因此，就其意指的本体而言，

① *Summa Theologica*, Ia:41:5.

② *Summa Theologica*, Ia:41:5:ad1.

③ *Summa Theologica*, Ia:41:5:ad2.

生育能力是三位共有的；就其同时指出的表记或位格关系而言，生育能力是圣父位格特有的。①

基于神圣位格的关系和完美以及位格的出发方式，上帝三位是圣父、圣子和圣灵。在上帝中存在(esse)和能够(posse)没有差别。因此，倘若在上帝中能够有多个圣子，就确实有多个圣子。如此，上帝位格就多于三个，而这是异端。托马斯指出，亚他那修信经说，在上帝中，只有一个圣父、一个圣子和一个圣灵。理由可以分为四个。第一个理由出于关系方面，位格因关系而区别。上帝位格就是关系本身，因此，在上帝中不可能有多个圣父或多个圣子，除非有多个父性和子性，这只有根据质料区别是可能的，在上帝中没有质料。因此，在上帝中只有一个子性。第二个理由出于诸个别位格出发的方式。上帝是用唯一而单纯的行动理解和意愿。因此，只能有一个位格以圣言的方式出发，就是圣子；只能有一个位格以圣爱的方式出发，就是圣灵。第三个理由出于位格出发的一般方式。位格的出发是以本性的方式出发；②本性是被限定于一的。第四个理由出于位格的完美性。圣子是完美的圣子，因为完整的子性在圣子中，以及只有一个圣子。关于其他位格，同样如此阐述。③

有些学者认为，有生育能力者都能够生育。圣子有生育能力。因此，圣子能够生育。圣子不能生自己，圣子能生育另一圣子。因此，在上帝中能够有多个圣子。托马斯指出，圣父

① *Summa Theologica*, Ia:41:5:ad3.

② *Summa Theologica*, Ia:41:2.

③ *Summa Theologica*, Ia:41:6.

享有的能力，圣子同样享有。但是，倘若“生育”是主动动词用作名词所有格，说“圣子有能力（主动）生育”，就不应承认圣子有生育能力。即使圣父和圣子的存在是相同的，由于表记或父子关系，圣子不能是圣父。倘若“生育”是被动动词用作名词所有格，在圣子中有被动生育能力，圣子能够受生。倘若“生育”是不定动词用作名词所有格，“生育能力”意指从某位格生出凭借的能力，在圣子中有这种能力。① 有些学者认为，奥古斯丁说：“圣子没有生创造者。不是因为圣子不能，而是因为不应该。”②托马斯指出，奥古斯丁如此说，不是说圣子能生圣子；只是说圣子不生，不是因为圣子无能。③ 有些学者认为，上帝圣父比作为受造者的父亲有更卓越的生育能力。一个人能够生若干儿子。因此，上帝也是如此；尤其因为生出圣子，圣父能力没有减少。托马斯指出，前面已经阐述，基于上帝位格的关系和完美，在上帝中不能有多个圣子。因此，在上帝中没有多个圣子，不是由于圣父生育的无能。④

三、神圣位格，完全相同

作为上帝三一奥秘的首要原理，圣父、圣子、圣灵在永恒中享有完全相同的神圣本质，圣父、圣子、圣灵在永恒中就完美、无限和全能而言完全相同。亚他那修信经说：“上帝三位都是同为永恒的和同等的。”托马斯指出，神圣科学把就在永

---

① *Summa Theologica*, Ia：41：6：ad1.

② Augustine, *Contra maximinum* 2：12.

③ *Summa Theologica*, Ia：41：6：ad2.

④ *Summa Theologica*, Ia：41：6：ad3.

恒中完美、无限和全能而言的完全相同归于上帝三位。圣父、圣子、圣灵就完美性而言完全相同,就意味着否定上帝三位具有完美性的差异。在上帝三位中没有完美性的差异;波爱修说:"他们念念不忘差异",就是上帝性的差异,就是神圣本质的完美性的差异,"他们或增加或删减,如同亚流派人士,亚流派藉不同的卓越等级,使上帝三位一体形成多样化并分解上帝,同时使上帝降低为多样多体。"①作为神圣位格的圣父、圣子、圣灵在永恒中具有完全相同的完美性,因为不相同的存在者,不可能是同一个分量。在上帝中,分量只是上帝的神圣本体而已。倘若在上帝三位间有不相同,在上帝三位中就不是同一个本体;如此上帝三位不是同一个上帝,这是不可能的。因此,神圣科学肯定三一奥秘的首要原理:上帝三位,完全相同。②

有些学者认为,相同意指同一的分量。在上帝位格中,既没有称为大小的内在连续分量,也没有称为空间时间的外在连续分量;根据非连续分量,在上帝位格中也没有相同,因为两个位格多于一个位格。因此,不适于把相同归于上帝三位。托马斯指出,有两种分量:一种是空间即有维度(高长宽)的分量,这种分量存在于有形存在者中,在上帝三位中没有这种分量。另一种是根据本性完美的能力分量,考察这种分量,首先要注意本性的完美:"凡是较好的,就是较大的";③较完美的,就是较好的。关于能力分量,同时要注意形式的效果:第

① Boethius, *De Trinitate*, 1.

② *Summa Theologica*, Ia:42:1.

③ Augustine, *The Trinity*, 6:8.

一是存在,第二是行动。根据存在,因为享有更完美本性者,存在持续更久;根据行动,因为享有更完美本性者,行动能力更卓越。奥古斯丁说:"在上帝圣父、圣子和圣灵中的相同",意味着"其中没有任何一位在永恒性方面领先,在大小方面超出,在能力方面取胜。"[①]因此,上帝三位彼此相同。[②]

有些学者认为,上帝三位归于一个本体。[③] 本体是以形式的方式表示。在形式方面的共享并不构成相同,只是构成相似。应该说在上帝三位间有相似,不是相同。托马斯指出,倘若是根据能力分量考量相同,那么相同在自身中包含相似并且甚于相似;因为相同排除超出或偏离。凡是共享同一形式的存在者,都能够称为相似,即使不是同等地分享那形式;倘若此存在者比彼存在者更完美地分享那形式,两者就不能称为相同。在上帝圣父和圣子中的本性,是同一本性,而且以同等的完美方式在两者中。神圣科学不但指出"圣子和圣父相似",以排除优瑙米伍(Eunomius)的错误;而且指出"圣子和圣父相同",以排除亚流的错误。[④]

有些学者认为,凡是在其中有相同的存在者,都是相同的;相同者,是指和相同者相同。上帝三位不能称为彼此相同。奥古斯丁说:"倘若肖像完美地契合肖像表示的存在者,肖像就和自己表示的存在者相等,但不是那存在者和肖像相

① Augustine, *De fide ad Petrum* 1.

② *Summa Theologica*, Ia:42:1:ad1.

③ *Summa Theologica*, Ia:39:2.

④ *Summa Theologica*, Ia:42:1:ad2.

等。”[①]圣父的肖像是圣子;因此圣父不是和圣子相等。因此,在上帝三位间没有相同。托马斯指出,在上帝中,相等可以用名词和动词两种方式表示。就用名词表示而言,说在上帝三位中彼此相等;因为圣子和圣父相等,圣父和圣子相等。这是因为圣父的上帝本体和圣子的上帝本体完全相等;因此,圣子和圣父相等,圣父和圣子相等。关于受造者,“则(在受造者和创造者之间)没有相等”。[②] 说效果和原因相似,因为效果享有原因的形式;但是不能反过来说,因为形式主要地在原因中,次要地在效果中。至于动词是用变动表示相等。在上帝中没有变动,但是有分享。圣子和圣父相等,因为圣子从圣父获得。因此说“圣子和圣父相等”,不能反过来说。[③]

有些学者认为,相同是一种关系。在上帝中没有一种关系是三位共有的;因为上帝三位是根据关系而区别。因此,相同不适于上帝三位。托马斯指出,在上帝三位中阐述的,是三位共有的本体,以及三位藉以区别的关系。相等含有两者:三位的区别和本体的惟一。相等含有三位的区别,因为不说存在者和自己相等;相等含有本体唯一,因为三位相等,由于归于相同本体。存在者和自己相比,不是基于实在关系。一关系和另一关系相对,不是藉第三关系;例如说父性和子性相对,不是藉父性和子性两者的中间关系。否则,关系会无限增加。因此,在上帝三位中,相等不是在归于位格的关系之外的

---

① Augustine, *The Trinity*, 6:10.

② Dionysius, *De divinis nominibus*, 9:6.

③ *Summa Theologica*, Ia:42:1:ad3.

实在关系；相等在观念中包括有区别三位的关系，以及本体的唯一。在这个意义上，"名称只意指关系。"①因此，上帝三位，彼此相同。②

亚他那修信经说：上帝三位同为永恒。托马斯指出，圣父、圣子、圣灵同为永恒，上帝三位具有相同的永恒性。③ 应该指出，出自本源者和本源的先后秩序有两种方式：来自行动者方面以及来自行动方面。就行动者方面而言，根据意志的行动者和根据本性的行动者，两者不同。根据意志的行动者，（先后秩序）是由于时间的选择；根据意志的行动者有权能选择赋予效果的形式；④同样有权能选择产生效果的时间。根据本性的行动者，（先后秩序）的发生，由于行动者不是起初享有完美的行动能力，而是在时间中获得完美的行动能力。就行动方面而言，出自本源者不能和本源同时存在，因为行动是逐渐完成的。倘若行动者在获得存在的时刻开始行动，仍然不是在同一时刻获得效果，而是在行动终止的时刻。⑤ 第一，圣父生出圣子，不是凭借意志，而是凭借本性。⑥ 第二，圣父的本性在永恒中是完美的。第三，圣父生出圣子的行动，不是逐渐的。因此，何时有圣父，何时有圣子。如此，圣子和圣父同为永恒。同样地，圣灵和圣父、圣子同为永恒。因此，圣

① Peter Lombard, I *Sent*, 31, 1.190.

② *Summa Theologica*, Ia:42:1:ad4.

③ Thomas Aquinas, *Commentary on the Gospel of John*. 1, lect. 1, nn. 37-39.

④ *Summa Theologica*, Ia:41:2.

⑤ *Summa Theologica*, Ia:42:2.

⑥ *Summa Theologica*, Ia:41:2.

父、圣子、圣灵同为永恒。①

有些学者认为，亚流提出生育的十二种方式：第一，线出于点；缺少单纯性相同。第二，光芒出于太阳；缺少本性相同。第三，印记出于印信；缺少同性同体。第四，善出于上帝；缺少同性同体。第五，属性出于实体；缺少自立。第六，形式出于质料；缺少单纯性相同。第七，意愿出于思想；出发是时间性的。第八，质料变形；上帝没有质料性。第九，变动出自推动者；出现原因和效果。第十，种别出于类别；上帝位格称述，不同于类别和种别。第十一，艺术创作；如同艺术品出于设计。第十二，诞生；例如人诞生于父亲，具有时间性。在上述生育方式中，或者缺少本性相同，或者缺少持续相同。倘若圣子出自圣父，或者圣子小于圣父，或者圣子晚于圣父，或者两者兼是。托马斯指出，受造者的源出方式，不能完美表示上帝的生出或诞生；②应该从诸多方式中搜集相似点，彼此弥补。以弗所会议说："愿光明告诉你，圣子和圣父常常同在，同为永恒；愿圣言启示自己的诞生不能是承受变动；愿'圣子'的名称提示你，圣子和圣父的同性同体。"③其中阐述最明确者，是言辞从理智出发；在上帝中，言辞和作为言辞本源的理智，没有先后秩序。④

有些学者认为，出自其他存在者的，都有本源。永恒的存在者没有开始。因此，（有本源的）圣子不是永恒的，圣灵不

---

① *Summa Theologica*, Ia:42:2.

② Augustine, *Serm. Ad populum*, 172, 6 &10.

③ From a sermon of Theodotus, bishop of Ancyra (d.c.445) on the Nativity.

④ *Summa Theologica*, Ia:42:2:ad1.

是永恒的。托马斯指出,永恒性排除持续的开端,不排除起源的本源。[1] 有些学者认为,朽坏者都停止存在。因此,受生者开始存在;受生的目的就是存在。圣子受生于圣父。因此,圣子开始存在,不是和圣父同为永恒。托马斯指出,朽坏是变化;朽坏者都开始不存在,以及停止存在。上帝的受生不是变化。[2] 因此,圣子常常受生,圣父常常生育。[3] 有些学者认为,倘若圣子受生于圣父,圣子或者常常受生,或者有受生的时刻。倘若圣子常常受生,圣子就常常是不完美的,这不相宜;因此,有圣子受生的时刻。因此,在这时刻以前,圣子不存在。托马斯指出,在时间中,一是时刻,就是那不可分者;二是时间,就是那持续者;两者不同。在永恒中,"此刻"常常固定不变。[4] 圣子的受生,不是在时间的"此刻",不在时间中,而在永恒中。因此,可以说圣子常常诞生,表示永恒性中的现在和常存。[5] 毋宁说,圣子常常诞生;[6]"常常",意指永恒性的常存;"诞生",意指圣子的完美。因此,圣子既不是不完美的,也不是某时间圣子不存在,如同亚流说的。[7]

在上帝三位中具有本性秩序,就是基于上帝位格的永恒起源的本性秩序。[8] 有诸多存在者而没有秩序,就有混乱。

---

① *Summa Theologica*, Ia:42:2:ad2.
② *Summa Theologica*, Ia:27:2.
③ *Summa Theologica*, Ia:42:2:ad3.
④ *Summa Theologica*, Ia:10:2:ad1; Ia:10:4:ad2.
⑤ Origen, *Homil. In Jeremiam*, 9.
⑥ Gregory, *Moral*, *libri*, I:29, 1. Augustine, *Lib.* 83 *quest.*, 37.
⑦ *Summa Theologica*, Ia:42:2:ad4.
⑧ Thomas Aquinas, *Commentary on the Gospel of John*. 1, lect. 1, n.34.

亚他那修说，在上帝三位中没有混乱。因此，在上帝三位中有秩序。托马斯指出，秩序往往是对于和本源的关系而言的。本源有若干含义，例如根据位置，有点作为本源；根据理智理解，有证明原理作为本源……同样地，秩序有若干含义。在上帝中，本源是根据永恒起源而言的，不含有时间秩序。① 因此，在上帝中有基于神圣位格永恒起源的秩序，其中不包含时间秩序。根据奥古斯丁的说法，这种秩序称为本性秩序。② 根据上帝三位中的本性秩序，不是一位先于另一位，而是一位出于另一位。③ 有些学者认为，在上帝中的一切，或是本体，或是位格，或是表记。本性秩序不意指本体，也不意指位格或表记。因此，在上帝三位中没有本性秩序。托马斯指出，本性秩序意指一般性的起源表记，而不是特殊的起源表记。④

有些学者认为，有本性秩序的存在者具有先后秩序，至少根据本性和理解是如此。上帝三位"没有先后秩序"，正如亚他那修信经指出的。因此，在上帝三位中没有本性秩序。托马斯指出，在受造者中，即使出自本源者和本源同时持久存在，根据本性和理解，本源仍然在先，倘若阐述的着眼点是本源。但是，倘若着眼点是原因和效果以及本源和出自本源者的关系本身，无论根据本性和理解，这些相关者都是同时的，因为相关者彼此包括在对方的定义中。在上帝中，关系是自立于本性中的位格。因此，根据本性和关系，上帝三位没有先

① *Summa Theologica*, Ia:33:1:ad3.

② Augustine, *Contra maximinum* 2:14.

③ *Summa Theologica*, Ia:42:3.

④ *Summa Theologica*, Ia:42:3:ad1.

后秩序。根据本性和理解,上帝三位也没有先后秩序。[1] 有些学者认为,有秩序者,有区分。在上帝中本性没有区分。因此,在上帝中没有本性秩序。托马斯指出,本性秩序,不是说本性本身有秩序,而是说上帝三位中的秩序,是根据本性的起源。[2] 有些学者认为,上帝的本性就是上帝的本体。但是不说在上帝中有本体秩序。因此,在上帝中没有本性秩序。托马斯指出,"本性"含有本源的意义,"本体"不然。因此,上帝三位的起源秩序称为本性秩序,比称为本体秩序更为恰当。[3]

就神圣本性的完美而言,圣子和圣父同等。[4] 圣经说:"他(圣子)本有上帝的形像,不以自己和上帝同等为强夺的。"(腓 2:6)托马斯指出,圣子在本性的完美方面和圣父同等。上帝位格的同等就是本性的完美。这种同等归于父性和子性的性质,圣子藉出生获得在圣父中的本性完美,如同圣父享有自己的本性完美。人间的生育,是由潜能到现实的变化,为子者只能借助成长到达同等地步,除非生育本源有缺陷。但是,在上帝中具有本来含义的父性和子性。[5] 不能说圣父作为生育本源有缺陷;不能说圣子逐渐臻于完美。因此,就本性的完美而言,圣子在永恒中和圣父同等。希拉利说:"除去身体的软弱,孕育的开端,以及人的痛苦和需要,一切为子者,

---

① *Summa Theologica*, Ia:42:3:ad2.

② *Summa Theologica*, Ia:42:3:ad3.

③ *Summa Theologica*, Ia:42:3:ad4.

④ Thomas Aquinas, *Commentary on the Gospel of John*.5, lect.2, n.743.

⑤ *Summa Theologica*, Ia:27:2;Ia:33:3.

根据本性的出生,都和父亲相等,因为父子有相同的本性。”[①]就本性的完美而言,圣子和圣父同等。[②] 有些学者认为,耶稣说:“父比我大”(约 14:28);圣经说:圣子降服于圣父(林前15:28)。托马斯指出,这些经文指示基督的人性。就人性而言,基督降服于圣父。根据神性,基督和圣父同等。亚他那修信经说:“基督根据神性和圣父同等,根据人性小于圣父。”希拉利说:“圣父因赐予者的权威是较大的,但那获赐同一存在者,却不是较小的。”[③]因此,“圣子的降服是本性的孝敬”,是对于父性权威的承认,但是“其他存在者的降服,是基于受造的缺乏完满”。[④] 根据神圣本质,圣子和圣父同等。[⑤]

有些学者认为,父性归于圣父的尊位。父性不属于圣子。因此,不是圣父享有的尊位,圣子都享有。因此,就完美性而言,圣子和圣父不是同等。托马斯指出,同等关注的是完美性。在上帝中,完美性是根本性的完美,归于本体。因此,在上帝中,同等涉及的是那些归于本体者;而且不能根据关系的区别而称为不相等。奥古斯丁说:“起源的问题是何者出自何者,同等的问题是怎样和何等的。”[⑥]因此,父性是圣父的尊位,如同是圣父的本体;尊位是绝对的,归于本体。因此,正如相同本体在圣父中是父性,在圣子中是子性;相同尊位在圣父

① Hilary, *De synod.*73.

② *Summa Theologica*, Ia:42:4.

③ Hilary, *De Trinitate.*9:54.

④ Hilary, *De synod.*79.

⑤ *Summa Theologica*, Ia:42:4:ad1.

⑥ Augustine, *Contra maximinum* 2:18.

中是父性，在圣子中是子性。因此，圣父享有的尊位，圣子都享有。但是，不可推论说“圣父有父性，因此，圣子有父性”。如此就是把（归于本体的）“什么”，转变成（归于位格的）“针对什么”；因为圣父和圣子享有的是相同本体和尊位；在圣父中是根据赋予者的关系，在圣子中是根据接受者的关系。①

有些学者认为，倘若有整体和部分，则较多部分大于较少部分。但是在上帝中，似乎有整体和部分，因为在“关系”或“表记”中含有多个表记。在圣父中有三个表记，在圣子中有两个表记，圣子和圣父似乎不是同等的。托马斯指出，在上帝中，“关系”不是整体，即使“关系”指称多种关系；根据本体和存在，一切关系都是一体，这违背“涵盖全部”的性质。同样地，在上帝中，“位格”不是普遍性的。② 因此，既不是一切关系大于一个关系；也不是一切位格大于一个位格；因为在上帝位格中都有上帝本性的完美。③

作为享有相同本性的神圣位格，圣子在圣父中，圣父在圣子中。④ 圣经说：“我（子）在父里面，父在我里面。”（约 14：10）托马斯指出，在圣父和圣子中，能够思考三方面主题：本体，关系和起源；根据其中任何主题，圣子是在圣父中，圣父是在圣子中。根据本体，圣父在圣子中，因为圣父是自己的本体，圣父把自己的本体赋予圣子；圣父的本体在圣子中，圣父

---

① *Summa Theologica*, Ia：42：4：ad2.

② *Summa Theologica*, Ia：30：4：ad3.

③ *Summa Theologica*, Ia：42：4：ad3.

④ Thomas Aquinas, *Commentary on the Gospel of John.* 14, lect. 2, nn. 1880-1881.

也在圣子中。同样地,圣子是自己的本体,圣子在圣父中,因为圣子的本体在圣父中。希拉利说:“我可以说,不变的上帝,根据自己的本性,生出不变的上帝。因此,在他(受生者)中的自立性,我们理解为上帝的本性,因为是上帝在上帝中。”①根据关系,两个彼此具有相对关系的存在者,在观念上,一存在者是在另一存在者中。根据起源,神圣理智言辞的永恒出发,是存留在发言者中的内在出发。那用言辞说出者,仍然保存在言辞中。因此,圣子在圣父中,圣父在圣子中。关于圣灵和圣父、圣子的关系,情形相同。②

有些学者认为,那哲学家提出一存在者在另一存在者中的八种方式。根据任何方式,圣子都不在圣父中,圣父都不在圣子中。因此,圣子不在圣父中,圣父不在圣子中。托马斯指出,受造者具有的存在方式,不足以表达归于上帝的实在。圣子不是根据那哲学家提出的方式在圣父中。反之,亦然。有更内在的方式,就是存在者在那发出自己的本源中的方式;在受造者中,本源和出于本源者不具有同一本体,因此没有这种方式。③ 有些学者认为,自一存在者出发者,都不再在本源中。但是,圣子在永恒中自圣父出发:“他的根源从亘古,从太初就有。”(弥 5:2)因此,圣子不在圣父中。托马斯指出,圣子源于圣父的出发,是根据内在出发的方式,如同言辞自内心发出,仍然存在于内心。因此,在上帝中的这种出发,只是根

① Hilary, *De Trinitate*.5:37.

② *Summa Theologica*, Ia:42:5.

③ *Summa Theologica*, Ia:42:5:ad1.

据关系的区别,而不是根据本体方面的差距。① 有些学者认为,两彼此相对者,其中一位不在另一位中。圣子和圣父就关系而言彼此相对。因此,一位不在另一位中。托马斯指出,圣子和圣父彼此相对,是根据关系,不是根据本体。两个彼此相对的存在者,一存在者是在另一存在者中。②

就神圣位格的能力权柄而言,上帝三位相同,因为能力权柄来自本性的完美。圣经说:"凡是父做的事,子照样做。"(约5:19)托马斯指出,就能力权柄而言,圣子和圣父相同。③行动的能力来自本性的完美;在受造者中,倘若存在者享有更完美的本性,就享有更卓越的行动能力。在上帝中,父性和子性的含义揭示出就本性的完美而言,圣子和圣父相同。④ 因此,就能力权柄而言,圣子和圣父相同。作为神圣位格的圣灵相对(圣父、圣子)两者的情形,同样如此。⑤ 有些学者认为,圣经说:"子不能由自己做什么,子看见父做什么,才能做什么。"(约5:19)圣父能够自己做。因此,根据能力,圣父比圣子卓越。托马斯指出,圣经说"子不能由自己做什么",不是从圣子撤除圣父享有的任何能力;因为"凡是父做的,子照样做。"圣子从圣父获得能力,因为圣子从圣父获得本性。希拉利说:"上帝本性的唯一是这样的,圣子藉自己而行动,不是

---

① *Summa Theologica*, Ia:42:5:ad2.

② *Summa Theologica*, Ia:42:5:ad3.

③ Thomas Aquinas, *Commentary on the Gospel of John*. 5, lect. 3, nn. 751–753.

④ *Summa Theologica*, Ia:42:4.

⑤ *Summa Theologica*, Ia:42:6.

由自己而行动。”[①]亚他那修信经指出，圣父是全能者，圣子是全能者，圣灵是全能者。因此，就能力权柄而言，上帝三位完全相同。[②]

有些学者认为，命令者和指教者的能力，大于顺服者和聆听者。圣父命令圣子（约 14:31）；圣父指教圣子（约 5:20）。同样地，圣子聆听（约 5:30）。因此，圣父比圣子有更大的能力。托马斯指出，圣父的“指示”和圣子的“聆听”，意指圣父把知识赋予圣子，如同圣父把本体赋予圣子。圣父的“命令”意指相同，就是圣父因生圣子，在永恒中赋予圣子行动的知识和意志。或者，毋宁说这是对于基督的人性而言的。[③] 有些学者认为，圣父能生出和自己同等的圣子，这归于圣父的全能；奥古斯丁说：“倘若上帝圣父未能生出和自己同等的圣子，上帝圣父的全能何在？”[④]圣子不能生圣子。[⑤] 不是归于圣父全能的一切，圣子也能。如此，根据能力，圣子和圣父不相同。托马斯指出，同一本体，在圣父中是父性，在圣子中是子性；同样地，圣父藉以生育的能力，和圣子藉以诞生的能力，是同一能力。因此，圣父能做的，圣子也能做。但是，不可因此说圣子能生育；这是将（绝对的）“什么”转变为（相对的）“针对什么”。因为在上帝中，“生育”意指关系。因此，圣子享有圣父享有的相同全能，但是伴有另一关系。因为圣父享

① Hilary, *De Trinitate*.9:48.

② *Summa Theologica*, Ia:42:6:ad1.

③ *Summa Theologica*, Ia:42:6:ad2.

④ Augustine, *Contra maximinum* 2:4.

⑤ *Summa Theologica*, Ia:41:6:ad1; Ia:41:6:ad1.

有全能,“如同是给予者”,这是“圣父能生育”的意思;圣子享有全能,“如同是接受者”,这是“圣子能诞生”的意思。①

第三节 上帝位格的差遣

现在阐述的课题是神圣差遣(de missione),就是上帝位格(圣子和圣灵)以可见或不可见的方式,在神圣历史中被差遣到世界,成就上帝在神圣历史中的救赎旨意。上帝位格的被差遣,具有两层含义。第一,源自差遣者的凭借起源的出发;第二,被差遣的上帝位格存在于理智存在者中的崭新方式,例如圣子的道成肉身:“时候满足,上帝就差遣他的儿子。”(加 4:4)上帝位格的被差遣,是时间性的。“成圣恩典”是上帝位格以崭新方式存在于理性受造者中的唯一根据,上帝位格凭借“成圣恩典”在神圣历史中被差遣。理智存在者享有上帝位格,凭借“成圣恩典”。因为“圣子为某人认识和领会,圣子就是不可见地被差遣到那人。”②凭借“成圣恩典”认识圣子的人,享有神圣位格恩典的居住,以及凭借恩典享有的生命更新。倘若把作为差遣者的位格理解为观察差遣凭借的恩典效果的本源,就是上帝三位共同差遣那被差遣的位格。在上帝中,只有圣子和圣灵被差遣,例如圣子的道成肉身和五旬节圣灵降临。但是,上帝三位共同差遣那被差遣的位格。因此,圣子的道成肉身和五旬节圣灵降临,都是

① *Summa Theologica*, Ia:42:6:ad3.

② Augustine, *The Trinity*, 4:20.

上帝三位共同差遣。

一、上帝位格,在时间中被差遣

上帝位格的被差遣具有两层含义。第一,源自差遣者的凭借起源的出发;第二,被差遣者存在于理智存在者中的崭新方式。耶稣说:"不是我独自在这里,差遣我来的父和我同在。"(约 8:16)托马斯指出,差遣具有两层含义:一是被差遣者和差遣者的关系;二是被差遣者和被差遣的目的(终点)的关系。某人被差遣的事实,显示被差遣者源自差遣者的出发,这出发能够凭借命令,或者凭借建议,或者凭借起源。某人被差遣的事实,同时指出被差遣者和被差遣的目的(终点)的关系,使被差遣者开始临在某地方,或者开始以崭新方式临在某地方。[①] 在这个意义上,上帝位格的被差遣,一方面是根据源自差遣者的凭借起源的出发;另一方面是根据被差遣者存在于某存在者中的崭新方式。例如:圣父差遣圣子临到世界(约 10:36),是根据圣子借着肉身,开始以一种可见的方式临在世界。[②] 但是,道成肉身以前,圣子"已经在世界上"(约 1:10)。[③]

有些学者认为,被差遣者低于差遣者。上帝三位彼此相等。因此,一位格不被另一位格差遣。托马斯指出,被差遣指出被差遣者低于差遣者,基于被差遣含有源自差遣者的出发,凭借命令,或者凭借建议;出命令者高于受命者,建议者更有智

---

① *Summa Theologica*, Ia:43:1.

② Thomas Aquinas, *Commentary on the Gospel of John*.1, lect.6, n.144.

③ *Summa Theologica*, Ia:43:1.

慧。在上帝中被差遣只含有起源的出发，这出发凭借的是相等。① 有些学者认为，被差遣者，都离开差遣者。“凡是相连并结合为一体者，都不能被差遣。”②在上帝三位中，没有什么是可以分离的。③ 因此，一位格并不被另一位格差遣。托马斯指出，一存在者被差遣，倘若是开始临在先前未曾存在的地方，被差遣者有空间的变动，被差遣者和差遣者分离。上帝位格的被差遣，没有这种情形；被差遣的上帝位格，不是开始临在先前未曾存在的地方，不是停止存在于先前存在的地方。上帝位格的被差遣只有起源的区别；这样的被差遣不含有分离。④ 有些学者认为，被差遣者都离开某地方，前往新地方。这不适于上帝位格，上帝位格处处都在。因此，被差遣不适于上帝位格。托马斯指出，这一疑难的出发点，是根据空间变动的被差遣，在上帝中没有这样的被差遣。⑤

上帝位格的被差遣，是时间性的。⑥ 毋宁说，上帝位格的被差遣，是神圣历史中的事件。圣经说：“时候满足，上帝就差遣他的儿子。”（加4:4）托马斯指出，在含有位格起源的实在或相关名称中，有一种差别。有些名称的意义只含有和本源的关系，例如：“出发”。另有一些名称既表示和本源的关系，也指定出发的目的（终点）。有些名称指定永恒终点，例

---

① *Summma Theologica*, Ia:43:1:ad1.

② Jerome, *In Ezechielem* V 16:53-54.

③ Hilary, *De Trinitate*.7:39.

④ *Summma Theologica*, Ia:43:1:ad2.

⑤ *Summma Theologica*, Ia:43:1:ad3.

⑥ Thomas Aquinas, *Commentary on the Gospel of John*.8, lect.5, n.1236.

如:“生育或诞生”和“嘘出或被嘘出”。生育或诞生,意指上帝位格出发到上帝本性;被嘘出,意指“爱”(圣灵)的出发。有些名称指定时间性终点,例如:“被差遣”和“被赐予”。存在者被差遣的目的,在于使被差遣者在某存在者中;存在者被赐予的目的,在于使被赐予者被拥有。但是,上帝位格为受造者拥有,或者以崭新方式存在于受造者中,都是时间性的。因此,在上帝中,“被差遣”和“被赐予”是时间性的。在上帝中,“生育”和“嘘出”是永恒的。因此,在上帝中的“出发”,兼是永恒的和时间性的。圣子在永恒中出发为神圣位格;圣子在时间中出发,凭借可见的被差遣成为人,凭借不可见的被差遣临在人中。①

有些学者认为,教宗格列高利一世说:“圣子被差遣,和圣子诞生,具有同一基础。”②圣子诞生是永恒的。因此,被差遣是永恒的。托马斯指出,格列高利阐述的,是圣子在时间中的诞生,不是生于圣父,而是生于圣母(童女)。因此,基于圣子的永恒出生,圣子可能被差遣。③ 有些学者认为,在时间中的存在者,都有改变。上帝位格不改变。因此,归于上帝位格的被差遣,不是时间性的,而是永恒的。托马斯指出,上帝位格以崭新方式在某存在者中,以及在时间中为某人拥有,不是因为上帝位格的改变,而是因为受造者的改变;正如因为受造者的改变,在时间中称上帝为主。④ 有些学者认为,被差遣含

① *Summa Theologica*, Ia:43:2.

② Gregory, XL *Homil. In Evang.* 2:26.

③ *Summa Theologica*, Ia:43:2:ad1.

④ *Summa Theologica*, Ia:43:2:ad2.

有出发。上帝位格的出发是永恒的。因此,被差遣是永恒的。托马斯指出,被差遣含有从本源的出发,指示出发的时间性终点。因此,被差遣是时间性的。毋宁说,差遣包括永恒出发,以及增加时间性效果;上帝位格和本源的关系是永恒的。上帝位格具有永恒出发和时间性出发,不是因为和本源的关系重复,出发的双重性来自终点,终点分别是时间性的和永恒的。①

二、唯独凭借"成圣恩典"

上帝位格的不可见被差遣,唯独凭借"成圣恩典"(gratia gratum faciens)。② 因为"圣灵",在时间中"出发,为使受造者成圣。"③上帝位格被差遣是在时间中的出发。凭借"成圣恩典",智慧存在者认识上帝并爱慕上帝而成圣(成为圣洁)。上帝位格被差遣,就是上帝位格以崭新方式存在于智慧存在者中;上帝位格被赐予,就是智慧存在者享有上帝位格;上帝位格被差遣和被赐予,两者都是唯独凭借"成圣恩典"。上帝具有借着本体、能力以及鉴临存在于存在者中的普遍方式,上帝以特殊方式存在于智慧存在者中,如同被认识者存在于认识者中,被爱者存在于爱者中。智慧存在者借着认识上帝的理智行动和爱慕上帝的意志行动达到上帝本身。根据这种特殊方式,上帝位格以崭新方式居住在智慧存在者中,如同居住

① *Summa Theologica*, Ia:43:2:ad3.

② Thomas Aquinas, *Commentary on the Gospel of John*. 3, lect. 6, nn. 541-544.

③ Augustine, *The Trinity*, 15:27.

在自己的圣殿中(约 14:16)。“成圣恩典”是上帝位格以崭新方式居住在智慧存在者中的唯一根据。因此,上帝位格唯独凭借“成圣恩典”在时间中被差遣。同样地,惟有智慧存在者能够自由享用的存在者,才能说智慧存在者享有这存在者。智慧存在者有能力享有上帝位格①,也是凭借“成圣恩典”。上帝圣灵唯独在“成圣恩典”这恩赐中为灵魂享有并且居住在灵魂中。因此,上帝圣灵唯独凭借“成圣恩典”被差遣并被赐予。②

有些学者认为,上帝位格被差遣,就是上帝位格本身被赐予。倘若上帝位格唯独凭借“成圣恩典”被差遣,被赐予者就不是上帝位格本身,而是上帝位格的恩赐。这是声称圣灵尚未被赐予、只有圣灵的恩惠被赐予者的错误。托马斯指出,智慧存在者借着“成圣恩典”这恩赐获得成就,使自己不但自由运用受造恩赐本身,而且自由享有上帝位格。因此,唯独凭借“成圣恩典”这恩赐,形成不可见的被差遣,但是被赐予的是上帝位格本身。③ 有些学者认为,“凭借”(secundum)指示和某种原因的关系。但是上帝位格是(人)获得“成圣恩典”的原因,不能够反过来说:“上帝的爱,借着赐给我们的圣灵,已经浇灌在我们心里。”(罗 5:5)因此,说上帝位格凭借“成圣恩典”被差遣,是不适当的。托马斯指出,说圣灵凭借恩典的恩赐被赐予,表示“成圣恩典”准备灵魂享有上帝位格。但是,“成圣恩典”的恩赐本身来自圣灵,因为“上帝的爱,借着

① Augustine, *De doctrina Christiana* I:3-5.

② *Summa Theologica*, Ia:43:3.

③ *Summa Theologica*, Ia:43:3:ad1.

赐给我们的圣灵,已经浇灌在我们心里。”(罗5:5)[①]

有些学者认为,奥古斯丁说:“当圣子为心灵在时间中领悟时,就说圣子被差遣。”[②]圣子被心灵认识,不但借着“成圣恩典”,而且借着无偿施恩的恩典,例如,借着信心和知识(林前12:8-11)。因此,上帝位格不是唯独凭借“成圣恩典”被差遣。托马斯指出,即使圣子能够借着(恩典的其他)效果为灵魂认识,但是圣子不是借着这些居住在灵魂中,以及为灵魂享有。因此,圣子唯独凭借“成圣恩典”居住在灵魂中,以及为灵魂享有。[③] 有些学者认为,有学者关于保罗书信说,圣灵被赐予使徒,以行神迹。[④] 但是,这不是“成圣恩典的恩赐,而是无偿馈赠的恩典的恩赐”。[⑤] 因此,上帝位格不是唯独凭借“成圣恩典”被赐予。托马斯指出,行神迹是“成圣恩典”的彰显,如同先知话语以及其他恩赐。圣经称无偿恩典为“圣灵的彰显”。(林前12:7)因此,说圣灵被赐给使徒以行神迹,这是因为同时赐给使徒“成圣恩典”以及彰显(成圣恩典)的表记。倘若只赐予“成圣恩典”的表记,不赐予成圣恩典,就不说直接赐予圣灵;除非做出某方面的限定,例如:据此说赐予某人“先知的灵”,或“行神迹的灵”。因为人从圣灵获得先知话语以及行神迹的能力。[⑥] 因此,圣灵位格唯独凭借“成圣恩

---

① *Summa Theologica*, Ia:43:3:ad2.

② Augustine, *The Trinity*, 4:20.

③ *Summa Theologica*, Ia:43:3:ad3.

④ Rabanus Maurus, *In Epist.Pauli* XI(on *I Cor*.12:11).

⑤ Rabanus Maurus, *In Epist.Pauli* XI(on I Cor, 12:11)

⑥ Gregory the Great, *In Ezech*.1:1.

典”被赐予。[①]

上帝位格被差遣，不适于圣父。“根据圣经记载，惟有圣父总未被差遣。”[②]被差遣含有自他者出发；在上帝中，这出发根据起源。[③] 圣父不是出自其他位格，因此，被差遣不适于圣父，只适于圣子和圣灵，因为“出自其他位格”适于圣子和圣灵。[④] 有些学者认为，上帝位格被差遣就是位格本身被赐予。圣父赐出自己，因此被（其他存在者）拥有。因此，圣父差遣自己。托马斯指出，倘若“赐予”意指慷慨地传递，圣父赐出自己，圣父慷慨地把自己赐予受造者。倘若“赐予”意指赐予者对于被赐予者的首位，在上帝中，“被赐予”只适于那出自本源的位格，“被差遣”也是如此。[⑤] 有些学者认为，上帝位格的被差遣，凭借基于恩典的居住。上帝三位都借着恩典居住在我们中（约 14:23）。因此，上帝三位都被差遣。托马斯指出，恩典的效果也是出自圣父，圣父藉恩典居住在我们中，如同圣子和圣灵；但是圣父不是出自其他位格，因此不说圣父被差遣。“圣父在时间中为人认识，不说圣父是被差遣者；因为圣父没有作为本源的存在者，即由其出发的存在者。”[⑥]因此，被差遣不适于圣父。[⑦] 有些学者认为，凡是适于上帝某位格者，适于所有位格，只有表记和位格除外。“被差遣”不意指

---

① *Summa Theologica*, Ia:43:3:ad4.

② Augustine, *The Trinity*, 2:5.

③ *Summa Theologica*, Ia:43:4.

④ *Summa Theologica*, Ia:43:1.

⑤ *Summa Theologica*, Ia:43:4:ad1.

⑥ Augustine, *The Trinity*, 4:20.

⑦ *Summa Theologica*, Ia:43:4:ad2.

位格,不意指表记,因为只有五种表记。[①] 因此,被差遣适于上帝三位。托马斯指出,就"被差遣"意指自差遣者出发而言,"被差遣"含有表记,不是特殊表记,而是一般性表记,因为"出自其他位格"是(子性和被嘘出)两表记共有的。[②]

圣子被灵魂认识和领悟,就是上帝位格在时间中被灵魂享有,就是圣子的不可见被差遣(约 17:3)。[③] 上帝差遣自己的智慧:"求你从你的圣天,你荣耀的宝座,差遣智慧来。"[④]托马斯指出,作为神圣位格的圣父、圣子、圣灵,就是上帝三位藉"成圣恩典"居住在灵魂中。(约 14:23)但是,某位格藉不可见恩典被差遣到人那里,就是那位格居住(在灵魂中)的崭新方式,以及这位格出自另一位格的神圣起源。既然藉恩典居住在灵魂中,以及出自其他位格,都归于圣子和圣灵,因此,不可见地被差遣同样适于圣子和圣灵。即使圣父同样藉恩典居住在灵魂中,但是圣父不是出于其他位格,因此被差遣不适于作为神圣位格的圣父。[⑤] 有些学者认为,上帝位格不可见地被差遣,凭借恩典的恩赐。但是,恩赐归于圣灵(林前 12:11)。因此,只有圣灵不可见地被差遣。托马斯指出,恩赐作为恩赐,都归于圣灵;圣灵作为爱,具有"第一恩惠"的性质。[⑥]但是,那些归于理智的恩赐,根据恩赐的特性,藉归名而归于

---

① *Summa Theologica*, Ia:32:3.

② *Summa Theologica*, Ia:43:4:ad3.

③ Thomas Aquinas, *Commentary on the Gospel of John*.14, lect.7, n.1961.

④ *Wisdom* 9:10.

⑤ *Summa Theologica*, Ia:43:5.

⑥ *Summa Theologica*, Ia:38:2.

圣子。根据这些归于圣子的恩赐，阐述圣子的被差遣。因此，奥古斯丁指出："圣子为某人认识和领会，圣子就是不可见地被差遣到那人。"①因此，圣子被灵魂领悟，就是圣子不可见的被差遣。②

有些学者认为，上帝位格被差遣，唯独凭借"成圣恩典"。但是归于理智完美的恩赐，不是"成圣恩典"的恩赐；因为没有爱德，仍然能够有这些恩赐（林前13:2）。圣子出发而作为理智的圣言，不可见地被差遣似乎不适于圣子。托马斯指出，灵魂藉恩典和上帝肖似。上帝位格藉恩典被差遣到某人，这人必定和那被差遣的神圣位格肖似。圣灵是爱，灵魂藉爱德的恩赐和圣灵肖似；因此藉爱德的恩典观察圣灵的被差遣。但是圣子是圣言，圣子是在永恒中嘘出（发出）圣爱的圣言："我们有意陈述的圣言，是伴有圣爱的知识。"③因此，圣子被差遣，不是凭借理智的完美，而是凭借理智嘘出圣爱的热情的启迪（约6:45），就是理智领悟和意志倾慕的深邃结合，就是智慧和挚爱的深邃结合："我越沉思，越觉得烈火如焚。"（诗38:4）因为，"上帝是爱。"（约一4:8）奥古斯丁深刻指出："圣子为某人认识和领会"，就是圣子被差遣。④"领会"，意味着某种经历过的知识或体味，这种知识称为智慧，如同是"被品尝过的知识"。在这个意义上，"原来智慧的含义，正如她的

① Augustine, *The Trinity*, 4:20.

② *Summa Theologica*, Ia:43:5:ad1.

③ Augustine, *The Trinity*, 9:10.

④ Augustine, *The Trinity*, 4:20.

名字。”(德 6:23)[①]

有些学者认为,上帝位格的被差遣是一种出发。[②] 圣子的出发和圣灵的出发是不同的出发。倘若圣子和圣灵两者都被差遣,就有两种不同的被差遣。如此,其中一种是多余的,因为一种差遣足以使受造者成圣。托马斯指出,因为“被差遣”含有被差遣位格的“起源”以及藉恩典“居住”在灵魂中。[③] 因此,倘若根据神圣位格的神圣起源阐述被差遣,圣子的被差遣就有别于圣灵的被差遣,如同圣子的永恒出发有别于圣灵的永恒出发。倘若根据恩典的效果阐述被差遣,两种被差遣享有相同的恩典根基,恩典的效果却彼此有别,圣子被差遣的效果是理智的光照,圣灵被差遣的效果是情感的激励。因此,一种被差遣不能没有另一种被差遣;因为两者都有“成圣恩典”,而且圣子位格也不和圣灵位格分离。[④]

奥古斯丁指出,上帝位格的不可见被差遣的意义在于,“使受造者成圣”,[⑤]就是使智慧存在者在“成圣恩典”中成为圣洁。享有“成圣恩典”的智慧存在者都成圣。因此,不可见被差遣临到所有享有恩典的智慧存在者。托马斯指出,被差遣在定义中包括:被差遣者,开始存在于先前未曾存在的地方,倘若被差遣者归于受造者;或者开始以崭新方式存在于先

---

① *Summa Theologica*, Ia:43:5:ad2.

② *Summa Theologica*, Ia:43:1;Ia:43:4.

③ *Summa Theologica*, Ia:43:1;Ia:43:3.

④ *Summa Theologica*, Ia:43:5:ad3.

⑤ Augustine, *The Trinity*, 15:27.

前存在的地方，倘若被差遣者就是上帝位格。① 在被差遣的神圣位格临到者的内在生命，应该揭示两点：神圣位格恩典的居住以及藉恩典而享有的生命更新。享有这两点的人，不可见被差遣都临到他们。② 在这个意义上，上帝位格的不可见被差遣，揭示出神圣救赎历史的深邃奥秘。

有些学者认为，旧约列祖曾经享有恩典。不可见被差遣似乎未曾临到他们："圣灵尚未赐下，因为耶稣尚未得荣耀。"（约 7:39）因此，不可见被差遣不是临到凡享有恩典者。托马斯指出，不可见被差遣曾经临到旧约列祖。奥古斯丁说：就圣子不可见地被差遣而言，"这种被差遣临到人；这先前曾经发生在列祖和先知身上。"③至于说"圣灵尚未赐下"，这是指伴有可见表记的圣灵浇灌，这是在五旬节那日完成的。④ 有些学者认为，德行的进步，唯独凭借恩典。但是似乎不是根据德行进一步观察不可见的被差遣；因为德行进步仿佛是连续的，爱德却常常进步或停止；因此，倘若根据德行进一步观察不可见的被差遣，被差遣将是连续的。因此，不可见的被差遣不是临到凡享有恩典者。托马斯指出，观察不可见的被差遣，根据德行的进步或恩典的增加。奥古斯丁说："当圣子为某人认识和领会时，圣子就是不可见地被差遣到那人，而圣子被某人认识和领会的深度，或者根据前进奔向上帝的理性灵魂的能

① *Summa Theologica*, Ia:43:1.

② *Summa Theologica*, Ia:43:6; see Ia2ae:68:2.

③ Augustine, *The Trinity*, 4:20.

④ *Summa Theologica*, Ia:43:6:ad1.

力，或者根据已经在上帝中的完善理性灵魂的能力。"①但是，一人进而享有恩典的崭新行动或崭新境地，主要根据恩典的增加观察不可见的被差遣，例如：一人进而享有行神迹或先知启示的恩典，或者基于爱德的热忱而甘愿殉道，或者舍弃自己所有，或者承担艰巨的工作。②

有些学者认为，基督和享有真福者（天上圣人），都享有极圆满的恩典。但是被差遣似乎没有临到他们；因为被差遣指向有距离的存在者；基督和享有真福者已经完美地和上帝合而为一。因此，不可见被差遣不是临到凡享有恩典者。托马斯指出，是在获得真福的开始，不可见被差遣临到享有真福者。这种不可见被差遣后来仍然临到他们，不是凭借恩典的拓展，而是凭借启示崭新奥秘；被差遣的临到将延续直到终极审判日。观察增加关注的，是能够伸向诸多方面的恩典的拓展。至于临到基督的不可见被差遣，在基督受孕之际已经完成，而不是在日后；因为基督在受孕之际，就充满智慧和恩典。③ 有些学者认为，新约圣礼含有恩典。但是不说，不可见被差遣临到圣礼。因此，不可见被差遣不是临到凡享有恩典者。托马斯指出，恩典在圣礼中，是以圣礼为媒介，如同艺术品的形式在艺术的媒介中，这是根据从主动者到被动者的流程。但是"被差遣"的形成，是对于终点而言的。因此，上帝位格被差遣，不是临到圣礼，而是临到那些藉圣礼而享有恩典者。④

---

① Augustine, *The Trinity*, 4:20.

② *Summa Theologica*, Ia:43:6:ad2.

③ *Summa Theologica*, Ia:43:6:ad3.

④ *Summa Theologica*, Ia:43:6:ad4.

三、上帝三位，共同差遣

圣灵的不可见被差遣，常常伴随着可见的被差遣。① 圣灵借着鸽子的形象，降在受洗的主身上。（太 3:16）托马斯指出，上帝根据存在者的特有方式眷顾他们。合乎人性的方式，是借着可见的存在者达到不可见的存在者；②上帝的不可见实在借着可见实在彰显于人。上帝借着可见的存在者，用表记把自己以及位格的永恒发出彰显于人；上帝位格的不可见被差遣，凭借某些可见的存在者彰显出来。但是，圣子和圣灵的彰显方式却不相同。圣灵出发而为"爱"，适于圣灵者，是作为成圣的恩典；圣子作为圣灵的本源，适于圣子者，是作为成圣的创始者。圣子可见地被差遣，如同是成圣的创始者；圣灵可见地被差遣，如同是成圣的表记。③ 有些学者认为，圣子根据可见地被差遣到世界来，被称为小于圣父。圣经未曾记载圣灵小于圣父。因此，可见地被差遣不适于圣灵。托马斯指出，圣子彰显在可见的受造者中，摄取这受造者和自己的位格合一，因此关于这受造者的陈述，可以归于上帝圣子。但是圣灵彰显在可见的受造者中，未曾摄取这受造者。归于这受造者的，不能归于上帝圣灵。④

有些学者认为，观察可见的被差遣，是根据所取可见的有

---

① Thomas Aquinas, *Commentary on the Gospel of John*. 20, lect. 4, nn. 2538-2540.

② *Summa Theologica*, Ia:12:12.

③ *Summa Theologica*, Ia:43:7.

④ *Summa Theologica*, Ia:43:7:ad1.

形受造者,例如,基督被差遣是根据肉身。可见圣灵未曾摄取可见的受造者。因此,不能说,圣灵在某些可见受造者中的方式,不同于圣灵在其他可见受造者中的方式;除非根据"在表记中",例如说:圣灵在圣礼中,以及在旧约法律中的形象或象征中。因此,圣灵不是可见地被差遣;毋宁说,圣灵的可见地被差遣,是根据上述一切来观察。托马斯指出,圣灵可见的被差遣,不是凭借想象中的观看或先知异象。奥古斯丁说:"先知异象,不是借着存在者的形象呈现给肉眼,而是借着无形存在者的形象,显现在心灵中;但是人人都亲眼目睹鸽子和火舌(徒 2:3)。再者,圣灵和这些形象的关系,并非如同圣子和磐石的关系(圣经说:磐石就是基督)。那磐石已经存在于受造界,是借着表述基督的含义,获得'基督'的名称;但是那鸽子和火舌,只是为了表达神圣实在的缘故,突然形成而存在。鸽子和火舌,似乎和那在荆棘中显现给摩西的火焰相似,和以色列人在旷野跟随的云柱相似,和西乃山颁布法律时出现的雷霆和闪电相似;因为这些存在者的形象,是为表达神圣实在而存在,随后就都消失。"①因此,可见的被差遣,不是凭借想象的和无形的先知异象,也不是凭借新旧约的圣礼表记。这些表记,是取用先前已经存在的存在者,做某种表达。但是,圣灵可见地被差遣,是指圣灵在某些受造者中,如同在特别为此形成的表记中彰显出来。②

有些学者认为,任何可见的受造者,都是彰显整个上帝三

① Augustine, *The Trinity*, 2:6.

② *Summa Theologica*, Ia:43:7:ad2.

位的效果。因此,圣灵不是优先于其他位格,藉这些可见的受造者被差遣。托马斯指出,整个上帝三位创造那些可见的受造者,但是这些受造者的形成,却是特殊地为着彰显上帝位格。正如用不同的称谓表示圣父、圣子和圣灵;同样地,能够用不同的存在者表示圣父、圣子和圣灵;即使在三位之间没有分离或差别。① 有些学者认为,圣子曾经凭借可见受造者的最尊贵者即人性,可见地被差遣。倘若圣灵可见地被差遣,圣灵应该凭借理性受造者被差遣。托马斯指出,圣子被彰显为成圣的开创者;因此,圣子可见的被差遣,应该是凭借理智本性而形成,因为理智本性有主动,能够有资格享有成圣。其他受造者,都能够成为成圣的表记。圣灵不需要摄取为此形成的可见受造者,使其和自己的位格合而为一;因为这种受造者的被摄取,不是为着主动做什么,只是为着彰显神圣实在。因此,执行使命的时间过去,这种受造者也没有必要持续存在。② 有些学者认为,凡是以可见方式为上帝形成的存在者,都是藉天使的服役而受到管理。③ 因此,倘若有些可见形象彰显出来,都是藉天使完成的。因此被差遣者是天使,不是圣灵。托马斯指出,那些可见的受造者借着天使服役而形成;不是为着表达天使的位格,而是为着表达圣灵的位格。因此,圣灵在那些可见受造者中,如同被表达者住在表记中。因此,是圣灵凭借这些表记可见地被差遣,而不是天使被差遣。④

① *Summa Theologica*, Ia:43:7:ad3.

② *Summa Theologica*, Ia:43:7:ad4.

③ Augustine, *The Trinity*, 3:10, 11.

④ *Summa Theologica*, Ia:43:7:ad5.

有些学者认为,倘若圣灵可见地被差遣,这只是为彰显那不可见被差遣。因此,对于不可见被差遣未曾临到者,不应该有可见的被差遣;对于不可见被差遣临到的人,包括新旧约时代,应该形成可见的差遣;这显然是错误的。因此,圣灵不是可见地被差遣。托马斯指出,不可见被差遣藉可见表记彰显出来,不是必然的;因为"圣灵显示在某人身上,是为了益处",(林前 12:7)即教会的益处。教会的益处即信仰借着可见表记获得证实和传扬,这尤其是由基督和使徒完成的(来 2:3)。因此,圣灵可见的被差遣,尤其应该临到基督、使徒以及作为教会柱石的初期圣者。但是实际情形是,临到基督的可见的(圣灵)被差遣,彰显的临到基督的不可见被差遣,不是在当时,而是在基督受孕之际。这些临到基督的可见被差遣,在受洗时借着鸽子的形像,鸽子是多产者,这是在基督中,藉神性的重生彰显那赏赐恩典的本源;因此,圣父的声音说:"这是我的爱子"(太 3:17),为使其他人根据独生子的肖像而重生。在变像时,借着荣耀云彩的形像彰显道理的富饶;因此,圣父的声音说:"你们要听从他"(太 17:5)。临到使徒的可见被差遣,是借着嘘气的形像,彰显施行圣礼职权的能力,因此,(主)对使徒说:"你们赦免谁的罪,就给谁赦免"(约 20:23)。至于借着火舌的形像,彰显宣讲和教导的职分:"他们说起别国的话来"(徒 2:4)。但是,圣灵的可见被差遣不应该临到旧约列祖,因为首先完成圣子的被差遣,然后是圣灵的被差遣,因为圣灵彰显圣子,如同圣子彰显圣父。上帝位格曾经可见地彰显给列祖,这些彰显不能称为可见的被差遣;奥古斯丁说,这些彰显的形成,不是彰显上帝位格借着恩典居住在人中,而是彰显其他奥秘。[①] 因此,圣灵是不可见地被差遣。[②]

在上帝中,只有圣子和圣灵被差遣,因为圣子和圣灵在永恒中出于其他位格。但是,上帝三位共同差遣那被差遣的位格。[③] 圣子被圣灵差遣:“上帝现在差遣我,上帝圣灵也差遣我。”(赛 48:6)在永恒中,圣子不是出自圣灵。因此,上帝位格被那不是自己本源的位格差遣。托马斯指出,关于这一论题,学者理解不同。有学者说,一位格只被那作为自己本源的位格差遣。因此,说圣子被圣灵差遣,这表述应该归于(基督的)人性,就人性而言,圣子被圣灵差遣从事宣讲。奥古斯丁指出,圣子被自己和圣灵差遣,圣灵被自己和圣子差遣;[④]在上帝中,只有出自其他位格的位格(圣子和圣灵)适于被差遣;但是上帝位格都适于(主动)差遣。托马斯指出,两种理解都蕴涵真理。说某位格被差遣,就指出那出自其他位格的位格本身以及观察位格被差遣凭借的恩典效果。倘若差遣者被指出是被差遣位格的本源,就不是任何位格都(主动)差遣,只有那作为被差遣者本源的位格(主动)差遣。如此圣子被圣父差遣,圣灵被圣父和圣子差遣。倘若把差遣位格理解为观察差遣凭借的恩典效果的本源,就是上帝三位差遣那被差遣的位格。[⑤]

有些学者认为,“圣父不被任何位格差遣,因为圣父不是

---

① Augustine, *The Trinity*, 2:17.

② *Summa Theologica*, Ia:43:7:ad6.

③ Thomas Aquinas, *Commentary on the Gospel of John*.17, lect.4, nn.2248.

④ Augustine, *The Trinity*, 2:5.

⑤ *Summa Theologica*, Ia:43:8.

出自任何位格。”[①]倘若一位格被另一位格差遣，被差遣的位格应该出自作为差遣者的位格。托马斯指出，圣子被圣灵差遣，但是圣子不是出自圣灵。因此，上帝位格被那不是作为自己本源的位格差遣。[②] 有些学者认为，差遣者对于被差遣者而言，居于首位。上帝位格的居首位，只是根据永恒起源。因此，被差遣的位格，应该出自那作为差遣者的位格。托马斯指出，圣子被自己和圣灵差遣，圣灵被自己和圣子差遣。[③] 因此，差遣者对于被差遣者而言，不必然享有永恒起源的首要地位。[④] 有些学者认为，倘若上帝位格能够被那不是自己本源的位格差遣，就可以说，圣灵为人赐予，即使圣灵不是出自人。但是这违背奥古斯丁的观点。[⑤] 因此，一位格只被那作为自己本源的位格差遣。托马斯指出，倘若把差遣位格理解为观察差遣凭借的恩典效果的本源，就是上帝三位共同差遣。[⑥] 因此，上帝三位共同差遣那被差遣的位格。因此，圣子的道成肉身，五旬节圣灵降临，都是上帝三位在神圣历史中共同差遣。[⑦]

在托马斯的三一学说中，上帝三位在神圣历史中共同差遣，作为“神圣差遣”的神学阐述，可以理解为“内在三一”的

---

① Augustine, *The Trinity*, 4:20.
② *Summa Theologica*, Ia:43:8.
③ Augustine, *The Trinity*, 2:5.
④ *Summa Theologica*, Ia:43:8.
⑤ Augustine, *The Trinity*, 15:26.
⑥ *Summa Theologica*, Ia:43:8.
⑦ See Karl Rahner, *The Trinity*, p.30.

神学阐述的终端,[1]同时可以理解为"经世三一"的神学阐述的开端。根据"三一奥秘"的神学阐述的吊诡性,上帝三位在神圣历史中共同差遣,作为"神圣差遣"的神学阐述,倘若作为"经世三一"的神学阐述的开端,[2]同时可以理解为"内在三一"的神圣阐述的终端。作为神圣救赎奥秘的"经世三一"的神学阐述和作为沉思永恒奥秘的"内在三一"的神学阐述的完美结合,是"三一奥秘"的神学阐述的艰深课题。毋宁说,"经世三一"的神学领悟是"内在三一"的神学沉思的知识论基础和神学导论。在托马斯的三一学说中,三一奥秘是神圣救赎奥秘的真理根基,神圣救赎奥秘揭示出"经世三一"和"内在三一"的同一性原理。[3] 在这个意义上,道成肉身揭示出"内在三一"中的圣子和"经世三一"中的圣子的同一性原理。"内在三一"中的神圣逻各斯,就是"经世三一"中的神圣逻各斯。因为在永恒中和圣父同在的圣子(神圣逻各斯),就是在神圣历史中道成肉身的圣子(神圣逻各斯)。[4] 在这个意义上,"经世的三位一体就是内在的三位一体,内在的三位一体就是经世的三位一体。"[5]

① Karl Rahner, *The Trinity*, p.40.
② Karl Rahner, *The Trinity*, p.48.
③ Karl Rahner, *The Trinity*, p.27.
④ Karl Rahner, *The Trinity*, p.33.
⑤ Karl Rahner, *The Trinity*, p.22.

结束语

托马斯关于波爱修《论三位一体》的注释，是托马斯早期的神学著述(1255-1259)。这是托马斯未完成的神学著述，尚未开始阐述三位一体学说，只是阐述神圣科学的知识论原理。托马斯指出认识上帝的神圣知识的三种途径，就是天赋理智和神圣启示以及在永恒中"面对面"的荣耀直观。借着天赋理智，神学家可以确认上帝的存在和某些神圣本质，例如上帝的单纯和完美，上帝的无限和永恒，上帝的唯一和主权，因为宇宙万物彰显创造者的华美，"自从造天地以来，上帝的永能和神性是明明可知的。"(罗 1:20)①上帝作为三位一体的神圣奥秘是神学家的天赋理智无法获悉的，唯独神圣启示揭示三位一体的神圣奥秘。三位一体的神圣奥秘是启示神学的核心课题。在神圣启示中，三位一体的神圣奥秘依然是神圣奥秘。人的幸福在于沉思上帝。在今生，神学家对于神圣奥秘的确凿知识是有限的。唯独在永恒中，在上帝的荣耀光

① Thomas Aquinas, *The Division and Method of the Sciences*(*Questions V and VI of his Commentary on the De Trinitate of Boethius*), p.81.

照中，“面对面”凝视上帝的幸福是完美的。人的永恒幸福“不是借着本性，而是借着恩典”。① 作为神圣启示的恩典“不是摧毁本性，而是成全本性”。② 作为超自然光照的神圣启示帮助神学家的天赋理智深刻理解三位一体的神圣奥秘。因此，神圣启示是神圣科学的三一学说的知识论根基。

托马斯的《论公教信仰的真理驳异大全》（简称《驳异大全》，1259—1264）担负神圣智慧的使命，阐述公教信仰的纯粹理论而系统完备的真理，是托马斯生前亲自完成的经典著述。在《驳异大全》第四卷《论奥理》的卷首，托马斯援引《约伯记》（26:14；托马斯的《约伯记》注释在同时期完成），阐述神圣知识的三种途径。③ 神圣科学的三一学说，作为超越天赋理智的神圣奥秘，唯独根据圣经书卷的作为超自然光照的神圣启示，可以领悟。在《驳异大全》第四卷中，托马斯以25章的篇幅阐述作为公教信仰真理的“三一奥秘”。④ 在《驳异大全》的三一学说中，作为神圣位格的圣父在永恒中自己认识自己而发出神圣言辞，就是作为神圣位格的圣子；作为神圣位格的圣父和圣子在永恒中彼此相爱而发出神圣爱情，就是作为神圣位格的圣灵；这是“内在三一”的卓越典范。在《驳异大全》的三一学说中，托马斯借着神圣位格在世界中神圣创造和神圣救赎的历史行动追溯“三一奥秘”的踪迹，这是

① *The Division and Method of the Sciences*, p.93.

② *Faith, Reason and Theology* (*Questions I-IV of his Commentary on the De Trinitate of Boethius*), p.48.

③ *Summa Contra Gentiles*, Ⅳ:1.

④ *Summa Contra Gentiles*, Ⅳ:2-26.

"经世三一"的卓越典范。在《驳异大全》的三一学说中,托马斯援引的圣经经文有 462 处,圣经书卷的神圣启示是托马斯对于"三一奥秘"的神学沉思的真理根基。因此,应该把《驳异大全》的三一学说理解为托马斯三一学说的导论。

神圣科学对于"三一奥秘"的神学阐述就知识论原理而言奠基于上帝自己在圣经书卷中的神圣启示。因此,神圣科学的崇高境界,神学家对于神圣奥秘殚精竭虑的神学沉思获得的崇高奖赏,就是神学家在神圣奥秘面前承认自己的"有学识的无知"。《神学大全》(1259—1273)的三一学说是对于圣经书卷对于"三一奥秘"的神圣启示殚精竭虑的系统而深刻的神学阐述。作为创造者的上帝和作为受造者的宇宙万物之间的本体论差异是如此深邃,没有任何受造者的出发或起源方式,能够完美地表示上帝中神圣位格的永恒出发。① 上帝的神圣理智在永恒中自己认识自己而发出神圣言辞,就是作为神圣位格的圣子;上帝的神圣意志在永恒中自己倾慕自己而发出神圣爱情,就是作为神圣位格的圣灵。因为一存在者除非在理智中被领悟,就不能在意志中被倾慕;爱情起源于理智的领悟。在上帝中,圣言的永恒出发和圣爱的永恒出发,具有神圣秩序的分别。② 作为"内在三一"的神学叙述揭示的圣父、圣子、圣灵在永恒中的神圣起源以及神圣团契是作为"经世三一"的神学叙述揭示的作为圣父、圣子、圣灵的上帝在世界历史中的创造和救赎的神圣奥秘的真理根基。

---

① *Summa Theologica*, Ia:42:2:ad1.

② *Summa Theologica*, Ia:27:3:ad3.

托马斯的《约翰福音注释》(1269—1272)是托马斯晚年的成熟著述,是托马斯全部圣经注释中卓越而深邃的著述。托马斯对于《约翰福音》叙述的“三一奥秘”的神学阐述是丰富而精深的。就神学主题而言,托马斯的《约翰福音注释》对于“三一奥秘”的神学阐述基本涵盖《神学大全》阐述的主题(32题和38题除外)。《约翰福音注释》深刻阐述的神学主题是作为神圣位格的圣子及其永恒生出①,作为神圣位格的圣灵及其永恒发出②,作为神圣位格的圣父是没有本源的神圣本源③,圣父、圣子、圣灵在永恒中享有相同的神圣本质④,圣父、圣子、圣灵之间的位格关系⑤,神圣位格的差遣⑥,以及圣父、圣子、圣灵在世界历史中创造和救赎的神圣奥秘⑦。就神学方法而言,托马斯在《约翰福音注释》中对于作为神圣位格的圣父、圣子、圣灵的神圣本质和神圣救赎奥秘的神学沉思奠基于对于圣经书卷的文本诠释。在这个意义上,“经世三一”和“内在三一”同样是对于“三一奥秘”的奠基于圣经书卷文本诠释的神学沉思。托马斯的《约翰福音注释》揭示出三

---

① Thomas Aquinas, *Commentary on the Gospel of John.* 1, lect. 1, nn. 24-33.

② Thomas Aquinas, *Commentary on the Gospel of John.* 15, lect. 5, nn. 2062-2065.

③ Thomas Aquinas, *Commentary on the Gospel of John.* 1, lect. 1, n. 36.

④ Thomas Aquinas, *Commentary on the Gospel of John.* 5, lect. 3, n. 747.

⑤ Thomas Aquinas, *Commentary on the Gospel of John.* 16, lect. 4, n. 2113.

⑥ Thomas Aquinas, *Commentary on the Gospel of John.* 14, lect. 6, nn. 1956-1957.

⑦ Thomas Aquinas, *Commentary on the Gospel of John.* 1, lect 2, nn. 68-72; lect 3, n. 104.

一学说的基础要素。第一,圣经书卷记载中圣父、圣子、圣灵的神圣救赎行动对于"三一奥秘"的启示;第二,对于圣父、圣子、圣灵在永恒起源中的位格区别及其在永恒中享有的神圣本质的同一性的神学沉思;第三,对于圣父、圣子、圣灵在世界历史中的创造和救赎的神圣奥秘的神学沉思。

作为神圣位格的圣父和圣子在永恒中彼此相爱而共同发出神圣爱情,就是作为神圣位格的圣灵。在圣灵的永恒出发中,作为神圣位格的圣父和圣子在永恒中"共同发出"(Filioque)圣灵的学说,在托马斯对于"三一奥秘"的深邃理解中是核心课题。作为神圣位格的圣父、圣子、圣灵在永恒中根据起源关系彼此区别,作为神圣位格的圣父、圣子、圣灵在永恒中享有完全相同的神圣本质。倘若作为神圣位格的圣灵在永恒中不是从作为神圣位格的圣子出发,圣子和圣灵之间就不具有奠基于永恒起源关系的位格区别。因此,否认圣父和圣子在永恒中的"共同发出",意味着取消圣子和圣灵之间的位格关系的根基。[1] 根据希腊教父,托马斯指出作为神圣位格的圣父作为没有本源的神圣本源是"整个上帝性的本源",具有首要地位。根据奥古斯丁,托马斯指出作为神圣位格的圣父和圣子在永恒中不是圣灵的两个本源,而是圣灵的一个本源。正如圣父和圣子因为"上帝"这名称表示的形式的同一性而是一个上帝;同样地,圣父和圣子因为"本源"(principium)这名称表示的同一性而是圣灵的一个本源。[2]

---

① *Summa Theologica*, Ia:36:2.

② *Summa Theologica*, Ia:36:4.

基督教关于“三一奥秘”的神圣启示的目的在于两方面的神学奠基。第一，深刻领悟创造的神圣奥秘；第二，深刻领悟救赎的神圣奥秘，上帝在人类历史中的神圣救赎是借着圣子的道成肉身和五旬节的圣灵降临实现的。① 因此，“三一奥秘”的神圣启示，揭示出“三一奥秘”和救赎奥秘之间的深刻关联。关于创造的神圣奥秘，父性或圣父的名称，首先表现在（上帝）位格和位格的永恒起源关系中，因此首先用于上帝中，其次才表现在创造者和受造者的关系中。② 关于救赎的神圣奥秘，正如差遣圣子（道成肉身）的目的是引导灵魂返归圣父；差遣圣灵（五旬节圣灵降临）的目的是引导灵魂返归圣子。③ 因此，神圣差遣（道成肉身和五旬节圣灵降临）的奥秘，揭示出作为神圣位格的圣父、圣子、圣灵在人类灵魂中的奇妙作为，是人类灵魂返归上帝的天路历程，就是人类灵魂借着圣灵返归圣子，借着圣子返归圣父的心灵历程的神圣救赎奥秘。作为神圣位格的圣父、圣子、圣灵在人类灵魂中的奇妙作为，带来崭新的生命境界，例如从上帝而来的神圣智慧和崇高热忱。④ 上帝中神圣位格的永恒出发的深邃意义，在灵魂返归上帝的心灵历程中彰显出来。在这个意义上，作为神圣位格的圣子和圣灵在时间中的被差遣，是作为神圣位格的圣子和圣灵在永恒中的神圣起源的知识论途径。⑤

---

① *Summa Theologica*, Ia:32:1:ad3.

② *Summa Theologica*, Ia:33:3.

③ Thomas Aquinas, *Commentary on the Gospel of John*. 14, lect.6, n.1958.

④ *Summa Theologica*, Ia:43:6:ad2.

⑤ Thomas Aquinas, *Commentary on the Gospel of John*. 3, lect.2, n.464.

托马斯熟读旧约和新约，经过沉思默想都能够获得深刻领悟，在神学阐述中炉火纯青地援引圣经作为神圣科学的基础，以圣经启示为神学沉思的源泉。托马斯在圣经注释领域的丰富著述，同样是卓越深邃而令人惊叹的。对于托马斯而言，教父神学文献是神圣科学的基础神学文献。托马斯确信，奠基于教父时期神学家的殚精竭虑的神学沉思，中世纪的神学家得以更加深刻地把握"三一奥秘"。关于作为神圣位格的圣子（圣言）和圣灵（圣爱）的永恒起源的区别，圣灵的位格名称，以及"位格"概念的确切含义等主题，托马斯的神学阐述就深邃而精细的程度而言超越奥古斯丁的三一学说。托马斯经常援引的著名教父是奥古斯丁、希拉利、波爱修、亚他那修，大马士革的约翰和（托名）狄奥尼索斯。通过波爱修、希拉利、安布罗西和奥古斯丁，希腊教父的神学沉思传播进入中世纪思想，托马斯有时根据拉丁教父的文献运用希腊神学，例如奥古斯丁关于"圣父是整个上帝性的本源"①的阐述就可以追溯到亚他那修。托马斯曾经援引自己同时代的巴黎大学的波那文都②，不过是比较含蓄的。对于"三一奥秘"的神学阐述，托马斯和波那文都这两位同时代的思想大师的经典文本的比较研究，一定是饶有意义的。在这个意义上，本书的基础研究只是继续研究托马斯卓越而深邃的三一学说的开端。③

① Augustine, *The Trinity*, 4:20. *Summa Theologica*, Ia:33:1.

② Bonaventure, *I Sent.* 25, 1, 1.

③ 笔者谨向人民出版社洪琼博士致以诚挚谢忱，感谢洪琼博士为拙著出版付出的鼓励和辛劳。

参考文献

1. Thomas Aquinas, *Summa Theologica*, Latin and English edition. 61 volumes. New York: Cambridge University Press, 2006.
2. Thomas Aquinas, *Summa Contra Gentiles*, 4 volumes. Notre Dame: University of Notre Dame Press, 1975.
3. Thomas Aquinas, *On the Truth of the Catholic Faith* (*Summa Contra Gentiles*), 5 volumes. New York, 1955-1957.
4. Thomas Aquinas, *Expositio super libros Boethii De Trinitate*. Ed. Bruno Decker, Leiden: Brill, 1959.
5. Thomas Aquinas, *Faith, Reason and Theology* (*Questions I-IV of his Commentary on the De Trinitate of Boethius*), Toronto: Pontifical Institute of Mediaeval Studies, 1987.
6. Thomas Aquinas, *The Division and Method of the Sciences* (*Questions V and VI of his Commentary on the De Trinitate of Boethius*), Toronto: Pontifical Institute of Mediaeval Studies, 1986.
7. Thomas Aquinas, *Super Evangelium S.Ioannis*, Rome: Marietti, 1952.
8. Thomas Aquinas, *Commentary on the Gospel of John*, Peter-

sham, Mass, : St. Bede's Publications, 1999.

9. Thomas Aquinas, *De substantiis separatis*. Ed. Leonion 40. Rome, 1958.

10. Thomas Aquinas, *Basic Writings of St. Thomas Aquinas*, 2 volumes. New York: Random House, 1945.

11. Thomas Aquinas, *De ente et essentia*, in: *Opera Omnia*, ed. Leonine, vol. 1. Rome: Dominian Friars of San Tommaso, 1976.

12. Thomas Aquinas, *On Being and Essence*, Toronto: Pontifical Institute of Mediaeval Studies, 1968.

13. Thomas Aquinas, *On the Power of God* (*De potentia*), Westminster: The Newman Press, 1952.

14. Thomas Aquinas, *Truth* (*De veritate*), Cambridge: hackett Publishing Company, 1954.

15. Thomas Aquinas, *Compendium Theologica*, in: *Opera Omnia*, ed. Leonine, vol.42. Rome: Dominian Friars of San Tommaso, 1979.

16. Thomas Aquinas, *Compendium of Theology*, Oxford: Oxford University Press, 2009 Thomas Aquinas, *Compendium of Theology*, Oxford: Oxford University Press, 2009

17. Augustine, *The Trinity*, New York: New City Press, 1991.

18. Augustine, *De Trinitate* (Migne, Patrologia Latina 42).

19. Augustine, *Confessiones* (PL 32).

20. Augustine, *Soliloquia* (PL 32).

21. Augustine, *De civitate Dei* (PL 41).

22. Augustine, *De Haeresibus* (PL 42).

23. Augustine, *Contra Maximinum* (PL 42).

24. Augustine, *De Vera Religione*(PL 34).

25. Augustine, *De doctrina Christiana*(PL 34).

26. Augustine, *Retractationes*(PL 32).

27. Augustine, *De diversis quaestionibus*.83(PL 40).

28. Augustine, *The Homilies on the Gospel of St. John*. In: Nicene and Post-Nicene Fathers, First Series, Volume 7.

29. Augustine, *Expositions On the Book of Psalms*. In: Nicene and Post-Nicene Fathers, First Series, Volume 8.

30. Augustine, *Basic Writings of St.* Augustine, 2 volumes. New York: Random House, 1948.

31. Tertullian, *Adversus Praxeam*(PL 2).

32. Jerome, *In Ezechielem*(PL 25).

33. Hilary, *De Trinitate*(PL 10).

34. Hilary, *De synod*(PL 10).

35. Ambrose, *De fide*(PL 16).

36. Ambrose, *De Spiritu Sancto*(PL 16).

37. Ambrose, *De Trinitate*(PL 17).

38. Boethius, *De Trinitate*(PL 64).

39. Boethius, *De duabus naturis*(PL 64).

40. Boethius, *De hebdomadibus*(PL 64).

41. Boethius, *De Consolatione*(PL 63).

42. Anselm, *Proslogion*(PL 158).

43. Anselm, *De processione Spiritus Sancti*(PL 158).

44. Hugh of St Victor, *De sacramentis*(PL 176).

45. Richard of St. Victor, *De Trinitate*(PL 196).

46. Pseudo-Dionysius, *De Divinis Nominibus* (Migne, Patrologia Graeca 3).

47. Pseudo-Dionysius, *De Mystica Theologia* (PG 3).

48. Pseudo-Dionysius, *De Caelesti Hierarchia* (PG 3).

49. Pseudo-Dionysius, *De Ecclesiastica Hierarchia* (PG 3).

50. Athanasius, *Contra Arianos* (PG 26).

51. Athanasius, *Epist.I ad Serap* (PG 26).

52. Didymus the Bliand, *De Trinitate* (PG 39).

53. Basil, *De spiritu sancto* (PG 32).

54. Basil, *Adversus Eunomium* (PG 29).

55. Basil, *De Fide* (PG 31).

56. Gregory Nazianzan, *Oratio Catechetica* (PG 36).

57. Gregory Nazianzan, *Moral Poems Catechetica* (PG 37).

58. Gregory of Nyssa, *Oratio Catechetica* (PG 45).

59. Gregory of Nyssa, *Ad Ablabium* (PG 45).

60. Gregory of Nyssa, *Contra Eunomium* (PG 45).

61. Cyril of Alexandria, *Thesaurus* (PG 75).

62. John of Damascus, *De Fide Orthodoxa* (PG 94).

63. Peter Lombard, *Sententiarum libri quatuor*, Rome: Editiones Collegii S.Bonaventuri, 1981.

64. Bonaventure, *The Journey of the Mind to God*, Combradge: Hackett Publishing Company, 1993.

65. Bonaventure, *Disputed Questions on the Mystery of the Trinity*, New York: St.Bonaventure, 1979.

66. Karl Rahner, *The Trinity*, London: Burns and Oates, 1970.

67. Gilles Emery, *Trinity in Aquinas*, Ypsilanti, MI: Sapientia Press, 2003.

68. Gilles Emery, *The Trinitarian Theology of Saint Thomas Aquinas*, New York: Oxford University Press, 2007.

69. Matthew Levering, *Scripture and Metaphysics: Aquinas and the Renewal of Trinitarian Theology*, Oxford: Blackwell Publishing, 2004.

70. Timothy L. Smith, *Thomas Aquinas' Trinitarian Theology: A Study in Theological Method*, Washington: Catholic University of America Press, 2003.

71. *The Cambridge Companion to Aquinas*, ed. Norman Kretzmann and Eleonore Stump, New York: Cambridge University Press, 1993.

72. *Reading John with St. Thomas Aquinas: Theological Exegesis and Speculative Theology*, ed. Michael dauphonais and Matthew Levering, Washington: Catholic University of America Press, 2010.

73. 圣多玛斯·阿奎那:《神学大全》(全书三集,17 卷),周克勤等译,台湾:中华道明会/碧岳学社 2008 年版。

74. 托马斯·阿奎那:《神学大全》,第一集,段德智等译,北京:商务印书馆 2013 年版。

75. 圣多玛斯·阿奎那:《驳异大全》(四卷本:论真原,论万物,论万事,论奥秘),吕穆迪译,台湾:商务印书馆 1972 年版。

责任编辑:洪　琼

图书在版编目(CIP)数据

阿奎那三一学说研究/车桂 著.—北京:人民出版社,2018.3
(经院哲学与宗教文化研究丛书)
ISBN 978－7－01－018783－9

Ⅰ.①阿…　Ⅱ.①车…　Ⅲ.①托玛斯·阿奎那(Thomas,Aquinas,Saint1225－1274)－经院哲学－哲学思想－研究
Ⅳ.①B503.21

中国版本图书馆 CIP 数据核字(2018)第 002391 号

阿奎那三一学说研究

AKUINA SANYI XUESHUO YANJIU

车　桂　著

人民出版社 出版发行
(100706　北京市东城区隆福寺街 99 号)

北京中科印刷有限公司印刷　新华书店经销

2018 年 3 月第 1 版　2018 年 3 月北京第 1 次印刷
开本:880 毫米×1230 毫米 1/32　印张:15.375
字数:330 千字

ISBN 978－7－01－018783－9　定价:64.00 元

邮购地址 100706　北京市东城区隆福寺街 99 号
人民东方图书销售中心　电话 (010)65250042　65289539